军统内幕

沈醉回忆录

沈醉回忆录

一个军统特务的忏悔录

军统内幕

沈醉 著

中国文史出版社

图书在版编目（CIP）数据

军统内幕/沈醉著. —北京:中国文史出版社，2015.1
（沈醉回忆录）

ISBN978-7-5034-5368-7

Ⅰ.①军… Ⅱ.①沈… Ⅲ.①沈醉（1914～1996）—
回忆录 Ⅳ.①K827=7

中国版本图书馆CIP数据核字（2014）第226976号

责任编辑：胡福星
封面设计：杨飞羊

出版发行：**中国文史出版社**
网　　址：www.chinawenshi.net
社　　址：北京市海淀区西八里庄路69号院　　邮编：100142
电　　话：010-81136606 81136602 81136603 81136642（发行部）
传　　真：010-81136655
印　　装：廊坊市海涛印刷有限公司
经　　销：全国新华书店
开　　本：710mm × 1000mm 1/16
印　　张：28.5　　　字数：443千字
版　　次：2015年1月第1版
印　　次：2025 年11月第 11 次印刷
定　　价：52. 00 元

军统概况

关于“军统”的沿革、演变以及组织、人事等，我在《我所知道的戴笠》一文中，有过较详的叙述。该文最初发表在全国政协文史资料研究委员会出版的《文史资料选辑》第二十二辑上。1962年，北京群众出版社将该文与我写的《保密局内幕》合并成单行本，作为内部刊物，印刷了两版。1980年，文史资料出版社又将《我所知道的戴笠》与文强同志写的《戴笠其人》合并为《戴笠其人》一书公开发行了两版。本书原准备把《我所知道的戴笠》也安排进去，因鉴于该文前后印行过多次，便决定不再加在《军统内幕》中。为了让没有看到过《我所知道的戴笠》一文的读者，对“军统”这个特务组织的简单情况能有所了解，故特增加这一章，以便在读到其他有关的篇章时，能够衔接得起来。

“军统”的全称是国民党的“国民政府军事委员会调查统计局”，简称为“军统”。

“军统”的前身，为蒋介石法西斯统治集团“中华复兴社”(简称“复兴社”，也有人叫它为“蓝衣社”)的特务处。

特务处的前身则为军事委员会密查组。它是由戴笠、张炎元、徐亮、马策、胡天秋、郑锡麟等十人开始搞起来的，在军统内部称它为“十人团”。

1932年3月初，复兴社成立（对内也称为“力行社”）。由蒋介石兼社长，下设中央常委干事会，有干事九人：贺衷寒、酆悌、滕杰、周复、康泽、桂永清、潘佑强、郑介民、邱开基。候补干事三人：侯志明、赵范生、戴笠。

该社有组织、宣传、训练、特务四个处，由戴笠任特务处处长，郑介民任副处长。特务处于1932年4月1日成立，设有书记室，由唐纵任书记（以后称书记长），下设四个科，先后由张炎元、徐亮、梁干乔、杨继荣、徐业道等任过科长。该处成立时，已由密查组的十多个人发展成为100多人，以后逐渐发展到近千人。

由于复兴社特务处是一个秘密组织，不便公开捕人、杀人。1932年9月间，蒋介石又派戴笠兼任由CC集团头子陈立夫主持的军事委员会调查统计局第二处处长，使之便于公开搞特务活动。这个由陈立夫任局长的军统局，是一个大杂烩，第一处处长徐恩曾，是国民党的党务调查处处长，也是利用军委会的招牌来作掩护的，不同于戴笠以后主持的军统局。

1934年7月间，蒋介石免去军委会南昌行营调查课课长邓文仪职务后，命令戴笠兼任该课课长，将该课内外勤特务并入戴笠的特务处。

抗日战争开始以后，1938年3月2日，国民党临时全国代表大会在武昌珞珈山开会。这个时候，虽然国民党统率的军队，已从上海、南京败退了下来，但蒋介石还要积极加强对人民的特务统治。在这次大会上，他提出了增设国民党中央执行委员会调查统计局，简称“中统”，以徐恩曾为局长，原由陈立夫任局长的军事委员会调查统计局，则全部交给戴笠。由于戴不仅在国民党内的资历太浅，而且在黄埔学生中的期别也低（第六期），蒋介石想要超升他，又怕别的部下不服气，只好叫他任副局长，负实际责任，而由蒋介石侍从室第一处主任兼军统局局长。所以历任侍从室第一处主任的贺耀组、钱大钧、林蔚，都兼军统局局长。这些人也了解蒋介石的意图，更懂得戴笠的为人，所以这些局长从不过问军统局的工作和人事、经费等，全部由戴笠一手包办，直接对蒋介石负责。每年4月1日，军统举行“四一大会”，纪念1932年特务处成立而召开庆祝大会与工作会议时，兼局长才去讲一次话，听听戴笠的工作报告。戴笠脑子里也根本不重视这个局长，一般外勤特务更不知道还有个什么局长，都只知道戴笠是他们唯一的老板。

戴笠刚把军统局接收下来时，特务处时期的副处长郑介民，只好安排为该局主任秘书，等于特务处时期的书记长，原有的情报、行动、司法、电讯、总务等科也改成了处。从武汉撤退到重庆后，组织越来越大。1942年，我调该局总务处处长时，情报处由一个变成了两个，第一处专管军事情报，第二处管党政情报，第三处仍为行动处，第四处还是电讯处，第五处则是由司法科扩充的，第六处是人事室改成的，会计室则改为第七处，总务科扩充为第八处。

除这八大处外，不久，训练科也改成了训练处，行动处的稽警科也变成了警务处，几个专负责布置沦陷地区工作的单位，则合并成为布置处。

此外还有一个设计委员会、一个惩戒委员会、一个考核委员会、一个策反委员会，抗战刚胜利又成立了一个财产清理委员会。

与处相同的组织计有：由张国焘主持的特种政治问题研究室；一个专门研究杀人放火与破坏及制造毒药等的特种技术研究室，以及由经济情报科扩充的经济研究室，还有一个主管文娱活动的中山室。

后来连译电科也升格成了机要组，文书科成了文书组，武装特务队也由大队变成总队，后又改成特务团，汽车队也成了大队。

总之，戴笠认为特务越多越好，组织越大越好，各种名称的特务训练

班有40多个，内勤工作的特务有1400多人，都集中在重庆罗家湾军统局局本部和磁器口乡下办事处。内勤和外勤最多时近5万名，除在国内设区、站、组和爆破、破坏、行动等总队、大队等外，在国外许多地方都设立了站和组及通讯员。

当时每一个外勤特务都有几个到几十个运用人员，全部算起来为数就太多了。

1946年3月17日，戴笠乘的飞机撞在南京附近的江宁县板桥镇戴山，全机人员被摔死后，蒋介石指派郑介民为军统局局长，毛人凤为副局长。由于军统特务大大超过了原有的编制，开支更超过规定的经费不知多少倍，郑介民和毛人凤都认为无法维持那样一个庞大组织，决定缩编裁员，过去戴笠只准进不准出的规定才被打破。

1946年夏天，国民党的军事委员会改组为国防部，军统局这块臭招牌也随之改为国防部保密局，本书中有一章是专写这个局的，这里就不多谈了。

前　言

我在国民党国民政府军事委员会调查统计局（简称“军统”）工作18年，因得军统特务头子戴笠的信任，从一个小特务慢慢被提升到军统局局本部任处长，又担任过外勤地区负责人，并长期兼任军统许多特务训练班技术教官，主持过军统掌握的公开特务机关的工作，特别是在军统局任总务处长七年的时间中，与内外勤单位在工作中接触的机会较多，所以对军统各方面的内幕情况和戴笠的公私活动，都知道一些。为了响应周恩来总理的号召，我由1961年开始，将自己的亲身经历和所见所闻陆续写有约100万字的资料，先后在《文史资料选辑》及内部刊物发表了约30万字。这些资料发表以后，有的未经组织和我个人的同意，做进一步的校订、核实，外间即自行翻印，谬误不少。现在，我将过去所写的资料重新补充订正，编为《军统内幕》一书出版，借此机会谈谈我写这些资料的经过。

1961年2月21日，周恩来总理和陈毅、罗瑞卿两位副总理在中南海西花厅接见我们。周总理分别与我们每个人谈话，轮到我时，我首先向周总理请罪。这是因为在上海、重庆、南京解放之前我曾亲自带领特务或是指使一些特务对周总理搞过侦察、跟踪、监视等活动。周总理听了，爽朗地笑了起来，并且很风趣地告诉我，说我们过去搞的那一套，从来没有对他起过作用，只是当了他的义务随从。他特别谈到那次去上海住在新亚酒店的情况。他说，他清楚地知道在他住房的左右和

对面房间里都有人在监视他，连服务人员也由特务来充当，可是他每天都同在上海工作的同志见面、交谈、互换文件。他问我发现这些情况没有？我说，没有发现，如果发现了，便会被特务秘密逮捕。他说，他在上海是为中国共产党工作，和国民党的达官贵人去上海吃喝玩乐不同，但他也经常看电影，那就是他与同志们见面的时候。

周总理告诉我，他发觉他每天出门，总有一大批特务在跟随着他，使他不便去找在上海工作的同志，便约好到电影院见面。他说，他一走进电影院，特务们便赶紧把前后左右的门都守住，怕他从前门进去，又从别的门出来。但是他的座位前后左右都是他要约见的人，电影一开演，里面黑洞洞的，特务们找不到他，只能守在门口等候散场。他在散场后，总是先走出来，特务们又马上盯住他，其他同志就分散走开。周总理说完这些之后，便很严肃地对我说，共产党员只有阶级仇恨和民族仇恨，从来不计较个人仇恨，处处是从党和人民的利益出发，特赦你们，也是为了党和人民的利益，所以希望你们今后一定要做一些对人民有益的事情。

我听了周总理的话，感到很惶恐，便问道："我怎么才能做出对人民有益的事来呢？"他说，你在军统那么多年，跟在戴笠身边那么久，你把军统的种种内幕如实地写出来，不论是你自己干过的，或是看到和听到的那些阻碍革命、屠杀革命人士等见不得人的东西，都揭露出来，让后人知道革命的艰难和反革命的残暴，使大家懂得革命胜利来之不易，是多少人抛头颅、洒热血，前仆后继，艰苦奋斗几十年，牺牲了多少人，才换来今天的红色江山。周总理说，你如实地把这些写出来，这就对后人起了反面教员的作用，就是做了对人民有益的工作。接着，周总理再三叮嘱：写这些东西，一定要真实，不要有顾虑，过去没有交代过的，现在写出来，也等于补充交代，政府决不会追究；同时也不要害怕，不要避讳，知道什么就写什么，过去有些同志为了革命工作的需要，冒着生命危险同你们去打交道，那也是值得歌颂的。

谈到这里，谭震林副总理说有紧急事要找总理，总理便离开了。陈毅副总理接着对我说：写历史资料，要求真实，不求全面，知道一点便写一点。这不能像写小说一样，可以由自己创作出来，更不能把道听途说的东西也写上去，一定要写亲身经历和亲见亲闻的真实材料。陈副总理还说，他看到有的人在解放以后写的有关他当年在江西打游击的资料，他认为有不少地方夸大了他个人的作用，而没有突出党的领导，因此都删掉了。

那次接见，到12点多，周总理邀我们去后边餐厅吃饺子。他很风趣地说，今天南方人多，但他还是按北方人的习惯请大家吃过年饺子。今天是阴历年初七，农村还在过年。不过大家在这里不要闹笑话，过去北方人请南方人吃饺子，南方人以为饺子是点心，好菜在后面，所以只吃几个等后面的好菜，结果是饿着肚子回去。今天只吃饺子，后面没有准备菜，大家一定要吃饱，不要饿着肚子回去。我们听了都笑了起来。周总理要大家随便些，他说有点事出去一下。陈副总理便领我们进到餐厅，也没给周总理留下主人坐的席位，叫先进去的先坐。

饭厅不大，两个圆桌旁坐十多人。我走在后面便找到一个靠墙的角落坐下。当服务人员把四个冷盘先送上来时，陈副总理没有等周总理进来，便叫大家开动。我们都不好意思先吃，陈副总理却带头吃了起来。周总理走进来时，只有我左边还有一个空位，便走过来坐下。当时，我心头真感到无比温暖。过去我替蒋介石和戴笠拼命卖力干反共反人民的事情，他们却把我当成家奴一样看待。特别是蒋介石，去见他时，有时连坐都不让我坐下。今天周总理接见我们，这样平易近人，实在出我意外，我几乎感动得要掉下泪来。

周总理一边吃一边继续谈他那次在上海的情况。他说，他明明知道特务们整天在盯着他，但他还是先后约见了在上海工作的几十位同志。他笑着又问我："你们一个都没有发现吧？"我说："是的。一个也没发现。"我很好奇地问周总理："我们怎么没发现总理通知过什么人在什么地方约见？"他笑着说，他为什么到上海要

住在新亚酒店里，就是因为那里有你们的人，也有我们的人，你们会化装成服务员来侦察我，我们的同志也会化装成服务员来保护我，并给我当交通联络。电话你们会偷听，所以我不打电话。每天我出去乘坐出租汽车、进餐馆时付账、买东西时付钱等，我都可以找到我们的人把我要约会的人名单给我送出去。周总理还告诉我，军统和中统等特务机关搞的那套鬼把戏，他知道不少，不过不能串联起来，有些关键问题还不十分清楚，所以希望我把这些内幕如实地写出来。

我们辞别总理时，总理和每个人一一握手，他握着我的手还吩咐了一句："我等着看你写的东西。"

自周总理接见之后，我便开始慢慢地也是很吃力地学习写东西。由于自己从来不写文章，手头又没有一点参考资料，完全凭记忆来写，遗漏和错误之处在所难免。从1962年起，我写的几篇东西，先后在《文史资料选辑》上发表后，接到不少读者来信，对我写的东西加以订正补充。有些事经反复回忆并核对当时情况，我认为的确是我弄错了的，在这次改写成书之前都改正了。有些我再三回忆，认为没有弄错的，我还是保留下来。因为每人当时所处的地位不同，了解到的情况自然也有不同。国民党的报刊，很少说真话，黑白颠倒，是非混淆，还有不少是凭空捏造的，有些记载则把时间故意推迟或提早，所以这些报刊材料并不全是真实可信的。

国民党的档案，特别是像军统局这类特务机关的档案，也不都是可信的。蒋介石叫戴笠杀害了那么多革命人士和反蒋人员，我在为军统局特训班编写"行动术"教材（专门搞逮捕、绑票、暗杀、破坏等特务活动的东西）时，曾调阅过不少有关暗杀等事件的档案材料，就没有看到哪一件中有蒋介石的手令或批示，只有戴笠写的"奉谕速办"和"奉谕照办"。究竟是"奉"了什么人的"谕"，档案里完全找不出来。这类档案经过多少年之后，人们还得费一番考证功夫才能推断出来。现在一些有过亲身经历的人把真实情况写出来，可以补档案之不足。

有几件事，我也附带说明一下。

自我写的资料发表以来的十多年中，我先后接到过30多封革命烈属们的来信，说军统特务杀害了他们的亲人，责问我在撰写这些史料时，连被害烈士们的姓名都不曾写上。我的这一疏忽之处，使我长期内疚于心，深感愧对先烈。除谨向烈属们敬致歉忱外，也利用这次出书的机会，把许多坚贞不屈终致遇害的烈士们的英名尽可能列入一部分。因为过去军统作恶时间太久，执行的机构分散各地，刽子手不少，杀害的人很多，我不可能全都知道。例如重庆解放前夕的大屠杀中，上百名烈士惨遭杀害，我不可能都列举出姓名来，也有不少烈士的姓名我实在记不起来。这些都得请求烈属们加以原谅。还有个别烈属当面责问我，他们的亲人被军统抓走后的下落，提出“生要人，死要尸”的要求。我每遇到这种情况，真是痛悔万分，除了低头认罪和请求宽恕外，实在没有办法能满足他们这种合情合理的要求。谁无父母，谁无子女。烈属们怀念亲人的这种心情，我是能理解的，我除了深感愧对先烈和烈属外，我连自己的母亲都对不起。她过去经常教导我：“孩子，你可以不做官，但要做人！”而我过去为了要做官，瞒着她做了不少不像人的事，而今真是追悔莫及，只有把过去所作所为的那些见不得人的罪行揭露出来，聊尽赎罪之心。

另外，还有不少读者写信给我，说我过去写的东西，没有很好地把一些叛徒的丑恶表现和罪行详细写出来，不足以激发人们对叛徒的憎恨和厌恶。党内出了叛徒，对党所起到的危害是那么大，应当让人们特别是青年一代多了解一些革命的艰难和成功之不易，所以我在《保密局内幕》一稿中，增补了一段有关叛徒的资料。由于考虑到不让这些叛徒的亲属为此而受影响，有些叛徒的姓名（虽然我记得很清楚）我就没有写出来，只把他们危害共产党的罪行和出卖灵魂的丑恶事实，选择几个有典型性的写了出来。

为了将军统特务的许多罪行尽可能如实地揭露出来，这十多年中，我找过不少了解过去情况的亲友，请他们对我写的东西加以核实补充。有些情况虽然经过核对，认为属实，后来又有人提出不同意见，这次出书之前，我又再次进行核对。如

戴笠开始搞特务活动的小组织——“十人团”的名单，这次我又再次核实。1942年，军统在重庆举行纪念成立十周年的“四一大会”上，我亲自听到戴笠宣读过这十人的名单。1961年，我开始写《我所知道的戴笠》时，便找到当时全国政协委员黄雍先生核对过。1975年，郑锡麟来京参观学习时，我又去找他核对过一次。因他两人都是“十人团”的成员。又如军统特训班的“班歌”，后来成为军统局的“局歌”，我记得不完全，经好些人来信补充，基本上已凑齐了。在《戴笠其人》一书中，没有来得及刊出，只好在以后的资料中发表出来。

还有，有些朋友和了解过去情况的人写了不少材料给我，其中有些我认为符合当时情况的，准备采用；有些事，我过去完全没有印象，甚至认为不符合当时情况的，便不准备采用了。这种关心史料征集的热情，我非常感激，在此特表谢意。本书所记，如有遗漏和错误之处，敬希各方人士给予指正和补充，我是竭诚欢迎的。

目录

目录

目录

目录

目录

目 录

军统培训特务的内幕

——从军统临澧特训班看特务的滋生

一、临训班成立经过

军统第一个规模庞大的特务训练班——临澧特别训练班（简称“临训班”）的成立，是有其特殊使命和原因的。

蒋介石被迫抗日刚一开始，军统特务头子戴笠就奉行他主子的命令，借抗日为名积极从事枪口对内的准备工作。“八一三”上海战事发生后，戴笠原来打算在上海或南京举办一个大规模特务训练班，但没有预料到上海和南京那么快就沦入敌手，因而未能进行。1937 年冬天，他逃到武汉之后，便指派原在上海附近松江、青浦两县主持苏浙行动委员会武装特务干部训练班的副主任余乐醒和谢力公两人，到湖南去积极筹备，并手令军统湖南省站站长李人士要尽全力从事协助。

1938 年 1 月间，余乐醒回到长沙，马上把他在长沙南门外天鹅塘旭鸣里四号融园一座大洋楼全部腾出，作为筹备处，日夜紧张地从事筹备工作。戴笠选派到这个班去工作的一些大特务有：谢力公、王崇五、陆遂初、王班联、贺元、徐永年、吴景中等。这些重要负责人，都是曾经留学苏联的共产党叛徒。从这点来看，就不难说明这个班的性质了。

这个班的地点最初打算设在长沙附近，因鉴于日机空袭不安全，由湖南站站

长李人士选定了常德北面临澧县县立中学校为班址。戴笠派了军统第一处处长杨继荣和余乐醒等前往视察，认为交通便利而又隐蔽，加上房屋宽大等有利条件，便决定把这个班设在那里。

军统局头子——戴笠

筹备处刚一成立，军统人事科即通令所有外勤各省省站组，转令所有特务介绍可靠亲友前往受训。条件是思想可靠，身家“清白”，不分性别，年龄在18岁以上25岁以下，初中以上程度，身体健康无显著特征和暗疾，并规定当时已参加军统工作的内外勤工作人员愿意参加受训者亦可调训（这些人可以在学生中起考核监督作用）。以后在年龄上实际没有限制，其中有不少30多岁的人。通令中还规定各地选送的学生，应由各省站组负责人先行考核，以防异党分子混入。如学生将来出了问题，原选送或保送（工作人员调训称为保送）单位要负全部责任。

由于当时华北、东南、西北各省选送学生到湖南有困难，便只要华中与西南的几省选送。实际上这个班的学生来源，大部分是军统郑州办事处主任梁干乔在山东、江苏、河南等地招收的流亡失学失业青年。梁干乔当时个人野心很大，想趁机抓点实力。这个托派匪徒，虽然反共异常积极，但戴笠总是不肯放手让他自己去发展力量。所以当他费尽心力招收到近千名青年时，戴笠便要他全部送到湖南去受训，而不准他自己搞训练班。

这批学生于1938年2月前后由郑州赴湖南时，不少河南籍的都悄悄走了，上车时只剩下800多人。当时我和杨清植、王班联等送这批学生途经武汉时，我去见戴笠，他详细询问了这批学生的来源。我告诉他都是通过特务们亲友关系招来，并经过一度考核，思想上大都无问题，只是文化程度参差不齐，有些是大学、中学毕业，也有些只有高小程度。他当时指示我，只要思想无问题，程度差点的也可留下来，将来训练出来可以干行动工作。他当时非常后悔没有大量在各地沦陷前招收青年，因为共产党会趁这机会把这批人拉过去，这样就使自己少了人，而让“敌人”多了人。

戴笠谈到以后的工作时，认为最缺少的是干部，因为工作要比以往增加十倍、百倍，所以要多多益善地尽量招收。这批学生经武汉到长沙，沿途又跑了不少，连800人都不到，除了极少数实在不合条件的外，几乎都留了下来。各省送到湖南的学生不到300人。临澧特训班开学时，总数虽有1100多人，戴笠还嫌不够，特别是女生比例太少，不到十分之一。以后他和胡宗南商量，硬要胡把在长沙用中央军校七分校名义招收的女生60多名全部拨给他。因为不能公开招生，特务们想方设法各方面去拉，并规定学生也可以介绍学生，以便增加人数，结果这个班中便出现不少夫妻同学，甚至母女同学的种种怪现象。其中我记得姓名的夫妻，就有廖仲文和张志坤，李甲孚和陈泽容，阚玉堂和周冲等；母女同学的有陈月华和马友雯。至于兄弟、兄妹、姊妹同学的就更多，这里不再列举了。

我从1937年冬在郑州帮同梁干乔招生起，便和这个班大部分学生相识。以后我送他们去临澧，又留班任教官，还搞过一段总务工作，和这期的学生比较熟悉。我在军统20多个训练班兼过课，只有在临训班是专任教官，因此与这个班学生关系最深。这个班的学生毕业后，又有不少长期与我同在一起工作。戴笠死后，我又应这个班部分学生的要求，担任他们的一个小集团——滨湖同学会的会长。因此我对这个班从成立到毕业，以及分发工作，和这个班毕业的学生在军统特务组织中所起的作用，都比较清楚。

通过这个特务训练班的情况，也可看出军统特务的不少内幕和罪恶活动。这个班毕业的特务学生，虽只有1000名左右，但对革命的危害和在蒋帮中反共反人民的罪行，却是非常重大。逃往台湾的军统特务组织中，这批人还是其中的重要骨干分子，继续在与人民为敌。

二、组织人事情况

临训班最初的名称叫“军事委员会特别训练班”，在筹备和刚开学时都是用这个名称，但军委会办公厅却不承认它，因此没有颁发过印章，只是由筹备处自己刻了一个条戳。当时戴笠兼任中央警官学校校务委员会主任委员，为了争夺全国警察领导权，便于1938年4月间将这个训练班正式定名为“中央警官学校特种警察人员训练班”。而军统局内却一直叫它为“临训班”，毕业学生则列为中央警校特训班第一期，或简称特训班一期。

这个班正式成立是在1938年2月，从长沙筹备处迁到临澧奎星楼县立中学，正式开课是3月间，这时郑州和各地的学生才相继到达。未开课前，学生和教职员一同修整房屋，并用茅草竹架临时搭成一座可容1000余人的大礼堂。副主任余乐醒为了讨好戴笠，在礼堂背后修建了一道以戴笠别号命名的“雨农堤”作为学生休息场所。

这个班从成立到结束，戴笠虽只去过两次，但这个班的一切重要人事和课程都是他亲自决定的。从1938年3月到6月是入伍训练，实际上是进行思想考核和审查学生的家庭出身与思想言行，并针对学生的特点考虑其将来适合何种工作，由6月起开始分队训练。所谓“入伍训练”，并不是和一般军事学校一样，它是在一个月的基本军事训练后，逐渐增添各种特务常识的课程。到分队分科训练时，才进行专业训练。本文所写的组织，是分队训练以后的情况。

班主任是由戴笠兼任。副主任一职，在开始和结束时是由余乐醒担任，其中有一个短时期由总队长陶一珊担任。在五六月间，陶被任命为总队长到临澧不久，戴对余乐醒很不放心，曾电令将副主任一职由陶替代，而叫余专任教务处长。这项变动曾引起大部分教职员和许多学生的不满，不到一个月，戴又电令陶免代副主任，仍由余专任副主任，并以总教官谢力公兼任教务处长，好让余安心工作。

戴笠当时虽不去办公，却设有一个主任办公室，派丁若萍为秘书，用以牵制副主任。这个主任办公室里，另外还有一个由余乐醒介绍的秘书廖公侠和书记王小鸥、王子常两人。

主任、副主任以下是总教官谢力公，他和余乐醒都是军统中有名的“训练专家”。

教务处以外，还有政训处和总务处。政训处长汪祖华是军统中著名的“反共宣传家”，政治教官和大队、中队的政治指导员都由他领导，除负责主持灌输法西斯主义教育外，更重要的是进行反共宣传和对学生的思想考核。

总务处处长王湘，曾任县长多年，临训班迁往黔阳后，由戴笠介绍为黔阳县县长。

军统局在抗战期间办过几十个各种各样的特务训练班，只有临澧特别训练班是设三个处，后来所有的班都改称为组，不再称处。

班本部下面还设有一个会计室，主任为刘弋斯，会计徐煌生，出纳周巨恩。

另有一个医务室，主任刘某和两个医生、两个护士。这几个人都是临时由特务介绍去的，不是军统派去的。

当时只有总务处下面设有一个事务股，股长先后由沈醉、徐永年担任，股员有苏振通、刘桐、阳光鹤、姚瑞祥、王亚文等。其余各处当时都没有另设科股，也没有副处长。教务处下为教务员，政训处下为政训员。

负责管理学生的是总队部。总队长一职迟迟没有决定，初期暂由副总队长王乐坡代理，5 月间才派定陶一珊为总队长。

总队部下设两个大队和一个直属女生中队。第一大队长王班联，副大队长陈震东，大队政治指导员吴尚英，副官董威。

第一大队下辖三个中队，第一中队队长段建功，政治指导员何季祥。这个队分类学习专业时为情报队。第二中队队长项廉，政治指导员吴景中，这个队也是情报队。第三中队队长罗兴，政治指导员傅有权，这个队是专学行动的。

第二大队也辖三个中队，大队长杨清植，副大队长王百刚，大队指导员贺元，副官沈志雄。第四中队队长金树云，政治指导员许文渊，这个队专门学习军事谍报参谋业务，又称为谍参队。第五中队队长陈粟冬，政治指导员黄康永。第六中队队长林廷极，政治指导员金昌满。这两个中队都是学打游击的，又称为军事队。

女生直属中队队长先为安占江。这个女特务以凶狠著名，她的丈夫须于一都挨过她的手枪。她调走后改由吴毓坤继任。政治指导员先后有吴舜华、赵世英、彭家萃、武奎元，都是军统著名女特务。

进行分队专业训练的选择标准是：凡高中以上程度而又较为聪明机警的学生均选入情报队受训；身体强健、学识稍差却胆大勇敢的选入行动队；对军事学术有点基础的选入课参队，其余学识较差的选入军事队学打游击。女生则分别按各人具体情况选入情报队与行动队。7月间又设置了电讯、会计两个专业，大部分女生被选去学习这两项业务。专业训练表面上是征求学生意见，自由选择，实际上是先内定好了。学生自己选择的专业如不合适，都按班本部与总队所内定的专业分配。

每个中队下面再分三个区队，区队长姓名我记得的有：王巍、苏子文、陈为诚、吴瑛、高尚、刘人爵、易学忠、姚凤翔、兰就西等。

教官方面计有：曾任巩县兵工厂厂长的刘绍复和军统中专门研究爆破工作的黄林玉两人担任爆破术的教学，还有一个指导学生做爆破实习的助教邬之江。主讲情报的除了总教官谢力公外，还有陆遂初和佴熹等。讲授特工常识的除了副主任余乐醒外，还有刚从德、意两国学习特务工作回国的范学文、蒋镇南、冯文尧、王渭周四人。教行动术的有沈醉和擒拿教官朝鲜人金民杰，国术教官吴时泰，以及专教捕绳使用法的刘人爵。教摄影的为军统及戴笠的私人摄影师王文钊。教手语与暗号联络的有聂振标等。除特工技术外，这个班还着重于反共的政治教育，主要由政训处处长汪祖华和曾在黄埔军校担任过政治教官的叛徒廖华平，以及大队、中队的政治指导员担任这门课程的教学，另外戴笠还把张学良将军的旧部陈旭东、吴骞等也派到这个班分别担任政治和军事教官，并聘了陆军大学兵要地理教官游凤池到这个班兼课。以后增加电讯与会计两门专业，又由军统电讯处派了林郁民等人去主持这部门的训练。教会计与统计学的还有从法国留学回来的魏文海。

除了这些专任与兼任的大批教官外，戴笠还经常把军统一些大特务临时派到这个训练班去讲上几天的课。当时去过的有湖南站站长李人士，军统第一处处长杨继荣，曾经代理过军统书记长的傅胜兰和李果谌。当时决定派往日寇占领区去工作的大特务，戴笠除叫他们去临时讲几天课外，还允许他们在这个班的女学生当中去选择自己看中了的“工作太太”。例如派往武汉去任区长的李果谌便选中了一个湖南籍女生成 ×× 当他的“工作太太”。还有派往上海负责，以后投敌当了伪杭州市市长的傅胜兰，也是在这个班中带了一个“工作太太”去的。

戴笠在举办临训班时，据他以后时常告诉我，几乎是集中了当时军统的所有“人才”。从以后的发展来看，也可以说的确是这样。当时在临训班中工作过的人员，以后不少都是为他主持其他各个训练班的骨干，如廖华平任兰州特训班副主任，军事教官吴琅后来担任黔阳特训班副主任，金树云任东南特训班副主任，刘绍复、王乐坡先后担任爆破班副主任，陶一珊任重庆特训班副主任，魏文海任会计班副主任，金民杰任行动班副主任，等等。

戴笠对这个班特别喜爱，“爱屋及乌”，连这个班当时开玩笑似地通过的一首所谓“班歌”，不仅成为以后所有的特训班的班歌，而且也成为军统局的“局歌”。过去每个军统特务都会唱的这首“班歌”，不但在军统每年的“四一大会”开会完毕时要唱，并且在每周举行的“纪念周”，以及任何集会时都要唱它。很多特务都不清楚：为什么每次集会要唱一次“班歌”？不是特训班集会，不是特训班的学生为什么都要唱会它？原因很简单，就是戴笠看上了这首歌。戴笠第一次到临训班时，听到学生唱这首歌，立即叫将这歌的歌词送给他看。歌词中有：“革命的青年，快准备，智仁勇都健全。”他马上看中了。特别对其中的“维护我们领袖的安全，保卫国家领土和主权”这两句，他更为满意，一念再念，认为写得很好，很切合军统的情况。因此，他便规定在每个集会都要唱这首歌。

这首歌的诞生，说来很可笑。它是由刚从德国留学归来的教官蒋镇南，从德国法西斯党徒那里学会他们的党歌后加以改编的。在一次班务会议上，他第一次提出他这个“杰作”时，几乎使所有在场的几十个教官和职员都笑出声来，他还是不顾一切，一边唱一边表演。副主任余乐醒看到他那么认真，只好勉强答应他找几个懂音乐的人帮他去改一下。以后每次班务会上，蒋镇南都要把他修改过的这首歌唱给大家听一下。头几次还有人提点意见，以后大家有点讨厌他，为了免得再麻烦，便勉强说一声“可以了”。这样才让他去教学生唱。谁也没有料到一下给戴笠看中了，马上大走红运起来。

附录：班歌歌词全文

革命的青年，快准备，智仁勇都健全！掌握着现阶段的动脉，站在大时代的前面！贫贱不能移，威武不能屈，维护我们领袖的安全，保卫国家领土和主权！须应当，刚强沉着，整齐严肃，刻苦耐劳，齐心奋斗！国家长城，民族先锋，是我们！革命的青年，快准备，智仁勇都健全！

三、训练情况

临澧特别训练班开学时，首先遇到的一个问题就是学生不愿意参加军统特务组织。这个班的学生，大部分从郑州送来，都是失学失业的流亡青年，大多无家可归，来到湖南更是人地生疏，举目无亲，虽然有不少想退学，但不敢说出来。其中少数学生是特务介绍来的，事先已知道，当然没有问题。等到戴笠向胡宗南要来在长沙招考的几十名中央军校七分校的女生时，这些人一到临澧，知道这个班的性质，便有大半要求仍旧回到七分校去。她们提出的理由很简单，因为她们是为了参加抗日才投笔从戎的，不愿当特务。副主任余乐醒看到这种情况，原准备施加压力，但考虑到她们提出的理由很正当，而且像蔡雪琴、杨镜如、粟燕萍、朱哲民、潘淑媛、柴翔群等人，家都在长沙，弄得不好，这些年轻气盛的姑娘们都会跑回去，又不能随便加上罪名来处罚她们，同时还得看胡宗南的面子，不便任意处理。经过临时紧急班务会议后，决定先进行说服工作。总教官谢力公和政训处处长汪祖华两人自告奋勇，先召集她们用谈心的方式进行说服工作，再由副主任约去个别谈话。他们忙了一整天，才勉强把这些人的情绪暂时安定下来。戴笠接到报告后，马上指示要研究具体办法，防止类似的事件再行发生。三天以后，班里决定采用填表、写自传等集体宣誓参加军统组织的办法来套住所有的学生。

当时不仅学生没有办好这一手续，甚至不少由特务介绍临时去这个班工作的职员也没有办过这一手续，便趁这次一齐办好。

戴笠从临澧特别训练班取得经验教训后，便规定在以后的各个训练班开学时，先得让学生办好参加军统特务组织的手续。因为不少学生是被骗或被迫去到这种训练班的，当他们听说将来要去干那些杀人放火和逮捕绑票的勾当时，既害怕又悔恨，纷纷要求退学，先在他们脖子上套着锁链，就可予以制裁了。

这个班在开始入伍训练时，便同时着重进行反共反人民的思想教育。当初大礼堂还没盖好，副主任和政训处长、总教官等，每天早上都要集合所有学生举行“朝会”。他们站在一个临时用木架搭成的高台上，指手画脚地不断对共产党来一套谩骂和诬蔑。汪祖华为了要让学生们和教职员们不去相信中共领导的军队是在真正抗日，竟歪曲事实对平型关大捷作了一次诬蔑宣传。以后听到学生中有人说“怎么连共产党的军队打了胜仗都是假的”这一类话之后，他便对此连续作了两三次的讲演，企图凭他的舌头把这一辉煌胜利从学生的脑子里抹掉。在每日的早晚两次点名时，大队和中队的政治指导员更是鼓其如簧之舌，唾沫四溅，向学生灌输毒素，使其误信共产党不是在抗日而是在和国民党争权夺利。他们还向学生宣传，只有国民党是在真正抗日，而军统是最革命的集团。他们还经常找学生个别谈话，灌输反共思想，并对学生思想进行考察。

由于发现学生传阅《新华日报》，班里马上注意到这个问题，除了找这些看报的学生进行个别谈话外，各队指导员还把这些学生的名字汇集起来，暗中考察他们的言行。这之后，班里还马上实行对往来信件的检查，把所有寄给学生的进步书报一律扣留下来。学生寄出去的信件虽没有法子完全控制得了，但寄到班里的信都得经过大队、中队指导员拆开看过才交给学生。不少女生因为男朋友写给她们的情书被拆开看过了，常常气得大哭。有些学生便在街上找商店给他们转信，不久也被发觉，除明令禁止外，还通知所有商店和居民不得代学生转信。当时临澧最大的一家叫安福的百货店，学生托这个店转的信最多。这家商店的老板表面上答应学生代转书信借以拉生意，而暗中却把这些信先送到班里让检查过之后再转给学生。

这个班虽然用了种种方法来防止学生在对外通信时泄露训练班的秘密，可是不久很多人都知道临澧县办了一个这样大规模的特务训练班，甚至连当时一些学生在陕北延安鲁迅艺术学院读书的同学和亲友都来信劝他们设法摆脱这个班。这些信

查出后，当然不会再落到学生们手中。特务们为了威吓学生，又在班本部修了一个禁闭室，对不遵守规章制度的学生，随时送到这个禁闭室关起来。

这个班的学生，不管学的是什么专业，都得学习一些特务基本技术。副主任余乐醒编了一本叫“特工常识”的讲义，并由他亲自主讲。这本讲义里面，包括情报、行动、侦察、化装、秘密通信、毒物使用、爆破、邮电检查等许多特务工作的基本技术。到分科专业训练时，每门课程就更加细致具体了。如学情报专业的，除了情报搜集、编审、研判、分类等之外，还有秘密机关的布置、联络、盯梢（跟踪）、脱梢以及情报网的分布、传递情报方法等一系列的有关课程。这些学生还要着重学习关于“党派分析”的政治性课程。这是专门对共产党和民主党派进行诬蔑歪曲、颠倒黑白的一项功课，使学生在脑筋里形成一个牢固的概念：除国民党外，没有一个党派是革命和抗日的。学生们学了这门课程后，班里还要经常进行测验，以巩固学生们的思想。

军统特务的工作分为两大部门，一是搞情报，二是搞行动。行动工作的范围非常广泛，它是军统一切罪恶活动的总称，举凡逮捕、绑票、刑讯、解送、看守、暗杀、纵火、偷盗以及各种各样的破坏等都属于行动工作的范围。本来爆破也属于行动工作范围内，但由于这项工作在行动中不但占重要地位，而且技术性较强，所以在军统的训练班中是单独列为一项专业课程，而不把它包括在行动术课程中。许多专门训练行动特务的训练班，是包括有爆破；而专门训练爆破特务的训练班，一般不一定讲行动，只是在有条件时讲讲一般行动常识。因为学习爆破，不但学生常因粗心大意造成伤亡事故，甚至教官本身都有被炸死的。有一次，军统局派到第三战区编练处（当时在江西上饶四十八都）的爆破教官蔡某，便是在教课时当场被炸死在讲堂上的。这主要是由于军统在训练特务时总是感到学生不够用而急于求成，同时在训练时也不顾学生们的安全，只求速成，所以经常发生事故。训练搞行动的特务，一般有半年便可掌握到各项基本技术；学爆破的要能独立工作也得半年，所以在一般的行动训练中，只能讲一些有关爆破的常识和对爆破器材的使用与简单的爆炸品的配制。

第三中队是以训练行动与爆破为主的。这个班的行动技术训练，是以拘捕、暗杀为主，也先讲一些跟踪方法和手枪、短刀（匕首）、毒刀、利斧等的使用，以及如何追捕与脱逃。在开始讲“拘捕术”之前，对怎样去抓住对象这一项看来非常简单的事，都得花上几小时的工夫，因为有些问题不是亲身干这项罪恶活动的人，是无从想象得到的。比如两三个人抓住一个人，当然很简单，但遇到要一个人抓一个人，甚至一个人抓两个人，就不是个简单的事了。还有，在不同的环境中，如何顺利地把被捕的人带走，都得多方研究。例如从三四层楼上把一个人带下来，行动特务应该走在前面或后面，就很有讲究。因走在前，很可能被踢下去；走在后面，对象又可以奋不顾身地滚下去或跳下去。特务们都有经验，一个顽强的共产党员并不是那么容易束手就范的，往往要经过一场异常激烈的生死斗争。所以教官在讲课时要对曾经发生过的各种问题和可能发生的问题，都详细教给每个干行动的特务。在逮捕时，除了怎样防止反抗外，还得针对各种不同的对象，研究出一套对付办法。例如老年人、妇女、小孩等被捕后，不是反抗而是赖着不走，或大哭大叫，特别是老年妇女，特务们对这些人既不便打骂而引起围观的人同情，增加麻烦，又无法动以利害或威逼。遇到这类的人，特务们便得先发制人，用一套特别办法，使之身体上既感到些痛苦，又无力挣扎叫喊，但又不是十分痛苦，于是只得跟着走。

这些课程都是边讲边实习，教官讲完一套办法，马上在课堂上表演给学生们看，被用来实习的对象自然是这些学生。有些聪明的学生在被叫出来实习时，吃了点苦头自认晦气便算了。有些不服气的，往往当场被教官们弄得伤筋折骨。我还记得有个叫严夔的学生，因在上擒拿课时和教官金民杰故意为难，被金下毒手，在要害处猛击一下造成内伤。但他仍不服气，以后在我讲课时，他又自告奋勇要求和我试一下。我早防到他，在表演时，趁他用尽全力想把我摔倒时，也照样给了他一次猛击。经过这两次以后，严夔被弄得重伤不治，不久，加上别的病发作便一命呜呼了。特务们又猫哭老鼠给他开了一个追悼会。当时行动队的教官们经常研究，如何在教课时不被学生弄得当场丢人，都同意遇到调皮捣蛋的要当场给以厉害，不惜拿学生的性命来维持教官们的所谓“威信”，所以以后一些学生非不得已都不愿给教官做实习对象。

有许多课程的实习，是不需要拿学生做对象而由教官像玩杂技一样表演给学

生们看的。这类表演往往使学生很感兴趣。如像手枪的使用与携带，教官在上课时身上便先带上几支手枪，他一面说明特工人员的手枪是第一生命，既要不暴露目标使人注意，又要求出枪迅速射击准确，能先发制人，一面很快掏出手枪，向预先悬在课堂中的枪靶发射一枪。当枪声响后，枪靶被击得摇摇晃晃时，不少学生连看都没有看清，往往要求再来一次。教官总是把身上带去的枪都迅速拔出来，让学生看清楚，再将衣服解开然后将枪一支支插回去。又如对于开手铐、开锁等不用钥匙，而用一些随便能找到的代替品，很快把手铐或锁打开，也能引起学生们的兴趣。教官们这样做，为的是使特务工作的这一套捕人杀人的课程避免讲得令人毛骨悚然，使人学不下去。

在进行毒物试验时，便是用狗来代替。如将几滴苦扁豆油滴在一块牛肉上，狗吃了下去，几分钟内便在地上滚去滚来，不到半小时便结束了生命，但人吃了这种东西关系并不大。其实有些毒药，军统并不把它公开来传授，只在使用时将配制好的成品混入食物中，交给特务们去使用，并不把它的名称和配制方法让人知道，用来讲授的只是一般的东西。

临训班在讲审讯这门课程时，恰好有一个临时找来的医官有贪污和采购假药的嫌疑，便将他弄来做“实习品”。这人来头不大，是个小特务的亲友，贪污也有限，只是为了贪图便宜买了点假药，并不是存心想害学生，结果却被指为有意谋害教职员和学生，经班务会决定进行公开审讯，作为学生的“实习品”。教官们先把一套课堂上讲的审讯方法使出来，毫无结果。这个人矢口否认有意谋害该班学生，连续几小时的审讯，学生看得有点厌烦起来，弄得教官们发了急，立刻把他们的一套看家本领搬出来，将讲授的各种刑讯办法凡是有条件可以试一试的都用到这个医生身上。有些女生看得害怕起来，还挨了队长们一顿臭骂。最后这个“实习品”被弄得遍体鳞伤，而口供证据均无，结果只好交由原介绍人具保开除，并保证对此不作任何表示。这种无法无天的做法，对这个班的学生毕业后的确起了很大影响，使他们感到这个机关是具有一切特权，根本不管什么法律。

情报队和行动队的学生都须经过跟踪与脱梢的实习。情报队的几个所谓高才生文子瞻、李甲孚等几十个人还去长沙，由湖南省站协助他们去进行过一次实习。

戴笠对这次实习经过的报告非常满意，因为在短短的几个月训练当中，这批新的门徒已能基本上掌握到一些特工技术了。

这个班经常举行实习的还有爆破方面一些技术。由于这门功课危险性较大，对一般炸药的配制工作往往只由教官在课堂上讲讲，或用简单的方法做一两次给学生们看看，主要是用“梯恩梯”（TNT）或“的拉米特”等成品进行爆炸，让学生们看看它的威力，以及怎样计算药量等使用方法。这些爆炸品领来以后，班内一些特务们便经常拿着它去附近水塘河沟等处炸鱼吃，弄得附近经常响起巨大的爆炸声，不仅池鱼遭殃，连澧水河堤几处都被震坏。第二年我在常德工作时，这个班虽已迁走，但仍时常听到老百姓骂这个班，因春天水涨，不少河堤因受震动而崩溃，好几处都造成水灾，使得县内农民受到不少损失。特务们无恶不作，凡是他们经过或住过的地方都无不受到灾难。

这个班一些不能实习的课程，教官便举出过去军统在工作中的一些实际例子来说明。在这些现实的案例中，所指出的对象或敌人，大都是中共地下党员，借以增加学生们的反共情绪。有时也明白指出，他们将来的主要敌人便是共产党。那时，正值全国人民一致要求抗日时期，教官们也不能完全不提一下对付日寇或汉奸的一些例子，但这种比例是很低的。如我所讲授的行动课程，当讲到拘捕术的时候，几乎全部例子都是以过去逮捕共产党的情况来做教材。

拘捕术这门课程分得很细，将不同情况下怎样进行拘捕分别为指捕、缉捕、守捕、围捕、追捕、密捕等等。这里我只把指捕这一项简单地谈一下。所谓指捕，是讲极个别被捕的人，因受不住酷刑拷打而供出与自己有关的人的时候，由特务们带着他一同去逮捕他指明的对象。在讲这门课程时，几乎全部是讲的如何防止受骗，不要弄得打草惊蛇。因为特务们在这方面受过不少的骗，上过不少次当。有些共产党人在酷刑下好像受不住刑而愿意出卖组织，当特务们高高兴兴地带着他去逮捕他指捕的人员时，却反而被利用成为报警的信号，让领导机关和其他人安全转移。这是受审人员欺骗特务人员，假意说出地下党的地址，往往是在同一条马路的对门或附近，当特务们带着这个人员去搜捕时，地下组织的人不但马上会警惕起来，而且可以看到自己的同志已被捕，于是迅速转移。特务们过去常常因此扑了个

空，被利用为通风报信的工具。所以教官们在讲这门课程时，着重讲过去的经验和防止办法。如在对象供出自己的领导机关地址与领导人员身材面貌特征等之后，不应马上停止审讯，还要详细追问某处房屋情况，用什么东西做安全和危险标志，进门后内部陈设等有关这所房屋的一切情况之后，先由特务们伪装成为查看电表、水表的人员混进去看看与所供出的情况是否相符，说得对的便去搜捕，说得不对回来再用更严酷的手段来对付。

在核对情况属实后，进行搜捕时，还得将整个马路的一段或弄堂（胡同）封锁，防止对象故意供出一个次要的地方而使主要的有脱逃机会。如果扑了空，还得暗中派几个特务监视附近居民，看在搜捕后有无特别变化情况。当时讲授各种各样的拘捕工作课程时都是用破坏共产党地下组织作为实例来讲的，这里不一一列举。

军统特务的绑架工作也全部是以共产党为对象的。抗战前，军统特务在上海、天津、汉口等地租界内绑架共产党，戴笠一向认为是得意之作。所以教官们在教学生时，也大量列举这方面的例子。军统有组织有计划地进行绑票工作，是特务们向一些专搞绑票的惯匪学习之后，并经过不断研究而得出的一套方法，因此能在各种不同场所，针对不同对象，运用不同的方法来达到它的目的。这门课程，在讲授时，一讲也是要七八个小时才能讲完。

在讲暗杀工作时，所举的例子，教官们总是爱把军统一向夸耀的暗杀民主和进步人士杨杏佛与史量才等案例为教材。另外再举出一些秘密惨杀共产党员（大都记不得姓名）的情况作为实例，好教这些学生们将来出去屠杀共产党人能青胜于蓝。

军统所办的特训班中，在讲授特工技术时，总是叫这些学生要注意做到“运用之妙，存乎一心”。那就是要不惜选择一切手段，不管什么法律，只求如何能达到目的。这便是每个特务在工作时要随时奉行的一项工作标准。

当时在这个班（以及以后其他各个特务训练班）教一般特务技术课程，都印发讲义，或由学生抄录笔记。而“行动术”这门课程，是从来不印讲义，也不准学生记笔记，只由教官讲述。学生如有听不懂或弄不清的地方，课后可以提出来，请求补讲。教官们特别欢迎学生在课外去找他们研究，因为这种杀人放火的功课，连特务们自己也知道太见不得人，一些稍有良心的青年听了也感到太残暴，因此尽管有不少的人听讲，而真正对此有兴趣的却总是不多。因此，如有学生在课外去找教官研究，便视为难得的好学生，于是用心培养，热心讲解，使之成为“专门人才”。这不但是教官自己的成绩，也是为戴笠所最重视的一项培养接班人的工作。

这个班还有一项课程也是不发讲义，甚至提纲都不印发的，那便是如何打入中共组织或民主党派去进行特务活动的问题。这门功课有时是专门讲授，有时是在讲党派分析问题时插进一段。这门功课大都是由共产党的叛徒来主讲。他们对党内的情况比较了解，并利用从邮电检查和各处找来有关共产党的文件作为教材，告诉学生们如何学习党内一些术语，以及一般常识，好伪装进步，从而容易接近共产党人和其他进步分子。可是他们又怕这些青年们思想上受到共产主义的进步影响，所以在讲授时对马列主义，特别是党内一些政策方针要多方加以歪曲和诬蔑。许多担任这门功课的叛徒，在讲授时感到非常矛盾和苦痛，不讲得具体详细一点，又怕学生不能在工作中很好地去运用；讲多了，又怕被其他特务看成是在为共产党做变相的宣传，因此感到轻不得又重不得，左右皆为难。因为这个班内不少特务都会直接向戴笠作小报告去讨戴的欢喜。戴笠本人虽不在班内，而班里的一切情况却是了如指掌，不用说教职员和学生思想上的问题，甚至每个重要干部的私生活他都清清楚楚。他第一次到班内视察时，连总队长陶一珊经常在晚饭后与几个人打牌，陶总爱说“饭后来四圈，是卫生麻将”这样一句话，都能一字不错地指出来，无怪大家不得不随时相互警惕了。

这个班的课程，除上述各项之外，第四队（谍参队）还着重学习军事情报方面的有关功课，第五、六两队则学习游击战术。戴笠听到叶剑英当时在湖南南岳游击干部班讲这门功课，很想把中共打游击的一套办法学过来，将来好去对付中共，便设法把临训班两个副大队长陈震东和王百刚介绍到这个班去工作，以便剽窃到这方面的东西。以后王百刚运用特务的“偷盗技术”偷了游干班一笔不小的现款，被人检举。这个特务表演的技术非常拙劣，弄得人赃俱获，使戴笠很下不了台，本来偷窃罪不该死，可是他的任务既没有完成，又给戴笠丢了脸，戴笠一气之下，便把他要回来枪决了。

1938年秋天，戴笠第一次来到临澧特训班视察时，副主任余乐醒得到戴要来的消息，为了讨好他，也想让学生们知道一点主任的威风，便在他要来到的当天上午，派出两个中队的学生去担任警戒，在一座小小的临澧县里，三步一岗，五步一哨。当戴的汽车驶到县城附近时，余乐醒早率领全体教职员和部分学生在道旁恭候多时，在一声“立正”号音发出后，接着是几处同时传出了立正号音，使整个县城都进入了紧张的气氛中。站在交通要口的武装学生，也立刻执行了断绝交通的任务。戴笠本来是听了一大堆不满意余乐醒的小报告而来的，早就有气，一看到全城戒严来欢迎他，更是火上加油，在路上便发作起来。他厉声责问余乐醒，这样警戒森严是为什么？他说，他又不是过去的军阀，如果让蒋介石知道了他这么摆威风，那还得了。他一路发脾气一直发到班里，使得没有见过他的人都害怕异常，感到主任的威风的确不小。

第二天上午，戴笠第一次主持班务会议时，从开始到收场都是在骂人，从副主任到事务员都给他骂到了。不过以后我在他身边多年，知道他对这个班的确是非常满意。因为这个班一下子给他培养了1000多名学生出来，并且训练很认真，成绩很不坏。当时他最为不满的，是他一直没有时间去到班里向学生讲话，弄得学生心目中只有副主任而没有他。余乐醒对特务工作懂得很多，重要的课程如特工常识、化装、毒物、化学通讯等，都是由他主讲。此外，他经常向学生作精神讲话，生活上又与学生能打成一片，几个月工夫，学生对他非常喜爱。一些特务很眼红，便不断向戴笠去报告，说余的野心很大。戴曾经叫陶一珊当副主任，结果不到一个月弄得人心惶惶，依然只好叫余来主持。这更加证实了许多小报告的真实性，使戴对余不满。戴以后一直想找机会收拾余，都是由于这一原因。

在这次班务会上，几乎人人皆挨骂，却有一个人独受赞扬，这便是政治教官、中共叛徒廖华平。戴笠早听说廖华平一到临澧，便极力鼓吹反共。许多人说廖华平“危言耸听”，廖还是声嘶力竭地叫嚷共产党是最大最危险的敌人。他还说什么共产党如不消灭，大家都死无葬身之地。别人说他长他人志气灭自己威风，他还是坚持他的看法，因此很能够得到戴的赏识。加上他在戴笠主持的班务会上公开指责副主任、总队长、总教官等领导干部花天酒地的私生活，放松对学生的教导工作，对学生思想考核不严，教官和队长中不少人与女生闹师生恋爱等等。他抨击最力的有两件事：一是教务处与总队部强迫所有学生要学会游泳，结果淹死了一个从来没有下过水的河南籍女生刘颖；二是严燮被教官打伤，以致病重身死。戴笠听到这些更是发火，所以越骂越气。在骂过所有的人以后，戴笠对廖却当场大大称赞了一番。

这次戴笠在临训班住了三四天，几乎每天要对学生讲一次话。他除了向学生吹嘘军统这个组织是如何革命、如何有前途外，每次总是要对中国共产党进行一番诬蔑，叫学生认清今后的最大敌人是谁的问题。

戴笠第二次去这个班视察是在同年的冬天。他匆匆从长沙赶到临澧，经过常德时，并邀请了当时常德警备司令唐生明和他的夫人徐来，以及徐的女友张素贞一同前往。他这次去到临澧，除了主持临训班的毕业典礼外，同时由于战事关系，湘西已非安全之所，决定要把这个班迁往黔阳县继续办下去，并且还要将副主任余乐醒撤换，所以要在百忙中抽空前往。当时第一期学生的训练还没有到一年，而第二期的招生已在开始，并且有些地方保送的学生已有几十名到达临澧，暂在临时成立的新生队中作为旁听。所以有些特务学生是临训班入学，而到黔训班才毕业的。第四队谍参队也是到黔阳才毕业的。军统虽把他们列为第二期黔训毕业生，可是他们自己总说自己是临训班的。

戴笠在这次的班务会上，却不像上次一样发脾气骂人，而是肯定这次试验性的大规模训练工作是有成绩的，对全体工作人员表示慰劳，对学生表示满意。当他快离开时才正式宣布迁黔阳后人事方面要改组，副主任一职决定由军事教官吴琅继任，原有的处长、总教官、总队长等均另派工作，并指示班本部下面不再设处，均改为组。他除了在毕业典礼时，向学生宣布毕业后的工作任务外，并找一些平日学习成绩好的学生进行个别谈话，也分别约集了留班工作的特务和宣布调职的特务进行了一次谈话。

在毕业典礼的晚会上，班里的教官和学生都想借此表演自己的“特技”，显露一下身手。在各种别开生面的表演中，戴笠对行动队学生李克炼的气功很满意。李克炼能在腹部放上一块大石板，别人用铁锤将石板击碎，而他的腹部不受丝毫损伤。以后李克炼由戴提升为重庆技击班（专门训练武功的行动特务班）副主任，便

是这次看中的。在这次晚会上，朝鲜籍教官金民杰也表演了一次他的绝技。他把一个名叫金刚的十多岁的小勤务兵带到台上，只用手腕夹住咽喉，几秒钟内便立刻晕了过去，人事不知。紧接着，经他在背后一拍，金刚又活转了来。在场观众都为这项表演喝彩，戴笠却极不满意，立刻指示，不能以此作为文娱表演。因此有些特务原来准备的类似节目便不敢再搬出来，否则会成为一次特务的比武会。

戴笠的这一指示，当时传说纷纭，有的说他讲人道，怕把小孩弄死后活不转来；有的则说因为有太太们在场怕使人受惊等等。直到后来我在他身边工作，偶然提到这件事的时候，他才坦白地告诉我。他说，像这种对付敌人的手段，应当是守秘密的，怎么能拿出来当众表演。于是我才明白，原来他是怕泄露了军统特务的一套残酷手段，不愿让人看到这些。

这个班的学生在训练期间的待遇，每月是 12 元，伙食费一般吃到三四元，还有八九元钱作零用。衣服是灰布军装。毕业后，一般是按少尉待遇支薪，都是 40 元，但提升很快。原来少数不大安心的人，看到这是一条升官发财的捷径，也就越干越有劲头。

四、工作分配情况和内部的摩擦斗争

临澧特别训练班的学生，在训练中，便有部分学生调出分配工作。戴笠对这为期一年的训练时间，感到太长，曾一再指示希望将时间缩短一些，而且迫不及待经常亲自电令挑选成绩较好的学生提前分派工作，不等到毕业便先行使用。1938 年夏天，除把原来是军统特务送来受训的学员先调去不少外，还命令一次提前选派女生徐寄鸿等 30 人，去江西胡某所主持的“战地服务团”工作。

戴笠对这种打入当时一些民众组成的战时服务团体，是决不放过机会的。因为他怕这些民众组成的抗日组织被共产党或其他进步党派掌握住，将来不易控制。他认为这种组织大可利用来做军统的特务活动，使人不会去注意它。所以当江西战地服务团胡某见到他的时候，表示人手缺乏，他便马上答应给她以支援，利用这个机会渗入特务去活动。临训班立刻按他的指示，把平日认为可靠而学习时较用功的学生挑出来，并郑重其事地为她们举行一次送别聚餐会。当她们经过武汉时，戴笠又向她们讲了话，当面指示此次去江西的任务。他曾一针见血地指出，因为江西是共产党老根据地，此去意义特别重大。以后徐寄鸿等还把戴笠召见她们时的讲话写信到班里来，报告离班以后的种种情况。

另外，临训班曾挑选男女学生 100 名，送往武汉参加保卫武汉的工作。这 100 人挑选好以后，由我领送前往，去的男生有黄炳炎、袁铭鼎等 80 多人，女生有杨文惠等十多人。这批学生到武汉后，住在汉口旧日租界南小路一所日本小学内。第二天上午，戴笠亲自前去点名讲话，勉励他们要在武汉保卫战中发挥出军统的特殊作用。当日中午，戴和这批学生聚餐，并发给每人一笔置装费。第二天，那 100 名穿灰布军服的特务学生都买好了便衣。我留武汉一星期，戴笠仍叫我回临澧去担任训练学生的工作。他向我说明当时训练工作的重要性，主要是由于军统工作一天天开展，对外（指对日本）对内（指对中国共产党和人民）工作都越来越繁重，而最缺乏的是干部。他强调指出，军统这门工作，不是一般人可以胜任的，所以必须经过训练和思想考核以后，才敢放手使用。我曾两次请求不再回去搞训练，经他这么一说，只好仍回临澧。

1938 年秋天，临训班又先后在第五、第六两个军事队中挑选了 100 多名没毕业的学生送去东南，到军统所掌握的忠义救国军去工作。因为那里是和新四军接近的地区，军统从抗战一开始便着重加强了那个地区的工作。

当时军统对日寇占领的地区也派有特务潜入，点缀了几下。如周希良、毕镐奎、朱山猿等过去对上海情况熟悉，便派去上海工作，此后，有条件去工作的又选派了两三批，每次只有四五个人。对山东沦陷区有人事关系的赵鲁丰等十个人，也在秋天派回山东去工作。所以临训班的学生等到冬天毕业时，实际上只有 700 多人了。这些留下没有提前派工作的学生，总共也不过受了十个月左右的训练，大部分却派到西南后方工作，其中以军统局和四川省最多，也有极少数的如方定亚、成再德等人留下作为第二期的干部。

戴笠对这批毕业学生特别喜爱，派到军统局局本部去的几十名都经他亲自挑选，并且很快都得到他的重用。如李甲孚、刘子英当了他机要室（又称为甲室，这

是戴笠仿照蒋介石的办法，等于他的侍从室）的助理秘书。派在人事室（以后改为人事处，即第六处）工作的粟沧洲、李逢源、吴逢源、陈希普、窦滋树、崔毓斌、周懋树、王泽澳等十来个人，不久便当上了股长、副股长等。由于戴笠对这班学生的宠信，军统局各处、室、组、区等内勤单位中，无不有临训班的学生在内担任重要职务；外勤的区、站、组，也都有这些学生插足其间。如当时的渝特区中便有吕世琨、刘德文、杨政、陈月华、邓毅夫等七八人。又如重庆卫戍总司令部稽查处，竟有这个班的学生 30 多人，不但处内各科股中都有，十多个县里的稽查所的所长和督察，几乎全部由这些学生担任。其中如易啸夫、胥蜀鸣、吴德厚、关宝中、程传洛、鲁东辞、鲁东藩、张明选、邓子培、杨兴贤、吴菊生、唐治亚、朱晟、毛洪明等十多人，不仅都是很快独当一面的工作，而且官阶也很快提升到了上尉或少校。

当时这种情况，引起了许多在军统工作多年、资历比这些学生老得多，却得不到重用的特务的不满。他们便在背地里大发牢骚，说现在真成了“非澧（礼）勿视，非澧（礼）勿用的世界了”。特别由于这些初出茅庐的人，态度骄横，对老特务没有礼貌，更引起他们的反感。这班年轻人，在任何场合中都要表示出自己是戴笠的学生，不论在口头上或写报告时，一般人总是称戴笠为“戴先生”，而这些学生却都是一律称“主任”以表明与一般特务不同。由于这种情况，最初还只是一些一般的小特务眼红不满，后来渐渐弄得一些科长、处长们也有点讨厌起他们来。

临澧特别训练班的这批学生，获得戴笠信任的原因，除了是第一批大规模训练出来而又正在戴笠大走红运时毕业，正是需要干部时，因而得到破格重用外，同时这些人都很会讨好戴笠，经常去反映老特务们的情况，所以使得一些私生活腐化惯了的大特务们更加讨厌他们。而他们却自恃只要得到主任的信任，什么人都不在眼中。这批新培养出来的年轻特务，以后渐渐地也相互标榜、相互包庇，内外勾结。他们之间彼此称呼也不和一般人一样互称“同志”，而是互称“同学”，以示亲密。他们见了过去临训班的一些教官、队长，也不称现时的职名，而以“老师”呼之。我在军统局局本部任总务处长时，学生们见到我总是亲热地招呼“沈老师”。以后甚至弄得其他处长们都当面讽刺我，也和他们一样叫我“沈老师”。

由于这些情况，局里的许多大特务便想出对付他们的办法。军统人事制度很严格，各单位主管官不能随便调用亲友到自己的单位工作。自己的亲友参加军统后，要由人事处分派工作。戴笠对这一点控制很严，为的是防止大特务擅用私人，上下一气来欺骗他。他在每个单位都安置他的学生来暗中监视这些主管单位的大特务。以后虽然调进一些黔阳训练班毕业的学生掺进军统内勤各部门，但由于不少黔阳班的学生是从临澧迁过去的，曾在临澧办过参加军统的手续，他们又以“临黔不分家”的口号来拉拢他们。后来一些大特务便故意从兰州特训班调一批学生来重庆，用以抵制他们，使他们彼此去闹摩擦，以减少他们对自己的注意力。这些年轻特务的小报告对大特务虽没有什么大的了不起，但经常成了戴笠在每周举行的纪念周上骂人的好材料，受骂的人总是感到不舒服的。

本来戴笠设立兰州特训班的目的，是为了西北地区使用干部方便，免得调去调来多花旅费和时间。而重庆需要的干部，除了原来临澧、黔阳两班的学生已有不少外，以后黔阳班迁往贵州息烽，主要是训练西南方面所需要的干部，特别是重庆已有各种各样的十来个特务班，根本不需要再从遥远的兰州去调学生。但是一些大特务，连毛人凤都包括在内，都有点讨厌临训班学生，所以便不惜远道把兰州班学生调来。果然兰训班学生掺入军统各部门后，也相互勾结，慢慢地形成了一股和临训班学生相对抗的力量。以后息烽特训班一连办了三期，毕业的学生也插进来和临黔两班学生争宠，在军统内部无形中形成了三个班毕业学生的势力圈子。当他们彼此间暗中去闹钩心斗角的鬼把戏时，对一些大特务的注意也就越来越放松了。

在三个特训班形成的势力圈子中，由于临训班学生（包括一大部分黔阳班学生）资格比较老，先毕业一两年，基础已经打定，所以在各方面始终占优势。他们内外勾结的办法，当时并不完全避讳我，所以我也能知道一些。他们利用军统局内部的同学帮助外勤各单位的同学去找升官发财的机会，而外面的则对干内勤的经常给以物质上的帮助，有什么重大事情也是互通声气，经常保持着紧密联系，并公开利用聚餐会等方式进行联络。每个临训班的学生由外省到重庆，总会有几个或几十个人来一次聚餐，戴笠知道了也从不禁止。

不过当这些学生们对过去这个班的老师们表示得太亲热时，戴便很不痛快了。例如原临训班副主任余乐醒每次到重庆，总有上百名学生为他举行公宴，并且照例

请他讲一次话。尽管余乐醒每次总是勉励学生们好好工作，尽忠于军统和戴笠，但是戴笠总是非常讨厌他，以后甚至借故将他扣押起来，不审不问关了一年多。不过余乐醒总算有了这些学生，最后没有成为军统刀下之鬼。原来在上海解放前，毛人凤得到密报余已投靠了共产党，便几次催促余乐醒去台湾，余迟迟不肯走。毛便命令上海稽查处的特务逮捕他。结果是命令刚到，给在稽查处的学生知道了这一消息，马上打电话通知他，因而余得以从容逃走。

抗日战争接近胜利时，临训班学生便大肆活动，很想趁此机会大搞一下。而突如其来的是他们所依靠的这位主任（戴笠）竟在1946年3月间坐飞机摔死，他们如丧考妣地大哭起来，感到前途茫茫。一些大特务更趁机大用其私人，对这批军统中的“天之骄子”处处进行打击。在军统缩编中，不少人被编了下来，很久不派工作，这使他们感到极大的恐慌。为了争出路，便由留在重庆的张明选、吴菊生、李葆初、刘德文、邓子培、左志良等20多人发起，成立一个“滨湖同学会”来加强团结。在南京工作的刘本钦、邓毅夫、牛树坤等马上表示赞成。本来他们一向有联络，一下子便得到两三百人的同意，这个同学会便于1946年秋天在重庆成立。

我当时为处理军统的财产经常前往重庆，他们把这一建议向我提出，我便利用处理军统财产的关系，用廉价套买的办法从经费上给他们以全部帮助，使一些没有派工作的人在生活上均能维持。他们便请我当他们的会长，除了希望我在经济上帮助他们外，还希望通过我在军统内部去给他们找出路。我当时也有些野心，想多拉拢一点实力，便把李葆初推荐给毛人凤去保密局人事处当科长，把刘本钦推荐给唐纵到警察总局人事室当科长，把刘子英推荐到交通警察总局主管人事。我当时手中控制有军统不少财物和大城市一些房屋，这些特务头子都想通过我分得一些东西，因此我的这一计划很顺利地得以实现。不久，临训班学生又慢慢抬起头来。

到1947年，军统三巨头——郑介民、毛人凤、唐纵三个人，在争权夺利的一场激烈斗争之后，各得其所，便开始注意抓干部。这时，其他几个特训班的学生也仿照临训班学生的办法，纷纷组成了同学会。毛人凤便先行下手，正式命令所有各个特训班同学会一律取消，不准再有所活动，而成立一个军统各特训班的“统一同学会”，并且对临训班学生也照样重用，一下子便把上万的特务学生抓了过去，并破格提升临训班学生担任省站站长，如以钱雾林任贵州站站长，吕世琨任重庆站站长，董士立任西康站站长，张明选任重庆警察局刑警处处长。这样一来，学生们又把毛人凤当成了靠山。我也不敢再去拉拢他们，只是保持私人间的往来。

五、特训班学生的罪恶活动

从我和临澧特别训练班学生十年以上的接触中，了解到他们当中一些人的罪恶活动。这里简单地提出一部分，便可看出这个班训练出来的这批特务对中国共产党和人民所犯下的滔天罪行。

解放前，保密局对解放地区布置潜伏人员的第一、第二两科科长李葆初、任鸿传，从1948年起便专搞这项工作，直到逃往台湾还继续担任这个任务。

在解放前，参加重庆大破坏大屠杀的特务中，这个班的学生计有：重庆警察局刑警处处长张明选、副处长周万孚、督导长钟恕，西南长官公署第二处（主持重庆中美所渣滓洞大屠杀）的司法科长雷天元。我在云南主持省站工作时，在云南搞特务工作的重要干部几乎全都是这个班的学生。例如云南站副站长皮绍晋，云南绥靖公署保防处副处长胥××，督察主任吴德厚，参谋主任宋俊辉，总务科长王静涵，副科长张静甫，侦讯科长左志良，业务科长杜玉洲，副科长黄潭，航空检查组长李瑞峰，邮电检查组长安耀礼，昆明组长戴季庸，新平组长胡笑波，保山组副组长秦善继，第二十六军随军调查组组长张宜川，第八军随军组组长郑世勋，督察周云峰、粟沧洲、吴菊生、王廷秀、仲体逸等共有20多人。

这里只略提一下胥××的罪行，便可以看出他们都是两手沾满鲜血的刽子手。抗战期间，胥××在重庆稽查处先后担任过江津和涪陵的稽查所所长，他在这两地所破坏的中共地下组织便有两三处。他的老婆××，便是被他逮捕的地下党员，被他奸污后强占为妻，迫使登报声明脱党。北平解放前，他任北宁铁路局警务处副处长，经常率领交通警察部队与沿铁路的人民游击队作战。据他自己夸耀，被他打死打伤与活捉的游击队员达300余人。云南解放前，他和我一同主持昆明大逮捕等罪恶活动。他还与当时在贵阳任警备司令部稽查处处长的何锦书，贵阳省会

警察局督察长的朱肇基，以及警察分局局长张松涛、稽查处科长粟沧洲等十多个临训班毕业的特务勾结一气，准备在云贵边境搞武装游击特务活动。以后粟沧洲等逃到昆明，他又把他们拉进了保防处。

一向在东南活动，以及在上海解放前屠杀革命人士的著名刽子手毛森，他身边最得力的助手黄炳炎、袁铭鼎等，都是这个班的学生。在上海稽查处中的重要骨干分子如季仲鹏、李人章等还有 20 多个。

1947 年胡宗南进犯延安后，第一个到延安去担任稽查处处长的便是这个班的崔毓斌，可见军统对这些特务的重视了。

抗日战争刚结束，军统选派去美国留学的大特务当中，也有这个班的学生俞实和焦金堂两人，由此可见戴笠对他们的培养是煞费苦心的。这事，当时曾引起很多大特务的不满，因为这次去美留学，大都是军统中的处长、省站站长这一级的老特务，戴笠却把这些学生也和他们同等看待起来。

这个班的学生从 1938 年毕业到 1949 年的 11 年中，便有好几个已经爬到了少将阶级，如十一战区调查室主任张家铨，十六兵团孙元良部的第二处处长易啸夫，云南绥靖公署保防处副处长胥 ××，以及交警总局的刘子英、唐振文等。

这些学生在军统局和保密局局本部当到科长的先后有俞实、邓毅夫、刘子英、牛树坤、任鸣传、李葆初、汤亚东等十多人。外勤方面也有几个当到省站站长，负一省的责任。当稽查处长、刑警处长、侦缉队长、警察局长、督察长等公开特务单位负责人的就更多了。总之，这个班毕业的特务，到解放前没有脱离军统组织的，绝大多数已成为军统中级以上的骨干分子，至今还在台湾继续作恶的仍有不少。

抗战前军统特务在上海的罪恶活动

一、组织与人事情况

抗日战争以前的几年中，军统一直特别重视上海地区的工作，最主要的原因是由于中共中央曾设在上海，从这里领导全国的党组织进行了多年的革命斗争；其次是由于各民主党派与进步社团以及反蒋人士等，利用上海租界为掩护，进行过各种各样的反蒋活动。复兴社特务处（军统前身）成立时，蒋介石所交给的两大任务，一是反共，一是排除异己，以巩固他的独裁统治。

我于1932年离开学校参加军统即在上海，先后担任过上海区的交通、情报组长、助理书记，又兼任过淞沪警备司令部侦察大队督察及行动组长等职，直到1937年抗战发生后上海撤退时才离开。因此我对军统这几年在上海的组织人事及各种罪恶活动有相当了解，而且不少是自己亲身参加过的。军统在这一段时期中在上海的活动表现得最凶狠残暴，戴笠也由于这一时期在上海有过不少“成绩”而越来越得到蒋介石的宠信。

1932年4月1日复兴社特务处（对外又称军委会特务处）成立之前，戴笠早就派有翁光辉、陈志强、王昌裕等人在上海从事活动，戴笠本人也经常去上海，不过没有正式组织名称。1932年以后，才成立上海区，由翁光辉任区长。翁为黄埔军校三期毕业生，浙江人，曾在海军方面工作多年。翁任区长时，区部组织很简

单，只有书记一人，司书、事务、交通各一人，下面也只有三个组：第一组组长陈志强，上海人，军校三期毕业，一向在上海搞流氓帮会；第二组组长王昌裕，广东琼州文昌人，军校五期毕业；第三组组长徐昭骏，四川人，军校三期毕业。当时在上海的内外勤特务总共不过30多人，一般工作都只做做情报。蒋介石希望这些特务能打入中共在上海的组织，结果连中共中央从上海迁往江西苏区都没有得到一点消息。戴笠在以后多年中对在上海的特务们讲话时，常常承认这是军统最为失败的一件事。

翁光辉任区长不久，因他拟将一项重要中共情报不通过戴笠直接送与蒋介石，被戴发觉扣留，撤去区长职务，改由杭州和南京特训班教官余乐醒为区长，并将上海区扩大为华东区，增设了第四组和行动组。第四组全部人员均为杭州特训班甲班刚毕业的特务，组长为张人佑，浙江温州人，组员有程慕颐、倪永潮、方元勋、应志春、应怀宝、石仁宠等十余人。行动组组长赵理君，副组长王克全，组员李阿大、过得诚、施芸之等十余人，大多为杀人越货的惯匪。这个组受双层领导，暗杀工作由戴笠和南京总处直接指挥，有关在上海地区的绑票与秘密逮捕等项活动则受区长领导，人事、经费等亦直属南京。

1932年秋，余乐醒任区长时化名为金鸣三，南京特务处化名则为杨柳青。余系湖南醴陵人，为留法勤工俭学学生，以后曾去苏联学过政治保卫工作，戴笠对他寄予很大希望。当时华东区可以领导上海、浙江、福建、徐州等地区工作，但事实上除上海几个组肯听区长的话以外，其余几个单位根本不愿接受区的领导，因此华东区有名无实，没有好久便又改为上海特区，专门负责上海地区的工作。当时区部组织仍很简单，情报多的时候，除区长外，区书记邓志英和我都得帮同司书陈拔萃来抄写密写信件。最初密写的化学药水很简单，以后才渐渐复杂一点，到1934年改由南京派交通每日来取情报，才停止用药水抄写和邮寄。

当时四个情报组的主要成员都是基本特务，任务是想方设法打入中共组织和民主党派组织，以及担任监视蒋介石交下来“应予监视”的反蒋人士的工作。因此情报组的情报反而不很多，而主要来源却是依靠由区所直接掌握的“直属通讯员”。这些人大多是各方面向戴笠或区长推荐的，有的还在试用，有的则成为正式的通讯员。这种直属通讯员有30多人，都是有固定的公开职业，与各方面关系较多。他们搞特务活动最初是兼差，慢慢才变成专业。他们一般都是由区长、书记和交通去联系，其中绝大多数是靠交通联系；特别是一些在民主党派中工作或伪装进步的人，他们最怕别人发觉与特务有往来，因此联络时也很秘密。

上海特区头几年只设有一个邮局信箱而没有接头机关，一般都是一星期联系一次，有特别事项便写信寄到信箱去，我任交通时每天都得跑几个地方去取情报。直属通讯员必须与区长见面时，彼此都有些准备。区长怕他们靠不住被出卖，约见时往往先由我传达清楚后临时带他们到旅馆开房间或公园茶酒馆去等候区长。有时一再变更地点和时间，甚至见到以后谈了几句又雇出租汽车再到另一个地方去长谈，弄得非常神秘的样子。有些通讯员也是提心吊胆，生怕一次见面后谈得不投机被带到南京去，所以彼此都不愿经常会见。有些通讯员往往半年才和区长见到一次。

南京总处认为有特别重要作用的人，先后任过总处书记长的梁干乔和唐纵、张师等都从南京赶到上海去约谈，遇到这种情况那就更加弄得神秘了。我不但要使双方按时会见，而且还要担任临时的警卫工作，防止发生意外事故。有些区部认为比较可靠的通讯员，则不像和有党派关系的人见面那么故弄玄虚，除经常由交通直接去找他们外，区长和区书记也往往直接去找他们联系，但始终不敢把区部所在地和电话告诉他们。

通讯员中，我还记得姓名和地点的，如吴淞商船学校军事教官陶一珊（化名陶式贯）。他是由潘佑强介绍给戴笠的，因为是中央军校的学生，又有公开职务，不会发生问题，当时专门负责吴淞地区社会情报和那里的几个学校方面的情报。

另外还有专做复旦大学学生工作的一个通讯员叫陈绍宗，也是黄埔军校学生，曾在复旦担任过军事教官。他离职以后，戴笠便叫他在复旦后门口开了一个嘉宾饭店。他用他妻子吴树宾的名字当化名。这个饭店由于得到特务机关的津贴，资本比一般雄厚。陈认识的学生很多，又愿意赊账给学生，所以生意很兴隆。这家饭店有两间小房间，除了供学生们聚餐请客之外，还借给学生开小会和商谈问题。陈便借口义务招待茶水为名，叫他一个十多岁的女儿常常进进出出去听他们谈话。遇到学

生们事先关照不要随便进去时，这便无意中说明此地正在商量秘密问题，更成为注意的好线索。他拉拢过不少学生，打进学校中各种组织中去活动，因此情报比较多。后来整个江湾地区的工作都由他担任起来，连附近的女子体育学校、法政大学等都发展了一些学生给他做工作。我每次去总是用买饭票的方式把区部给他的指示夹在钞票里交给坐在柜台上他的老婆，再利用找钱为名取回他写的情报。

当时闹事最多的真茹暨南大学，特务人员除了在附近开有一个咖啡店从事掩护活动外，一些南洋回国的华侨学生也被吸收当了特务。这些学生当时虽然还在读书，却已身佩手枪到处乱闯，经常掏出手枪来威吓人。后来杨虎的一个姨太太还把这个学校的十多个华侨学生如苏振通、刘果庆等介绍给戴笠，送到杭州警官学校特训班去受训练，成为军统的基干分子。

当时还有些地方军阀派在上海的联络人员，他们也替军统做工作。文化界方面，有在上海《大晚报》担任副刊《火炬》主编的崔万秋，以及一向在教育界活动的高巩白等，都是上海区的直属通讯员，我都跟他们联系过。在崔万秋所编的副刊上，张春桥曾用狄克这一笔名写文攻击鲁迅，并要鲁迅给他写回信时由《火炬》编辑部转交。崔万秋多次吹捧蓝苹的文章也是在这个报上发表的。当时崔万秋住在法租界，我每月给他送去津贴 80 元，有时还有几十元的奖金。我给他送钱和去他家取情报时，曾不止一次见到蓝苹在他家中，但崔从来没有给我介绍过。我去他家时，遇到他有客人的时候，他总是把我领到他家后面的亭子间内，一交一接便走了。他生怕被人发觉，我也不愿与他家的客人打招呼。另外还有些人是担任律师、教授、银行职员、记者以及无业流氓、帮会头子等各色各样的人。

到了 1934 年间改由吴乃宪任区长，他是黄埔一期学生，因出卖邓演达先生而得到蒋介石的信任。当时蒋介石和戴笠希望通过他过去在中国国民党临时行动委员会（反动派叫它为“第三党”）的关系，一方面进行搞垮这个党的活动，同时又企图通过这个党中的少数败类来接近中共组织去做破坏中共地下组织的阴谋。他当时介绍到军统的第三党人员虽不多，但都很受南京总处的重视。总处的书记长曾多次到上海和这几个人见面，给他们的活动费也很多。这些人的住处我没有去过，他们大都是直接和吴乃宪用电话约好，叫我到什么地方去等候他们给我情报。我常常在约定的时间与地点见到他们时，也顺便把钱交给他们。当时我和这几个直属通讯员很少聊天，因为吴乃宪曾再三叮嘱我少和他们谈话，见面后彼此都很客气，约定的地点总是茶楼酒馆的小房间。他们照例请我吃一顿，往往把情报夹在画报与小说中交给我。我当时还只 20 来岁，他们大都是三四十岁，老把我看成小弟弟一样，总要叮嘱我不要把东西落掉了。

我在上海区担任交通联络工作将近三年，1933 年以后虽已担任法租界情报组长，但还是兼交通，住在区部。一直到 1935 年兼了淞沪警备司令部侦察大队督察，才辞去交通职务，由南京总处改派王湘荪为区交通。我在担任区交通期间，与我有过联系的直属通讯员几十人当中，虽有形形色色的人物，却没有一个是共产党干部，只有一两个是中共外围组织的成员。戴笠每到上海，对上海区没有办法打入中共组织与拉出中共的重要人员常常发大脾气。有次他找区长、书记和几个组长在四马路杏花楼吃饭，非常生气地说："这样搞下去，我们工作要垮台。你们怎么连一个共产党的组织都打不进去？"当时上海区的历任书记、组长等虽有些是中共叛徒，但在叛变后关系便中断，都没有办法再去发展。蒋介石和戴笠对这一主要工作最不满意，总责怪上海区的各级特务没有尽全力注意这方面的工作。

28 岁晋升为少将总务处长的沈醉（1942）

我在上海将近六年中，据我所知，当时每个特务莫不想尽一切办法来从事对中共地下组织的打入拉出工作，但收到的效果很小，总没有像对其他一些民主党派进步团体和反蒋集团那么容易。因此，上海区每年年终总结工作时，老是要受到南京总处和戴笠一顿臭骂。每年年初虽拟好一些对付中共组织的办法，却从来没有一次能够做到过。戴笠经常强调对中共是一场生死存亡的斗争，一再严格要求每个特务不要忘记这是最大的心腹之患，但一直到抗战发生我离开上海时，这方面的工作还是没有"成绩"。为此，区长、书记、组长等几年间也一再撤换。

余乐醒任区长时，区部都是设在法租界内，先后设在辣斐德路、吕班路、西

门路等处。当时区部办公费和特别费只有 200 元，除租房屋和临时与直属通讯员见面开旅馆、进馆子等花去 100 多元外，剩下的便不多，连买一部好点的照相机都费了好几个月时间才买成。当时特务们胆子很小，生怕共产党进行报复打击，区部除几个组长能往来外，一般组员都不知道区部设在什么地方。每天进出也怕人跟踪，连一部汽车都没有。当时只有行动组一辆汽车，除了做绑票暗杀外平日都不准使用。

吴乃宪于 1934 年任区长后，区书记改由张师（号行琛）担任。张为中共叛徒，戴笠希望他能在对付中共方面多发挥一点作用，同时还增加了一个区督察陈慈（号质平，听说后来他任蒋帮驻外大使），区部经费也增加到 300 元。吴乃宪和张师胆子更小，他们把区部从法租界迁到了国民党统治的老西门，以后区部便一直不再迁入租界，总在老西门附近转来转去。但由于当时华界的卫生条件很差，吴乃宪和陈慈则住在法租界环龙路，他们的住处除了我和书记之外，别人都不敢告诉。

张师担任区书记后，对打入中共组织虽仍然没有办法，但他对处理有关中共情报方面有很多的建议，对分析这类情报有些见解。戴笠看中了他，便把他调升为南京总处书记长，遗缺先后由徐进、姚则崇担任，并一度叫我兼任过助理书记。不久，因我的兼职很多，便派郑修元为助理书记。到 1935 年年初，蒋介石批准把淞沪警备司令部侦察大队交与军统，并以吴乃宪兼大队长。从此以后，军统在上海的活动便由秘密慢慢转向半公开，一些逮捕监视工作也交由侦察大队办理，逮捕到的政治犯也不必全部送南京，可以囚禁在侦察大队，初步审讯用刑等也在这里进行。

约在 1935 年秋冬间，吴乃宪被蒋介石任命为京沪杭甬铁路局警察总署长，由王新衡任上海区区长，秦承志任区书记，侦察大队长也交给了翁光辉。从此，军统掌握了这两条铁路警察的控制权。不但南京总处交通科的交通员每人都领到了京沪杭甬铁路局的二等车的长期免费票，上海区的内勤与几个组长乘坐这条铁路的客车也都能免费优待。从上海解送人犯去南京，也得到路警的协助。当时驻在苏州的警务段长韩尚英，便被指定担任协助上海区解送人犯的工作。

王新衡任区长后，内外勤人员均比过去增加，王本人也特别活跃。他是一个中共叛徒，曾在莫斯科中山大学学习过。他又是宁波人，与当时上海许多宁波商人一向有往来，还和杜月笙关系很密切，为杜的青帮组织“恒社”中最受欢迎的客人。他任区长期间，拉了不少留学苏联的叛徒、上海帮会分子、上海邮务总工会以及工商业和文化界方面的人参加了军统。直到抗日战争发生的前夕，他才离开上海，由周伟龙继任区长。在这段时期里，上海区的组织大肆扩充，除原来的几个情报组外，又增设虹口区、闸北区、沪南区潜伏组。还增添了十多个战地随军调查组，内外勤工作人员由原来100多人增到500多人，并添设了大量无线电台。

抗战前上海区的基层组织是几个情报组。我从1933年接徐昭骏任组长，最初叫第二组。第一组组长陈志强。第三组组长王昌裕。第四组组长张人佑。吴乃宪任区长后改为分地区负责，陈为南市组，我为法租界组，王为英租界组，张为沪西组。以后由于各组组员工作路线无法划分，又无形中取消了分区负责制，各自随便去活动发展关系，只把监视工作作了划分。有关法租界内的对中共嫌疑、民主党派人士以及反蒋集团分子等的监视工作，由我这个组担任，而组员自己发展工作关系则不限定地区。我前后兼任组长三年多，所领导过的特务虽只20多人，但他们每个人都有几个乃至几十个“眼线”（助手）替他们做工作，我自己也运用一些关系从事各种活动。

当时这些组员的活动情况兹扼要分述于下：

苏业光，湖南新化人，过去当过共产党，也参加过民主党派。他当特务后，专门搞民主党派的活动，也做新国民党的工作。历任区长都希望他能打入到中共外围组织再逐步深入到中共组织去，结果几年间他在这方面是白费心机，一直没有能达到这一目的。他平日的活动方法，除了满口伪装进步言论外，还经常在人前大骂蒋介石和反动派，也在一些报刊上写写灰色文章，表示对当时社会的不满。他便是拿这些办法去接近一些进步人士而从事他的特务活动。当时很有些人上过他的当，不过稍久一点他这种欺骗手法便被揭穿，因此总不能深入。

贾谨伯，四川人，他和当时出版界一些人有往来。他的活动办法是伪装同情进步舆论，经常替人携带反动派禁止发行的书刊到华界去，以取得一些进步人士对他的信任，许多不了解情况的人常把进步书刊寄存在他家中。他整天慷慨激昂地愿意替人冒风险，除了因此可以获得一些进步书报传单等当成工作成绩缴送外，还可

以从中发现不少线索。戴笠当时对生活书店和内山书店很重视，通过他的关系，曾经给生活书店介绍过一个特务的儿子去当学徒，希望长期潜伏，慢慢深入了解生活书店与中共组织的关系，以及邹韬奋先生的活动情况。以后由于抗战开始，这个打入生活书店的人我便没有再去联系过。内山书店方面因鲁迅先生常常去的关系，特务们一向认为内山书店是日本共产党开的，老想派人打入，但始终没有成功，贾谨伯为此受到过多次的责备。

毛仿梅，《上海晨报》摄影记者。他利用公开的记者身份从事特务活动，同时负责监视当时上海新闻界中的一些进步人士。上海区的特务们从一些民主党派中偷出的文件也由他拍成照片后送还。他所运用的眼线大都是在新闻界工作的人，当时在上海的一些进步的集会都有这些记者混在里面去搞特务活动。

范广珍，是一个在法租界警务处工作多年的华探目。他从当巡捕、包探（上海人叫包打听）到探目，一直是在法租界，不但情况熟悉，而且眼线众多，加上他自己又是一个帮会小头子，所以社会关系很复杂。他虽然参加军统，可是并不肯全心全意为军统出力，他对法国殖民统治者比之对军统更忠实。戴笠也了解他的作风是两面讨好，甚至在必要时宁可牺牲军统关系而投靠法国人，因此对他的要求也不很严，能做多少便算多少，往往只在必要时去用他一下。他的情报数量虽多，可是合用的却很少，尽管他关系那么复杂，但始终没有中共方面的线索可深入，只有军统在法租界进行绑票活动的时候叫他暗中去掩护一下。

阮兆辉，黄埔六期学生，与戴笠是同队同学，原来在南京总处当交通员。戴笠因为范广珍不可靠，而且法租界巡捕房内又必须有自己的基本特务，便叫范从中活动，并以500元活动费给他弄到一个包探的职务。当时法巡捕房的一般包探都是由巡捕中选拔出来的，他没有经过几年巡捕的阶段便得到这个职务。他既是范广珍的公开助手，又是范的领导人。在巡捕房的工作上他得接受范的领导，而在军统工作上范又得听他的安排。因为范不愿多与组长、区长等接近，怕被人发觉，组长便通过阮去领导他，随时转告他要做哪方面的工作。当时阮本人没有什么社会关系，却能很好地运用范的关系来从事一切活动，一年以后，范的一些关系几乎都变成了阮的关系了。这些人虽不能打入中共和民主党派去活动，但对监视居住在法租界的进步人士有很大便利，对在法租界所举行的各种集会也可以公开去进行旁听或混入参加。

周迅予，四川人，黄埔四期毕业。他当时是四川军阀派驻在上海的联络人。他参加军统后一直是搞两面手法，既不愿开罪四川军阀，又想靠拢蒋介石集团。他经常去活动的地方主要是一品香饭店长住的客人谢无量与曾统一那里。谢无量和曾统一这两人住在一品香多年，饭店换了好几个老板，他们却一直住着不搬。他们也完全靠四川军阀接济他们的生活，那里来往的人也以四川人为多。同乡们在一起往往无话不谈，周便可以从中了解到不少情况和线索，再经过他自己去奔走调查一下，便成了他的情报。他是两方面都拿钱，所以有时也得把中央对于四川方面的一些措施和看法向军阀们去反映。戴笠老是认为他不可靠，一再叫我防范他。

罗华，是周迅予的老婆。当时吸收她参加军统主要是利用她监视周迅予。她的工作只是每天报告周的活动情况。不到半年，由于她逐日将自己丈夫的言行和来往朋友具实报告后，上海区再核对一下周的情报，便发现周一贯有欺骗行为，戴笠便命令将周扣押解往南京囚禁。周到南京听到法官审讯时提出的许多具体问题无法抵赖，只好承认自己的错误。但他一直没有想到竟是他老婆提供的材料。而周迅予被关起来以后，他妻子罗华也完全蒙在鼓里，不知道是自己害了丈夫。她做梦也没想到一个月 40 元会把丈夫出卖掉。等到周被扣押后，她的工作也没有作用了，军统便将她停职，叫她找到工作路线后再恢复工作关系。不久，她便因接连受到丈夫被扣、生活无着等刺激而精神失常，军统也不再理她，不到一年便倒在马路上死去。一些了解这一内幕的特务，看到这一情况，都很寒心，也随时提防组织上暗中运用自己的老婆来做自己的工作，往往不敢让老婆了解自己的活动，弄得夫妇之间都心存戒备。

以上只举几个人的例子，其他一些组员如郑公弼、马龙海、王曼之等十多人，有的是有些线索搞搞民主党派的活动，有些没有一点线索便只能担任监视与复查等工作，这里就不一一列举。

当时每一个组的组长，本身也得兼做情报和其他特务活动。以我为例，我当时对外用的化名是陈沦或陈沧，公开掩护职业是湖南湘光通讯社驻沪记者。我也常常挂着照相机凭着记者证到处去“采访”拍照。我在许多大学里也利用一些同乡和

亲戚关系要他们替我了解些情况，发现可疑的人或进步组织，便得花点钱请他们深入了解一下。几年间为我做工作最多的是复旦大学的历史教授姚名达和他的几个学生。他自己在法租界霞飞路巴黎电影院对面开了一爿女子书店，办了一个女子月刊社，出版的《女子月刊》大都行销南洋和闽广等省。这个月刊的主编也曾被我利用过。她多年来一直弄不清楚我的真正身份。她的一些女朋友以及一些常常在《女子月刊》投稿的人，只要我认为对我的工作有点滴好处，我总要设法去认识接近，无形中替我去做点事情。以后我虽然兼任了淞沪警备司令部侦察大队的督察和组长，经常干绑票暗杀等罪恶勾当，但这些人一点也不清楚，我也从不在他们面前露出半点风声。我母亲是一个吃斋念佛的人，多次住在我家中，也不知道自己儿子在天天干杀人害人的罪恶活动。有次她去拜佛回家，正赶上我带着几个人去绑架一个中共地下人员失风逃跑，我们乘坐的汽车一下撞在她乘的人力车上，她看到车上有个人好像是我，连忙大叫我的小名。这时我只好硬着心肠用上海话骂她一句："依瞎了眼！"她才没有再喊。当特务不但六亲不认，连自己母亲也会骂了起来。当我衣冠楚楚地回去时，我母亲连忙告诉我，说她看到一个穿破旧工人装束的人很像我，她叫了一声，挨了一顿骂，我勉强支吾过去。以后戴笠知道此事，还多次称赞我能临机应变，连自己母亲面前都能不暴露身份。

当时我对每一个认识的人，几乎都要想尽一切办法去利用他一下，今天用不到时，明天后天总有机会去用一次才肯罢手。每次填写社会关系时，我总是把一切亲友都不遗漏地填上，因为迟早都会变成我的工作关系。

其余几个组的情况，我也大致上了解一些。如设在南市蓬莱路蓬莱里的陈志强组，负责华界方面工作。陈是帮会的小头目，经常利用特务关系包庇一些制造红丸吗啡毒品的门徒而从中分红利，所以自己有一部小轿车，生活享受比区长好得多。戴笠明知他利用特权贪污，却找不到证据，加上他在工作方面也能抓紧，情报的数量和质量均不错，只得由他。他主要是做上海社会方面的情报和担任华界地区的监视工作。他的组员有一部分是上海市警察局的分局长。所长、科员和侦缉总队的队长、组长以及流氓地痞与小商人等。当时军统还没有控制到上海的警察，便通过他的关系去变相运用。警察局长文鸿恩和侦缉总队长卢英，都不大肯协助戴笠，戴便靠陈志强去掌握一部分警局人员为军统工作。等到以后蔡劲军当了局长，与戴的勾结渐渐加深起来，并把警士教练所让出一些职位给军统，由戴推荐区督察陈质平去担任秘书兼训导主任，杨华波、黄加持去当了指导员。戴曾多次想吸收卢英参加军统，把侦缉总队掌握过来，卢一直不愿意。这时陈志强更弄得越来越大胆，戴很不满意，虽找不到他的把柄，但到1935年还是把他免职，调为陕西省会警察局侦缉队长，这个组也裁并，组员分配到其他的几个组。

王昌裕这个组虽然是负责英租界的工作，但他的组部却一直设在法租界接近英租界地区，主要是胆子小，怕别人对付他，因英租界比较乱，法租界稍许好一点。当时他以黄埔学生中的反蒋分子为掩护，整天在一些黄埔同学面前骂蒋介石，大发牢骚，说没有给他工作做。有些当权的黄埔学生到上海时见到他，除了劝他外，还有人送钱给他用，要替他找工作。有些则大上其当，附和着他，结果别人的一些反蒋言论都成了他的情报材料。他就凭这一套去做反蒋集团的工作。他的组员大都是广东人，多住在虹口一带，其中有些是与新国民党和两广军阀有关系，有少数混入了民主党派，另外在新雅、新亚、大三元等广东人开的饭店、酒楼以及先施、永安等广东人开的百货公司中都有他的眼线。我遇到要在这些地方去活动时，总是找他给我介绍关系，帮同去搞监视和侦察工作。由于他工作很努力，戴笠也非常器重他。他从1932年当组长后，一直到抗战开始才离开上海。

张人佑这个组负责沪西地区的工作。他的组部却总是设在静安寺路西摩路一带。他对外是以《温州日报》驻沪办事处主任名义作掩护，有时冒充温州什么商店经理或副经理。由于他是刚从杭州特训班毕业的学生，在上海的关系不多，自己的活动有限，他的组员开始也是杭训班学生，到上海是实习性质，只能做一般性的社会调查和监视工作，以后应怀宝、石仁宠都陆续调走，另外才吸收了几个有工作路线的人。杭训班学生中只有一个义乌人程慕颐，因为肯吃苦，长期混在沪西工人区中居住，以后才与中共一些外围组织人员发生了关系，有一些成绩表现。后来张人佑因私自向警备司令杨虎借了几次钱供挥霍，为戴得悉，将其撤职，改由程慕颐任组长，专门从事发展有关中共的线索，1935年间并通过他的关系破坏过一个地委组织和江苏省委组织。

到王新衡任区长后，又先后添了两个情报组。一个组是由刘果庆领导，这一组人开始也是杭州特训班毕业学生，到上海实习，以后慢慢发展了一些工作关系。另一个组是由阮亚丞领导，成分大多为流氓帮会分子和少数汉奸组成。1935 年后，因我兼任了警备司令部侦察大队第一组组长，专门负责行动，便把情报组长职务交给了苏业光，组员仍没有多大变动。王任区长后，各组分区负责制度完全取消了，只要有路线可发展就不问地区。由于组与组之间没有横的关系，除了组长们常常能见见面外，组员间向无往来，因此时常弄出自己人做自己人工作的笑话来。

这些组员平日在人前总是伪装出一副不满现状和反对蒋介石黑暗统治的“进步”姿态，彼此在一个地方活动时，表现出的假积极也很突出，最易引人注目。在彼此不了解对方身份，而且一个人有几个不同化名，因此自己做了自己人的工作，区部也没有发觉，往往花了不少时间和金钱，一直到准备破案逮捕对方时，把偷来和偷拍的照片送到区部做最后决定时才发觉原来是自己人。

有次为了一个姓马的直属通讯员问题，几乎弄得天翻地覆，花了近半年时间，用去 1000 多元活动费，动员了 20 多人，最后破案时却抓到了几个自己人。戴笠对此曾大发脾气。因为这个人原是中共叛徒，由于他了解双方的情况和心理，还是拿过去一套在社会上活动，所表现出的也比一般特务们要神秘高明。几个组的特务们都对他很注意，他更利用这些去接近特务，进行相互哄骗。他有意无意地显示出他是中共华东方面的重要领导人。他经常装作经费困难，而又不直接向特务们去要钱，结果却不断得到了特务们对他的接济。最后决定破案时，戴笠还去报告了蒋介石，等到将他逮捕后并牵连了几个特务时才真相毕露。戴笠一面生气，一面也非常痛恨，大骂上海区的负责特务都是饭桶。区长王新衡也责怪他在进行这一欺骗活动时没有每天据实向区部作报告，弄得真假难分。但戴笠最后还是决定以假当真，将错就错，将他解送南京去处理，这样既不会在蒋介石面前丢丑又可以邀功。

当我把这个假的中共华东局负责人解到南京时，戴笠还对我说：“这个家伙竟敢利用我们来掩护他的活动，好在发觉尚早，不然要吃他的大亏！”我当时是知道这一底细的人，听他这么一说，知道事已如此只好昧良心来牺牲他了。好在军统抓的共产党不会再交给别的单位去审问，要怎样处理便怎样处理，不会再有人来过问的。这个叛徒在真正是共产党员时被捕没有被杀掉，而没有料到出卖了自己的灵魂，当了特务后，却被当成共产党而处了死刑。经过这次教训之后，戴笠便规定：特务们发现了新的线索以及伪装进步时接触到一些什么人，都要详细报告，为的是防止这类事件再发生。

上海区所掌握运用的公开特务机关，最主要的是淞沪警备司令部侦察大队。这个大队交给军统后，第一任大队长吴乃宪是单人匹马去接任，直到第二任大队长翁光辉去了以后，戴笠才派我和程慕颐、林之江、倪永潮四人去当督察。副大队长彭伯威一直未动，这个人是杨虎的人，多年来替杨搞海员工会，不少稽查员都是经他介绍去的。军统是采用逐步掌握，慢慢排斥和分别吸收的办法，尽可能利用原有的人员来为军统效劳。

一直到 1935 年王兆槐继翁光辉当了大队长后，由于情况已渐渐摸清楚了，才决定把不大肯听话的彭伯威挤走，把第一组组长杨凤岐提升为副大队长，第二组组长许鹏飞兼任大队副，这样才把第一组接过来，由我兼组长，同时大批军统分子如江志钧、苏振通、刘耀、钟铸人、姚恺如等十多人也跟着派了进去。这是因为刚接收以后主要怕旧的一些人不安心工作发生乱子，这总还是一个公开的治安机关，要担任维持地方秩序的工作，加上一些旧人与英法租界巡捕房一向有密切联系，在租界逮捕人非常方便，所以不便一下子都拿过来；另外是采用对旧人员分别吸收参加军统的办法来达到全部掌握造成清一色的局面。不久，旧的稽查员朱又新、王开明、刘光琪、陈锦标、夏金海、林洁清、陈邦国等，都一个接一个成了军统分子，军统便放心大胆地来运用它在上海进行种种公开的和半公开的活动，逮捕、绑架和审讯、囚禁中共党员和民主人士。

另外几个能掌握到的公开机关如京沪杭甬铁路警察总署、上海市警察局警士教练所、招商局警卫稽查室等，在工作上对上海区的帮助不太大，铁路警察总署与招商局警稽室又都是受总处领导，上海区只能运用一下，协助交通联络与解送人犯和必要时利用作掩护。

当时，军统很注意上海的学校，而能掌握运用的却只有杨虎办的肇和中学，校长关素之也被军统所运用。这个学校中的少数职员如事务主任谭良谱等则为戴笠

所派去的特务。因为这个学校的董事长是有名的大刽子手杨虎，利用这个学校去进行活动是没有作用的，进步组织也不会到这里来公开活动，只有靠关素之个人利用校长身份暗中为军统去做一点工作。至于军统办在法租界辣斐德路的三极无线电传习所，只专门为军统吸收无线电报务人员。这个学校与上海区只有些事务上的联系，戴笠不准特务们利用这个学校去从事其他活动，害怕影响招收无线电通信人员的工作。我当时虽和这个学校的一些特务有往来，也从来不敢利用他们做工作，连做掩护都不敢。

当时特务处虽然名义上也属于复兴社，可是始终由蒋介石亲自领导，与复兴社的关系不多，因此上海区与复兴社上海的组织方面在工作上并不能打成一片。当时上海复兴社的负责人刘炳藜与他的助手牛沛江，因争权夺利闹得一塌糊涂。刘炳藜为了挤走牛沛江，对许多人常常散布谣言中伤牛，说牛品行如何不良，为了想篡夺上海领导权正准备找人暗杀他，而牛也以同样手段对刘进行报复。他们之间这种狗咬狗的明争暗斗，也成为上海区的情报对象，经常把这些向总处反映。有几次还奉到蒋介石的批示，要上海区进行严密调查。可是上海区与刘炳藜等人间，却从不提到这些情况。特别是复兴社推荐给戴笠的上海方面一个次要负责人徐进（别号岸登）到上海区当书记时，区长吴乃宪便再三叮嘱他，有关上海区对复兴社方面的调查情况，千万不能泄露，以免引起人事上不必要的麻烦。

当时上海区一些基本特务大多是要参加复兴社组织，一般组员则不一定要参加。参加后所编的小组也仍旧是把军统编在一起，不与外间混合。我当时是与几个组长，加上在警士教练所工作的军统黄加持、杨华波等，编成一组。而各人的具体工作从不在组会上报告，对复兴社所指示的要随时反映情况一节则根本没有做过一次，以后甚至连小组会都不开了。这些人名义上是复兴社和革命青年同志会的成员，却对这个组织从不尽义务，主要是这些人干的罪恶勾当，已超过复兴社一般成员不知多少倍了。

抗战前，军统在上海工作的特务们，待遇比当时一般反动派军官略高一点，并有奖金和特别费。一些组员工作无突出表现的，则只能拿到固定的生活费。除直属通讯员有 100 元以上的生活费外，各组的组员大都是从三四十元到 100 元，组长另有100元特别费和房租费。因此一般组员常常感到入不敷出，总是想尽各种办法得奖金。我曾多次向戴笠谈过组员生活费太少，他总是回答我说："我们是干'革命'工作，不能讲享受，应当刻苦一点。"他这一套冠冕堂皇的话说了多少次以后，也有时会露出一点马脚，说出他真正的意图。有次因张人佑向杨虎借钱给他发觉，也找我去骂过，说我事前知道不向他报告。我又提出实在是钱太少不够用，他这时才向我说出这样一段话（原句我已记不清，只记得大意是这样）：如果生活费给多了，有些人便会贪图享受不努力工作，所以只给一点可以维持生活的钱，这样一来，便非好好努力设法得奖金来弥补不足，工作越好，奖金越多，最容易表现出成绩；不好便不给，可免去固定的庞大开支。他认为这是最好的提高工作效果的办法。可是另一面也造成了特务们利用方便去搞贪污活动的勾当。

当时上海区的特务们，除极少数人有军委会或参谋本部、军事杂志社等证章外，没有其他任何证件。最初要搞贪污敲诈很不容易，等以后掌握了侦察大队后，一些不搞公开工作的因与侦察大队的特务认识，便互相勾结起来搞贪污活动。当时兼了公职的特务比较好些，生活费照常拿，又有公职收入，所以许多特务都希望能兼上公职多搞点钱。

有些担任秘密工作的特务都希望兼一个公职，不但可以两方面拿钱，还可以有更多的额外收入。特别是像警备司令部侦察大队和警察局的侦缉大队等单位，尤其弄钱方便。我记得我刚派到侦察大队去当督察时，第一天去上班，我把一些书报放进抽屉去，发现里面放了一个红纸套，上面写了三个字"请笑纳"。我拆开一看，里面装的是200元的现钞。我很奇怪，忙去问大队长翁光辉是怎么回事？他笑了一下，说不知道。我便责问那个照料办公室的勤务兵，谁把这东西放在我抽屉里。他满不在乎地回答我说："有人送钱给你，不要就算了，还发什么脾气。"第二天，我再打开抽屉，钱不见了。后来我把这事告诉戴笠。他问我为什么不要？我说："得人钱财，与人消灾，将来我就得听别人的了。"他很高兴地称赞我。从那次以后，便再没有人在我办公桌内放东西。我和林之江的办公桌是两对面，我常看到他打开抽屉，面带笑容地把东西装进口袋。

二、罪恶活动种种

在这段时期里，军统在上海的罪行，最主要的是搞暗杀。除了杀害杨杏佛、史量才两人我已专题写述过以外，最多最惨的要算杀害当时在上海秘密逮捕到的中共党员。这些被惨杀掉的先烈们，由于不像杨杏佛和史量才是社会上的知名之士，都是从事地下革命工作的无名英雄，所以我对他们的姓名一直记不清楚。有些当时即不知道姓名，只晓得是共产党，谁也不曾去查问究竟是真名假名，杀掉便算了。至今想对这些英勇牺牲的先烈表扬一下他们最崇高的品质与可歌可泣的光辉事迹，连一个姓名都已弄不清楚了。

解放后，不少人谈到军统屠杀革命人士后用药水消灭尸体的种种令人发指的罪行，我就亲自见到一次这种灭绝人性的做法。至于在抗战期间如重庆中美所等处，解放后有人指出某处是特务们杀人后化尸的药水池，据我了解，可能是一种误传。因为以后军统特务在自己所控制的地区内屠杀革命人士后，一般都是杀后掩埋掉或不杀即行活埋，而不愿再费很多时间和金钱用镪水等来毁灭尸体。万一有必要，如杀中共四川省委书记罗世文、车耀先等以后，便是用火焚化。因为在这些地区可以为所欲为，根本不必多去费事。只有当时在上海租界内秘密逮捕到中共党员后，因解送既不方便，杀了之后尸体又无法处理，这样才采用毁尸灭迹的办法，以避免租界警务当局的注意，同时又可达到不会泄露秘密的目的。

当时戴笠要对中共党员采取这种残酷手段，据以后我在他身边工作多年所了解，主要是共产党不像其他进步人士，杀一可以儆百，至少可以威吓一下其他的人。如杀杨杏佛以后，并没有吓倒人权保障同盟的负责领导人宋庆龄先生。杀史量才以后，上海新闻界中虽有不少人看出这是一次有计划的政治性暗杀案，但都不敢像杨杏佛被杀后，宋庆龄先生那样义正词严来公开指责反动当局，却使一些人噤若寒蝉。这种杀法，对反动统治当局是有很多好处的，但对共产党却不起作用，不管杀多少，不但不会使其他党员吓倒，反而更加强了他们革命的决心。同时，军统经常到处杀人，也引起社会上的很大反感，所以采用秘密杀害的办法，使其他中共党员不了解情况，思想上容易放松警惕。个别党员被捕叛变后，在谈话中还打听××是否被捕叛变等。这样更可提供军统特务们一种有利于欺骗诱惑的手段，所以对被捕后不肯变节的党员要采用这种野蛮残酷的办法，是有其原因的。

秘密杀害

我亲自看到过的一次用“化骨水”毁灭一个共产党员的尸体事件是在1933年或1934年的秋冬间。我当时兼上海区交通，又是情报组长，可以经常和特务们接近，没有人会对我怀疑。有天下午我因送一件重要文件给行动组长赵理君，先到他的住处没有找到他，便到他的组部去。这个地方当时是不准其他特务去的，我也只有必要找组长或副组长时才偶尔去一下。

当我从后门溜进去以后，看到赵理君和几个组员忙碌异常，赵一见到我就问有没有空？当我回答他除找他外没有别的事，他便留我在那里。过了一会儿我便知道是要把昨天秘密绑架到的一个共产党杀害后第一次试用一种药水将尸体毁灭掉。我很好奇，也想了解一下这种被称为“化骨水”的妙用便留下了。

这个被绑架来的人的姓名我没有问过，只知是共产党员。他被绑架后，非常坚强，毫不动摇，而且大叫大骂。特务们怕惊动邻居们，便将他击晕过去。这人醒后，仍丝毫没有改变，又被击昏，并将手脚捆绑，口里塞上手巾。赵理君决定执行南京的指示——如绑到的人毫无动摇转变即行秘密杀害，将尸体毁灭。这人便成为特务们的试验品。

事后，据赵理君告诉我，这种药水不行，不但费事而且添了许多麻烦，因此他不主张再用这种办法。从那以后，我再没有看到或听到特务们采用“化骨水”毁灭尸体的事情。

不久，他们改用另一种方法，那便是抗战前上海租界内经常发生的“箱尸案”。这一残酷方法不但用过多次，而且以后军统还收集资料编成教材，作为在特殊环境下杀人后的“移尸嫁祸”方法。这种方法就是将被害人击昏后进行尸体肢解，再装在箱子里，这种箱子，有时用汽车装出抛到荒僻无人的地方，有时则提到马路上雇上一辆人力车拉到火车站或什么旅馆。由人力车拉走这种箱子时，送的人

先跟在后面走上一段便溜走。等到拉到指定地点，拉车的见没有物主跟来，有的便悄悄拉回家去，以为发了洋财，等到打开一看，原来是一具尸体，结果往往弄得吃官司脱不了手。

特务们这些狠毒的做法，一直得到戴笠的夸奖，认为干净利落，处理得当。特务们在屠杀革命人士时，有时也采用另一些方法。如将被害者击昏后或击毙后盛入麻袋中投入黄浦江。也有时故布疑阵，将人杀后，本来是一次政治性暗杀，却故意把被害者的生殖器割下纳入死者口中，使人认为是情杀或奸杀。特务们除了用种种惨无人道的手段杀害共产党员外，还有更为卑劣连禽兽都不如的行为。他们对年轻的女共产党员，往往先行轮奸再行屠杀。戴笠知道了不但不加制止，还认为这是对行动员的一种“鼓励”。他们对个别胆小一点的行动员，便将被害者的心肝摘下来炒熟叫他吃，说吃过人心可以壮胆。

抗战前，军统在上海用种种最野蛮最残暴的方法暗杀掉的共产党员，连赵理君也记不得数目。这个凶狠的刽子手，一直受到戴笠的特殊赏识。抗战初期，他从上海逃到重庆后即被戴笠任为军统局行动科科长，不久又提升为第一战区少将编练专员。由于杀人成性，他在河南与中统特务发生摩擦，竟将中统的一个行政督察专员、中学校长等六人，秘密逮捕活埋了。以后经中统查出确实证据，陈立夫等向蒋介石哭诉要求严办，戴笠还想进行庇护，由于蒋介石为了要使中统特务继续为他在反共反人民方面卖力，才决定将赵枪决。这个为蒋介石杀人杀了十多年的刽子手，最后还是被他主人杀掉。戴笠除痛哭几场外，以后每经成都总要到龙泉驿军统公墓去凭吊一番。

绑　票

战前军统在上海租界内比暗杀搞得更多的是绑票，当时美其名曰“秘密逮捕”，实际上是实行政治绑架。除了以共产党员为主要对象之外，对许多民主人士与反蒋集团分子都是采用这种办法绑到南京或秘密予以杀害。当时担任这种罪恶工作的，最初还是以赵理君率领的行动组来执行。1935年以后，我兼任警备司令部侦察大队的公职后，大部分绑架工作便由我担任了。特务们开始是采用上海绑匪的一套硬绑的方法，由几个特务以手枪威胁着将人强拉上汽车。这种办法时常遭到意外麻烦，最难处理的便是被硬拉到汽车旁边后，被绑的人总是昂着头尽力挣扎不肯上车，虽然一边一个特务挟持着并且用手枪抵着腰部，仍不易推进车门。戴笠常骂我们蠢猪笨蛋，不会多想办法。我便和我当时率领的组员苏振通、朱又新、王开明、陈邦国等十来个人经常研究，改进绑票的方法。我们有公开的职务身份，有在英法两租界携带手枪的证件，整天可以将手枪带在身边进出租界，万一失手，便可改绑票成公开逮捕。

当我们最初研究出一套强拉上车的办法后，戴笠非常称赞。其实这种办法很简单，当把绑到的人（肉票）拉到汽车旁边时，先有一人在车内将车门打开，挟持的特务，一人用手枪抵住"肉票"的腰背，一人以拳猛击他的小腹，这时被击的人自然会将腰一弯，正好是一个上车姿势。紧接着另一特务用手压住他的上身不使再昂头，车里的特务再一拉，这样就能够很快将"肉票"推入汽车。这往往是紧要关头千钧一发的时刻，分秒都得争取，因此我们得空便加强练习。后来，我们这一套手法锻炼得很熟练准确，即令被绑对象狂呼大叫，我们也只要几分钟就能将他绑上汽车。附近的巡捕发觉后，往往连警笛都没有来得及吹响，我们便已一溜烟开车跑了。

戴笠看到我们肯钻研，鼓励我们进一步研究"软"的办法，要能在热闹大马路上稠人广众之中去进行绑票，不应当局限于偏僻地区。在金钱和精神两方面不断鼓励之下，特务们又渐渐找出了许多新的窍门。我们经常采用而行之有效的方法又增加了好几种。例如，我们事先侦察好要绑架的对象经常经过的路线，便将汽车开去停在附近，当对象走到离汽车不远的地方，由一个特务从背后用两手蒙住他的眼睛，并以大拇指用力掐在两耳根下命门部位，使之无法挣脱，另一特务则紧握对象两手，两个特务同时狂笑说："这一下你猜不到是谁了！"过路的人以为是在开玩笑，被绑的人还没弄清是怎么一回事的时候，已被连拉带推绑进汽车，纵然发觉想叫喊也来不及了。

有时甚至不用汽车，临时雇人力车也能把人绑了回来。那是先准备一条一头装有铁砂等物的橡皮管，由一个特务从对象背后猛击头部一下，便立刻飞逃。当这

个对象被击昏倒地后，另一特务便装作这人的亲友，一面扶住一面大叫抓凶手，一面假充好人叫人力车（或在附近租汽车），伪装送往医院急救，等抱上汽车或人力车后再在途中改变地点伪称先送回家，这样就很顺利地把人绑回来了。有次用这个方法绑一个画家，正遇到他的学生，特务们便马上要他去通知他家里的人到广慈医院去。这个学生当然愿意，于是便被轻易地支开了。

由于特务整天在打坏主意搞这类罪恶勾当，方法也越来越多。有次我带了两个人去侦察桂系派在上海活动的特务头子陈六安，准备绑架他，正巧遇到他从家中走出来，提着一个大皮包向一家出租汽车行走过去。我们立刻采用紧急办法进行绑架。我们当时都穿着便服。我叫两个助手等在路上，我自己很快跑到车行叫车，车行以为我是陈家的佣人;同时我又帮助司机将车打扫一下，陈又以为我是车行助手。陈走过来雇车时，我忙将车门打开请他上车，自己坐到司机旁边。车刚开出，我叫司机停一下，两个助手一边一个蹿了上来，在三支手枪威逼下，便将他绑到了侦察大队。司机一看是军事机关，在多给他几块钱后，他也吓得不敢说出去。当然在利用别人汽车进行绑架时，也有失败的时候。如在英租界三马路扬子饭店绑刘芦隐先生，因他的夫人发觉了大叫起来，刘先生也很机警地从后面一个筋斗栽到前面，占住司机座位不让特务开走。这时巡捕赶来，我们便只好由绑票改成公开逮捕了。

到了 1937 年初，特务们绑架的方法也越搞越阴险毒辣了。我们训练了两个女特务来协助进行。这一办法便可不受地区限制，什么热闹马路上都可进行。这是利用旧社会那种乱搞男女关系的风气作为罪恶行动的掩护，特别对一些穿着很考究，排场阔气，用其他方法不容易达到目的的人最有效。这种方法，除了不能在绑架对象的住所使用外，其他的地方都能实行。女特务伪装成绑架对象的姘妇，一见面便把对象扭住又哭又吵要拉他回去，当对象受到此一突然纠缠时，最初决不会马上叫喊是绑票，多先作解释，认为她看错了人。她便更大哭大吵起来，一面骂着没有良心，丢了她不管又去找别人等一类的话，同时用力扭住他上车，另一个女特务也从旁相劝叫他同回去一趟。这时看热闹的人当中又闪出一两个男特务来，一开口便说："怎么？你们又吵起来！你们在街上吵太不雅观，还是大家回去好好商量一下吧！"这几个人都异口同声先把这一问题肯定成为秘密的男女关系争吵，使看热闹的人不会识破是一幕绑票案。在几分钟内，这群特务便连拉带拖将肉票推上汽车，被绑的人弄得有口难辩。只要一上了车，什么都解决了。特务们用这一办法先后在英法租界最热闹的地区绑过三个人，都没有遇到困难，到抗战开始才没有再做。

当时除了在租界上经常进行绑票外，在反动政府统治地区也常进行这类活动，不过一般都限于对工厂中进步工人与大学校的进步学生。因为到工厂里公开逮捕人往往遭到工人的阻拦，有时甚至发生殴斗，结果人抓不到，反而走漏风声，一些关系马上转移了，以后不能再进行连续逮捕。所以总是用秘密的绑架方式进行逮捕后，马上执行刑讯。这种密捕（绑架），多半先暗中与厂方领导人或黄色工会负责人取得联系，由他们提供照片和关系，了解对象常出入什么地方，有时甚至是在夜班时，厂方或工会故意借故指派被绑者外出，暗中协助特务，只要对象离开工厂或工人群集的地方便可下手。至于绑架（密捕）大学中的进步学生，则不去和校方联系。因为学生失踪后，学生家长往往吵着向学校要人。特务们也不公开到学校逮捕，因为学生一哄而来，不易将人带走。一般采用的方法，往往是由学校中的职业学生先提供线索，或故意约其外出，让特务们得到便利。

搜　捕

对于居住在华界的个别中共党员和民主人士等，一般不采用绑票方式，而于深夜去搜捕。这样，不但可以将人抓走，还可抄查证据文件。几年间，这种公开逮捕到的政治犯比用秘密绑架的还要多得多，其中最大的略举几件如下。

约在 1935 年间，一个中共地下党员被捕叛变，出卖了几个同志后，他还想进一步去破坏上级领导机关，整天到处去活动。结果他被地下党组织进行了纪律制裁，在法租界徐家汇孝友里附近空地上被击中两枪，因未中要害而未死。当时戴笠正在上海，知道这一情况后，即指示上海区和侦察大队，要利用这一叛徒的生命来进一步达到破坏上海中共地下党组织的目的。戴笠不准送他到华界医院就医，硬叫他住在法租界西区偏僻处一家小医院里。同时叫一家小报发一个消息，说徐家汇空地上发生一次情杀案，被害者身中两枪经 ×× 医院进行抢救后已无生命危险，不

日即可出院等。按照戴的估计：一方面，这个人未被杀死，会更加仇恨共产党，必然要设法报复；另一方面，地下党组织一定会派人继续制裁他。如果再去，便可发现线索扩大破坏。他调派十多个特务暗中监视，准备跟踪，还派一个混入医院充当内应。戴笠决定的办法是不当场逮捕，等再来把这个叛徒打死以后再分别跟踪。因为租界的巡捕经常在马路上“抄靶子”（对人身进行搜查），共产党员不会身带枪支在外面乱跑，必然会分途回去，只要跟住一个便不难发现这个秘密机关。

我当时也被指定带了几个特务去附近监视，过了三四天还没有一点动静。我们几人分别化装成为拉人力车的，做小生意的或骑自行车故作损坏修理的，都掩护得很好。这个住在医院里的叛徒，不知道军统准备牺牲他的生命来达到破坏党组织的阴谋，还一再写出书面请求，请求带伤出院寻找关系，一方面趁机立功，另一方面可以报仇。戴笠坚决不准，要他整天睡在床上静养。

大约在第五天或第六天下午，果然有两个人提着水果食品等进医院看这个叛徒。当时附近有两三个把风的特务在守望，见此情况，顿时紧张起来，立刻分别做好各种准备。这两个人刚进去不久，便听到两声枪响，一会儿便跑了出来分途飞奔。这时，守候在医院外面的特务们，乘自行车的、拉人力车的、步行的，都一齐出发跟踪追去。十多个特务中，有两个人因为走慢了跟不上，便乘电车回去，半路上正好遇上了其中一个，这样才没有被“脱梢”。其余的特务兜了几个圈子之后，都找不到要跟踪的人，我只好带着他们准备回去受处分。戴笠接到守在医院的特务的报告，知道那个叛徒已受到第二次惩处，被击中头部当场死去，便赶到侦察大队听取跟踪结果。他一看我带着几个人垂头丧气回去，知道没有跟上，气得跳脚大骂，并限期一定要侦察到这些人的地方，否则要严厉处分。他骂过一次还不够，过了不久又把我和几个特务再骂一次。

正当戴笠怒气冲冲地准备离开时，突然接到那两个跟上的特务来电话，说开枪的人有一个已被我们跟到了法租界福煦路一家银楼，这人从后门上去许久没有出来。戴立刻命令会同法租界巡捕马上去搜捕。侦察大队的副大队长杨凤岐、组长许鹏飞和我，立即率领几乎整个大队的特务出发，会同法捕房华探长直扑这家银楼，果然在二楼抄出手枪六支、子弹几十粒和几百元现款，并逮捕到三男一女，其中的一个男的便是去医院开枪的人。当时法租界警务当局以案件发生在法租界，要先行审讯，戴笠认为只要抓到了共产党，破坏了机关和抄出了枪支，让法巡捕房审讯一下也可以，但是发现新的线索要马上告诉侦察大队。听说这几个被捕的人只承认是专门制裁共产党内叛徒的一个组织，叫“打狗团”，即专打叛徒，并不搞暗杀国民党统治集团上层分子的活动。以后这几个忠贞不屈的党员，再没有供出其他情况，最后都被引渡到南京处了死刑。

我在上海的那几年，公开逮捕共产党和破坏地下党组织的活动，从来没有停止过。当时轰动中外的第三国际中国情报总支部的负责人约瑟夫·华尔敦案（戴笠向蒋介石报功时一直称之为远东负责人），便是军统特务逮捕的。这一案的线索是由军统湖北站发现而最后在上海破案的。最初湖北站逮捕到一个共产党嫌疑犯关兆南，审讯多时没有得出结果。后来经南京总处派法官周养浩去武汉审讯，关兆南同意试写一信到上海请求组织上派人和他联系。不久，上海方面果然派了一个名叫陆独步的人去武汉，当即被捕。经数度刑讯之后，陆独步供出在上海与组织取得联络的办法，但他当时只负责对外交通联络工作，内部情况不了解。戴笠马上决定把陆送到上海去，同时他自己也赶到上海指挥布置。陆独步被解押到上海即由侦察大队特务接收，按照他与组织上的联络办法，先由特务在南京路东亚旅馆开好房间，再由陆写一信到邮局一个指定信箱，特务们即守候在这个房间内等待前来接头的人。

第二天，陆的哥哥陆海防果然按时到达，他把门推开一看均不相识，立即转身逃走。这时守候的特务还正在打瞌睡，猛听到门响，才惊起追出，连人都没看清。我当时带了两个特务守在外边，看到他推了一下门就走，知道业已发觉，便紧跟过去。他下楼以后在先施公司人多的地方转了几下就不见了。

我知道在这里寻找必无结果，便叫两个助手一人在里面找，一个和我分别到通向后边的小街上去守候。过了一会儿便看到他从侧门仓皇跑出，我立即尾追过去。他在慌忙中不慎滑倒，我跑上去按住他，他转过头来咬住我的手腕。我便用手枪柄猛击他的上唇，将其门牙击落以后，才把他的手铐上一只，我也自己铐上一只，这样他再也没有办法挣脱。等我的助手赶来，便将他一同带到附近巡捕房，当天上午就由英租界巡捕房引渡到侦察大队。这个贪生怕死混入到革命阵营中的败

类，看到审讯他时搬出那么多刑具，不待用刑，经戴笠一顿名利诱惑，马上答应交出他的上级领导人。他当时非常着急，要求立刻带他去法租界法国公园附近一条僻静的马路上去等候他的上级，说这次如碰不到，以后便无法再联系了。戴笠为了慎重起见，叫人通知法租界巡捕房进行协助。

当天下午，天下着大雨，我和两个特务押着这个自从逮捕共产党以来还从来没有见到过的这么快就叛变的叛徒，半信半疑开了汽车到指定的地点等着。在他说出的时间，正好4点的时候，一个身材不高的欧洲人，穿着雨衣打一把洋伞走了过来。当这个叛徒惊喜异常地说出“就是他”三个字以后，我的两个助手便蹿出汽车猛一下将那个欧洲人抓住。这时，这个叛徒陆海防要求我立刻将车开走，不愿和这个人同车。这时守在附近的另一辆汽车开了过来，我才带着陆海防先行离开。我问他为什么这时还怕这个外国人？他红着脸说：“先不让他知道我，以后更方便些。”法租界巡捕房看到被捕的是一个欧洲人，身上没有一点证据，不同意马上引渡，只好暂留在捕房看管。

据这个叛徒陆海防供认，这个外国人是第三国际的一个负责人，他是这个外国人的英文秘书，只知道他叫华尔敦，其他一切均不了解。陆每周只能和华尔敦见面一两次，均临时约定地点，总是事先由华通知，所以不知道他的住址和有关的人。

当天黄昏时，陆海防要求去接他妻子，说他的妻子也是一个共产党员，怕组织上强迫她走掉，以后便无法找到。我又带着他再走一趟。不料刚一踏进他的家门，便看到他妻子正在焚烧文件。她一看到陆海防仍然衣冠楚楚若无其事地和我边说边笑走了进去，这位可敬的女共产党员，立刻严词厉色地对他呵斥起来。我至今没有忘记她那几句义正词严的吼声。她用非常愤怒的口气朝着陆海防说：“你没有死掉？你有脸这样来见我，我没有脸见你这个叛徒！”当时弄得他非常狼狈，他一再解释，我也一再从旁相劝，叫她识时务些，并请她和我们一同走，免得出问题。她用极其鄙视的眼光看着我说：“除了你把我抓起来，否则我不会和他一样自动和你一道走的。”我看她这么坚强，知道劝也无益，以为是一时感情冲动，改天再去便不会这样了。当我和陆离开时，还一连听到好几声“无耻的叛徒！无耻的禽兽！”

我回来告诉戴笠这一情况，并建议过两天再去接她。戴一听马上叫我把她立刻抓来。我因忙了一天连饭都没有吃，便先去吃饭。等我再去时，除了看到一大堆纸灰，东西抛了一地外，人已不知去向。我扑空回来正准备挨一顿大骂时，戴笠却没有发脾气，因为捕到了大鱼，漏网的只是一条小鱼。这时他正是很高兴，便对我进行一番教育。他认为我太不了解共产党员的个性，父子夫妻之间不似国民党那样，千万不能看私人关系便可以马虎大意，叫我以后特别注意这些问题。我当时对此并不灰心，还派特务去守候过三天，一直没有看到她再回去。

第二天以后，陆海防又继续交出一些与他有过工作关系的人，其中经我去逮捕能记得姓名的有电影女明星 ××。当时她正在主演一部影片叫《自由神》，特务们把她逮捕以后，曾当面讥笑她“自由神今天可不能自由了”。她被关在侦察大队的楼上受到优待，上海区长王新衡和侦察大队长王兆槐找她聊天，请她唱歌。戴笠本来也是准备找她胡调的，当他发现自己部下已先他而来，便假装正经教训了一大顿，说他们会受共产党的迷惑，要影响工作等。我原来也天天和她谈谈，从那次以后也不敢随便找她了。另一个被捕的袁 ×，又名袁 ××，是个左翼作家，他写的书和文章都一起被抄，当时也受到优待。还有一个女的叫程 ×，又叫程 ××，绰号黑牡丹，四川万县人，留德学生。当时特务们对程 × 竟是共产党员都感奇怪，也很出意外。她原先与上海“四一二”大屠杀中的主要刽子手杨虎和陈群关系密切，由他们送去德国，回国后与四川军阀王陵基的一个万县籍姨太太很要好。我们按陆海防提供的地址去抓她，竟没有抓到。当时王陵基正在上海闲住，她躲在王的家中，以后逃往苏州老家。她把陆海防交出的一位重要共产党员刘 ×× 掩护逃脱特务的魔掌，而她自己却没来得及离开而被逮捕。其余由陆交出的人，因我没有经手逮捕，也记不到姓名。

华尔敦被捕后一直不讲话，不但他的住址没有查出，连国籍和真姓名也不知道，因他被捕时身上没有任何文件，连当时外国人随身起码要带的外侨身份证也没有。当陆海防说出华尔敦是一个负责人后，英法两租界的中西侦探，加上警察局侦缉总队与警备部侦察大队，以及上海区的特务，几乎全体动员去调查他的住址和活动及有关系的人，以便进一步追查他的组织关系。这批数以千计的中西包打听和特

务，加上他们数以万计的眼线助手，天翻地覆地闹翻了整个上海市，也毫无结果。戴笠骂这些人是一群饭桶，蒋介石也骂戴笠不中用，吵了快一个月，连华尔敦住过哪里都没法弄清。在审讯他的时候，从他口中得不到一个字，当时报纸上只好称为“怪西人案”。

有次我把陆海防带到法庭去做证，华尔敦一见到陆远远走向法庭，便怒不可遏地第一次在法庭上开口用英语向陆骂了一声“叛徒”。陆这时连站都站立不住，两腿软下来跪在地上。我再三强迫这个叛徒上去，他看到华尔敦巍然不动地站在那里，他的两条腿一直哆嗦，哀求我宁可马上枪毙也不肯再上去做证了。我踢了他一脚也不中用，只好带他下来。陆以后在军统当特务时，我还问过他，为什么那次那么胆小？他说他一生中也没有见到过那么可畏的人。

华尔敦虽没有任何证据与供词，但租界还是同意把他引渡到武汉市去归案。因为他骂了陆海防一声“叛徒”，凭这两个字就可以证实他是共产党员了。在押解途中，特务们都非常好奇地看待他，究竟讲不讲话。可是他一上轮船便和懂英语的特务随便扯讲起来。有人就问他，审讯时为什么不讲话？他的回答的确是使人不能忘怀的。他说：“共产党在敌人审讯时去作解释，便是一种祈求饶恕的懦弱表现。如果对自己任何问题向敌人作交代，哪怕是自己的姓名或住址，都是最可耻的叛徒行为，因为这些事是不能向敌人去谈的。”当然，他在轮船上和特务们谈的也只是吃饭喝水等生活方面的问题。特务们想进一步了解一点有关他的情况，往往遭到他的呵斥。这位怪西人，直到解放后，我看到别人提供的材料，才知道他的真名叫罗伦斯。

我受到的惩罚

我在写述这些过去自己的反共罪恶历史资料时，我也没有忘记我在和共产党员做斗争时所受到的几次惩罚。好几回我都差点被打死，因为公开和秘密去逮捕一个共产党员时，总不是那么容易的。他们是用尽一切力量进行反抗，极个别的才肯束手就擒。在这种生与死的斗争中，我多次遭到过失败。事隔多年，我对那些英勇反击的先烈们至今犹有余悸。他们不到完全无力反抗时是从不肯停止还击的，我领受过不少拳头和脚尖。老实说，我到最后是越来越胆小和谨慎，每听到去抓共产党，我的心情总是非常紧张，一直到平安回来才松一口气。至今我身上存在的几处最不光彩的伤痕，便是我受到正义惩罚的痕迹。过去我在军统许多特训班讲课举例时，也从不肯把自己这些“丑事”拿出来作教材，而专爱谈一些自己认为最得意的“成绩”。

1935 年夏天的一个傍晚，我奉命带着十多个特务到江湾去搜捕几个正在开会的共产党员。我们刚要接近时便被发觉，他们立刻分头跑开。一个担任掩护工作的党员，却守在通路的要口没走，掩护其余的人离开。当我带着两个特务冲上去时，突然一声枪响，我左胸上像挨了一拳一样。我知道我已负伤了，但由于是小手枪，距离也相当远，所以没有洞穿。我低头看了一下，胸脯正往外流血，我便把我的外衣提起来，不让血液染透外衣，并赶紧靠在墙上指挥助手冲上去。我知道我当时如果不忍耐一下，助手便会先来照应我，这给对方以继续发射的机会，所以只有咬紧牙齿支持。当时特务们以为我听到枪响怕死，也迟疑了一下，等到他们追了很远才用枪击伤这个人的腿部。他倒在地上，但还继续射击，最后子弹射尽才被捕。当他看到我流血很多坐在地上时，还用非常后悔的口吻对我说：“早知道能打中你这条走狗，我应当再给你几枪。”由于他一个人尽到了掩护与警卫的职责，其余的都安全脱离。我被送到宝隆医院，从左胸两条肋骨中间取出了一粒小号勃朗宁手枪子弹后，虽只一个星期就出了医院，却终生留上了一个标志罪恶的伤疤。

同年冬天，我带两个特务去曹家渡逮捕一个从事文艺工作的共产党员。我们早先以为是个文人，对他没有足够的警惕和重视，结果几乎三个人都送了性命。我们先侦察好他的行踪，知道他往往很晚才回去，便决定黎明前去逮捕，事前暗中勾结好他的二房东做内应。当我们轻轻叩开了大门，一直走到他三楼房间时才把他叫醒。他开门一看，知道是那么一回事，便很客气地要我们坐，并答应穿好衣服就跟我们走。他虽然从容不迫，特务还是先抄了他身上和看过他的衣服才让他穿上。我们想着，三个人对付一个，都很满不在乎；加上他无半点抗拒表示，便都把手枪收了起来，准备客气些好早点使他交代。

稍后，他要求在房门后拿顶帽子戴上便和我们一道走时，我们都以为这次很

顺利了。突然间，他从一顶呢帽里掏出一个手榴弹来，并且很快把保险栓拔掉，态度马上变得很严肃，说："动一动，大家都同归于尽！"这一声怒吼像霹雳一样击到三个人头上。特务们都知道这种炸弹的厉害，如果是速燃导火索，一松手就爆炸，在那样一间房内爆炸起来，四个人不死也得重伤，是无一能幸免的。我当时就不舍得那样死，宁可让他逃跑，回去受处分也不敢冒那个险。我知道在那种情况下，他是愿以一个人换三个敌人的。他一手高举那个已拔掉保险的炸弹，不断逼近我们，我也只好假装笑脸，叫他有话好说何必如此。他哪里听那些，只是不停地威胁我们谁敢动一动手枪，马上就爆炸。我便叫两个助手不要乱动，自己也不敢去拔枪，想等待机会去夺取他手上的东西抛出窗外。他慢慢靠近了门边，突然将电灯关了。接着砰的一声，我们三个人都以为他把炸弹扔下了，各人便急忙把身子伏下来，几乎都慌成一团。等我把手电拿出一照，原来是人已不见，房门关上了。我立即把电灯打开，门却已被反扣。我们用力敲门，大叫二房东上来替我们把门打开后，一问，这人早已跑了。我们怪二房东为什么不拦住他，而回答却令人啼笑皆非。他说，你们三个人拿了枪还抓他不住，我一个空手人还敢拦他！等我们出去分途追寻时，附近工厂上早班与下大夜班的人来往很多，已无从再找到了。

我以后在训练特务学生时，虽未把这件丢脸的丑事全部讲出来，却一直叮嘱凡逮捕人时，犯人所穿所用的任何东西都不能直接去取用，必须谨慎小心地看过后才交给被捕的人，否则随时可能发生生命危险。至于我在这几年中搜捕共产党时所遭到的种种反抗，经常被打伤咬伤。几乎是成为家常便饭，这里就不详细列举。

当时一些叛徒在进行对党组织破坏活动时所遭受到的惩罚除前面谈过的外，一些在军统搞了多年的叛徒也是时常要提心吊胆的。如行动组副组长王克全，他叛变后虽对党的地下组织危害不小，但并不以为满足，还时常腰挂手枪到处乱跑，遇到过去熟识的党员总用软劝硬拉的办法拉下水，不听他劝诱的便逮捕囚禁。有次，他一个人到浦东工厂区去，遇到过去两个认识的党员，这两人都受过他的领导。他满以为很有把握可以拉到军统来，结果被骗到野外打得半死，手枪也被抢走。如果不是巡逻警察在附近经过救了他，那次便会被打死，从此他一个人再也不敢乱闯。

当时住在租界上的一些大特务家门口，几乎时常发现可疑的人在侦察监视他们，甚至连在华界方斜路白云观（上海人一般叫茅山殿）侦察大队附近，前后也逮捕到过三四个前去侦察的共产党员。因为这里成天有人被抓进来，囚禁过不少忠贞不屈的党员，所以经常有人去附近调查。就在这块白色恐怖统治区内，特务们也是时常提心吊胆，往往弄得草木皆兵，害怕共产党进行报复。

当时军统特务在上海除对付以共产党为主的种种任务外，还有些其他活动。如1935年秋天，上海区一个情报员的助手打听到"一・二八"以前宋子文在上海北站遇刺未中而误毙其秘书唐腴庐一案的凶手和宋的司机的下落。戴笠对这一事隔多年的旧案有了新的线索极感兴趣，马上指示一定要派人设法抓回归案，因为可以借此讨好一下宋子文。

我奉命和程慕颐带着这个眼线，先后在仪征县十二圩和瓜洲、泰兴等地去侦察，最后分别在盐城、扬州将当时刺宋凶手之一和宋的司机逮捕到。这个人在刺宋未中后即离开上海，在盐城保安队当班长。因为眼线认识他，我们便雇好一条小船等在小河边，当眼线把他骗到船上后立刻被我们逮捕。经送县政府用了一顿刑之后，他供出当时刺宋与宋的司机有联系，才了解宋的行踪。宋被刺后，这个司机也逃走了，在苏北一带做修理自行车等工作，后来我们在扬州抓到了他。

当我们把这两人带回上海后，戴立刻把宋的司机照片送给宋去看了，认为确系事件发生后逃走的那个司机。宋子文为此事感到很高兴，曾叫戴领着我去宋家见他。他当场签了一张5000元支票给我作奖金。我刚一接过，戴向我使个眼色，我又恭恭敬敬退还他，坚不肯收。戴连着说:"保护部长的安全是我们的责任，不敢受奖。"宋听了很高兴。当我们辞出回来，戴笠只给了我和程慕颐与那个眼线各500元。

当时四大家族和大批豪门权贵，每星期六从南京到上海度他们荒淫无耻的假日时，军统为了保护他们的安全，几年间所公开逮捕与搜查对他们安全有任何危害的人，就我亲自经办的不下十起之多。一些人往往只在这些人的公馆别墅门前多走了两趟或多看了几眼他们上下汽车情况时，便被指为刺客嫌疑，一经逮捕，到弄清完全是冤枉，也白白坐了几个月的黑牢；幸而获释，也从不敢公然埋怨，反要花上一笔钱来感谢这些"暗镜高悬"无法无天的特务才能了事。像这种数不胜数的例

子，这里就不多举了。

另外是1935年11月间汪精卫在南京被刺未死，主谋的晨光通讯社负责人华克之、张玉华等逃到上海后，也是由上海区和侦察大队的特务们进行公开逮捕的。除华克之逃走外，张玉华和刺客孙凤鸣的妻子及几个重大嫌疑犯均被捕。关于这一情况，我在写戴笠的材料中已谈过，这里就不再赘述。

上海区的特务除干过以上一些罪恶活动外，还有许多卑劣暴行，也是非常令人痛恨的。如到生活书店多次去暗放炸弹，使得不少读者遭到伤害。当时生活书店设在法租界陶尔斐司路吕班路口一座平房内，由于发行的《生活》周刊和其他一些书刊均有进步言论，很受读者欢迎，因此前往购书的人相当多。蒋介石和戴笠虽很厌恶这家书店，但因设在租界内不能随便查封，便只好采用各种卑鄙手段进行捣乱。办法是把一种触发性的爆炸品用报纸包成和一般书籍的包装差不多的形式，由特务带到书店放在一个别人不大注意的地方，偷偷将保险栓拔掉，立即离开。这时只要有人去动它一下，立刻就爆炸。有的读者看到这种纸包，以为是别的顾客忘了的东西拿去交给书店，有时书店人员在收拾整理时移动了它，炸弹爆炸了，站在附近看书买书的人以及书店工作人员往往都被炸伤。当时军统还不会制造定时炸弹，又不便公开甩手榴弹，所以采用这种办法。虽然前后炸过两三次，可是不但吓不倒书店里的人，而读者反而越来越多。本来这个设在非商业区的一家小书店，自从一炸再炸之后，却更引起了读者的注意和兴趣。这一完全出乎戴笠意外的后果，使得他不得不下令停止这种做法，改为派人打入书店去进行活动，以便深入了解情况再从中进行破坏。这一阴谋直到抗日战争开始才停止。

酷刑种种

军统掌握了侦察大队这个公开特务机关后，几乎无恶不作。它所干的一切，连当时警备司令部也不能过问，尽管杨虎当司令时期虽和戴笠沆瀣一气，但同样不能干预这个单位的工作。我记得我带着几个特务绑架刘芦隐先生没有成功，只好以侦察大队身份变为公开逮捕，可是连这个司令官都事前毫无所知。当事情发生后，半夜临时找他去补一张手令，他也只好照办。侦察大队完全成为上海区的一个外勤行动单位，只有在对外应付不了的时候才去找司令。有时为了工作上的方便，特别是处理一些冤枉被捕的无辜的人时，便找军法处去出面。当时的军法处处长陆京士和大队长王兆槐，都是杜月笙的学生，两人关系特别深。侦察大队把一些嫌疑犯打得体无完肤时，最后也送给军法处去交保释放。陆本人是没有不同意的，可是军法处的一些职员却老在背地发牢骚，说总是替侦察大队“扛木梢”（上海话为替人背过的意思），实在没有道理。

当时被这个侦察大队逮捕的人，连看守的特务也常常说“只有好好走进去的，难得有好好走出来的”。在这个机关进门右边的一个小院内有三间牢房，都是用饭碗粗的木头做成栅栏。犯人关进去后，在里面的一举一动都可看清楚，地板上冬天只有几堆稻草，夏天蚊子臭虫是成群结队。被捕关在这里的人，一律不许见客和通信，被捕时穿什么便一直穿什么，不能得到亲友任何接济。有些人明明知道自己亲人被关在这里，但去看望时总是说没有。从来不准政治犯在这里会客。

刑讯室就设在牢房后边，特务们对被捕的共产党员和其他民主党派人士及嫌疑犯等，在进行初审时，除极少数经不住考验的当场叛变外，几乎没有一个不受到酷刑。这里没有什么审讯员和法官，一般是由组长或督察来主持初审，重要点的便由副大队长或大队长审讯，特别重要的则由区长有时甚至是戴笠亲自主持。审讯时，只要三句话不对头，立刻就喊“吊起来”。这个队的一个警卫班除担任警卫外便是帮助用刑的。

审讯室里放着各种刑具，梁上挂着两根专吊人的麻绳。吊人时，最轻的是把两手反背捆起来，将两个大拇指拴上，一声喊“吊”，只要将绳子一拉就将受刑者吊离地面。最初让脚尖刚可着地，便将绳子向固定的钩子上一挂，又继续审讯。几分钟后，受刑者力气再大也得满头大汗。如仍不招供，再喊一声“扯”，这时受刑者便整个身体悬空，全部体重都落到两个大拇指上，一两分钟便是全身汗透，痛苦难当。审讯的特务往往轻松地坐在旁边抽烟，看着受刑者在痛苦中挣扎。受刑者如再不讲，身体弱一点的往往痛昏过去。这时，特务们便将绳子放了下来，朝着受刑者头上冲一盆冷水，让他慢慢醒过来。这一盆冷水夏天还不要紧，要是冬天，上身衣服全部淋湿之后，谁也不管冷不冷，既没有衣服可换，又没有火可烤，就得这样

自己去干。过些时第二次又来一下，单就这一点也就够难受了。

可是更残酷的刑罚却还很多呢。吊既不灵，第二套便是“炒排骨”。“炒排骨”是先将受刑者吊起，让脚尖着地，有时还将脚固定下来用绳捆好。这是防止受刑者用脚踢施刑的特务。因为有次审讯一个年轻的共产党员时，一个主持审讯又兼施刑的特务在行刑时，被这个宁死不屈的党员猛踢了几脚。当然这个人后来被活活打死，而特务受到这一教训后也提高了警惕，随时防止反抗。所谓“炒排骨”这种酷刑，是先将受刑者背靠墙壁，衣服解开，使之不能退让，行刑的特务戴上粗厚的皮手套，将受刑者肋骨徐徐用力按下去，使内脏受到挤压，然后上下移动。按下去已够痛了，再上下摩擦起来更是痛不可当。但受刑者不会马上昏过去，所以对审讯很有方便，可是一经这样“炒”过之后，不仅当时痛苦，往往一两个月胸部都碰不得一下，有些摩擦得厉害的几年都疼痛。

如果这一套还不起作用，再下去便是向鼻孔灌冷水和采用“老虎凳”“踩杠子”一类的刑法了。灌冷水是将自来水龙头打开，直射受刑者鼻孔和嘴巴。这比淹在水里更难受，时间稍久，不是鼻孔肺部呛出血水来，便是晕了过去。老虎凳和踩杠子则弄得受刑的人终身残废也是常有的事。特务们为了强迫革命人士招供出新的线索，总是想尽方法来折磨革命人士的身体。经过这一套又一套的刑讯之后，不死也得重伤。有些虽招供了一些情况，甚至是实在再提不出新的东西，也往往在审讯的特务一时不高兴情况下随便来上一两套，这已习以为常。

对一些女性革命人士的审讯，特务们的花样就更多了。他们一面审讯，一面借此来发泄兽欲。除了上述几种酷刑之外，还加上用小针插入奶头，竹签刺入指甲，藤条抽打阴户，以及剥光衣裤进行羞辱，等等，特务们则围观取乐。有次在强脱一个女共产党员的衣裤来相威胁时，她真是愤怒到了极点，厉声责问特务们：“你们有没有妈妈和姊妹？你们是不是人？你们这种无耻的动作连禽兽都不如！”可是骂是骂，而特务为了达到他们卑鄙的目的，还是坚持脱掉了她的衣裤。她最后是一阵狂笑，说：“死都不怕，还怕你们这一套！”终于她在受尽各种酷刑的折磨和侮辱之后死在那间黑暗的小女看守所中，一个字都没有招出来。

解押人犯的办法

当时把政治犯从上海解送到南京去，除极个别是用汽车专送外，一般都是乘火车。解送的办法也特别，很少用手镣脚铐，大都是用简单的化装方法来掩盖犯人面部，使人一下认不出来为原则。例如，用纱布绷带包去半个面部或眼睛，或是戴上一副大的黑色眼镜等。而最无人道的做法，是在鞋子内满布图钉，让被解送的人有一只脚不能落地，以免逃跑，只能装成跛子由特务挟持着上下火车。被解押的人穿着这种有图钉的鞋子，有时不留心触了一下地，固定在硬纸板上的图钉便刺入脚掌，下车后血流得满鞋都是，还不准喊痛，用这种办法只要一两个人解送便够了。

由于解送南京的人经常有，因此解送的办法也越来越多。解送的时间多是乘夜特快车，在车快开时才进入卧车厢。这是因为曾发生过一次政治犯利用上厕所的机会跳窗逃走。以后被解送的政治犯上车的当天，整天都不准饮水，上车后就是真要解大小便也不准许，一直要硬忍到南京。这一夜时间的确是不易挨过。

在上海区工作的特务，当时也随时有被送到南京去坐牢的危险。有的因被认为工作不力或不忠于军统，有的因生活腐化在外乱来，情节重的均派专人解送，情节轻一点的就采用“妙法”。例如，明明是派甲去解送乙，却故意告诉乙暗中监视甲到南京。到达南京时，结果是甲拿出介绍信把乙交给到车站去接的特务带走，弄得乙莫名其妙。有时要送两个去，便分别叫甲乙同时持介绍信暗中监视对方到南京。因为平日没有横的往来，彼此不认识，而自己犯了错误又不清楚，等到一到站，两人同时均被带走，弄得一些特务对这个集团也是常常提心吊胆，不晓得哪天要去坐牢。

我在上海的几年中，由我解送到南京去的政治犯前后有五六十人之多，解送的特务也达 20 余人。其中有些经过几次转移囚禁，一直关了十来年到抗战胜利才开释，几乎都折磨得成了半死或残废。

监视工作

上海区几年间还有一个主要的任务，即监视上海的进步人士与反蒋分子，这

几乎是每个外勤特务都担任过的。可是每个被监视的对象究竟为什么要受监视，一般的特务不一定清楚。有时当组长的也只简单的了解一些，而大部分是不让知道真实内幕的，即令透露一点情况，也是欺骗或故意说成是汉奸或者笼统地指为“反革命”“反动派”。可是真正的汉奸却从来不敢去惹他们，甚至彼此勾搭起来。

约在1937年年初，有人介绍一个姓郭的到侦察大队来当稽查员，大队长王兆槐向戴笠请示，得到批准。之后，大家慢慢了解到，他是长期替日本领事馆做情报工作的，但谁都不敢说替日本人工作叫汉奸，反而美其名曰“日本通”，他也引以为荣。王兆槐还很高兴能得到这样一个人，凡是与日本人交涉，总是派他去。而那些常常被称为汉奸的，我以后才知道是些民主人士或反蒋分子。我在任法租界组长期间，我那组所监视的人大都是社会上知名之士，对他们不好加上汉奸帽子，只好称之为“反革命”。

几年间没有间断过监视的人，如宋庆龄先生，这是蒋介石亲自指示要经常监视的。当时我们只知道宋先生是反对蒋介石与同情共产党和其他民主进步团体的，要推翻国民党的独裁统治，利用她的地位来与政府为难。因此宋先生成为反动派的眼中钉，可是特务们又不便直接去对付她，所以采用长期监视的办法，主要是看哪些人与她有往来，可以对付的便由特务们去对付一下，不能对付的便报告上去。

1933年夏天，特务们在上海暗杀杨杏佛先生，这一方面是威吓宋先生，另一方面是对接近宋先生的进步人士的打击，企图阻止进步人士和宋先生往来。法租界组还奉戴笠指示，一定要设法派人打入宋先生住所。我便派了一名女特务先去和宋家那个女佣人往来。这个女特务化装成附近住所的女佣人去和她勾搭，可是很快就被发觉。因这个女特务办事不牢靠，在向宋家女佣人打听有关宋的情况时，被她察觉了，没有几天就不再理这个女特务了。不过还有一点机会可利用，就是这个女特务与她往来时，得知她刚与一个流氓丈夫离了婚，我便另派一男特务去勾引她。这个男特务当时只20多岁，与宋的女佣人年龄差不多，而且长相不错。不知道是什么原因，他们虽然往来了一个多月，这个男特务也从来不去打听宋家的情形，最后还是被她拒绝不愿再与他往来。

尽管特务们使出各种花招，但并没有生效，而蒋介石还是不肯罢休，仍叫长期监视宋先生，每周要制成一份监视周报送到南京。上海区便指定两个特务分上下午守在寓所附近，专门注意出入宋宅的人员，有些乘汽车来的人便将车号抄下来，认识的人便记住姓名，并记录进出时间。蒋介石虽在百忙中仍不放松这件事，可是担任监视的特务却因时间久了很疲沓，有时随便在周报上填上几个常去的人的姓名，或是从邻居佣人方面打听到一点情况，便应付过去了。因为规定只在住宅附近监视，不追随外出，所以了解的情况也很有限。特务们有时也打电话或写信对宋先生进行一些侮辱与恐吓，而这些做法只是更增加了宋先生对反动派的仇恨和鄙视。

有次戴笠在杨杏佛被暗杀后问我，宋先生的态度变了没有？我说还是和过去一样。他叫我好好研究一下对付她的办法。我考虑了很久，想出一个对付的办法向戴笠报告。他仔细听了后，认为很好，并叫我做好准备，等他请示过蒋介石之后便立即实行。

我当时的阴谋是准备用汽车去撞宋先生所乘的汽车，将她撞成重伤，这样就使她不能再活动了。我仔细研究过，应当在租界内的马路上去搞这一阴谋活动。办法是把我们自己的汽车前面挡风玻璃换成不易破裂的保险玻璃（那时只听说德国生产这种玻璃），驾驶的特务还穿上避弹护胸的背心防止自己负重伤。等宋先生乘车外出时，特务开车跟在后面，遇到马路上开红灯宋的汽车停下后，便朝宋车尾部猛撞。因为只有等她的车停稳，撞过去才有力量，可以撞伤车内的人；如在行进时撞去，因被撞的车也是朝前走，即使撞上，也不容易使车内的人撞成重伤。戴笠虽认为这一办法很好，可是叫谁去撞呢？我当时表示我愿去，他也很同意我去。因我的驾驶技术较好，而且决不会泄露出去，这是最稳妥可靠的了。隔了不久，我正在研究怎样在撞车中保护自己头部、胸部及手和膝盖等处不会受到重伤，只等戴笠决定后就去执行时，有次他来上海，我去催问何时执行？他苦笑了一下，说蒋介石虽认为这个办法很好，可是顾虑万一撞死或伤势过重，宋美龄和宋子文会要吵闹。所以叫我还是要做好准备，在没有他的命令之前决不准轻易去做。到抗日战争发生，这一阴谋计划也就没有执行了。

其间，特务们还曾阴谋去破坏宋先生乘坐的汽车，戴笠知道了，也指示不准这么做，而对写匿名信或打电话捣乱却不禁止。

1933年后，特务们曾对薛笃弼先生长期进行过监视侦察，原因是他辞去国民党的中央委员和国民政府的委员不干，到上海去当律师，这使得蒋介石大为愤恨。加上他在日寇进犯榆关时，提出过举国一致团结抗日的主张，又与蒋介石的意志相违背，更使蒋介石气愤。他去上海时受到上海实业界一些著名人士的欢迎，引起反动派的注意，认为他辞官不干一定别有企图，将对反动派不利。特务们原来准备下他的毒手，以后不知是什么原因只是叫监视侦察。当时他的事务所设在爱多亚路一座大厦的楼上，家住在金神父路金谷村，都在法租界，所以我这个小组便得经常报告监视和侦察他的情况。特务们有时装作有事去找他，进步人士被逮捕时，更装成这类人士的亲友请他义务帮助。每当薛先生慷慨答应或表示同情时，都是特务们最好的情报材料，成为他不满政府的有力证据。

又如方鼎英先生在上海搞“抗日同盟会”时，也为蒋介石所不满，除派人监视外，还派特务苏业光以同乡关系去侦察方先生的言行。还有黄炎培先生和他主持的中华职业教育社，因地点在法租界华龙路环龙路口，特务们便利用对面的法国公园来进行监视。邹韬奋先生办的生活书店，自然也是监视侦察的对象。至于临时交下来要监视的人更是多得不计其数，这里就不多举了。

当时监视工作是各组最大的负担，特务们几乎每个人都要监视几个对象。那时每个组只有十多个基本特务，虽然每个特务可运用、利用的亲友都有不少，但同时要监视这么多的人，还是不够用，所以对一般不太重要的监视对象，便不经常去监视，而是隔些日子才去看看走了没有。蒋介石和戴笠虽很重视这一工作，并且常常威吓人说:“把他监视起来！”实际上这种监视收到的效果很少，作用也不大，只是造成一种恐怖和使人感到厌恶而已。

当时特务们对中共地下工作人员的监视，很不得力，经常遭到戴笠的责备。因为共产党员警惕性很高，不像上面所讲的那些人满不在乎。我这个小组曾多次集中力量到徐家汇孝友里和打浦桥去监视过几位共产党嫌疑人士，成果毫无，甚至连被监视的对象何时搬走了都没弄清楚。戴笠曾亲自命令上海区逮捕中共上海地下领导人陈 ×（以后听说为陈赓将军），当时只知道是黄埔一期毕业，也找来了一张旧照片。吴乃宪也是黄埔一期毕业的，亲自出马活动，结果连影子都没有见到过。

西安事变后周恩来副主席去上海，住在北四川路新亚旅馆。上海区集中大量特务去搞监视跟踪，戴笠还亲自布置指挥，虽然周每天都外出，结果始终没有发现他与中共上海地下工作者的联络。凡是周恩来去过的戏院、商店、餐馆等处，以后经过长久的调查研究，也毫无结果，气得戴笠大骂上海区的特务是一群“饭桶”“不中用的东西”，也无济于事。

抗战前，由于军统秉承蒋介石的意旨，把全部力量放在对付共产党和民主党派与反蒋分子方面，因而对日本这个主要的真正敌人却一直未予注意。等到七七事变以后，才手忙脚乱地来布置对日的工作，匆忙建立虹口、闸北潜伏组，吴淞组，江湾组。这时由周伟龙继王新衡任区长，戴笠从南京赶到上海进行布置，曾召集上海基本特务和骨干分子十多人，在法租界枫林桥附近他的寓所开会。他首先提出要马上在虹口日寇统治区内建立一个潜伏组，配备一部电台和十个左右的组员。周伟龙当场提出了两个人去当组长，但这两人都表示身份早经暴露无法立足，不肯去。当第三个提到我的时候，我认为我经常搞行动，不适宜搞潜伏。但是，还没等我开口，戴笠马上同意，并勉励我说：“你是湖南人，一向不怕死，还是你去吧！”我只好答应下来。

第二天，我开始着手找人，连一个到上海看我的哥哥和几个老朋友一起拉进去，才凑成八个人。配的电台报务员裘声呼，倒很勇敢。当时周伟龙的化名叫任重，上海区的化名叫任致远，我的化名改为杜康。出发前我去请示戴笠，是不是还要同时注意共产党，因为我在前几天都看到侦察大队用搜捕汉奸的名义在十六铺和浦东逮捕了十多个共产党嫌疑关起来。当时虽然公开承认国共合作，却一直没有停止过对共产党的迫害，不过比过去秘密一点。这时戴笠答复我不必专门去搞共产党，发现了还是应当做做这方面工作。但是虹口组建立不到一个月，便全部被日本人赶了出来。我和裘声呼将一部小型电台装在一辆小孩手推车内，把他的一个刚满周岁的小孩一同推着跑了出来。周伟龙再度要我去恢复，却怎样也进不去。这时整个虹口没有一个特务在那里立得住足，这便是几年间集中力量反共反人民的结果，等到大敌当前，对真正的民族敌人便一点都没有准备。

抗战时期军统特务在重庆的罪行

抗战开始不久，蒋介石便率领他那个政府逃到重庆。这个被称为战时的陪都，不但是国民党政府的政治中心，也是军统特务机关的局本部所在地。在抗战期间，军统特务集中在重庆的最多时达 2 万多人，而外围分子和外勤特务“跑二排”（外勤特务所运用的助手）的，为数也在 2 万以上。他们整天在干着反共反人民的罪恶活动。

蒋介石与戴笠

蒋介石设立军统的目的，主要是用来对付共产党与镇压人民和排除异己分子。当他被迫承认共产党的合法地位时，军统特务组织的作用便更为他所重视。因此，在抗战期间，军统组织大肆发展，军统特务头子戴笠越来越受到他的宠爱。当时的军统除了忠实地执行蒋介石反共重于抗日的一贯政策外，同时也是蒋介石搞“曲线救国”——勾结日伪、联合反共政策的忠实执行者。这里，我只把军统特务执行蒋介石枪口对内的有关问题做一个概述，有关它与日伪联合反共的种种罪恶活动，准备将来在写其他资料时再写。

戴笠于 1938 年正式接军事委员会调查统计局长以后，最初内部只有四个处两个室，内勤只100多人，外勤不到2000人；逃到重庆后，内部扩充到十个处，另有十多个与处相等的室、区、组，还有几个委员会，内勤达到1000多人，外勤增至5万多人。仅仅在重庆一个地区内便先后举办过各种形形色色的30多个特务训练班。例如专门担任邮电检查工作的特种通讯人员训练班，和专搞军事情报的谍报参谋训练班，每期平均四五百人，每班都办过六七期。而平均人数每次200左右的短期训练班，竟办过十多期。其他一些班至少也都办过两期。这些数以万计的各种特务学生，在戴笠亲自培育下，都很快成为军统的骨干分子，从这里分布到全国各个地区。

戴笠企图把重庆布置得同天罗地网一样的严密，但他的那些徒子徒孙却远不能实现他的理想，因此叠床架屋的机构不断增加。尽管如此，而在工作上还是漏洞百出，时常感到顾此失彼，经常遭受蒋介石的责骂，人民对此更是怨恨冲天。

当时每一个从外地进入重庆的人，不论是从天空、水上、陆路去的，首先便会碰到那些检查人员讨厌的脸孔来麻烦你一番。你从重庆寄出的信件或收到外地寄给你的函电，也都得先经过特务们偷看一下。一个被认为要注意监听的电话号码，你只要一接上，便会有人插入听筒在窃听你的谈话。住在旅馆中，更是一批又一批的检查人员会打搅得使你睡不安宁，盘问到你讨厌极了。当你走到中心地区会仙桥一家最大的中西餐馆皇后饭店，准会看到那个饭店的一个老板在贼眉贼眼地打量着你，这便是军统大特务许忠五。他不但开了饭馆，还在打铜街口开了一家园园舞厅。在那里服务员和舞女都得向他反映情况，为他搜集客人的材料。邹容路有名的四川餐馆新味腴和民生路的味腴餐厅，老板当中便有一个是侦缉大队副大队长沈夕峰。新味腴隔壁另一家有名的川菜馆凯歌归，虽为黄埔一期毕业的李岳阳集股开设，是国民党高级军官常去的地方，但已和军统打成一片，成为当时特务活动的一个地区。其他餐馆的老板们与特务大都勾勾搭搭，互通声气。庆余堂老板郑鸿福在林森路开设的鸿运楼和在都邮街附近开设的麦利西餐馆，更是和特务们自己开的一样方便。连当时重庆最大的一家胜利大厦的一些服务员当中，也有特务们的“二排”经常活动。通远门外两间茅屋凑成的一家牛肉馆，因为许多文化界名人常去光顾，也成为特务注意的地方。

如果一个稍有社会地位的人到了重庆，而为一群新闻记者包围的时候，其中总会有不少伪装的记者混在其中向你问长问短，想从你身上找到一点材料。你有病想去找找医生，一定有人说石灰市的南京名医张简斋是中医中首屈一指的。而他的周围不仅整天有特务往来活动，到他吸鸦片烟的时候也有人陪他聊天，打听情况。比张差一点的陈逊斋，看病的虽不如张那里拥挤，但他同样是稽查处的顾问和义务情报员。以中医兼西医著名的张××，也接受了稽查处的延聘，成为该处的医务顾问。

在当时的许多医生当中，要算住在忠烈祠街的南京眼科医生魏光财最为突出了。他不仅充当特务们的义务情报员，还自掏腰包请特务代购了一支手枪，成天挂在腰间。每遇特务们去搞搜查逮捕时，他总希望能亲自去参加。只要有人叫他去，他会把诊所中的病人丢下不管，而说一声有急病出诊，便兴高采烈地跟着走的。特务们认为他是外行，往往只派他担任一些把守前后门或看守人犯的工作，他也很乐于接受。执行任务回来，他还掏腰包请特务们上馆子去吃上一顿。

军统为了搜集搭乘飞机的旅客照片，特地在市区珊瑚坝飞机场马路边开设一家飞虹照相馆，这是由军统摄影师王文钊带着他的助手侯飞鹏主持的。以后扩大业务，在重庆举办市民身份证时，便以“当日可取，价格低廉”等大肆号召，往往以不赚钱来和其他照相馆抢生意。这种廉价照片拍了以后，在特务机关的档案中便会增多一些资料。

抗战时期重庆盛极一时的拍卖行，军统也乘机去控制。军统直接领导的重庆经济情报组副组长方圆，便在保安路川盐一里隔壁开设了一家安利拍卖行，作为他工作的掩护和与同行联系的公开职业。其他公开特务机关如稽查处侦缉大队等也都插手到各拍卖行。他们表面上以防范盗窃物品混入拍卖行，实际上是着重注意寄卖人的姓名身份和住址，遇到必须调查的人，便可利用这个关系去接近。据我所知，民生路的均益拍卖行、邹容路的大陆拍卖行等几家规模大一点的都与特务们有往来，否则特务们会随便借一个机会弄得这些老板们倾家破产，还下不得台。

当时一些稳健点的人，无事连朋友都不敢去多看，因为每个机关都有军统调训过的防谍人员在监督着机关的同事，如不小心，不但自己会遭到一场无妄之灾，而且往往祸及亲友。因为这些被调训过的“外围分子”，没有一点工作表现便会遭到停职处分，所以昧良心是常有的事，一年半载总得找一点事来维持自己的饭碗。当你走进学校去找人时，一批批的职业特务学生会想方设法来了解你和亲友们的谈话内容。

当时一个被特务所注意的嫌疑人物，无论走到哪里，总会有人对他另眼相看。有些人发觉出门时老有人在暗中跟随，而想要摆脱这些魔影时，总以为能找到机会抢先几步跨上一辆刚要开动的公共汽车，将尾随的特务甩在后边，便很安全了，谁也没有料到那些整天在公共汽车上担任查票或售票的人员会和特务是同道的。当你高兴地在车快开动时敏捷地跳下汽车时，这些查票员或售票员会将你又指示给在车站附近的另一些特务，继续来对你进行“盯梢”。总之，在当时的重庆，只要你的言行稍有点进步，那你无论走到哪里，都会遇上这些瘟神来找你的麻烦。

照理来说，在抗日战争期间，陪都有这么严密的防范，总应当很少能让汉奸混入，而且也应经常听到破获汉奸的案件。可是事实上从上海、南京、武汉等沦陷区来到重庆的大小汉奸，却从来没有中断过，但没有一个真正的汉奸落过网。而经常闹人满之患的军统监狱中，却囚禁了成千上万的真正坚持抗日的共产党员和爱国人士，这便是当年军统忠实地执行蒋介石枪口对内，更加反共反人民的政策最具体的铁证。

我在重庆有六年多，先后担任过重庆市警察局侦缉大队大队长，重庆卫戍总司令部稽查处督察长和副处长，军统局局本部总务处处长。下面我只简单地把军统在重庆的一些单位的组织和活动情况谈一谈，便可以看出抗战期间军统在陪都究竟干了些什么罪恶活动。

一、重庆卫戍总司令部稽查处

卫戍总司令部稽查处是抗日战争时期军统在重庆所控制的一个最庞大的公开特务机关。它的组织遍布卫戍区 13 个县，编制上的人数虽只有 500 多人，而每一外勤人员所运用的助手，多的上百人，少的也有二三十人。它的特权超过了卫戍总

司令，军统在重庆的许多罪恶活动，大都是通过它去执行的。

这个处在 1939 年成立，是武汉警备司令部稽查处迁到重庆后扩充起来的，名义上是卫戍总司令部的一个单位，实际上完全受军统控制，全部人事安排都由军统人事处统一办理，卫戍总司令根本不能过问。先后担任总司令的刘峙和王瓒绪，也非常识相，对这个处的一切都不去管它。因为蒋介石曾亲自告诉过他们，要把这个处全部交与戴笠。

刘峙在河南时本来有一个他自己的特务班底，稽查处成立时很想把他这 100 多人安插进去，而受到戴笠的拒绝。他自己倒没有什么，可是他老婆却大不服气，因为这些人替她在河南弄到过不少的钱。刘峙没有办法，便在总司令部内另外成立一个侦缉队来安置这批人。军统立刻向他提出意见，不容许另搞同样组织。他只好把这些人缩编到参谋处，成立一个调查组。但是，稽查处并不放过，要刘峙取消这个调查组，还公开宣布要逮捕这些人，不准他们在外活动，逼得刘峙不得不另行设法去安置这批人。刘的老婆跑到总司令办公室指着刘峙大吵大骂，说他太不中用，当了总司令连这一点事自己都不能做主。刘峙再三说明，军统这个机关是惹不起的，别人也从旁再三说明利害，她才知道蒋介石身边还有一批这样凶恶的人，她在河南那一套作风也才稍有收敛。

1942 年前后，郭寄峤当了卫戍副总司令，他是以骄横跋扈著名的，一开始便想大权独揽。刘峙很不痛快，便有意让他碰碰钉子，没有把稽查处的情况告诉他。果然郭寄峤准备过问这个处的工作。有一次他听到稽查处在通远门附近逮捕了几个人，却一直没有向总司令部报告，便找当时的处长陶一珊去责问。陶很有礼貌地告诉他这是奉军统局的命令办理的。郭仍要了解情况，陶便请他去问军统。他气得跳起来，正要向陶发一顿脾气，陶一语不发拿起帽子便走了。在那以后他遇到类似的问题还打过几次电话到稽查处，我接到他的电话后，便不客气地告诉他，军统局交办的事，照规定可以不通过总司令和副司令，是得到委员长批准的。虽然他还是打几句官腔，但也无可奈何。以后别人告诉他不要自讨没趣，他才不再过问这个处的事了。

这个处一成立便不和卫戍总部在一起，而是单独在石灰市重庆职业学校内办公。这个穷凶极恶的特务机关，整天抓人打人，每日押进押出，从这里经过的人，无不侧目相看，有些人甚至宁可绕道而不愿从这里经过。

这个处除了担任军统局在重庆的大部分外勤工作外，也是戴笠用来考核干部能力与储备和锻炼特务骨干分子的地方。他每次选派的副处长总是准备继任处长的人选。例如，赵世瑞免职后由副处长陶一珊接任，陶去职由副处长廖公劭继任，廖去职后，我因调军统局总务处长，遗缺还是找了陶任内另一副处长何龙庆来接充。这一方面是怕新处长不熟习业务容易出毛病，必须先经过副处长阶段，同时也是戴笠的一贯用人手法，故意使正副处长不和睦，互存猜忌，便于控制，而不会勾结一气去欺骗他。另外，戴笠对当时在外面出了点问题的军统特务骨干分子，在可法办与可不法办之间，凭他的喜爱来处理时，往往是派到这个处来考察一个时期；对那些一时无法安置的人，也派到这里来见习一下。我任督察长时，便有三个副督察长是在外面当过稽查处长的，都出了点小事而被调回“考察”。例如汉中警备司令部稽查处长左明，因为听到戴笠谈过胡宗南准备向蒋介石保荐汉中警备司令祝绍周当陕西省主席，左明想讨好祝而透露出这一消息，被人检举出来。戴笠原来准备以泄露机密罪名处分左明，因祝绍周向他说情，便调重庆察看。洞庭湖警备司令部稽查处长黄加持，因与司令霍揆彰相处很好，霍为陈诚的人，戴一向不满意陈，怕黄跟霍走陈的路线，也调到重庆察看。沅陵警备司令部稽查处长郭宗尧，因有贪污嫌疑而证据不足，也调到重庆。戴笠把这三个人都派到稽查处去当副督察长，叫我注意考察他们的言行。我暗中向他们透露了戴的这一做法，他们便都非常认真卖力工作。不久，黄加持调升为贵州省缉私处长，左明调出去当警察局长，郭宗尧调到军统当秘书。这样一来，许多被调到稽查处工作的人，都希望通过一段时期能得到戴笠更进一步的重用，莫不异常卖力。所以稽查处的工作总是那么紧张，都愿找事来做，以求讨好戴笠。每遇一件重大点的工作，处长、副处长、督察长、副督察长等都是抢着亲自去指挥部署。因为只要有一点成绩表现，马上会传到戴笠和军统其他大特务的耳中。我当时也很懂得这一窍门，在当督察长时便曾跑遍 13 个县去视察所有的稽查所哨的工作，一方面是了解情况便于掌握，另一方面也想走冷门，发现问题可以自行处理，免得在重庆市和别人去争着做。我任副处长后，便成天守在处

里，不去参加无谓的应酬。因为每每在下班后最易出事，不但部下可以随时找到我，而且戴笠每次在下班后打电话查询什么问题，多半是由我去接听。戴笠问起的事情，我都能立刻在电话中向他详细报告，不用去查阅档案或等一会儿再回复他。戴笠这个急性人，对这一点很满意，所以我在20多岁便调到他身边去当总务处长，主要便是靠这一套。

稽查处设有四个科。

第一科主管总务，下设事务、人事、文书三股。科长先后由季先训、王秋舫等担任，副科长为非军统分子王树声。

第二科是业务科，主管情报、行动、侦防、航检等工作，是重点单位。这个科先后由王希圣、宋廷均等任过科长；王一心、张尚钰、揭梦鱼任过副科长。

第三科是电讯监察科，先后由肖茂如、查绥之任科长。这个科是由军统电讯处直接领导，全科的工作人员如黄勤、毛洪明、蓝天佑、杨宣武、赵中令等40多人都是电讯处人事考核股所调派，与其他单位的人事由军统人事处调派又不同。这个科的工作是分内勤、外勤两部门：内勤的一项工作是管理全卫戍区无线电通信器材的运销，任何单位要购买这类器材都得先来申请，经过审查认为准许购买，才能持准购证向商店去购用；商店不论从何处购进这类货物都得先通过这个单位，否则便被扣上“资敌”的罪名坐牢。内勤的另一项工作是主管侦测。稽查处三楼便设有几部小型侦测电台，专门用来侦听重庆所有公私电台的通报情况。当时一切设在重庆的无线电台，都得先将电台类型、呼号、波长以及经常与哪些地方电台通报等逐项登记。不仅如此，这个科还整天侦听这些电台通报时是否和登记的情况相符，稍有可疑之处，便认为有问题，除公开由外勤去查对外，还得进行空中监听。不过，他们工作的重点，主要是抄收中共办事处、《新华日报》等单位的来往电报，送到军统电讯处技术研究室去研译。尽管他们日以继夜地在工作，而且表面上总是说防止日伪在重庆设立电台，但六七年间却从没有破获或侦测出一个日伪电台来。因为当时与南京、上海、武汉等地日伪联系的电台，是不在这些人监督之内的，而是由军统局电讯总台担任这一工作，那又从什么地方来破获呢！这个科的外勤工作是专门去检查无线电台和收音机。当时要装一部收音机听听广播，可不像今天这样方便。除了一些达官贵人和有特权的可以自由收听外，一般人的收音机是不准有短波的。市民的收音机都得先向这里登记，请得了许可证后，还得将收音机抱去送请检查，有短波的要将短波部分剪断或给予封闭。如果经剪封后私自接上，不管是否听了延安或上海、南京的广播，都得被扣上“偷听敌人宣传”的罪名抓进去坐牢。当时军统虽设有电台专门干扰延安的广播，但还是有些人偷偷收听。这个科的特务便常常突然闯入，拆开人家的收音机来检查，只要发现剪封部分有点可疑，立刻就将人带走。有时他们存心敲诈，故意在送去剪封时留下一手，过些时便找上门来找麻烦。有的出点钱还可了事，有的出了钱还得冤枉坐牢。

第四科是司法科，先后由徐钟奇、胡藻担任科长。这个科属于军统局司法处直接领导，人事安排也是司法处与人事处商量派遣，有关案件的处理都得听命于司法处，稽查处长也不能过问。特别是徐钟奇当科长时，因为他是戴笠的小同乡，根本不听处长的话，遇事总是直接跑到军统局去请示，回来高兴才向处长说一声，否则连关在稽查处的人送走了处长也不知道。因为稽查处的看守所是归这个科主管，科长可提人关人，他只要有军统局司法处的指示便可以不问处长同不同意了。当稽查处长的遇到这种情形，往往只有苦笑一下。

稽查处内还设有三个组，主要的是党政侦察组，先后由曹万道、易啸夫、萧志坚、雷和春任组长，有组员30余人。这个组设在太阳沟菜场附近，因为这些化装混入民主党派和各阶层的特务进出稽查处不方便，所以在外面办公。它的任务是专做党政情报、监视进步人士，以及担任军统需要复查的情报。这个组与军统党政情报处也有直接联系，等于军统党政情报处的外勤单位。当时蒋介石命令要予以监视的单位或个人有好几百，军统奉命后便分派给在重庆的单位执行。对于中共办事处、八路军办事处、《新华日报》等，都要派专人去监视。对宋庆龄、史良、沈钧儒等则交稽查处监视。当时这个组全部只有30多人，要经常监视几个单位和数以百计的人，怎样也分不过身来，唯一的办法是依靠眼线和收买内线，以及运用各人的亲友帮同进行。

他们监视曾家岩中共办事处，便是利用开设在附近的一家小茶馆的老板，这个人当时是那个地区的甲长还是保长我已记不太清楚了。在一般情况下，他们每天

派人去找这个人了解一下当天情况;遇到延安方面有新的人来，或者是什么纪念日，以及国民参政会开会期间，就得逐日加派几个人去。他们有时则化装成为小贩之类守在附近，对进出的人特别注意。当时特务们最苦恼的是弄不清进去的人究竟是会什么人。当时规定，凡是周恩来副主席亲自送出的客人可以不盯，周恩来副主席等的秘书送出的人可盯可不盯，而对自己推门进去，出来随手把门带关的人才盯。因为这可以说明是内部的人。由于进出的人都是匆匆忙忙，只能从他们进出的时间写写汇报，内容是很空洞的。

他们对化龙桥红岩村的监视就更加困难，因为那里来往的人多，究竟谁重要谁不重要又弄不清，一些人大都不知道姓名。这个稽查处在这一地区是采用双层配备的办法，除了党政组外，小龙坎稽查所特别在化龙桥设有一个稽查哨，专有几个人住在附近担任这一工作。这个稽查哨的哨长段楚田曾在《新华日报》里面找到一个工人，当时便认为是一个很好的内线，结果不久这个人被停止了工作，以后就再没有找到里面的关系了。

他们对郭沫若、田汉、曹禺等的监视，便常利用通远门外一家小牛肉馆。我还特地到这家牛肉馆去看过一次。史良当时住在枣子岚垭犹庄，这里面住了几个军统大特务，由他们的男女佣人，借着和史家佣人们接近的机会去了解一些情况。

这个党政侦察组在情报工作方面是做不出什么来的，因为他们本身在社会上没有什么地位，交结的朋友都是不三不四之流。他们在当时的一些民主党派中，也只能找到像青年党、民社党中一般中下层分子，对他们的要求不严，因为军统搞上层活动并不靠他们。除了戴笠自己直接掌握有一批人外，军统还运用了一些设计委员之类的人来进行工作。渝特区也有几十个直属通讯员搞民主党派工作。我在下面再另行写述。军统只希望党政组能做好监视和复查的工作，因为有许多是戴笠或军统以及渝特区方面从一些上一层的民主人士或其他方面得到的情报，而这些人又不能很具体地把问题弄清。有些似是而非的含糊问题，军统当面不便去追问这些人，怕引起反感，只得叫稽查处党政组的特务去进行一次复查，以便查明这些情报的真实程度，所以当时几乎每天都有几件甚至几十件这样复查的东西要查明答复。有的还限定时间，这大多是准备报告蒋介石，或是侍从室第六组批下来的东西。凡接到这类限日查复的急件，有些重要的还得加派督察室的督察去督导进行。

有一次，国民参政会开会之前，有几个国民党的参政员和共产党的参政员经常往来接触，而这几个人事前事后又没有向蒋介石报告。蒋便立刻要军统查明。军统限稽查处两日内查复。两天期限未到，又连续催复，稽查处便连副督察长也派了出去，一连闹了三四天，才把这一问题弄清楚。原来写报告的人把有几个蒋介石指定和中共代表往来的人的姓名弄错，张冠李戴，连蒋介石也着了慌。

党政组的工作当时虽有一定范围，但每个特务对反共反苏却见缝即钻，总是会受到上级鼓励和嘉奖的。当时稽查处有专搞外国人情报的外事侦察组，而党政组的萧志坚在任副组长期间，有一个同乡在苏联商务代表团办事处工作，他不肯把这一关系交与外事组，军统便同意由他保留，每月增加他一点特别费，让他从这个同乡那里去取得一点有关苏联在重庆人员的情报。

稽查处的外事侦察组，名义上虽是稽查处的一个单位，也在处内后进楼房内办公，而实际上是由军统局直接领导，稽查处对人事经费都不能过问，工作更不用说了。这个组先后由孔杰、吴润荪任组长，戴笠还加派重庆市警察局外事科科长刘辉兼任副组长，以便统一重庆的外事工作。这个组还有化名，先后用过毕公仇、毕孔殷，对外称毕公馆。它有一个后门，可以不经稽查处前门进出。

外事侦察组的工作重点是监视苏联大使馆与塔斯社及苏联商务代表团等在重庆的活动，以及与这些单位有往来的中国人；平时是秘密进行，有时也公开活动。

军统所运用的一些做外事工作的高级直属通讯员，如国际宣传处的魏景蒙等也是交由这个组联系，以便相互配合。当时在外交部工作的军统特务如护照科长曾广勋，以及与军统有工作关系的许多人，都与这个组有密切联系。外交部的许念曾去开罗当公使时，还特地请调这个组的组员顾宜华去当他的秘书，以便保持和军统的密切联络。

稽查处的第三个组是社会侦察组，组长戚玉麟，几年间一直没有变动。当时稽查处处长最能控制指挥的，只有这个组。它和军统局没有直接关系，因为它专负责社会治安方面工作，以办盗匪偷窃案为主，而实际上却是专门为稽查处搞搜捕工作。稽查处逮捕政治犯、刑事犯，都是由这个组担任，审讯政治犯时的用刑，也调这个

组的组员协助。它与前两个组工作性质不同，整天得有人在家轮值，随时准备出动。

这个社会侦察组有五六十个人，大都是流氓帮会袍哥出身，极少数是军统特训班毕业学生，其中有一部分是从武汉稽查处转来的。这批从武汉稽查处转来的人员，对从武汉跑到重庆的小偷扒手等颇为熟悉。当时重庆警察局侦缉队虽也是军统所掌握，但彼此在工作上为了抢生意，时常发生摩擦。特别是武汉来的那帮盗匪扒手在重庆作了案，警察局侦缉队没有办法破案，即令是找到了线索，稽查处每每暗中包庇。相反的，警察局侦缉队掌握的一批当地的盗匪，稽查处要逮捕时，也往往遭到侦缉队员们的阻挠，双方为此常常闹到军统局去。

稽查处对人民危害最多最大。我曾多次听到一些人说："只要当上一年的稽查员，拿去枪毙了决不会冤枉！"我在当督察长时，经常处理这个组的稽查员在外乱搞的案子。我曾向戴笠报告有关情况，但是戴笠认为这些人熟悉情况，对军统在重庆搜捕人犯很出过一些力。戴笠说，只要不闹出大乱子，个别人出事办个别人就行了。

这些人作恶的程度，真可说是骇人听闻的。我只举出其中一个叫车重光的中尉稽查员为例，便可看出一般来。这个人在查旅馆房间时，发现有一个从东北到重庆投亲不遇的年轻女子，积欠房饭钱很多。他便以帮助她解决生活问题为手段将她奸污，后来又逼其为娼，而平分其夜度资。她后来遇一东北客人，向其倾诉，那客人向稽查处检举。我曾亲往了解，确属实情，但是稽查处处长不同意惩治车重光，还为车说情。因为车很会找女人，常常替许多大特务拉皮条。这个车重光后来又与冉家巷一个小饼干厂老板娘姘上，居然用药毒死这个女人的丈夫，将饼干厂据为己有。

当时在重庆检查旅馆客栈的单位，除稽查处外，还有警察局、侦缉队和宪兵。他们轮流着在旅馆客店中穿梭一样此去彼来，弄得旅客半夜都不得安静。直到抗战末期，才组成了统一检查组，由各方派员会同进行，流弊才少了一些。

军警宪等单位争着搞检查旅客的勾当，是因为可以趁机敲诈勒索。有的人暗中带上鸦片烟或手枪子弹一类的东西，借口抄查而悄悄地放进旅客行李中来栽赃，进行勒索，不称意便把人带走。这些特务机关抓人根本不用什么手续，想要抓哪个就可把哪个抓走。

旅馆客栈遇到这类事情，有时或多或少要担一点风险，所以也有一套防范办法。那时宪兵去检查时都穿制服，每当他们在旅馆门口出现时，茶房便故意大叫“王四心先生在不在家？”或“王先生有客人找！”这类呼喊就是暗号，以便让那些正在吸鸦片、玩妓女或赌钱的客人好准备一下。宪字的繁体写法是宝盖下有王、四、心三个字，他们便拆开来叫。至于那些便衣特务去了的时候，只有等检查开始后，才设法临时去通知其他旅客。有些旅馆中的工作人员和特务勾通一气，那是助纣为虐，彼此分肥。

这些检查旅馆的特务，当时竟有权开枪打死旅客，有次竟闹出了打到“自己人”头上的笑话。那是从上海逃到重庆的一个军统特务叫谢志盘，是军统大特务谢力公的弟弟。他是唐绍仪的亲戚，军统利用他和唐的关系将唐暗杀后，在逃出上海时神经上弄得太紧张，到重庆还是疑神疑鬼，整天坐在旅馆不敢出去。检查旅馆的特务起了疑心，便趴在窗子上去看，他立刻开枪，特务们也马上还击，一顿乱枪将他打死后，才发觉原来是错打了“自己人”。

社会侦察组的特务本来不管政治方面的事情，但他们在外乱来，往往什么都干预。有一次，国泰电影院上演应云卫导演的一个话剧，少给了他们几张戏票，他们便去找麻烦。国泰经理夏云瑚把政府发给的许可证拿出给他们验看，还是不行。他们假称接到密报，说演员的台词与审查时不同，有意讽刺政府，因而不许上演。当时观众已满座，还是不准把帷幕拉开，急得应云卫没有办法，亲自向他们说情也不行。那次恰巧我去看戏，看到时间过了 20 多分钟还不开演，便出来打听是什么原因，只见应云卫满头大汗正在同这个组的组员张 ××、严 ××、王 ×× 等说话。我一问就知道他们是在有意为难，因为这些事根本不归他们管。这几个人连字都不认识几个，还记得清什么台词。我便说，我是特意去听听看有没有问题，要他们先回去。这样，总算把幕布拉了开来。

稽查处还有个特务队，由季缕当队长，有 30 多个队员。这批人本来只是担任警卫和看守人犯，都是士兵待遇。但他们每人都有一套便衣，下班以后，便在市内胡作非为，有时跟在一些稽查员后面去充打手，其作恶也不下于稽查员。

稽查处的外勤单位有十多个稽查所和30多个稽查哨。这些稽查所的权力特别大，它们可以任意检查旅客，搜查住宅，扣留车船，查封仓库。当时尽管有军委会水陆交通统一检查处，而且由戴笠兼处长，不准其他单位自行设置检查机构，连宪兵也统一起来，可是却准许这个处仍保留所有的检查机构。

当时设在朝天门糖业公会楼上的水上稽查所，对来往船只和旅客进行检查，而水陆交通统一检查处也设有水上检查所，两个单位执行同样任务。这个认为可以开船了，那个说还不行；那个说要停下来，这个又同意放走。这两个所扯皮闹意见不要紧，弄得轮船上的负责人无所适从，双方都不敢得罪。而更受苦的是旅客，挤在船上夏天热得发昏，冬天冷得要命，等这个办完手续再让那个来一套。戴笠明知道这些情况也不加以制止，反而默许这样做。他认为这样彼此牵制，可以少发生问题，倒霉的反正是旅客，与他无关。

最突出的是一些统一检查处不设所哨的地方，稽查处却单独去设立，戴笠也不予取缔。要是那些不属于军统的单位那样干，他是不会答应的。两路口稽查所在黄沙溪河边设了一个稽查哨，专门检查川江内来往木船，所有木船经过一律要靠拢检查。在江中顺水而下的不知这里设有检查所而没有停航时，他们便开枪叫住；有的听不见，他们就直向船上打枪，或派小船追上去，连人带船扣上十天半月。他们以检查进出市区船只和旅客为理由，对一些货船进行种种勒索，每每命令将整船货物卸下来一件件检查，然而，给了点钱就又可以完事。来往的货船都懂得这一套，不论运什么都得送他们一些，否则便被留难。有一次，由于货船没有“纳贡”，哨所的特务还把一个押货的商人推下水中淹死，船上的其他人虽亲眼看到这一暴行，却都具结证明是商人“失足落水”。我去这个哨所检查，连我也大吃一惊，因为他们一共不过五六个人，而橘子、广柑却堆满半个房间。他们当时回答我是别人寄存的，后来一问原来是每个船送他们几斤，只要一两天就有那么多。他们除了分送稽查处股长以下人员一部分外，还分一半到稽查所。这样，大家都认为是当然的外快，久之就习以为常了。

当时南岸稽查所除了在海棠溪设有一个哨检查上下汽车的旅客外，还在一品场设一个哨和统一检查处的一品场检查所同时担负检查车辆和旅客的工作。他们还在黄角垭设立一个哨，监视住在那里的一些东北籍的进步人士。青木关当时是重庆通往西北的第一道关口。中共和八路军人员经常往来经过，稽查处也在这个仅有几十户人家的地方设一个所，与统一检查处的青木关检查所一同担任检查工作。这个稽查所还在北碚设立了一个哨，专门担任对北碚一些大专学校中进步师生的监视；遇到必要时，也临时在北碚车站和轮船码头实行对旅客的检查。

我在稽查处工作时，曾两次去江津稽查所视察，去的目的主要是因为陈独秀住在那里。这里，我顺便提一下陈独秀的情况。在陈未被捕以前，蒋介石曾悬赏十万元捉拿他，逮捕以后，才完全明了他在共产党中已成反对派，有些懊悔，觉得不该抓他。那个出卖陈独秀的谢 ××，以后在军统当特务，还有人常常讥讽他，说他出卖了陈独秀不是替国民党出力，而是替共产党帮了忙。

陈独秀被捕后，关在苏州模范监狱很久，国民党企图利用他，抗日战争开始后怕他住在苏州不安全，便将他送到老远的大后方去。行前，南京许多国民党的高级官员都和他见了面，还安慰了他一顿。以后他住在江津，行动上还算自由。当时江津稽查所主要是监视去见他的客人，而对陈却比较客气。我去见他以前，戴笠曾嘱咐我，可以了解一下他的生活情况，千万不要刺激他，因为留下来还大有用途。

陈独秀

我到江津去看陈独秀，都是由稽查所长李杰川陪我一同去。陈了解我的身份后，一谈便是一两小时。他认为共产党应当在国民党领导下进行活动，在时机没有成熟以前，中国共产党不可能独立活动，应当依附于国民党。他特别对蒋介石称赞备至，认为没有这样一个人来领导全国抗日，中国只有亡于日本。陈的这些话，我当时都感到奇怪。江津有一个从安徽迁到后方的中学，那中学的教职员也有些人常去听他谈话。他的确对这些人起了不少麻痹作用，毋怪他能得到反动派和特务们的嘉奖。

我第二次和陈独秀谈话时，他更劲头十足地大肆批评共产党的领导人，好像只有他才有资格领导中国共产党，其余的没有一个是对的。他说的话，对许多和我一样顽固的人，是很感兴趣的。我每次把他和我所谈的话向戴笠反映时，戴也称赞他是共产党中最明大体的杰出人才。由于这些原因，他在江津的几年中，经常有不少国民党官员去探访他，每个和他谈过话的人都对他印象很好。

在国共合作的抗战期间，稽查处秉承蒋介石的意图，坚决执行反共政策。虽然当时对公开在重庆的共产党员不敢逮捕，但对一些从事地下活动的党员，几年来一直是尽全力搜捕的。稽查处遇到办共产党的案件时，总是特别紧张，全力以赴。一次，南川稽查所所长程传洛，密报有一个共产党员混在南川空军某机械厂工作，被发觉解职，但仍在南川活动。于是，副督察长刘国宪立刻带领六七名特务于夜间前往捕回，略加讯问即解送军统局处理。涪陵稽查所长胥 ××（后改名胥 ××）曾破获共产党案两起。在被捕者中有个女教员姓傅，是司徒雷登的秘书 ××× 的胞妹，被胥奸污后与之结婚。当时戴笠早有明令，在抗战期间禁止特务结婚，不少军统分子因触犯禁令而被判徒刑，而胥却独得允许。原因是他能使一个女共产党员公开脱党，不但可以将功抵罪，而且应当奖励。在重庆市区内，先后在储奇门码头、江北寸滩等处，逮捕的共产党员有五六起，都是立刻解送军统局。民主人士被捕也不少。南岸文峰塔下被秘密逮捕的一个民主人士（姓名已忘），在稽查处被特务们打得周身青肿后才被送到军统局。

稽查处除了反共反人民外，另一重要任务是保护四大家族和国民党的达官贵人。陶一珊当处长时，知道蒋介石经常从重庆乘汽艇去南岸，他除了经常派有稽查员在蒋介石专用的轮渡码头去暗中保护外，还常亲自前往执行这一任务。有次蒋介石在敌机夜袭时匆匆过江，他便跑到码头上指挥布置戒备。孔祥熙在南温泉虎啸口山顶上有座别墅，经常在那里举行宴会舞会，南岸稽查所便特地在那里设一个哨担任警卫。

那时孔家的副官、便衣警卫、汽车司机等，都佩戴有一个“忠”字证章，抬轿的轿夫则在背心上有一个蓝地白字碗大的“忠”字，使人一见就知道是孔庸之（孔祥熙）家的家丁。这群如狼似虎的仆从们，依仗主人势力横行不法，动辄打人骂人。有的游人不知道那个风景幽美的名胜地区住有一位这样的国戚皇亲，往往爱在那里拍照片。这些仆从发觉之后，会立刻命令将所拍的底片全部曝光，甚至加以打骂。有次中央训练团副教育长宋希濂，虽然全副戎装佩戴中将领章，和几个高级军官一道在那里拍照，也被他们制止，并因此发生争吵。

有的游人常被这些仆从指为汉奸，说是偷拍轰炸目标，除打骂之外，还要关押起来。这个稽查哨是这些豪门的鹰犬，随意欺压人民群众，只要是孔家送去的人，不管有没有不轨行为都不由分说收押起来。孔祥熙的第二个女儿有几次举行舞会招待美军，正遇天旱，花溪水少，南温泉的一座小水力发电站所发电力不足，她便命令将镇上所有商店住户用电的电路关闭，把全部电力引到她家中去。这些装电灯的人家被迫停电，而山头上孔家却灯火辉煌。有人知道是孔家举行舞会，便背地里大骂孔二小姐。有的被这些仆从们听到，便不由分说抓起送到稽查哨。那天我正在南温泉休假，哨长张中恒来请示，说孔家送来几个人要他送重庆关起来，问我怎么办？我想，连我们处长都得听孔家的话，我不能给处长添麻烦，便说当晚无车押送，稽查哨又关不下，可不可以当场给他们处分一下以资警告，以免再乱说。张中恒去问了孔祥熙的侍卫长，得到他的同意，由张每人打一顿手心开释。这些被打的人心中虽然气愤，却知道这是从轻发落，因为送到城里就不知要受到什么处分了。

当时稽查处的特务们骑在人民头上作威作福，但对豪门权贵却又得卑躬屈膝。我亲眼见到陶一珊对孔令俊（孔二小姐）的那一幕丑剧，至今未忘。有一天陶亲自开车，于夜间带着我和几个稽查员去白市驿飞机场处理紧急案件。我们的车经山洞附近时，对面开来一辆轿车不关车前大灯，一直向我们的车迎面直闯。陶一再用开灯熄灯向其示意，对面的车也不理会。陶一贯横行霸道，开车一向不肯让人，遇到这种情况，他自然不服气，也立刻把大灯开亮逼着过去。两车紧紧顶在一起之后，陶立刻跳下车去想训对方一顿。我坐在车前看得很清楚，对方开车的是一个身着男人服装、歪戴着帽子的年轻人，听到说话才知道是个女人。她把头微微仰着，用一种极傲慢的口气向着陶说："我道是什么了不起的人敢这样，原来只不过是一个小小的少将！"陶听了气得面红耳赤，正待发作，恰好重庆警察局长唐毅的车子也赶来停在旁边，唐跳下车立刻恭恭敬敬地向她敬了一个军礼，并马上向陶介绍，"这

是孔二小姐！”她哼了一声便问唐：“这家伙是什么人？”经唐向她说明后，她竟用命令一样的口吻向唐说：“今天我还有事，来不及问他，明天你带他来见我！”陶回到车边，口中虽然硬了两句，经唐劝他快让路，他便和我换了个位置，要我开车。他坐在我旁边，一路上一语不发。当时我们的确都不认识这个臭名远扬的人，因她刚从香港到重庆不久。第二天，唐果然来邀陶一道去向她赔礼。事后虽然不少人骂陶是“软骨头”，但他回来后却若无其事。

1941年秋，敌机经常轰炸重庆，有一天天刚亮，我起了床，军统第二号大头目郑介民冒雨来到稽查处，从怀中掏出一封信来交给我，说：“现在居然有人写信去骂夫人（宋美龄）。夫人看了大发脾气，限你们三天破案，对写这信的人一定要逮捕起来严办！”我当然答应遵命办理。

郑介民走了以后，我立刻找人来研究。原来这是一封匿名信，大意说：他是一个小商人，捐过几次航空救国捐，希望政府买飞机抵抗日本。听说买来的飞机破烂不堪已不能用，钱都是主要负责人航空委员会秘书长宋美龄进了腰包，以致弄得敌机天天来没有法子抵抗。他经营多年的一家小商店也被炸光，儿女也被炸死，非常痛恨，所以写这封信出出自己的怨气。

这封信不知怎么落到宋美龄手中，她竟下令把写信的人抓起来严办。我们仔细研究以后，认为黄家垭口一家被炸的商店老板嫌疑很大，只是他家被炸后搬到什么地方弄不清楚，经过半天的搜查，便抓到有关的四个人。以后经几次刑讯与查对笔迹，完全证明是他们写的。他们写那信的原因很简单，确如信中所写，出于气愤。

三天期限未满，郑介民亲自跑来问了两次。他很高兴地把这一结果向宋美龄去回复，宋指示一定要严办。卫戍总部军法处把其中一个写信的判了15年徒刑，其余三个也以同谋罪判了轻一点的刑。由于稽查处说明这是“奉蒋夫人亲自交办”的案子，所以判得很快。结案以后，有天郑介民带我去见宋美龄，向她报告办理与判处徒刑的经过。她听了很高兴，立刻拿出一对派克金笔给我，算是办理这案的赏赐。四个人的徒刑，十多年的冤狱，换得一对水笔和几句奖励。这足以说明特务们是如何忠心耿耿地为豪门充当鹰犬！

稽查处一成立就以肃清重庆的汉奸做幌子，每个处长上任也公开指明这是第一任务。但几年间，不但没有逮捕过一个真正汉奸，而且暗中却在保护汉奸，甚至由汉奸特务来当副处长和处长。陶一珊任处长时期的副处长，以后继陶而任处长的廖公劭，以及廖任处长时保荐的主任秘书叶燕荪，都是有名的汉奸。廖公劭是汪精卫政府政治保卫局华南局的局长，他的叔叔廖越万是汪伪政治保卫局杭州局嘉兴支局局长，父亲廖家驹、弟弟廖公助，也都是在汪伪政府中做官，真是满门汉奸，却得到戴笠的信任，要他来负责战时陪都的治安工作。最为一般人不理解的，是廖公劭任处长时推荐任过汉奸县长的叶燕荪当主任秘书。当时戴笠对廖的信任，远远超过了对陶，这就不能不使人感到异常奇怪了。

我任督察长时，廖刚到重庆，便接何龙庆任副处长。他经常陪着一些操江浙口音的奇怪客人去见戴笠。最初陶一珊还疑心是在捣他的鬼，想抢处长当，以后廖当了处长，我当副处长，他还是经常与一些鬼鬼祟祟的客人去见戴笠和毛人凤，这才使我感到有点奇怪。以后我调进军统局当总务处长，有机会去招待这类怪客，才知道他们原来是从南京、上海等地来的，都是任援道、周佛海等大汉奸派遣的代表们。这些不折不扣的汉奸能在稽查处长的陪伴下去见戴笠，那又有谁敢去动他们一下！所以抗战几年，重庆军警林立，特务遍地，而从来没有破获过一个真正汉奸机关。

问题很清楚：不是重庆没有汉奸，而是汉奸来到重庆却是治安当局的贵宾，自然没有人能去抓他，可是当时每天却也抓到一些所谓汉奸嫌疑者。说来真是可笑，当敌机轰炸时，偶尔有人因为感到躲的地方不安全想换一个地方，便在寂静无人的街道上匆匆跑过，如被军警或特务挡住了，身上搜出了被认为带嫌疑的东西，便难免吃一顿官司，每每弄得有冤无处申。据说用镜子利用阳光向上空照射，便可指示敌机轰炸目标。根据这一条，如人证俱获，则有口难分；加上屈打成招，最后只能军法从事。治安当局可借此向上级请奖，向老百姓表功，他们又杀了一个“汉奸”！还有些人在夜间躲警报，时间久了，敌机又没有来，便偷偷地抽一口香烟，这也会被诬作汉奸指示目标的铁证。总之，一些不留心的行动和语言，以及无意中带了点犯忌讳的东西，都随时随地有被指为汉奸的危险。否则在战时的陪都，那么多的军

警特务，不抓到几个“汉奸”，那又怎能交代！所以一些糊里糊涂的替死鬼，一直到临刑都在大叫冤枉，而那些真正的汉奸，却正在权贵的朱门中酒酣耳热，举杯痛饮。

我在处理这类案件时，也曾去找一些空军朋友们问过。他们认为白天举烟，夜间点火，的确可以指示轰炸目标；但一面刮脸用的小镜子的反光，或一支香烟的火光，在高空的轰炸机上的确很不容易看清楚。但是部下辛辛苦苦抓来的“汉奸”，上级天天要找的替死鬼，明知是冤枉，也只好动刑逼供，谁也不敢冒着自己的前途来讲一句公道话。

记得有一次一对从江南逃到重庆的年轻夫妇带着一个小孩在南岸铜元局兵工厂附近乱坟堆里躲警报，因随身带的一个热水瓶不慎打破，小孩拿着打破的水瓶胆在玩，阳光照在破水瓶胆上，发出了一道道白光。恰巧这次敌机在这个兵工厂附近投了几颗炸弹，南岸稽查所的特务也躲在附近。他们到处搜寻，发现这对夫妇身边有这些发光物，便不由分说断定他们在给敌机指示目标。特别是当他们进行搜查时，又发现小孩颈上有一根红头绳穿着三个铜钱挂在胸间，这一下他们认为是人证物证俱获。当所长曹万道把这三人解送到稽查处时，这个女的再三解释小孩身上带铜钱完全是家乡一种迷信，而热水瓶打破的确是无心，也没有料到敌机会到那里轰炸。但是南岸所的特务硬说亲见他们在敌机飞临上空时才把水瓶打破，以水瓶胆当镜子指示敌机炸兵工厂，而且已承认了这一事实（其实是屈打成招）。不久，卫戍总部打电话来查询，因为这一类案件军统局不要，我只好根据南岸所的报告将这三个人解到总司令部去。不到十天，这对夫妇就被加以汉奸罪名而枪决了。在那几年里，不知多少人被糊里糊涂的枪毙掉。

可是又有另一种情况。特务们在三斗坪前线发现一个可疑的人，由湖北方面一直跟踪到重庆，这人名叫江 ××，是汉口一家很大南货点心店汪裕霞的少老板，他受日本人派遣到重庆活动。但他一到重庆，马上去见军统电讯处处长魏大铭。稽查处的特务看到这一情况，立刻解除了对他的监视，而让他自由自在地在重庆活动，再也没有人敢去碰他一下。

由于在反共方面表现不力，戴笠经常要找稽查处的人去训斥一顿。当时最主要的一个问题，是无法制止《新华日报》在重庆发行。蒋介石对这张报纸恨之入骨，一直希望通过用特务手段来限制这张报在群众中发生力量。戴笠每次找我们去谈这个问题时，我们几个人总是面面相觑，无词以对。他便骂我们是饭桶，不尽心尽力去完成“领袖”交给的任务。

其实，稽查处从稽查员到处长，莫不把这张报看成“大仇”。每次我们指使一些稽查员运用他们的助手们，对报童殴打一次之后，总以为第二天会看不到再有报送来，可是第二天一走进办公室首先就看到它。因为它发行比别的报纸都早，又是单独有专人送，稽查处看别的报几乎都是送阅不用花钱，只有这份报是花钱订的，科长以上都有一份。有一次，陶一珊在戴笠面前夸口，说已经想了一个很好的办法不使它再在重庆市露面。原来，他是叫稽查员分别在各要道路口带着一群流氓打手除照常殴打报童外，还把报童手上的报纸全部抢走。可是，当他正在打电话向戴笠报告时，而传达兵却把报拿了进来。他气得对这个传达兵连打带踢地赶了出去。电话刚搁下，戴笠的电话马上来了，陶一珊的脸色立刻变成惨白。我正在他旁边，他便轻声叫我去接，说他刚出去。我接了戴的电话，果然是在他那里也发生同样情况，仍旧收到了当天的那份报纸，不过比平日迟了一些。戴笠在电话中的责骂声很大，陶坐在旁边几乎发起抖来。最后，戴还是叫我们去他那里，当面又严厉训上一顿。

1942 年，戴笠感到这个处在重庆方面的力量还不够雄厚，又在这个处下成立一个侦察大队，派王会云为大队长、刘耀为副大队长，强占民生路一家旅馆作为大队部。这个大队有 200 多人。大部系由军统调去，少数则由稽查处特务介绍。

戴笠成立这个大队的目的是害怕重庆方面发生暴动，没有力量镇压。因为稽查处遇有紧急情况时，全部出动也不过 200 多人，这个大队名为侦察，实际上大部分人员等在队部里整装待命，只有小部分出去活动，夜间经常保持能随时出动 100 人左右。戴笠经常打电话来问能马上集合多少人，我们以为有什么紧急事，结果他只是查问一下。当时他经常提心吊胆，生怕重庆人民在共产党领导下发动示威游行一类的事情，会来不及对付。这是在大队成立之前，他亲自向我和陶一珊讲得清清楚楚的。但以后在军统的纪念周上，他却说得非常好听，是怕日本人趁空袭时大家躲进了防空洞，而派空降部队占领重庆，所以要这个队的人随时准备应付这类非常事件。

这个大队的队员，每人都配发有一支很好的手枪，并叫他们经常练习实弹射击。以后戴笠又规定每天要轮流派人到市区去秘密巡查，特别是遇到有群众集会的时候，更要大批出动，暗中进行监视。戴笠总是感到在重庆的特务还是太少，按照他的意思，这个大队应当扩充到300多人。因为选择人员的条件较严，不敢随便找人，而军统训练班训练出的学生每年虽有几千，还是不够使用，所以一直没有足额过。

二、重庆市警察局侦缉大队

重庆市警察局侦缉大队，系1941年10月间，由该局侦缉队扩充而成。戴笠调我任侦缉大队的大队长时，亲笔写了一封信给当时的警察局局长唐毅，说明我过去曾经当过常德警备司令部稽查处处长，这次调重庆接替原任队长蒲岗的职务，希望把侦缉队扩充为大队，以加强重庆市的侦缉工作。唐接到这封信后，马上对我表示，既然戴笠决定把侦缉队改为侦缉大队，他一定遵照办理，立刻去请求改变原有编制。当时主管全国警察工作的内政部警政司司长酆裕昆，是军统特务，这个司也由军统所掌握，戴在写信给唐的同时，还打了一个电话给酆，说明他要改变这一制度，酆在电话中是诺诺连声遵命办理。所以唐毅的报告经重庆市政府转上去以后，不到一星期，我就接到了担任大队长的委令。这在当时反动政府中办事的效率可说是最高的了，同时也说明只要是戴笠决定了的问题，立刻可以将编制改变。

我去接事的时候，真是别开生面。蒲岗和我办正式交接手续竟不在他的办公室，而是在夫子池来龙巷侦缉队大门口一家茶馆里。这家茶馆是侦缉队一个退职的队员所开设，蒲岗和他的许多分队长等每天都在这个茶馆中碰头。几个最好的座位是固定保留给这批人的。平日虽然空着也不卖茶给别的客人，好随时让他们去坐。由于这家茶馆设在侦缉队门口，老板又是过去侦缉队队员，每天去的又都是这个队的负责人，因此，这里便成为和侦缉队“谈生意”的最好地方。这个老板便成为他们的中间人，所以他并不以卖茶为主要收入，而是靠经营“副业”来分肥发财。因为侦缉队由军统控制后，警察局长不论是军统的徐中齐或非军统的唐毅，都不过问这个单位的工作。

抗战时期的重庆警察局局长人选很有趣，徐中齐和唐毅每人都当了两任，徐下台交与唐，唐下台又交与徐，徐再下台仍旧交与唐，好像除了他们就找不出第三个。其实内幕很简单，当时逐鹿者虽大有人在，却一直没有轮到。原因是徐为军统，除得到戴的支持，还直接走蒋介石路线，特别是对孔祥熙巴结，极力讨好孔的第二个女儿孔令俊。而唐虽非军统，却一向接近戴笠，又得到四川军阀王瓒绪的支持，并和徐一样走蒋孔路线，因此能一任再任。他们每次走马换将，除了自己带一个主任秘书外，像督察处长、司法科长、侦缉队长等都是戴笠所派，谁都不敢去动。

侦缉队却又不是军统局全部掌握，而是军统渝特区运用，队长及以后的大队长都是兼渝特区的组长，专替渝特区做社会情报和担任行动工作。只有像监视中共办事处、《新华日报》等工作时，军统才统一布置。所以这个侦缉队便可钻空子，任意逮捕人，而进行敲诈勒索。这个茶馆就成为讲条件，一手交钱一手放人的地方。

我去接事时，蒲岗站在门口向我招呼，我还误会他很客气跑到门口等我。当他把我拉进茶馆坐下以后，我才明白原来是这么一回事。我当时感到在那种场合谈话太不方便，他才同意到他的办公室去，把队里的一些负责人向我作介绍。

侦缉队内部原来的编制很简单，除副队长沈夕峰外，只有一个书记和几个司书、事务员、书记包办一切，连审讯都担任。不过一般审讯都是由分队长自己抓人自己问，书记便记录一下口供签一个处理意见。档案是乱七八糟。我初去看到那些分队长审问小偷扒手时，完全用窃盗中惯用的术语同他们谈“内行话”，对方应答如流，最后才谈到案情。当问到他来过多少次，有的马上承认哪几件事是他做的，赃物已如何处理，谈得很干脆，也不推诿，同时毫无惧色。审讯时就像谈家常一样，根本用不着用刑，完全不像审讯，只几分钟就解决了。

有次我试图改变一下方法，用一般常用的审讯方式去审理一个小偷。他连声叫冤，矢口否认他偷了人家东西，而把自己说成是一个如何可怜的老实人。我当然不会相信他，可是却没有办法使他能从实招来，正在弄得下不得台的时候，一个

老队员因事来见我，一看到那个自称好人的人，马上就说："××，你怎么又失风了?!"这人听了立刻改变态度，便老实招供，问题即时大白，原来他是一个惯窃，并不曾冤枉他。

我任大队长后，便将侦缉大队进行扩充改组。我考虑到，抗战时陪都所在地的侦缉大队，不应只以作社会情报和管理小偷扒手为满足。我懂得戴笠的心理和军统的要求，只要想得出办法，提出要求，一定能得到支持。当时什么编制和法制问题，我根本没有去考虑。我也不大和副大队长沈夕峰去商量，因为戴笠不信任他，我也对他满不在乎。我完全按照我在上海所搞过的和见过的一套来着手改组，先从大队部开始，请军统局人事室给我一批临澧特训班毕业的学生。当时人事室几乎是临澧班学生所操纵，我是该班教官，对他们很熟识。这一要求马上得到满足，首先成立大队部书记室，以临训班学生邓毅夫为主任，原来的书记王秉钧因非军统，仍暂以他为书记室书记，好让邓慢慢把情况弄熟再撤换他。因为当时军统外勤单位的主管官，要调动一个军统特务，非通过军统局不可，而对非军统则可任意撤换。

我在大队部里新成立督察、司法、总务三个股，分别以临训班学生邵华、李湘、凌峻拔任股长。我还向军统局要求，把局里的警犬室人员和警犬分一部分到大队，以军统局警犬室主任王芝禄兼大队警犬室主任。另外，我向警察局要求，把指纹室分一部分人员到大队来。

对外勤单位我也予以调整。我把队员中文化程度较高的十多个队员调集起来，成立一个直属队，专门负责搞党政情报，以李樵逸为队长。李当时是重庆大袍哥石孝先的兄弟伙。石所组织领导的袍哥帮会"兰社"，其中不少是国民党、民社党、青年党的成员，另有些金融界、商人、律师、医生等。李是"兰社"的管事，社会关系复杂。其他一些队员如张克东等，有的与新闻界有联系，有的与大专学校师生有往来，有的在文化界有朋友。这些人经我在几天内进行了个别谈话后，大致摸清了他们的情况，所以决定把这批人挑选出来，让他们发挥更重要的作用，不再去管理小偷扒手案件，专心从事于军统所需要的党政方面情报搜集的活动。我很清楚，搞这项工作，比其他队员油水要少一些，便在生活待遇上稍许提高一些，并向他们说明做出成绩，可以得到特别奖金或升级，而大队今后分摊奖金等也将特别照顾他们。

我将侦缉队下面的分队一律升为中队，小组升为小队，这样一来，使得各单位的负责人皆大欢喜。为了不使工作脱节，原有的队长基本上不变动，所管辖的地区也不动它。第一中队仍以何玉崑为中队长，负责城区工作。第三队仍以黄俊良为中队长，负责南岸。第四队仍以江如山为中队长，负责江北地区。第五队仍以李文远为中队长，负责化龙桥到沙坪坝、磁器口一带工作。其中只有第二中队改以临训班学生陶思清为中队长，负责下城区。因为在这个区里，除了军统局局本部外，戴笠住在曾家岩，蒋介石住在上清寺，还有中共设在曾家岩的办事处，是当时的重点区，所以要以最亲信的学生去负责。这个地区不但不能出事，还得进一步去做监视中共办事处的工作。第五队当时也是重点区，因有军统磁器口缫丝厂办事处，以及小龙坎管区的红岩村，都需要特别注意。

我把这一计划亲自写好，直接送与戴笠批示。他看过以后，非常高兴，连连称赞“很好，很好”。他对我请求成立一个专搞党政情报的直属队最为满意。他当时就亲笔写了一封信给警察局长唐毅，要他照我的计划去办。当我向他告辞的时候，他又关照我要先去军统局办一下手续，免得局里不接头。我便索性把他的亲笔信和我的计划一起送给毛人凤，免得我直接去找唐毅。不出三天，一切都照办了。我又跟着拟了一套规章制度，并在大队部门口设立一个告密箱，准许老百姓检举队员在外的不法行为，每天由我亲自去开启。

我自接任以后，便搬到了大队部，因忙于了解工作和人事情况，对进门就看到的一座可容百人的看守所挤满了的犯人，却没有来得及去过问。有天睡到半夜，突然听到一阵哭声和打骂声，我连忙起来一看，原来是看守所内的“老犯人”正在打骂一个很年轻的“小犯人”。这时，看守的队员也赶来向我报告，说这个新来的小犯人不听老犯人的安排才被打骂。他劝我去休息，让他来处理这一问题。

我当时很奇怪，为什么这个临时性的看守所中还有什么“老犯人”，因为按照当时的法规，一般刑事犯和违警犯都有一定期限要处理，不应当长期拘留在看守所。我决定弄清楚究竟是怎么一回事，花了大半夜的时间，总算弄得有点头绪。原来这个看守所是不受任何法律限制，高兴把人关多久就关多久。所谓老犯人者，都是些长期关押的犯人，后来成了看守所的大小牢头。其中一个最老的，竟在里面

“住”了两年多，慢慢形成了他的“地位”，成为看守所的头目。他手下还有三个一年左右的小头目，帮他欺压新来的犯人，谁敢不听，便立刻实行打骂或不准吃饭睡觉。犯人入看守所照例是经过检查，把一切财物搜出来，由队部代为“保管”。有些没有被搜走的东西，这个头目便攫为己有，还不准犯人声张。至于新来犯人家里送来的吃穿等物，照例先得“孝敬”他一半。因此，他住在这里，比当时一般公务员的收入还要高。老犯人得到这个美差并不简单，所以也不打算出去，还百般巴结队里的人员不处理他。他究竟是什么案子被捕，连看守的那个队员也弄不清楚。我叫管档案的人员查案，也无案可稽。我检查这个“老犯人”的行李时，发现他不但有三四条很好的被子，还有一个小皮箱，打开一看，连我都吃惊。他箱子里面不但有一叠叠的现钞，还有美钞、小块黄金、几只手表和七八支金笔，都是从别的犯人那里刮来的。这个老犯人的“家当”，还只是他“孝敬”过看守队员之后留下的东西，因为两年多来进出的犯人有几千，他把犯人的财物搜得干干净净，还能代替看守人员管理犯人。因此，谁也不想把他送走，他自己也认为这是他的乐园，可以为所欲为地在这个小天地中横行无忌。

当晚我从近 100 人中清出 40 多个关了一个月以上未处理的人犯，只将其中十多个因政治嫌疑被捕的留下来继续进行侦讯，而对小偷扒手一类未处理的，连同那个头目、小头目，于第二天一律解送警察局司法科去处理。当时这些政治犯，大多是学生与工人。有的学生在学校中表现积极，说过几句不满国民政府的话，或爱看《新华日报》，说过共产党的好话。有些工人在工厂中吵着物价飞涨工资太低，无法维持一家生活，希望老板增加工资，有的发牢骚骂过反动政府。总之，都是被指为嫌疑重大，但又证据不足。

我对这些人不敢擅自作主轻易处理他们，便去问渝特区。他们也想不出办法，最后是报请军统局派了一个法官来提讯，将其中情节较重的四个学生、两个工人带走，其余的仍留下来侦察。我当时不以专门抓小偷扒手为满足，总想能抓到一些共产党员。因此，我对直属队的工作抓得很紧，经常找他们谈话，当面指示他们如何去进行活动。有次得到一个情报，说江北寸滩附近有个小铁工厂里发现有共产党的小组，我连夜带人去搜捕，抓到三个嫌疑很重的工人，从他们家里抄出了几张油印的文件，军统局对此曾予以嘉奖。以后历任大队长对这个队的工作都很重视，工作也逐渐展开，成为军统在重庆的一个情报小单位。

侦缉大队历任大队长除我担任了四个多月外，以后由许忠五、李连福、谈荣章等人担任过。侦缉队的工作，也由过去一向专管偷窃而慢慢变成了搞军统的特务活动，并和稽查处抢着干监视中共在重庆的领导人，做党政情报，从事于对文化界方面的种种活动。

这个侦缉大队的黑幕重重，这里我只简单地谈一下。他们随时滥肆捕人关人。逮捕政治犯时，把政治犯诬指为小偷抓走；甚至故意带着小偷去指认，说成是同道或曾经收藏过赃物。这样便可以将毫无证据的政治犯很方便地带走，而对那些惯贼，却不去惊动他们。一般人家丢失了东西，无论你怎样向侦缉队请求也不会破案；即令破案，也不可能物归原主。但是有权势的人家被偷，侦缉队便会很快将东西找回来；万一是从下江去的没有在重庆入帮的人偷窃的，侦缉队也会责成其他的盗贼按价赔偿出来。一个小偷只要失风落入过他们手中，便一辈子也翻不了身。

我曾亲自处理过这样一件案子。一个失学青年叫王 × 元，从上海逃到重庆后，因投亲不遇，又找不到救济的地方，便铤而走险，在银行区一家商店偷取了一点货物，当场被逮捕交到侦缉队。经一个队员调查，认为是初犯，从轻处理，释放出去。这个青年后来找到了一个小学教员的职务，一天在轮船码头过渡时，正遇上那个抓过他的队员。这个队员邀他到附近一家茶馆，问他最近的“买卖”怎样？这个青年不懂得队员的用意，便说自己不是经商而是在一个小学当教员。这个队员认为他不识抬举，便给他一个耳光，叫他清醒点，并把他衣服给脱下来。这个青年当然不服气，两人吵了起来，队员要把他带走，他也不害怕，两人一直吵到大队部。我派人去他学校调查明白，才由学校具保领去。这时我才清楚，原来一般窃贼，只要被捕过一次，队员认识了他，以后遇到他便向他要钱要东西，如果不答应，随时可以再逮捕他。因为每个队员的口袋里都装满了失窃的案件，只要随便指一件与他，便得吃一场官司。有时他不承认，队员可以教唆另一个窃贼咬定他是同谋，最后也会是非不分，有口难辩。

当时真有本领的大惯贼，队员是不舍得轻易去逮捕他们的，因为留下来可以

多分肥，案子越大越多，分得也越多。不是非破不可的案，总是乱抓一些替死鬼来充数。一些初出茅庐被逼铤而走险的，往往最易落网。我在侦缉大队四个多月，看到被捕的窃盗，十之八九是生手，而老手一进门队员就认识，并且马上能指出这是“吃洋火钱”的（掏人腰包如摸火柴一样）、“捡露水钱”的（清晨挨门而入的小偷）、“吃灯花的”（夜晚点灯后去偷的），分门别类，屡试不爽。

侦缉队对赃物的处理，更是黑幕很多。一般老百姓丢失金钱与物品，报案后，侦缉大队部便按地区分到所辖地段的队去侦查破案，总是十有八九如石沉大海。一二幸能破获的，现金是照例七折八扣，多半都追不回，还得照例“自动”（其实是被迫）拿出十分之几作为奖金，才能把失物领去。如果不识相，一毛不拔，便会祸不单行，队员们节外生枝，随时找上门去。有些豪门权贵的家奴，明明主人没有失窃，而是他们故意把东西藏起来，拿着主人的名片到队部报案，限期破获。我最初遇到这样的事，不知如何处置。有一天，国民党考试院院长戴传贤的副官拿着戴的名片见我，说是戴院长客厅里一个古瓷瓶被人偷去，要我马上设法破案将原物追回。我派两个老队员去看过以后，他们回来告诉我，可能是家贼，或者是那个副官故意捣鬼。他们办这类案子有经验，我便交给他们去办。过了几天，这个副官又来催我，经我与那两个老队员研究了以后，由他们直接去和他谈判，结果是花了点钱，便不了了之。以后我到军统当了总务处长，戴笠要我拿着他的信去求戴传贤写几个字，我便有意无意提到他客厅花瓶丢失的事，想讨好他一下，说明我过去给他办过这一案子。不料他听了以后，根本否认有这回事，并指着他会客室的花瓶说，每天都在，从没有丢过。后来他把那个副官找来一问，副官支支吾吾地说有天早上不见过，但中午又发现仍在原处。那时我才相信那两个老队员的确猜得不错，完全是那些豪门的家奴在捣鬼。

当时侦缉大队每天总要抓到几个或十几个偷窃犯，可以搜出不少现金或物品。军统特务们都懂得这一内幕，许多人经常找我要东西。他们往往先去赃物保管室看上一看，对看上的东西，随便用一个假姓名写个申报表，说自己在什么地点什么时候丢失了那件东西，日期写在破案的前几天。我将这张纸条交下去，由下面的人签上“本案已破获，原物追回，拟予发还”几个字，我再批一个“可”，这件东西就毫不费力地落到特务手中。万一原失主闻风追问起来，我们也可以顶得过去，因为手续齐全，东西的确是“原主”领去。我在侦缉大队四个多月，便搞过这类昧良心的事十多次，大都是军统局的一些科员股长，要去的都是些最好的东西。

侦缉队对缴获小偷扒手的大批赃物，除一部分被特务攫为己有外，经过半年左右没有人来领取，就可作为队里的财物充作奖金或公积金，由队里自行处理，少数的则随案送到警察局司法科。司法科处理的办法也和侦缉队差不多，总是想尽方法来变成自己的。许忠五当大队长半年多，便把侦缉大队旧房屋拆掉，盖了一座二层楼的房子，这笔钱便是从这些赃物中拿出来的。当时很多人都在背地里说：“小偷偷了东西要坐牢，侦缉大队用小偷偷来的钱盖房子却受到奖励。”

我任大队长四个多月便调到稽查处当督察长，这次调职说来是很可笑的。因为有一天唐毅在苍坪街的公馆失窃，偷去了鸭绒被和一些衣服，小偷居然偷到了警察局长家里去了。这在当时是闹得满城风雨的大笑话。唐毅打电话找我去谈这件事时，两人都感到很难为情。我便责成第一中队要尽全力破获此案，因为不能采用赔偿办法，非得追回原物不可。我威吓几个分队长，三天不破案便扣押他们。

果然不到三天，原物一件不少追回来了，人也抓来两个。我亲自审讯。这两个小偷都非常失悔，没有弄清楚是局长公馆，说以后再不敢去偷了。我便照新拟定的办法，用一份印好的书面通知单要失主前来认领，办理具领手续。不料通知单送出去后两三天都没有人来，我又补了一个催领通知书。当天下午，唐毅的一个过房儿子气呼呼地跑到我办公室大吵大闹。他认为局长家里丢了东西，不赶紧派人好好送去，还和对一般老百姓一样来一个通知，真太无礼貌，叫我一定要亲自送去才行。我当时火气正旺，哪里受得了他那一套，自己仗着军统关系，便和他对吵起来。他一看我不服气，便伸手到衣服里面去摸东西，我以为他要掏手枪，也赶紧准备和他来一下，结果他摸出来的竟是一张唐毅的名片，要我看看这是什么人？他可能一贯是用这张名片吓惯了人的，却不料我会把它摔到地下还踏上一脚。他便将我办公桌掀倒，我也毫不客气地给他几拳，并把他推出门去。他刚一离开，我马上叫人准备办移交，自己立刻跑去见戴笠。戴听完以后，只轻轻责备我几句，当时就决定同意我辞职，要我准备到稽查处去工作。我就这样离开了侦缉大队。可是当时重

庆的小报却说我是由于成绩很好被调升的，这真是天晓得！

一年以后，我调到军统局，但我还不忘怀于这个大队的工作。有次我向戴笠提到，除了利用这个队搞政治活动外，还应当加强这个大队在肃清重庆盗窃案件上的作用。他毫不感兴趣地回答我说：“你以为我们要掌握这个机关是专门去替人家抓小偷扒手的吗？”由戴笠的这话来看，当时戴笠要这些公开单位是为了军统工作的方便，而对于市民有好处的事他是不大肯去干的。

这个大队有正式人员一百七八十人，但运用的线索却有近千人之多。军统基本特务在这里的则只有十多人，戴笠是尽力运用这些人替军统工作，却并不想吸收其余的人参加军统组织。其中只有极少数的人经他许可，则调到军统举办的短期训练班受训一两个月，使之变成他的学生，才让他们成为军统成员，办理参加组织的手续。其他绝大多数的人，则一直是由军统运用，替军统卖力。

三、军统局的重庆特区

直接领导军统局外勤特务在重庆活动的，是军统局的重庆特区（简称渝特区）。这个区是由原来军统的重庆站扩充起来的，组织相当大，下面设有万县站、泸州站等，领导川东几十个县的工作，从内江以西才归川康区（设成都）负责。这里我只谈谈重庆的一些活动情况。

渝特区先后由姜绍谟、涂寿眉、朱啸谷、叶翔之等任区长（姜绍谟任过两次）。区部设在重庆老街慈居。重庆解放前，这所房屋改为西南军政长官公署第二处的办公处。

渝特区有四五十个高级情报员，由区长直接领导，并设有一个联络员经常和这些人保持联系。这些人除了一些是当时政府各部会的高级人员外，大多都是民主党派成员，或与中共方面有关系的分子和叛徒。军统除利用他们做民主党派的情报外，更希望通过他们做中共方面的情报。对中共方面的工作，是当时重点中的重点，可是一直没有达到军统预期的目的。他们曾花过不少心思去搜罗叛徒和左翼人士，结果总是失望。

渝特区在重庆地区直接领导的组有五六个，分为上城区、下城区、西郊、南岸、江北等组。重点是西郊组，主要是针对红岩村中共办事处与《新华日报》，组部即设在化龙桥。我记得甘励佐当西郊区组长时，常常叫苦连天，认为任务太重，人太少，工作做不出成绩，时常受到责备。

这个组共有组员十多人，原来是希望能逐步打入中共办事处和《新华日报》内部去，他们虽住在附近，可是总想不出办法。以后便采取“拉出来”的办法，但也只是白费了不少心思。最后只有用监视盯梢那一套来找一点线索。他们每天派特务去红岩村担任监视，又不敢太接近，因为知道中共办事处等单位都有戒备，并且谣传办事处要秘密逮捕胆敢去到附近侦察的特务。

我在军统局任总务处长时，有次渝特区事务股长刘廷根找我请领几支手枪，我没答应。因为按照军统局的规定，外勤特务不准带枪，只有搞公开任务的特务才能带枪。这是由于一般外勤特务要尽力设法不暴露身份，这样才能活动，带了手枪便会暴露目标。刘当时说，是西郊组怕中共办事处的人员对付他们，才请求发几支手枪存放组部以备自卫。我当时答复他：“顶好让中共办事处的人来捉我们，或等他们开枪打我们的人，只要他们这样做一下，我们就有足够的理由去搜查他们的办事处。而发几支枪完全没有必要，万一不当心走了火，反而会引起麻烦。”

我当时虽然那样处理了这个问题，但事后还是有点不放心。有一天我顺便向戴笠报告这件事，看他的意见怎样？他当时对渝特区很不满，认为这些人不能很好地隐蔽自己的身份，唯恐别人不知道自己是军统人员，所以不容易打入各阶层去活动，完全失掉了做秘密工作的意义。他不但同意我不发枪给他们，还骂他们是些饭桶。他说：如果他们自己暴露了目标，给人打死了，他没有脸去承认是军统人员。他要我把这些话告诉渝特区区长，要特别注意这个问题。

我便提出我的意见：如果中共办事处打死或打伤了我们的人，便可借口去搜查一次。不料他听到后，非常生气地责备我说：“你在胡闹！我们和共产党作斗争靠这些办法能达到目的吗？打死了算是白打死，打伤了是活该！不准在这个上面去打主意！”他还继续唠叨了好久，认为我这种想法太幼稚，没有政治头脑。最后他说：“中共办事处的人根本不会采用这种办法。”他认为如果特务冒冒失失不管一切

冲进去，会被他们扣留起来，向我们提出交涉，公开在报上宣扬，给他丢脸，这比打死我们的人更不易对付。我一听问题竟是这么严重，便马上亲自去找当时的区长姜绍谟说明这一情况，叮嘱他们在这方面要特别注意。

据姜绍谟告诉我，渝特区的工作始终展不开，主要原因是缺少中共方面的线索，所以不容易表现成绩。他是两次任区长，最初利用个别民主党派中的右派分子，还能从侧面了解到一些有关中共方面的材料。以后这样的人渐渐少起来，而军统却更进一步要求深入，所以办法越来越少。

渝特区在搞情报方面比其他单位要办法多一点。例如，当时去曾家岩会见过中共领导人的许多回国华侨，他们往往不了解蒋介石只是表面上与共产党合作，而实际是反共反人民的，因此便把和中共领导人谈话的内容随便谈了出来。这比那些只在门口看到每天进进出出的人，连姓名都弄不清楚要好得多。同时每个小组都有几个特务能混进个别民主党派中去活动，也能比较容易地打入各种进步团体。所以当时在重庆搞情报活动的单位，要算渝特区办法比较多一些。

四、特务总队

军统局的特务总队是由抗战前的特务队扩充改组起来的。特务队在抗战前都是便衣，抗战开始才改为武装部队。这些部队是戴笠分别向他的好友胡宗南、汤恩伯、唐生明等人要来的。1938 年，唐生明任常德警备司令时，戴笠路过常德，一眼看上了唐的特务连，便连人带枪要走，带到重庆。这是我亲眼看见的事实。

特务总队先后还用过军委会水陆交通统一检查处第二巡查总队、军委会特务第五团等名称，但军统内部却一直叫它作特务总队。先后担任过总队长、团长的人，有张业、王兆槐、杨清植、张辅邦、王春辉、周文新等人。

国民党的部队和军事机关的特务团等，一般说来是以担任警卫为主，而军统的这个特务团，却真正是搞特务活动的。它有三个武装大队和一个便衣中队。除一部分担任军统机关和戴笠、宋子文等公馆的警卫外，大部分是担任看守所、监狱中的看守，军统杀人也由这些人执行。囚禁在军统的一些中共人员如廖承志先生、叶挺将军等的看守，也是这个队的特务担任。看守张学良、杨虎城两将军的特务队，也是它分派出去的。

这个总队内部的组织，除和其他的团队一样，有书记、副官、军需等室外，还有一个行动组，是专门搞逮捕和用刑等工作的。当时军统局局本部虽有1000多人办公，但都是搞文字工作的内勤人员，军统抓人便是叫行动组去执行。他们可以任意公开搜捕人民群众，军统特务违犯纪律的，也交由他们扣押。当时军统特务背地里叫这个组是“锦衣卫”。特务们一看到这个组的人来找他们，平日虽然在人民群众面前耀武扬威不可一世，看到这些如狼似虎的“锦衣卫”找他们，也都要腿发软的。我亲眼看到戴笠派这些人去扣捕过重庆稽查处长陶一珊。这个在重庆人民眼中的恶魔陶一珊，一看到他们，脸孔马上变成惨白，连话都说不清楚。因为特务们比别人更清楚，他们的光临所带来的灾难是无法抵御和不堪设想的。

这个总队的看守所，更是令人毛骨悚然，军统的一般人称它为“小学”（白公馆称为“中学”，息烽集中营称为“大学”），因为它是入军统监狱的第一关。军统的审讯首先在这里进行，所以各种刑具齐全。这个看守所是由行动组负责，组长程永铭的办公室里，一进去就会使人发抖，满墙都挂着各种各样的手镣脚铐，以及血迹未干的皮鞭、藤条，真是应有尽有。他们平日最有兴趣的事是专心致志研究什么样的人用什么刑具最适宜，哪些刑具是伤皮不伤骨，哪些是伤骨不伤皮。

我当时在军统许多训练班兼行动技术教官，这个组的组长和不少组员都是我的学生，因此我常去他们那里，听取他们执行这些罪恶活动的实际经验，用以充实我的教课材料。我当时和他们一样是失去了人性的人，许多新的刑具的“发明”，我大都参加过一些意见。不要几天，这些东西的效果如何，马上会得出结论，因为几乎每天有机会进行实验。

这个总队一直设在林森路望龙门两湖会馆内。当时重庆许多人一听到“望龙门”三个字，马上联想到这个特务机关的残暴，莫不又恨又怕。这个总队的特务们，在外横行不法时，别人问到他们是什么机关，他们总是以骄横的口吻回答一声“望龙门的！”凭这四个字，看戏便可以不用买票，坐车坐船也不必花钱，一些公娼私娼与鸦片烟馆，一听到是这里的，莫不暗中叫苦连天，而脸上还得装出笑脸来

欢迎。因为他们比一般公开特务机关更凶，是直属于军统局的单位，连许多特务人员都要让他们几分，所以他们越来越凶狠，没有人敢惹他们。

开设在重庆演武厅的唯一电影院，经理周伯勋，以为有军委会政治部电影制片厂的后台，不大肯买账，对什么“望龙门的”不大理会。结果，这个电影院连续被他们打了几次，最后不得不承认他们的特权。当时他们常常夸口，“重庆的天下是靠他们打出来的！”我当时在军统局中经常任总值日官，许多反动机关常为这些人在外面闹事告到军统局来。我总是叫他们到稽查处或警察局去处理，因为这些公开特务单位都会包庇他们，往往是不了了之。

1943 年，蒋介石决定把叶挺将军从桂林解到重庆，最初是囚禁在这个团的团长住宅望龙门二十二号。以后由于天天空袭才解到白公馆，后来白公馆作为中美所美特务的宿舍，才移到中美所东南面洪炉厂。后来陈诚把叶挺将军接到湖北恩施六战区司令长官部去劝降不成，又把他送回，还是囚禁在这里。这里离廖承志先生囚禁的地方不远，一直都是由这个总队的特务看守着。

五、军委会特检处

军事委员会办公厅特检处，在抗日战争期间反共反人民的罪恶活动是很大的，但一般人是不知道的。这是由于它不像稽查处、侦缉大队等特务单位一样，整天对人民直接去进行迫害，而是在暗地里捣鬼。

这个处设在重庆热闹地区夫子池附近的来龙巷庆德里。从它的外表上完全看不出这是一个积极反共反人民的特务机关，因为这里从来不抓人，也没有看守所等设备，只有 100 来人在办公，和一般机关是一样的，而由它所领导的一些机构，却成天在干着见不得人的罪恶活动。

这个处的处长，从 1941 年起到抗战胜利时止，由戴笠身边的红人、军统局人事室主任李肖白担任。处内设有总务、邮电检查、防谍等科，分别由钟贡勋、周景敦、杨秉 × 等人任科长。我因与李肖白私交很好，经常去那里看他，对这个处的情况有些了解。

这个处在 1942 年前后，改名为军委会办公厅邮航检查处，连各地的航空检查工作也并到了这个处。当时外间很不了解，甚至许多军统特务都不清楚。本来这个处领导的工作已够繁忙，而像重庆等地的航空检查又一向归稽查处领导，如果要统一的话，按理也只能并到军委会水陆交通统一检查处。这个处是戴笠自兼处长，只要由他下一手令，就可改为水陆空交通统一检查处。但结果是并到了这样一个平日不露面活动的单位，因此使许多人感到奇怪。

当时的航空检查所，是所有检查所中最上等的肥缺，只要一当上航检所的检查员，最好的手表、金笔、西装等马上可以到手。因为这些人不但可以控制飞机票，可以搞黑市，特别是整天与那些乘飞机做生意的大投机商人和专搞走私的飞行人员打交道，所以最容易发财。他们接近的又是些大官或大官的太太、姨太太之流，不少航检员经常由权贵向戴笠指名要求调用。升官发财捷径，莫过于此。

在航空检查所隶属问题没有决定之前，稽查处和水陆交通检查处都想据为己有。我因在稽查处干过，也想配属在稽查处，这对自己介绍亲友坐飞机，或是到外国买东西和各地土特产等更方便，曾找机会向戴笠建议，还是留给稽查处。结果碰了一个钉子。他只说一句“你懂得什么！”我便不敢再提。这引起我的好奇心，有机会便向各方面去打听。原来这是戴笠要安定搞邮电检查工作人员的情绪，给他们一个调济生活的机会。因为当时军统控制的公开机关，像缉私署、货运局、交通检查处、稽查处、警察局等，莫不财源茂盛，各有特权，而邮电检查处则是“清水衙门”。按照他们自己的说法，是“从字纸里面挑骨头”，因为再有成绩，找出来的东西也不是肥肉，没有什么油水可得，所以对工作总是不安心。

当时重庆邮检所是最大的一个所，特等编制，约有 200 人，经费也充足，但所长刘之盘却一再请求调换，其他的人员就更可想而知。因为他们即使检查出一封最有价值的信件，也得交给其他单位去办，自己不再过问，即使破获了什么案件，也只能分得少数奖金。可是这项工作，军统特别重视，少了它不行。为了让搞这项工作的人员也得到好处，所以将各地的航空检查所并到这个处里。当然，在对外对内的关系方面，还有其他一些原因，但我所了解的主要而没有正式宣布的却是这样。

我去看过邮检所的工作情况，一进屋便看到堆成小丘一样的各种进步书刊和成捆的《新华日报》。邮局将挂号信、快信交给特务检查时，是一封封点交清楚，查后再如数交回，对保险信则叫特务当场拆看，因为有些贵重物品怕检查员偷去和调换，增加邮局麻烦。特务发现可疑的信件便带回由审查员鉴定，并进行研究，大多数是由书记室的司书们把信中可疑的部分或全部照抄下来，少数认为重要的才拍成照片。而大量的平信则可由特务带回来检查，因此每每将原信没收。他们在检查平信时，有些特务便悄悄的把别人寄的小物品，如手帕、风景照片、女人照片等留下来。有的女检查员最爱偷看别人的情书，她们拿这个当作消遣。

邮检所拆信的办法很简单，一般是用牙骨小刀等轻轻挑开，或在蒸汽上蒸一下，便可揭开。据说用鸡蛋白封的信口不容易拆，可是他们也有办法。他们备有纸浆纤维一类的化学品，用小刀割开信封后，将信取出，看过后用纸浆纤维补好割破的地方，再用熨斗轻轻烫平，便看不出痕迹。

当时邮局每天进出的信件数以万计，特务们不可能每一封都拆看，因此只能作重点检查。在必须检查的登记表上，他们将中共在重庆的机关和许多领导人列为第一位。周恩来副主席在重庆期间，从四面八方寄来的信件几乎天天都有，大都是对周恩来或共产党、毛主席等表达敬意;有的是受了国民党的迫害，请求申冤做主。这一类信件，大都是被扣留下来，有姓名地点的便送到军统局去处理，写信人轻则被监视，重则被逮捕；没有地点的往往投到字纸篓中，逐日烧毁，永远不会送到周恩来副主席手中。抗战胜利后，毛主席去重庆时，各方面写信给毛主席的更多，能到达毛主席手中的恐怕只有百分之一二，其余的也同样是被这些特务销毁了。

在他们的登记表上，第二位便是许多民主人士。各方面写信给郭沫若先生的信很多，也大都遭到了同样的命运。另外是些大学和文化界人士的信件，也是要进行检查的。除了这些经常要去注意的重点外，军统局随时还交下一些应当注意的革命人士或嫌疑分子的名单，对这些人的来往信件和电报更是每件必查，随时把查得的内容向军统局报告。

他们对一些进步报刊实行查扣。如《新华日报》，向外地寄发时，并不是每天都全部扣下来，而是看当天报上刊登的文章和报道的新闻是否对国民党太不利；一般还能过得去的，并不扣留，因为天天都扣留，报馆会向邮局提出抗议，邮局也不好办。

对于一般的平信，或不挂号的书刊，每个检查员都可随意扣下来，他们喜看的杂志、书报，每个人的书架上总是挤得满满的。他们除了自己看，还有不少可以赠送亲友，我在重庆的几年中，一直有这些东西大批送给我。

1944 年，戴笠要征集 10 万册线装书，邮检所便把一些邮寄的线装书也用“违禁书刊”的“帽子”给扣下来献给军统。有不少人因久久收不到这些东西，便向邮局询问，邮局答复是被查扣了，弄得许多人大骂，邮局人员也只有苦笑一下。当时邮电局本身对这些蛮不讲理的特务也无可奈何，彼此经常闹摩擦。因为检查耽误了时间，也妨碍了他们的工作。据我了解，当时邮局和电报局的许多工作人员，在这方面曾费过不少苦心，尽过一些力量，却没有办法能够实现他们的愿望。

1943 年以后，特检处又增设了重庆电话监听组。为了装置由中美所美帝供给的器材，我曾带同一个专门搞电话窃听的美帝特务去重庆电话局所设总机的防空洞看过。这位专家视察以后，曾向戴笠提供了许多意见，都被采纳。从此，重庆的许多被指定要注意的电话，也随时有人在窃听了。

这个电话窃听组的十多人都是女的，除由军统总务处的电话队调去了几个接线员外，其余都是军统特训班毕业的女特务。戴笠对这些人的工作很重视，怕她们不安心工作，曾叫我对她们生活福利方面多加照顾；对一些身体较弱的，都叫我发给她们一些中美所美帝送给军统的多种维他命丸。我对她们的工作作过一些指示，勉励她们努力完成任务，从电话中找出材料来。

经过一段时期的工作后，特检处长李肖白向戴笠提出请求，希望增加几部录音器。因为窃听可疑的电话时，要用笔把双方谈话重点很好地记录下来，这些特务的能力还不够，只能很简要地记下一点。戴笠便请求美帝帮助给军统十部录音器。以后我因为事忙，录音器是否已运到不清楚，我只晓得梅乐斯是满口答应了的。当时只要戴笠提出，是反共反人民所需要的东西，美帝方面总是很快地能够满足要求的。

邮电检查所对军统在重庆的特务活动，的确是作用很大，从他们每天送到军统局去的许多材料当中，曾找出过不少线索。当时军统局交给重庆等地公开特务机

关去进行复查和侦察监视的案件中，不少是根据这些材料来的。稽查处逮捕的政治犯，尽管在搜捕时没有找到任何证据，可是解到军统后，便拿出这些材料来作为审讯的资料。

这个所有时也给军统局增添麻烦，使戴笠常常大发雷霆。如有次一个新去的特务，好奇地偷拆了陈立夫的一封信件。因手脚不利落，陈收到信以后，发现有拆开看过的痕迹，便向戴笠提出交涉。戴一查确系实情，只好跑去向陈赔礼，并把这个检查员扣押了几个月。

对这些权贵们的信件，是不能随便去动的；可是不动也出过毛病，因为当时有不少人痛恨他们，在没有办法出气时，便写封匿名信去骂个痛快。蒋介石的侍从室便经常收到这类信件。其他如宋子文、孔祥熙之流，也时常有人写信痛骂。这个时候他们除了要戴笠查明骂他们的人予以逮捕惩办外，他们的亲信们也常为此向戴笠表示不满，认为这种信件为什么还能让它寄发。李肖白对我曾不止一次发牢骚说：“大人物真难侍候，拆了他们的信要受处分，不看他们的信，挨了骂也得怪我们，真是不知道怎么办才好！”

特检处的另一工作重点是防谍。1940 年前后，当国民党政府各部门都迁到重庆以后，戴笠便向蒋介石提出，为防止敌伪方面和共产党派人打入这些机关进行谍报活动，应当在每一个单位中抽调一批可靠人员进行训练，以便增加军统的耳目。蒋介石称赞这是一个好办法，便用蒋介石名义密令各单位主管官选派自己认为可靠的亲信交给戴笠来进行训练组织。这个防谍组织定名为秘密监察人员训练班，而实际上主要工作却一直是防范共产党。

这个班设在赣江街 82 号江西会馆万寿宫内，共办了两期，每期二三百人，大都是各院部会等中央机关主管人的亲信秘书或科长级人员。这些主管官也有自己的打算，乐得把自己认为可靠的人选派去受训，这比特务机关秘密地在里面拉人要放心得多，所以大多数都不反对这一做法。这个班主要是传授一些特务工作的常识，教他们如何注意分辨可疑分子，以及与军统特务如何进行联系的种种办法。

特检处的防谍科还在重庆设有许多联络站，派有专人与这些受过训的人进行联系。这些人一般都是义务性质，军统不给待遇，只有工作有了成绩时才发给奖金。有些人虽受过训但工作并不热情，不过也有一部分人表现积极，他们很愿意和特务们打交道，认真监视着自己单位中的每一个人。但我从戴笠口中听到，他对这些人的工作很不满意。他认为训练时间太短，只有一个月左右，而这些人又有自己的后台老板，不需要依靠军统，加上是义务性质，便对有的事可做可不做。不过当时每个单位都有一两个这样的人，这对军统特务的活动还是有好处的。

六、水陆交通统一检查处

这个处的前身是军事委员会运输统制局的监察处。这个统制局大约于 1939 年前后成立，由何成浚任局长，曾养甫任监察处处长。监察处负责主持蒋管区的交通监察与检查工作。成立之初，蒋介石就要曾养甫与军统合作，所以由戴笠兼任副处长。这个处的编制是由曾养甫起草拟定的，所以组织规模很庞大。曾养甫与戴笠的作风完全不同，他对这个处长并没有兴趣，也嫌一个处长太不过瘾，所以拟定编制时，是按一般局的编制拟定的。处以下设立总务、业务两个组，组以下设科，科以下设股。处部设主任秘书，并在东南和西北地区设分处，各地设检查所。戴笠当时只要抓实权、抓机构，由于他资历浅，在拟定任何单位的编制时，总不肯太突出。运输统制局撤销后，蒋介石认为这个处仍应保留，便改为军委会水陆交通统一检查处，指定戴笠兼任处长。

戴笠接掌这个处以后，便把西南运输处警卫稽查组组长张炎元调任副处长，代他主持。张为戴笠“十人团”的一分子，业务组组长也以“十人团”之一的胡天秋担任。其余还是原来的班底。这个处的处长和副处长都是中将，组长和分处长是少将，科长和各检查所所长一般都是上校，只有极少数的是中校，军阶都是很高的。在这里我只谈一下重庆的三个检查所和一个公共汽车督察室的活动情况。

扼守在重庆南面一品场的检查所，是当时从东南、华中、云贵等省陆路到重庆最重要的一道关口。这个所的所长韦贤，担任了好几年所长。他不但自己可以出布告，还印发了不少的通告。每当一辆汽车经过时，他照例发给一份通告，除了交通统一检查所的许多规章之外，他自己又加上一些规定，叫来往车辆都要遵守。当

时许多公私车辆经过这个地方，都感到特别麻烦。可是戴笠每经过一次，便当面嘉奖他一次，因此他越来越凶横。平日戴笠打从这里经过时，张炎元知道了消息，总暗地里先通知他做好准备。因此戴笠汽车还离得远远的，他便手持绿旗，启开木栅，准备让戴的汽车疾驰而过。但戴却总爱停下车来，就便视察一下。这个人的确有他一套办法，检查所总是弄得整整齐齐，每个检查员都精神抖擞，自然会使戴感到高兴。

虽然各方面都说他的坏话，但戴笠对他却一直信任，几年都没有调动他，这是有原因的。原来，有次戴笠从贵阳赶回重庆，于夜间经过这个检查所时，事前谁都不知道。戴的司机是横冲直撞惯了的，照例不肯停车听候检查，被检查员挡下以后，便大发脾气。韦贤正在检查工作，因天黑看不清戴笠在车上，他怕司机冒充，还是叫停车。司机便大声说："老板的车你也敢挡！"他也不客气补上一句："我是奉老板命令检查！他自己规定的，自己更应当遵守。不管谁，我都要检查！"戴笠听了马上从车上下来，要他照规定手续办理，还对他特别嘉奖了一顿。这件事传出去以后，来往车辆便更加小心，知道这个家伙是不好惹的。

当时从昆明、东南、两广等地走私的货物，经过这里被他查出没收的，几乎天天都有一些。我在军统局时，经常派人到这个所贮藏没收东西的仓库中去清点军统需要的物品，只要一点手续没有办好，他便不准拿走。我也讨厌他，便向戴笠反映，但是戴回答我说："我们需要的就是这种不讲情面，不大懂人情世故的干部。无论他有什么别的缺点，这一点就很可取了！"由于这样一个原因，他便更加卖力。许多车辆在这里受检查时，稍有不合，他往往要把全车货物全部搬下来，有时连轮胎都给弄下来，往往一耽误就是一天半天。这个地方的旅馆饭店生意都很兴隆，和这有关系。他在这里几年中，弄得真是怨声载道，司机旅客都在背后骂这里是"鬼门关"。

在通向西北公路上设立的青木关检查所，专门注意从重庆去西北的青年。蒋介石怕人民跑向延安，特别叫戴笠认真查扣。凡是去西北的，只要证明文件稍有疑问，轻则阻挡，重则扣押下来。

这个检查所当时对八路军的官兵，更是奉命刁难。连十八集团军的一些师长级的将领经过时，也常常被他们无理取闹，借口检查，大耍特务流氓手段。戴笠和毛人凤等每次听到刁难中共人员的报告时，总是非常高兴，因此担任检查的特务便越来越放肆起来。有一次，从延安方面来的几个将领经过青木关时，正遇到下大雨，检查人员故意要他们下车立在雨中，慢慢检查，弄得这几位周身湿透。大特务们听到这一情况，都哈哈大笑起来。

设在朝天门附近的检查所，所长为王兴国。这个所的主要任务是检查旅客和货物。当时许多赴江津、北碚等地的学生教师常常被他们留难。有一次，某教授带了几本鲁迅先生的著作，封面是红色的，他们一看，便不由分说要把他带走。经过旁边很多人证明，这些书是抗战前出版的东西，是国民党准许发行的，最后他们总算没有把人带走，而这几本红色封面的书却被扣留了。

这个处于 1944 年间，又插手重庆市公共汽车公司。他们认为这对他们大有便利，因而成立一个督察室。督察室主任为石振江，办公地点设在两路口汽车站内。特务们除了利用这个机构来进行监督公共汽车公司的职工外，更利用在车上工作的方便，进行盯梢、监视等活动。同时，特务们长期拿免费票、优先乘车票，享受特殊待遇。特务们本来是不买票的，这些免费票便拿去给自己的亲友使用。当时从重庆到磁器口的一家私营汽车公司，被弄得叫苦连天，一车开出几乎半数是不买票的特务和他们的眷属。

交通统一检查处拿着军委会这块牌子，把过去由地方机关和宪兵等设立的检查机构都“统”了过来，宪兵附属在各个检查所听其指挥，地方军警机关的检查机构都被迫撤销。但军统有关的单位，戴笠却并不要求统一。他认为多一层检查，便多表现一份力量，可更加周密，所以这个统一工作只去统一别的单位，而不统一自己。当时这些无法无天的检查人员，处处找人的麻烦，戴笠却在军统局局务会上常常称赞这些部门的工作，认为在控制交通方面军统已有相当的力量和办法。

这个处几年中的确查出不少私货和违禁品，没收了不少东西，但由戴笠下令发还的也为数不少。当时一些与蒋介石侍从室人员有关系的大商人，托侍从室的人向他讲讲话，或者走宋美龄的路子，或者通过杜月笙等人向他讲情，再大的事也可以解决。反正没有一个顶头上司找他的麻烦，他要怎样处理便怎样处理。有次军统

局需要一批旧式汽车配件，我派人从这个处的仓库中清出一批没收来的货要了回来。原来我认为已经没收，便动用了一些，不料有人托宋子文的亲信向戴笠说情，他竟答应发还。检查处便派人向我要回去，我还不出，便向戴说明是局里动用了。平日他对我到处打主意搞东西回来总是很高兴，常常对人说我像个管家的人，这次却大发脾气，一定要我退出去，即令已经用了的也要买回交还。原因就是上面有宋的来头。

几年来检查处公开办的案子，最大的是中央信托局运输处长林世良走私案。林为孔祥熙亲信，如果不自恃来头大不买账，而事前通过有关的人向戴笠说明一下，问题不会闹成那样结局。外间传说戴笠坚持要杀林世良是为了林那笔货物的奖金，这完全不是事实。当时军统对那样一笔奖金真可说满不在乎，主要是林世良看不起人，以为有孔祥熙还怕谁。结果把问题闹得公开出来以后，叫戴笠这个死要面子的人让步，他无论如何不肯干。因他统治那么多部下，公开叫他不办林，他对部下无法交代，所以他才坚持到底，要是早和他联系上，他决不会真正铁面无私的。

七、抗日锄奸团

抗日锄奸团（军统内部简称为抗团）是军统在大专学校中的一个外围特务组织。它是“九一八”后在天津、北平等地的大学与专科学校中开始组织起来的。负责人先后由曾泽、祝宗梁担任。这个组织中的成员主要是大专学校中的学生，除了一些大官僚、大地主和资本家的子女外，更有不少大汉奸的子女。

这个团在华北活动时，还曾做过一点对敌伪斗争和情报方面的工作。七七事变以后，有一大部分团员由祝宗梁带领南下，辗转逃到四川，性质便完全改变，而成为军统在各学校中的职业特务学生。抗团也成为军统直接领导的一个专在学生中搞特务活动的单位。它当时的办公地点是设在赣江街八十二号万寿宫内军统训练处办公室楼下，有六七个人专门在那里办公。戴笠对该团很重视，经常找祝宗梁当面指示工作和了解情况。

1942 年秋天，我随戴笠去成都，祝宗梁也随同前往。戴笠曾抽出很多的时间，每天晚上要祝去约集在成都的抗团学生，分批接见，了解各学校情况，还和他们一道吃晚饭、跳舞。

抗团的成员不是每个都参加军统特务组织，军统只是利用这些人在学校里搞特务活动。戴笠很坦率地说，过去锄的“奸”是“汉奸”，现在要锄的“奸”却是“内奸”（反动派侮辱共产党的名词），因此责任更大，更不易完成任务。他们当时在各学校中的活动，一方面是做情报，一方面是搞破坏。他们以抗日救国为幌子来拉学生，也设法混入各种进步组织中去。他们对学校里一些真正爱国反蒋的学生团体，则暗中进行打击，必要时便借助于军统公开特务机关来进行迫害。部分团员家庭经济困难，军统便给他们一点帮助。其他的人一般不拿固定待遇，有困难时可以由军统代为解决。

军统对学校方面的工作，除抗团这个组织以外，还直接派许多特务到各个大专学校中去。我记得有特务派入的学校有复旦大学、戏剧专门学校（先在江津，后迁北碚）、音乐专门学校、会计专门学校等，还有许多已记不清楚。每年暑假期间，戴笠把这些人召集回来，成立一个暑期训练班来训练一下。因为这些职业学生在各学校中一向伪装进步，军统从邮检所中检查出来的一些进步书刊，必要时也给他们去看看，让他们能够懂得一些新的进步名词。不知道这些人底细的人，往往被他们的进步名词所迷惑。可是戴笠也知道年轻人容易接受共产党的思想，一不留心，便会弄假成真，所以就利用暑假来训练一下。

每期调训的职业学生总有100多人。这些人分别在各个学校中干特务活动，既不受抗团的领导，也不和抗团学生发生横的联系，这是军统当时在各学校中的双层组织。即使是国民党政府控制很严的陆军大学和中央训练团，军统也要派人在里面去活动。如陆军大学的调查组，便是专在陆大搞特务工作的。这个组的组长邹陆夫经常把陆大师生言行向军统汇报，同时还替军统在这个学校中拉干部，军统中有不少是陆大毕业的学生便是这样拉进去的。

中央训练团是轮流调训中央和地方干部的，人员非常复杂。蒋介石利用这个机会加强对嫡系骨干分子的教育，也是拉拢地方干部和杂牌的一种手法，因此各方面的人都有。这个团初成立时，就决定把警卫组这一单位交给军统，最初由戴笠自

兼组长，以后才由李家杰、张业等继任。这个组有30多名特务，经常暗中注意受训人员的言行。蒋介石对这里的情报是很重视的，特务的小报告便成为蒋介石考核干部的资料，所以一些调训人员在受训期间的言论会影响其前途的好坏。

蒋介石和四大家族的主脑人物每期必去中训团，他们自己非常清楚，当时反对他们的人太多，为了自身的安全，不得不依靠特务来保护他们。每次蒋介石、宋子文、孔祥熙等人去讲话时，特务们便前后左右密布，随时防范可能发生的异动。在讲台下面，专有一排小窗口，特务们从里面张望，可以看清楚每个听讲的人的动作。这些人紧握着上了膛的手枪，随时准备向每个企图危害他们主子的人射击。台上的人虽然在从容讲话，而台子下面的人却紧张万分。

八、兵工署警卫稽查处

军统为了镇压兵工厂的工人，于1940年前后成立了这个警卫稽查处，先后由张师、廖宗泽任处长，杨蔚任警卫总队总队长。在此以前，各兵工厂均有自己的警卫大队或警卫队的组织，抗日战争开始以后军统才直接插手掌握这个部门的工作。当时从各地迁到四川和重庆等处的兵工厂很多，对这些数以万计的工人，一下子集中到了重庆，蒋介石对此感到不安。我因和张师私交较好，经常到他们家中去玩，不时听到他谈起有关这个处的问题。

当时国民党的兵工署是俞大维的天下，俞自恃得到蒋介石的特别信任，不希望别人插手到他的势力范围内。原来一些兵工厂分散在各地，问题不显著，抗战时一下子集中在陪都的约有半数，情况就不同了。蒋介石向俞大维指出：如不好好注意，一旦被共产党渗入活动，那时便无法再控制。为了及早防范，叫他和戴笠合作，把对付共产党的工作交与军统，俞只负责整个行政和技术、生产方面的工作。经蒋介石说明后，俞只好答应让军统插入。在他和戴笠商定组织这个处的章程中，便公开提出，是为了防止共产党进入兵工厂发展组织进行活动。

戴笠对蒋介石交下的这个任务，是异常慎重从事的。他选定了曾任特务处（军统前身）书记长的张师来担任处长。他曾考虑再三，认为张是留学苏联的中共叛徒，对付共产党一向有经验，所以在起草组织章程中也叫张师参加。张在这时提出过不少戴、俞两人均认为很重要的意见。最初戴、俞两人都只想到在各兵工厂中成立警卫稽查组来进行监督，张懂得一些中共活动的规律，便提出必须能让特务深入车间，经常进行检查，既可防止工人破坏活动，又可借此接近工人，以便进行收买和监督。但军统特务中懂技术的实在太少，以后还是由张师想出办法，以检查安全的名义深入车间，便不一定要求什么技术了。这一意见果然得到戴、俞两人的赞许，所以在这个处下面设有一个安全科，各兵工厂警卫稽查组设有安全股，目的便是防止工人利用各种机会进行破坏活动，又能借此与工人直接打交道，这比站在一旁监视的作用要好得多。

当时俞大维最担心军统要过问兵工署和工厂的账目。据说这些账款军需署都不去审核，由他直接向蒋介石报销。戴笠知道他的心事，便说明派在兵工署的特务听从他的指挥，并不过问其他事项，所以这个处很顺利地成立起来。处以下设有总务、稽查、安全、司法四科。当时反动派为了防止兵工厂工人罢工和其他进步活动，便把所有工人均按现役军人待遇，不准工人组织工会，不准罢工。凡是不服从命令的均以“军法从事”，轻则坐牢，重则枪决。一经军法判决，便不能上诉申辩。

当时为了统一领导各兵工厂的警卫大队或警卫队，成立了警卫总队部，由副处长杨蔚兼总队长。虽说是统一领导，实际上戴笠对此还是作了些让步，即对各兵工厂原有警卫大队负责人，如无特殊原因，基本上不更换。因为这些人大都是各兵工厂厂长自己所用的较亲信的人物，马上更换易引起反感，对于在各厂建立警稽组的工作不利。因此这个总队部是有名无实，杨蔚对此很感不满。戴劝杨蔚慢慢来，并告诉他，不一定去调换这些大队长，可以改用吸收他们参加军统组织的办法，把他们一个个拉过来，这样对军统的工作有利得多。

戴笠知道蒋介石对俞大维非常宠信，所以再三叮嘱张师要设法和俞处得好，不要去触犯俞的权利。有一次，某兵工厂警卫稽查组组员陈昌熙报告该厂某高级职员有共产党嫌疑，戴笠没有查清楚即报告蒋介石将这人扣留。后经俞大维提出交涉，戴连忙将人放出并把密报人陈昌熙予以枪决，用来讨好俞大维，所以他们两人之间一直没有闹什么摩擦，俞也不讨厌这些特务。

这个处的特务，多半是军统各特务训练班毕业的学生，其中不少是经过张国焘训练的，是从专门对付共产党的特种政治训练班中出来的。这些戴笠当成宝贝一样看待的学生，因为不能按照张国焘的如意算盘派到中共解放区去工作，戴笠便退而求其次，把他们派到这个处来对付共产党。

几年间，经这个处逮捕的进步工人和可疑分子达100余人。逮捕原因大都是为了看《新华日报》，或是在背地里骂了蒋介石与国民政府，但从来也没有找到共产党的组织。戴笠吹嘘这是由于特务防范周密的缘故，在纪念周上他公开报告，说这个处有很好的“成绩”。

当时许多军统特务都希望调到这个处工作，因为生活待遇好，工作也不紧张，加上许多兵工厂厂长都懂得特务们的心理，每月以种种名称，如特别费、额外办公费等，给这些特务一点津贴，因此彼此相安无事。当时军统人事处长龚仙舫、军事情报处长鲍志鸿等大特务，都揩油住在鹅公岩兵工厂的职员宿舍里。

我有一个兄弟叫沈玉龙，在南岸某兵工厂当警卫稽查组长。我去他那里看过几次，了解到一些特务对兵工厂工人的控制情况。他们采用的办法，是将整个工厂区包围起来，在交通要道设立许多稽查哨所，到处设置岗位，出入厂区的人员都得交验证件。他们对一些平日活跃点的工人则暗中派人监视，同时收买一些落后工人充当他们的眼线，遇到工人们聚集时便偷听他们的谈话。工人们对那些稽查员非常讨厌和蔑视，总不愿和他们打交道。有一次，稽查员逮捕了一个工人还没有解送走，被其他工人发觉，便把稽查所包围起来，非叫释放不可。厂里的一些领导人出来劝说，工人们不听，最后没有办法还是把那个工人释放了。那个工人出来后，一直大骂，他们也无可奈何。他们要逮捕什么人，只有趁黑夜暗中行动，并在没有被发觉时偷偷解送走。稽查处的成员与工人之间，彼此总是采取敌对态度。

九、军统局局本部在重庆的活动

军统局局本部是指挥密布在蒋管区、沦陷区、部分解放地区，以及遍布国外的特务机关搞特务活动的大本营。它的全部活动情况，我准备另行写述。这里只略为谈一谈它在重庆一个地区内直接干出的种种罪恶活动。

军统是靠手枪和监狱来危害革命、镇压人民的。抗战期间，美帝供应的各种武器无以数计，使它用之不竭。军统囚禁人犯的看守所，除了中美所内白公馆和渣滓洞外，还有望龙门特务总队的看守所、稽查处看守所、侦缉大队看守所、交通统一检查处看守所、国家总动员会议军法执行监看守所、缉私署看守所、兵工署稽查处看守所、内政部警察总队看守所等等。随便数一数，像这类大规模的看守所便有十个之多。小一点的如军统掌握的各个警察分局，各兵工厂的警卫稽查组，以及中美所内洪炉厂专囚禁高级政治犯的小看守所就更多。

军统拥有任意捕人、关人、杀人等特权，同时也提防别人对付它，因此在军统机关周围的防范也是特别严密的。当重庆市警察局局长由军统特务徐中齐担任时，军统当然可以全部控制运用。而唐毅当局长时，则只能部分控制到，但其中有几个单位和分局，不管谁当局长，军统是要控制的。警察局的司法科和侦缉大队，军统是不肯放手的。军统局局本部所在地罗家湾的第六分局局长，小龙坎化龙桥的第八分局局长，以及磁器口、童家桥、中美所所在地的局长和所长，都得由军统控制。六分局局长杜醇，大部分时间得为军统工作。

军统局对局本部附近居民的户口调查极为认真，经常由军统特务总队调在局本部服务的便衣队特务会同户籍警去清查，对稍有可疑的居民即严密盘查，一点不对便马上带走，只要随便加上一个“刺探局本部秘密嫌疑”就可以关押起来。

八分局局长刘桐，是军统监视红岩村中共办事处与《新华日报》的主力军。尽管军统派在这个地区的公开特务和秘密特务有五六处之多，但都不及该管区的分局来得更方便，利用这个分局来进行这一罪恶活动，比别的单位都有利，所以这个局非要掌握住不可。

磁器口童家桥的警察所，管辖的地区是中美所和军统乡下办事处，戴笠在乡下的几个别墅所在地。这个所干脆就全部由特务总队的便衣特务包办，所长、警官、警察，清一色由特务来担任。

当时保卫这个地区的武装特务，经常有两个大队左右的兵力，但戴笠还嫌不够，又把由军统掌握的内政部警察总队调驻在中美所背面歌乐山、金刚坡一带，经

常保持着两个大队，居高临下扼守住这条通往重庆的公路，护卫着歌乐山下的美蒋特务大本营。这个总队的总队长任建鹏，戴笠经常要找他谈谈。当时他所领导的这支特务警察部队，还担任各国驻重庆使领馆的门卫和国民党文职机关的警卫，这也是特务进行活动的最好的掩护。

戴笠经常吹嘘这个地区的警卫特别严密，不过这也可看作这个杀人魔王自己的恐惧心情。尽管军统拥有一切特权和数以万计的特务和特务武装，整天干着反共反人民的罪恶活动，但同时它却又是最害怕共产党和人民的。当时特务在重庆无法无天，横行霸道，时常给戴笠带来麻烦。但是他那一套严峻的“家法”也制止不住，他只好在纪念周上向特务们经常提出警告。他带着恐吓的口吻说：“你们在外面乱七八糟搞，如果给共产党找到了证据，在《新华日报》上刊登出来，那就该你们自己倒霉，我是管不着你们的死活的！”特务们听了，的确有所畏惧，他们知道只要《新华日报》公开揭露出他们的罪行，戴笠也袒护不了，只有去受公开审判。戴笠用这些话来恐吓，往往比他跳起脚来大骂一顿有效得多。

有一次，八路军办事处的一位秘书由小龙坎进城时，在汽车上被人一枪打死，戴笠得到这个消息，急得脸都发青，叫我立刻查明是不是军统特务干出来的；如果是，不管是谁，要立即扣捕解到军统局来审理。他连声说：“共产党一定不会答应。要是我们的人搞的，真不知要添多少麻烦。”我当即向几个特务机关查问，都说不是他们干的。

原来，有一连新兵走在小龙坎附近，分散躺倒在马路上休息，被中共办事处汽车轧伤了一个新兵的脚，汽车司机没有发觉照旧向前行驶，解送新兵的班长便举起步枪向汽车发射了一枪。这个班长也不知道这一枪把车内的人打死了，休息后仍朝前走，一直到了璧山附近，重庆治安机关才派人把他追回来。后来查明系出于无心，周恩来也没有要这个杀人的班长抵命。这件事完全弄清楚以后，戴笠才松了一口气。

当毛主席去重庆时，戴笠曾命令特别警卫组和稽查处，要对毛主席暗中严加保卫。这并不是为别的，而是戴笠害怕有什么暴徒趁机暗算毛主席，如果问题发生，这笔账会落到军统头上。因此，当时戴笠不但不敢对毛主席有任何危害，还生怕别人乱来。专门担任保卫蒋介石安全的特别警卫组，也得担负起暗中保护毛主席的责任。有个在戴笠家中担任警卫的特务说："为什么不趁这个机会把毛泽东干掉？坐上几年牢，便可立大功。"戴笠知道了，立刻把这个特务叫去骂了一顿，说他糊涂，还缴了他的枪，要他回特务总队去，怕他发神经病闹出大乱子来。

军统在重庆搞的所谓高级情报活动和特务活动，连戴笠自己也经常出马。蒋介石要拉拢四川军阀，戴便经常抽空去拜访许多四川将领，也常常邀他们到家里去吃饭联络感情。他自己直接利用的一些人，如外交部司长李惟果、国际问题研究所主任王芃生、军医署长林可胜、金融界的贝祖诒，还有他的许多好友如伍仁硕、何世礼等。为了作一些国民党政府中的高级情报，在军统局的一些设计委员中，也有不少人干这方面的工作。如曾经代理过广西省主席的俞作柏，与两广许多反蒋人物关系密切，还有曾任首都警察厅长的王固盘，他们都愿替军统卖点气力。当时杜月笙住在重庆，对戴笠的帮助也很不小，除了为他搞帮会方面的活动外，在给戴笠拉人事关系和了解情况方面也很出过力。

戴笠运用别人替他搞特务活动范围是非常广泛的。在这中间有的很成功，也有不少使他感到失望，甚至很愤慨。张学良将军的旧部陈××，便很讨得戴的欢心，一直在军统中担任着重要的职务。但是，由张将军介绍给他的旧属并不都替他效力，如曾做过东北大学校长的王化一和当过旅长的吴骞，对搞特务活动的兴趣就很不浓厚，连当时戴笠希望他们做做在重庆的东北人士的情报，也没有达到目的。戴在背地里常常说："有些人拿了我们的钱却不给我们做事，有的人不要我们一点好处却异常卖力地帮助我们。"在军统数以百计的设计委员中，总有近半数的拿钱不给军统做事的。戴笠却仍然养着这班人，他希望有朝一日用上一次，他就一切都捞回来了。

在军统直接运用的人员当中，有个别的人戴笠认为很有把握，但结果却出他意料，因而气得他把人扣押起来也是常有的。我最清楚的有沈夕峰。这人在黄埔四期当学生时就加入过共产党，抗战时在重庆小梁子开设渝新旅馆。他与进步人士向有往来，有不少青年去延安时，曾在他开的旅馆里集合。八路军最初设在重庆机房街办事处的房子，是通过他的介绍租用的。军统特务中有不少是他的同期同学，都

以为他替军统搞到共产党的情报会有点办法，便拉他入军统，做了渝特区的直属通讯员。结果他专替军统搞社会情报和经济情报。军统一再示意他，希望他应以全力去做中共的工作。为了让他安心卖力，还给他当了侦缉大队的副大队长。结果等了两三年，仍然没有能满足军统的要求，戴笠便下令将他扣押在稽查处。我当时在稽查处工作，曾奉令彻查他过去是否利用军统关系替中共做什么工作。结果查了几个月，也查不到这方面的任何证据，只好将他释放出来。但军统一面叫他搞经济情报，同时也暗中注意他的活动，但始终没有发现他与中共方面有任何往来。像这种赔本生意，军统做过不少。

每当国民参政会开会期间，便是军统最忙最紧张的时刻。这时往往由党政情报处处长自己领导组成一个临时机构，来做每次会议的工作。蒋介石总是希望早点能了解到每个非国民党的参政员将在会上提些什么样的意见，有些什么活动，会外有些什么言论。

当时做这方面工作的虽大有人在，但戴笠却特别抓得紧，他常说这是为“领袖”分劳分忧的紧要关头。他总是自己出马，先与参政会一些负责人取得联络，以便派特务打入大会临时机构中去担任一点工作，同时把与军统有关的参政员邀去商量。张国焘是以江西省参政员的身份出面为军统拉关系的。军统要逐日将所得情况详细向蒋介石报告，一直忙到大会完毕，这一机构才撤销。

每次开参政会前后，戴笠总叫我把所有能用的小汽车准备几十辆，供临时使用。设在水巷子一号、由军统直接领导的特别侦察组，也特别活跃。戴笠把军统女特务中最年轻漂亮的葛天璇、陈韵娜、陈雯、阮筱兰、刘玲砚等，也派在这个组为组员。戴笠还给这个侦察组以大量的特别活动费，希望利用金钱与美女等来达到他的目的。

军统在控制重庆航空方面，虽然有了重庆航空检查所，珊瑚坝机场场长已由军统特务王云荪担任，空军政治部和空军调查室已由军统特务简朴和徐鹤林分任主任，但戴笠还认为不够严密，又于1943年在党政情报处增设了一个航检科，由王芳南任科长，直接对飞机票进行控制。每天乘飞机来往的客人名单，戴笠当天都全部了解。一些为蒋介石所注意的人来往情况，也得由戴笠向他报告。同样，重庆的经济情况以及物价波动的情形，也逐日要向蒋介石报告。

我在重庆时，听到不少关于蒋介石不了解物价的种种传说。如说蒋介石有一次在两路口一家帽店买了一顶呢帽，店主把价钱说得和战前差不多，蒋介石很高兴地买走之后，市政府立刻对这个商店老板给予嘉奖，并补足他的损失。有一次社会部长谷正纲陪蒋介石上冠生园吃饭，故意把菜价牌写得和战前差不多。蒋介石看了价目单连连点头说："大家都吵着物价飞涨，其实涨得很有限。"像这一类的传说，无非是在替蒋介石做宣传，想说明他不是不关怀人民生活，而是被部下蒙骗了，要人们相信蒋介石是个好人。其实每天物价的波动情况以及与战前的比例数字，不但军统报得很仔细，而蒋介石看得也很清楚。

军统对四大家族的安全，是竭尽全力予以保卫的。其中以保护蒋介石的安全为重点，每个军统特务都要尽到保卫"领袖"的职责。除了戴笠派在侍从室的随节警卫组整天跟在他身边外，还有一个近 200 名中央军校毕业学生组成的特别警卫组。这些人经过戴笠亲自挑选和训练，由朱金骅率领，密布在蒋介石每天经过的马路上担任巡逻。蒋介石外出时，总是注意马路两旁有没有左手持《中央日报》的特别警卫人员在给他保镖。

宋子文的家中驻有军统派去的一个便衣警卫分队，十多个特务在维护着国舅的安全。孔祥熙家中虽有他自己的卫队，戴笠为了讨好他，仍在国府路范庄的孔公馆里，或孔家在南温泉的别墅中举行宴会舞会时，总得派特务去附近警戒。孔祥熙在广播大厦大开寿宴时，戴笠还亲自站在门口当招待，并派遣大批特务去保护前往祝贺的达官贵人。至于陈氏弟兄，虽有中统特务保卫，军统仍是有人随时协作的。

在抗战期间，军统特务在重庆，真是坏事做尽，写不胜写。我了解到的，还只是一部分情况和一些表面上的现象。如果把军统特务当时在重庆的全部罪恶搜集起来，当更加骇人听闻。本文所举的事实和时间等均系凭个人记忆所及，错误在所难免，请了解当时情况的先生们给予指正。

杨杏佛、史量才被暗杀的经过

1933年与1934年，杨杏佛与史量才先后被军统特务暗杀于上海和沪杭公路，这些情况当时外间传说颇多。我于1932年参加军统（当时为复兴社特务处，以后才改为军统）特务组织时，即在上海华东区（以后改上海特区）担任过区交通与组长等职，对这两件血案是间接参加的人。抗战期间，军统大规模举办特务训练班时，我又长时期兼任许多特务训练班的"行动术"（专搞逮捕、暗杀、绑架、破坏等罪恶活动）基本教官，负责主编过军统各特训班的行动术讲义，将这两件血案均列为教材。在编写讲义过程中，我曾多次向这两血案直接主持的凶犯赵理君搜集过有关材料，并调阅过有关档案。现就记忆所及分别写出案情经过，但由于事隔多年，可能仍有遗漏与错误之处，尚请了解当时情况者加以补充和指正，俾使此项震惊当时的罪恶暴行能更具体地揭发出来，使世人更清楚地看到反动集团的凶狠毒辣。

杨杏佛

1933年6月18日早上，在上海法租界亚尔培路发生的国民党中央研究院总干事杨杏佛先生被暗杀身死的事件，曾轰动一时，极为各方面所重视。这是戴笠所领导的特务在上海租界内所干出的第一次血腥罪行，多年以后，一直为军统特务们所最津津乐道的"杰出之作"，而局外人却很少了解其内幕。蒋介石当时决定杀杨，最主要的原因是要以此威吓宋庆龄先生。自1933年初，宋所发起的中国民权保障同盟成立，杨杏佛担任同盟的副会长兼总干事，他们即为蒋介石所厌恶，亟欲除之而后快。但因对宋直接下毒手顾忌尚多，乃决定杀掉一个“适当”的人来对宋进行威吓。加上杨于1933年春天曾到华北等地进行过一次活动，鼓吹人权保障同盟的神圣任务，针对蒋介石种种蔑视人权、无法无天的做法进行坚决斗争，并极力主张停止内战、一致团结抗日。这与蒋介石的政策完全相反，成为他被害致死的主因。

杨杏佛与宋庆龄等合影

戴笠奉命杀杨是在1933年四五月间，当时杨从北平回上海不久，戴立即开始布置。特务们先侦察了杨的每日行动，了解到杨本人住在中央研究院楼上，爱好骑马，在大西路养了两匹骏马，早上有空便去大西路、中山路一带骑马驰骋一两小时。特务们认为在这个时候这个地段对杨进行狙击机会最多也最有把握。特务们正进行狙击杨的准备时，蒋介石表示不同意这么办，因为把杨暗杀在租界以外的地区，既达不到威吓宋的目的，还可能引起各方面的指责，徒然增加政府的麻烦。他坚持一定要在法租界宋的寓所附近执行，这样既可显示特务的力量，威胁宋庆龄先生，又可以不负破案责任。戴笠只好改变计划，决定在中央研究院附近进行布置，

准备趁杨外出散步或去宋寓所途中执行。

当时那一带均系住宅区，来往的人很少。戴笠于6月初亲往上海指挥布置，他的寓所就在法租界枫林桥附近。负责执行暗杀的是华东区行动组组长赵理君。他化名赵立俊、陶士能，四川人，黄埔军校五期毕业，在上海专门负责军统行动工作，抗战期间曾任军统局局本部行动处行动科科长。赵本人住在法租界霞飞路中段巷内德丰俄国大菜馆楼上。行动组副组长王克全及几个行动员则住在法租界迈尔西爱路一幢三层楼房内，组部也设在那里。参加这次行动的凶手六人，事前都举行了宣誓，要做到“不成功即成仁”，如不幸被捕，应即自杀，而不能泄露出去，否则将遭到严厉制裁。

特务们本来准备在17日早上动手，因为他们刚一到达中研院附近即碰上法巡捕房一辆巡逻警车，以后又有一队换班的巡捕经过，因此不敢动手即分别溜回。18日早上6点多钟，赵理君亲自带着李阿大、过得诚、施芸之等前往。赵自己坐在汽车上，汽车则停在亚尔培路、马斯南路转角处。李阿大、过得诚等四人分散等候在中研院附近，两头各有一人巡风掩护。8时左右，当杨杏佛带着儿子小佛走到院中准备登车时，特务们便走近门前准备动手。但杨上车后又走了下来，特务们还以为杨已发觉正想冲进去的时候，杨领着儿子又登上另一辆汽车。当汽车徐徐驶出亚尔培路三十二号大门时，四支手枪同时朝着车内射击。

杨先生一闻枪声，立刻知道是要杀害他。因早在一个多月前他就接到过几封恐吓信和特务寄给他的子弹，他不但置之不理，还比过去活动得更积极，却没有预料到特务们真敢对他下此毒手。在这生死关头，杨自知不免，但因爱子心切，立刻用身子掩护小佛。所以特务们连发十多枪只将杨和司机打死，小佛仅腿部中了一弹而幸免于难。凶犯们见目的已达，便向停在附近的汽车狂奔，抢着上车。赵理君听到枪响，早已指使司机将车开动。这时过得诚因慌乱中跑错了方向，等折转来再去追汽车时，车已离得很远。他一面跑一面喊：“等一等我。”赵一看他还差好几丈，而这时附近警笛狂鸣，便顾不得再停车等候，因怕他被捕后泄露消息，立刻从车上向他发射一枪，仓皇中未能击中要害，便加足马力开车飞奔。

凶手过得诚刚完成任务，没想到反而挨了自己人一枪。他想挣扎着逃命，但四面围追过来的巡捕已接近了他。他自知无法再逃，只好举枪自杀。一弹从胸侧穿过，他虽痛极倒地，却没有死去，结果被巡捕捉到，立刻与杨氏父子一同送往金神父路广慈医院进行抢救。

杨先生抵医院不久，即以伤重不及救治而逝世。凶手过得诚经急救之后，到下午即能说话。经巡捕房派人向他追问，曾说出他叫高德臣（参加军统后的化名），是山东人，因来沪投亲等，但还不敢说出真实情况。

戴笠听到杨已被刺身死的消息，感到非常高兴，但一听到过得诚已被捕并说出了自己的化名，又非常气愤。戴马上通知在法租界巡捕房任华探目的军统特务范广珍，叫他带上一包毒药，以捕房关系去接近过。当晚，这个凶犯便也“重伤不治”而死去。第二天报纸刊出杨遇害经过时，都只提凶犯高德臣的名字，并说高在刺杨时因凶手四人相对射击，被同伙打中一枪才被捕去云云。20 日晚上，戴笠便很得意地回转南京，向蒋介石复命讨赏。

戴对这个为他卖命的过得诚，除了假仁假义地表示悲痛外，还对他的家属给以抚恤，过得诚的儿子也一直由军统负责养育。抗日战争期间，戴笠曾多次以过得诚“任务完成后，无法逃走，自杀成仁”的精神来教育特务学生，并对过一再表示赞扬。以后在重庆修建中美所范围内的马路时，戴又把一条路命名“过得诚路”。

当杨杏佛先生的遗体送到万国殡仪馆入殓以及举行追悼时，华东区一些担任情报工作的特务又不断去那里侦察监视，看有些什么人去吊唁，当场说了些什么话。当时去的人最为特务们所注意的还是宋庆龄先生。她在 20 日下午带着两个女秘书到殡仪馆吊唁，异常悲愤，讲话语气也很激昂。当一大群新闻记者（其中就有特务利用记者身份的几个人参加在内）包围着她的时候，她表示为此事已发表了一篇声明，向全世界公告，指明这是一种有计划有组织的政治性暗杀，她不会被这种卑鄙手段吓倒。

当时去吊祭的还有鲁迅、何香凝、沈钧儒、李四光等先生，特务们对这些人也很注意，并将他们去的情况和当场说过的话，一一汇集起来送南京方面转报了蒋介石。

史量才先生被暗杀的原因，当时外间传说很多。据我了解，主要是由于蒋介石得到情报，说史当时很同情共产党，曾经接济过上海中共地下党组织的经费，所以决心要杀害他，并以此警告其他同情中共的人士。此外，史量才所主持的《申报》，经常有一些不满意蒋政权黑暗统治的言论。

当军统华东区行动组奉命去杀害史量才的时候，戴笠说史量才担任上海市参议会会长后，曾阴谋搞上海市独立运动，要使上海脱离国民党的统治。抗战时期我在重庆重新整编军统行动课程教材时，明明知道杀害史量才的原因是他与中国共产党有牵连，但在讲课中举这一血案为例时，还是说他因得到日本人支持在搞上海独立运动，是一种“叛变祖国出卖民族利益的罪行”，而不敢把真正的原因让学生们知道。如果仅仅是由于《申报》有过一些反蒋言论引起CC的不满，便不会由军统去暗杀，而要由CC领导的中统去执行。因当时戴笠和中统一直在闹摩擦，他是不会为中统效劳的。

史量才

史量才于1934年10月去杭州调养胃病，给了特务们一个最好下毒手的机会。他一向提防反动派要对付他，除了使用的汽车有保险设备外，并雇有私人警卫（上海人叫保镖）。戴笠于这年夏秋间即奉到蒋介石命令要暗杀他，原先准备在上海租界内动手，曾一度在《申报》馆和史的住宅附近找过房子，因迟迟没有找到，戴就亲自去上海布置。他最担心的是怕又和暗杀杨杏佛一样，凶手逃不了而泄露出去，引起严重的麻烦。以后监视史的特务们通过上海帮会关系与史的汽车司机结识，打听到史经常要去杭州，戴笠才决定不在上海租界内进行。

不久，史量才果然携眷去杭，戴笠又带着赵理君等赶去布置。原来打算在史的寓所秋水山庄附近伺机狙击，又考虑到如将史暗杀在杭州市区，杭州省会警察局长便脱不了关系而将遭到各方面所责难，势非破案不可。这个警察局，不但局长赵龙文是军统特务，而且整个警察局都控制在军统特务手中，在杭州作案便是自找麻烦，因此最后才决定选择在离开杭州市区的地方去进行。

参加这次罪恶行动的特务除赵理君外，还有行动组副组长王克全（安徽人，抗战时任过重庆卫戍总司令部稽查处副处长，以后自杀）和组员李阿大（上海苏北帮惯匪，为这个组最主要的凶手）、施芸之、许建业等六人，以及汽车司机张秉午（河北人，抗战期间任军统汽车大队长）。他们使用的汽车是当时军统经常用来搞暗杀绑架的一辆老式别克牌敞篷车，平日停在南京鸡鹅巷五十三号军统接头处。

当史量才决定于 11 月 14 日由杭州乘自备汽车回上海的前一两天，特务们便从司机那里得到了这一消息，先由赵理君去察看动手的地点，选择沪杭公路所经的海宁县属第四区博爱镇附近，离翁家埠约四里的地方。特务们事前准备了两个临时用的汽车牌照，一是京字第七十二号，这是随便仿制的（以后才知道是南京盐业银行的），另一个是杭州警察局的试车牌照。这辆汽车于 10 月底前后即由南京开到杭州，一直停在杭州上仓桥浙江警官学校的停车房内。行凶时先是用京字七十二号牌照，逃往南京途中便改用试车牌照，一直快到南京才换上原来的号码，于半夜驶回鸡鹅巷。张秉午曾多次向我谈过这一段情况，军统的老司机们一向把这辆车叫作“功臣车”，因当时军统汽车很少，经常要使用到它。抗战时戴笠还叫人把它驶到重庆，以后便很少再去用它。

这次凶手们所带的手枪均为洞穿力很强的驳壳枪和强力式手枪，所以能射穿史所乘的保险汽车。行刺那天，特务们很早便去守候。当史的汽车驶到了凶手们预定动手的地方时，发现有一汽车横在马路当中，伪装损坏正在检修。特务们见史的汽车开来，一面以手示意叫汽车缓行，一面即拔出手枪向史的汽车轮胎射击，同时由指定的两个凶手射击汽车司机和司机座旁的史泳赓的同学邓祖询。这是因为特务们误认邓为史的保镖，怕他还击，又怕司机以后供出认识的特务来，所以要先杀掉他以灭口。

当枪弹乱飞的时候，史量才和他的儿子史泳赓急忙跳出车来分头逃跑。凶犯们误认其子为父，因此有三个特务便尾追史泳赓，一连发射 20 余弹，均未命中，他从田野中飞奔逃脱。史量才因身体不好，跑得也慢，在慌乱中逃进附近一所茅屋。两个特务紧追过去时，史又从后门穿出，躲在房后面一个干涸了的小水塘中，

被站在路上指挥的赵理君发现了。赵一面大叫“在这里”，一面连连向史开枪射击，有一弹正击中史的头部，史当即倒下。李阿大又跑到史身边补上一枪，登时血流如注。凶手见目的已达，立即集合爬上汽车飞奔而去。枪声停止了约半小时后，史泳赓才从附近找来一些人一同返回出事地点，并向航空学校借了一辆卡车将三具尸体运回杭州。

血案发生以后，举国震惊，责难纷起。蒋介石和汪精卫还猫哭老鼠地严令江、浙两省，沪、杭两市缉凶，并悬赏1万元奖金。这时，特务们却从蒋介石手中领到一笔5000元的犒赏费。以后特务们见面时还曾以此开玩笑，说：“如果自己破自己的案，倒可多得5000元的奖金！”

囚禁期间的叶挺将军

1941 年 1 月间，蒋介石发动第二次反共高潮，指使国民党第三战区司令长官顾祝同在皖南地区纠集七个师的兵力，围攻英勇抗日的新四军。军长叶挺将军被捕后，解送到当时第三战区长官部所在地江西上饶，囚禁了很长时期。这之后，蒋介石命令顾祝同将叶挺将军解往军事委员会桂林办公厅，实际上是交由军统局去看管。当时军统局桂林办事处主任杨继荣，公开职务是军委会桂林办公厅民众情报处处长。叶将军解到桂林，即由杨继荣派办事处警卫组特务将叶囚禁在桂林七星岩附近一个山洞内，内部看守由军统特务负责，外部另派一个排的宪兵担任警戒。

1943 年春，蒋介石又令军统特务头子戴笠将叶将军解往重庆。我当时任军统局总务处处长，我有个兄弟叫沈默，任军统桂林办事处行动组组长兼民众情报处的警卫组组长，是负责看守叶将军的人。有一天，我接到他从桂林打来的长途电话，说他第二天将乘班机解送叶将军到重庆，要我去接他们。我当即与军统司法处处长沈维翰联系，他告诉我，早已通知军统特务团（又叫特务总队）团长杨清植做好了准备，希望我和杨一同去机场照料。

叶挺

第二天上午，我和杨清植到了重庆珊瑚坝机场。当其他所有乘客都下了飞机后，我才看到沈默陪着一个头发胡子很长的人最后走下来，手上提了一盏植物

油灯。这种油灯是用几根竹子做成架子，上面安放一个铁制的碟子，灌上植物油，加上灯芯，便可点燃。

当沈默向我和杨清植介绍这便是叶将军时，我们先向他行了军礼，他客气地点了点头。我说了一句:“军长辛苦了！”他毫无表情地回答:“没有什么。”走出机场时，他仰头看望了一下，便自言自语地说:“啊！到了重庆。”我很好奇地问他:“军长为什么拿着这么一个油灯？”他微笑着把灯举得高高的，说:“我这两年一直和它做伴，我准备把它带在身边作一个永久的纪念品。”

杨清植专门为叶将军准备了一乘轿子，轿门和窗子都用布蒙好，因为由珊瑚坝飞机场到公路上，要爬几百级石阶梯，恐怕被人识出来。叶将军看了那乘轿子，很不高兴，不想乘坐，但杨清植坚持请他坐进去，最后，叶将军才勉强答应了。我们紧紧跟着，还有20多名便衣警卫以及军统掌握的重庆航空检查所十多名担任航检的特务，分散在前前后后。杨清植生怕出问题，担心会有人劫走，所以把轿子一直抬到汽车旁边。下轿后，我和沈默、杨清植三人陪叶将军乘一辆汽车，前后都有一辆警卫汽车，一直把叶将军送到林森路望龙门第二十二号军统特务团团长的住宅安置下来。这所房子离特务团在望龙门两湖会馆的团部很近，一向是团长的住宅，这次是临时腾出来给叶将军用的。

在回去的途中，我埋怨沈默为什么不给叶将军理理发，弄成这个样子，多惹人注目。他便告诉我一些叶将军被俘后的情况和在桂林的生活。他说，叶将军自被俘后，便一直拒绝理发、修面，坚决表示他是在前线抗日的军官，没有什么错处，为什么要逮捕和囚禁他？因此他不理发、不修面，表示自己不获自由决不妥协，什么人去劝都不行。叶将军在桂林弄了一头奶羊，每天亲自去放牧或割草喂它，自己挤羊奶吃。这次原想把羊一起带走，因坐飞机不便才没有带。叶将军每到黄昏，因规定不能出山洞，便只好在油灯下看书报，写日记。他平时对看守他的小特务态度很和蔼，从不要求做规定以外的任何事情；但是一些大官去见他时，越是官大，他的态度越显得坚毅、严肃，总是抗议为什么囚禁他？

我回军统局，见到戴笠，便把叶将军已解到重庆，以及他在桂林的情况向戴作了报告。戴指示我，在生活方面可以好好照料一下，并再三告诉我，一定要使叶将军理理发，因为蒋介石可能要见叶。隔不多久，有天戴笠告诉我，第六战区司令长官陈诚要去看叶将军，要我先去准备一下，特别是给叶将军理好头发，换一套好点的衣服，房间也要弄整洁一点。我立即带着理发师和副官等去见叶将军。我先和他谈了一些生活起居方面的问题，他表示没有什么要求。最后我兜了一个大圈子，说重庆的天气如何闷热得难受，许多人头上长虱子等一类话，劝他把头发稍许剪短一点。不料话刚出口，他便看出我去的用意，马上睁大着眼睛，很严肃地对我表示，不获无条件释放，他是不会剪去头发的，天气再热也能忍受，叫我不要替他担心。在叶将军的讲话里，我印象最深、记得最清楚的一句话是："我决不会为了见我所不愿见的任何人而修剪须发。"他连衣服也不肯换。我碰了钉子只好回去向戴笠复命。戴说，这个人的个性一向倔强，他爱怎样就由他去，以后慢慢地来，不要太性急了。

过了两三天，陈诚便去看叶将军，戴笠特别叮嘱杨清植要多加注意，因为陈的态度傲慢，叶将军个性倔强，怕出问题。杨清植便带着几个警卫伏在窗子外边。他们两人过去认识，见面后，谈了一些闲话之后，陈诚便提出想请叶将军暂时屈就一下去担任第六战区副司令长官，征求叶同意。叶将军当即断然拒绝，并坚决表示，除了恢复新四军由他去继续担任军长，同时惩办围攻新四军的负责人外，其他任何工作都不会去做。他还一再责问陈诚，为什么要袭击正在对日寇作战的新四军？他抗日有什么罪？为什么要把他逮捕囚禁起来？他还一再指出国民党这种做法只是对敌人有利，对国家和民族不利。陈诚被问得无话可说，最后只表示希望叶考虑一下，以后再谈。陈诚进去时趾高气扬，出去时便垂头丧气，什么话也再没有说便匆匆地走了。

又隔了一个时期，陈诚再次去看叶将军，仍然没有结果。据说，叶将军的态度更为强硬，又弄得陈诚狼狈不堪地匆匆走了。

自从叶将军断然拒绝陈诚提出请他出任第六战区副司令长官之后，不到一个月时间，戴笠便奉蒋介石的命令取消了对他的优待，而把他从望龙门二十二号移送到中美所内白公馆囚禁。叶将军便在这所坐落在重庆磁器口小歌乐山北麓，四川军阀白驹修建的香山别墅西边楼上正房内囚禁了一年多。以后，因中美所的美蒋特务

看中了这所房子，戴笠便把囚禁在白公馆的其他犯人移禁到中美所最西端的渣滓洞看守所，将叶将军一个人移到中美所东南角洪炉厂附近半山坡上离囚禁廖承志先生不远的另一座小平房内囚禁。不久，陈诚把叶将军接到湖北恩施去，仍企图说服他出任第六战区副司令长官。叶将军住了一个时期，还是不同意。陈诚看到没有办法能动摇叶将军坚强的意志，只好又把他送回给戴笠囚禁。直到1946年春天释放时为止，一直再没有换过地方。当时戴笠把这个地区划为中美所内的“禁地”，专为囚禁高级政治犯用，警卫特别森严，一般军统特务分子都不能从这里经过，更不准接近这些一排三五小间的独立平房。

叶将军被军统囚禁期间，我去看过他三四次。每次问到他生活上缺少什么时，他总是表示不需要什么。他生活很有规律，每日很早起身，先洗冷水澡，再做一会儿体操，早餐后便看书报。他对国民党的报纸很厌恶，每拿起看一下便丢在一边。但因他一直是单独囚禁，没有人和他谈话，又没有其他可看，所以往往过一会儿把丢在地上的报纸又拾起来再看下去。当时白公馆的看守所长侯子川，是一个很凶残的家伙，动辄对犯人打骂，但他对叶将军却不敢随便，有时他去见叶将军，叶将军还劝告他不要对人太过分。

叶将军移禁白公馆不久，戴笠有次去附近看中美所房屋建筑工程，顺便去看看他。当时我和总务处的一个管工程的科长侯桢祥一同陪着去。看守所长侯子川马上叫人进去通知。我们进去时，叶将军还是穿着短裤汗衫，盘腿坐在地板上，挥着一柄大葵扇在纳凉。平日我去看他，他还有说有笑，而那次戴笠去看他时，却爱理不理。侯子川怕他不知道戴，便告诉他：“戴先生来看军长。”叶仍坐着不动，只回答一声：“我早知道了，你不是已派人告诉过我？”戴笠向他打招呼，他把嘴努一下：“请坐。”戴一看这样，知道没什么好谈，也只问了他一下生活情况，他仍表示不需要什么。戴笠一看他这样冷淡，心里老大的不高兴，连坐都没有坐，站了一会便走了。

抗战胜利后，国共和谈期间，毛主席向蒋介石提出释放廖承志、叶挺等人的问题。我又特地去看过一次叶将军。当时，我有着一种非常好奇的心理，想知道共产党的高级将领在被释放后第一件要做的是什么事情。因为军统监狱中也常常囚禁国民党的高级军官和军统大特务，他们在释放出去后，第一件要做的事情，就是如何先与家里的人见面，如何去吃一顿多年来想吃而吃不到的东西，或先去照一张相片等，以补偿被囚禁期间的损失。而我那次问到叶将军时，却大大出乎我意料之外。他听了我的话以后，毫不思索便以肯定的口吻回答我说："我将来出去第一件要办的事，便是请求党恢复我的党籍。"他的这个答复，的确使我感到惊异！我过去一直没有想到他被囚后已是一个失掉组织关系的共产党员，我当时也根本不懂得什么共产党人的崇高理想，以及为了实现伟大理想，做一个忠实的共产党员而自愿牺牲一切。我当时很想进一步问个明白，但看到叶将军说完这句话之后，昂起头凝视着窗外久久一言不发，我怕碰钉子，便赶忙辞出，并言不由衷地回答几声："那很好，那很好。"其实，我一直受到戴笠的指示，企图能从生活上使他多提要求，而逐步使他改变态度，转到蒋介石方面来。所以当我听了他那坚定明确的表示之后，感到非常失望，并把这一情况报告戴笠。他听了不作一声，很久之后才说了一句："共产党人的可怕，就在这些地方。"

以后，蒋介石被迫同意了毛主席的要求，用叶挺将军交换马法五。戴笠于1946年3月4日派军统第二处副处长叶翔之送叶挺将军到林森路八路军驻重庆办事处，同时派我送廖承志先生到国民参政会交邵力子先生。叶挺将军听到这个消息后，马上把那盏从桂林带到重庆的小油灯从墙上取下来，提在手上，准备出狱。这时，叶挺将军的头发已长得披到肩上，胡子也已到了胸前。当他上汽车前和我告别时，他带着胜利者的微笑，以愉快的神情抚着长发和胡子对我说："过去你几次劝我剪掉它，我都没有答应。现在我要把它们自动剪下来，但是我还是要把它们好好保存起来。"

张学良将军被囚禁时的情况

“西安事变”以后，蒋介石被释放回到南京，立即背信弃义，对在西安所作的一切诺言，马上不认账。他对发动西安事变的张学良、杨虎城两将军恨之入骨，每欲置之死地而后快，但在全国人民面前又不便立即动手，只好暂时忍恨心头。他除了迫使杨虎城将军出国，暂去此眼中钉外，对张学良将军则以“劫持统帅”罪名，公开判处十年有期徒刑，交由军统特务头子戴笠负责看管。

张学良与杨虎城

张学良被囚禁后，最初一段情况我了解得不详，只知道抗日战争发生以前，张将军被囚禁在蒋介石家乡奉化县的雪窦寺。当时由戴笠派军统特务队队长刘乙光、副队长许建业率领特务30余名，担任内部看守工作，另外蒋介石还派了一连宪兵，负责担任外围警戒，相互配合，并相互牵制，以防发生意外。

抗日战争发生前夕，张将军才离开奉化，先后在南昌及湖南益阳桃花坪和湖南沅陵凤凰山等处囚禁了一个时期，到1939年才迁到贵州修文县阳明洞。这个地方与杨虎城将军被囚禁的息烽玄天洞相隔不远，是邻接的县份。戴笠为了便于警卫，还特别推荐军统大特务李毓桢去当修文县县长。戴自己每年总要抽时间去看看，并亲自指示部署内外层警卫工作。他规定，白天负责内部警戒的特务，站在离张将军住房十丈左右的周围，晚间则移到寝室窗外和门口；外围宪兵白天岗哨较远，夜间则移到特务们白天站的地方。在通往阳明洞的附近道路上，他还另外派有岗哨，不许来往行人接近这个地方。

当时戴笠对张将军比对杨将军在生活照顾上要好得多。因为一方面念在“西安事变”时，他和宋子文等去西安时，张没有为难他，并把他和蒋介石一同释放出来；另一方面由于张和宋子文私交甚深，很多地方看在宋的关系上，所以张在生活方面比较受到优待。

张学良

在1942年前后，国民党兵工署在贵州桐梓县一个天然大山洞内修建了一所兵工厂。这个厂占地很广，后面有一个近百亩大的蓄水池，是兵工厂发电用的。兵工厂仿照西湖式样在池中布置了三潭映月，池边桃柳相间。洞的附近，天然风景很好，特别是警戒方面很森严，交通也比修文阳明洞方便，汽车可以开进里面，不像修文阳明洞那样下汽车还得走很长一段山路。戴笠认为这个地方囚禁张将军最为适宜，得到蒋介石批准后，便向兵工署署长俞大维要了蓄水池的一部分地区，修建了一排七间的一座平房，作为张将军和特务队队长的住房。这所房子，左边三间是张将军住的地方，从中间进去三间相连，靠南端的一间是寝室，中间是书房，外边一间是客室；右边三间是特务队长刘乙光的办公室和家眷住处，中间的房子作为吃饭的地方。另外在这所房子的左右及后面均修建有便衣警卫与宪兵住的房屋和一些岗哨亭。

张将军迁到这里后，一直住到1946年下半年才离开。在这几年中，我因在军统局担任总务处处长的关系，戴笠经常派我送东西给张将军，所以对这一时期的情况了解较多。当时，陪伴张将军的是他的夫人于凤至和赵一荻（赵四小姐，多年

来所有的人都叫她四小姐），两人每年轮流一次，到期换班去美国休息。于凤至于1943年去美国以后没再回来，赵四小姐便一直陪伴下去。

原先还有一个专门陪伴张将军的副官，姓名已忘记。这人随张多年，自张被囚禁后，他的行动也同时失去自由。有次他坚持要走，张答应了他。他便提着行李真打算离开，刚走出不远，特务队长刘乙光便带着特务赶上去把他扣押起来，立即打电报向戴笠请示，结果被送到军统息烽监狱囚禁起来，因怕他走漏消息，一直不释放。以后息烽监狱结束，他和一些政治犯一同被送到重庆白公馆继续囚禁。重庆解放前，毛人凤在重庆主持的震惊世界的“一一·二七”中美所大屠杀案中，这人也一同被杀害。

另外有一个张将军的女佣人，一直跟随着张不舍得离开。这位老奶奶经常和我们谈起，她是受到老帅的嘱托，叫她好好照应少帅的，随便张去什么地方，她都要跟着去。还有一个照料张将军生活几十年的老家人，他经常爱和老年女佣人一同对我们谈张将军少年时的故事。有一次，张悄悄地站在背后，听了哈哈大笑起来，这个老家人立即肃然敬立，不敢再谈下去。张这时往往和我们挤在一条凳子上坐下来，要他继续再讲，并说：“你们爱听，我也喜欢听，说下去吧！”

看守张将军的特务队长刘乙光，也始终没有更换过。他是湖南人，黄埔军校六期毕业。他看守张十多年，从少校队长一直升到了少将队长。副队长许建业是江西人，在抗战开始不久调走，以后没有再设副队长。这个特务队除队长外，设有一个事务员，一个会计和一个同济医学院未毕业的学生充当张的医生。队里配备有一部小型无线电台，一个报务员兼做译电工作；还有一部小汽车，一名司机。特务队员虽常有调动，数目总保持在30名左右，系尉官级待遇，其中只有三个校官级的小队长。看守工作分三班制，每班八小时，日夜轮流调换。

张将军被囚禁期间，戴笠每年总要去看他一两次，去时总得带一些日用品和食物送他。另外蒋介石还叫东北籍参政员莫德惠去看过张两三次。莫德惠去时，总是由蒋介石通知戴笠，戴派军统人事处长李肖白（以后李调军委会办公厅特检处处长）陪同一道前往，每去住两三天便回来。

张将军平日对看守的特务绝口不谈“西安事变”的情况，别人也不便问他。

他也从不在特务们面前发牢骚和说不满蒋介石的话，因为他很聪明机警，懂得看守他的特务们都负有双层使命，一面看守他，一面要了解他的思想活动情况。他知道向这些人说话不当心，只有更引起蒋介石对他的仇恨，更不会释放他。可是每当蒋介石叫莫德惠去看他时，他才把一些藏在心里的话倾诉出来，往往谈到半夜不停，总希望能在抗日战争期间让他能为祖国尽一点力量。但莫德惠每去总只能安慰他一下，因蒋介石一直没有准备释放他的表示。在这一段时间中，他心情烦躁时，经常发脾气，刘乙光总是马上打电报向戴笠报告。戴笠知道后有时自己抽时间去看看，有时便写封亲笔信派我或其他的人送点东西给他。我去看他时，他也从不谈政治方面的问题。他是一个常识丰富而又健谈的人，一开起口来便滔滔不绝，没有别人说话的余地。他懂得的事很多，开汽车、驾飞机等样样内行，但他常常感到不足的是只会开汽车而不会修理汽车。

我们当时都了解他的心情，从不去问他过去在东北和西北时的情况，其他的事则可毫无顾忌地随便和他扯谈，他总是有问有答。我过去多年一直认为张和胡蝶有过一段关系。我为了满足自己这一好奇心，曾分别当面问过胡蝶，也问过张。我记得有次戴笠派我送东西给张之前，先找我去杨家山公馆吃午饭，在座只有戴笠和胡蝶。我在饭后趁戴笠去接电话时，问胡蝶有没有信和东西一起带去给张。胡似想说又不想说，只把头摇了两下。我便说，过去外面很多人传说你和张很要好，为什么不带点东西去？她便追问我是什么人说的？我说："有诗为证。"她听了只抿着嘴笑。这时戴笠正走进来，胡便把这事告诉他。戴笠听了很不高兴地对我说："你就喜欢相信这些东西。"但我却并不因此而不相信，我到桐梓见了张将军后，又找了一个机会问他究竟是怎么一回事？张将军对此矢口否认他与胡有过什么关系。他说那时实在很忙，只在一次舞会上见过胡蝶，而绝对没有与胡往来，更谈不上什么关系。他一再说外面谣言不可轻信，并且要我问赵四小姐，证实这一问题。我相信张将军的话是真的，也没有再去问赵四小姐。而胡蝶对此既不否认也不承认，恐怕是为了抬高自己身价而故意让人去猜疑。

张将军在被囚禁期间花费时间最多的事，是专心研究明史。他在这方面不但搜集了不少资料，同时也颇有心得，作了不少笔记，赵四小姐便为他整理和抄整这

些东西。当时他需要有关材料，戴笠总是尽可能满足他。张将军于1945年对我说，他搜集到的野史和民间传说手抄本之类的东西相当多。他认为他可以成为一个研究明史的专家。他希望找几位对明史有研究的历史学家经常和他去谈谈。刘乙光得到戴笠的暗示，推说不易办到，他便没有正式提出请求，而只向我说过，将来有机会一定要和这方面的专家们多多接触。

张将军在被囚禁期间身体长得很胖，行走起来都不大方便，并且有高血压的毛病。他可以自由活动的区域只二三百米，还只限于白天，黄昏以后便不能走出来。军统特务的警戒范围之外，便是宪兵连三步一岗、五步一哨，彼此均可相望的包围着。他不经特务队队长亲自陪同是不能越过这个范围的。他当时的唯一乐趣是每天到他住房对面的蓄水池去钓鱼。只要天不下雨，他总是一早起身，邀同刘乙光一道，坐着一只四方形的小木舟，撑到水池中央一个凸起的沙洲上，这里四面环水，平日没有人能上去。这个沙洲上面有两个用苞谷秆搭成的人字形小棚，他和刘两人各据一个，临流把钓，有时整天，有时半天，总是乐此不倦。他使用的钓鱼竿有宋子文送给他的一根美国制的车钓，可以钓起几斤重的大鱼，有由他自己用竹子做成钓鲫鱼的和钓水面游鱼的小钓竿。在他住的房子后面经常可以看到他把一根根生长得不很直的老竹子，用大石块拴住一端，另一端挂在房檐下，让它慢慢地垂直起来。他虽爱钓鱼，但对吃鱼却没有多大兴趣。

当时他很希望有客人去看他，一听到汽车声音驶进他住的区域，总急着想出去欢迎。他和赵四小姐都爱吃斑鸠。我因喜爱打猎，每去必带些野味和斑鸠送他。如在秋冬间，我去时还和刘乙光一同邀他到附近去打猎。他跟我们出去时非常高兴，总是自己背一个水壶，拿一支手杖，跟着一道跑一阵。他很知趣，从来不要求自己打枪，而只抢着拿打到的野物，很高兴地提着回来。

张学良将军当时所吃所用的东西都不缺少，因有他夫人从美国带回大批东西，宋子文、戴笠又经常送他东西。他自己有钱，一些不能报销的费用，他总是自己支付。给他做饭的厨师，不但中菜做得好，也能做几道西菜西点和面包。每餐饭后，经常可以吃些水果、咖啡。在这方面，他比杨虎城将军好得多。杨将军常为了吃不到白面馍而生气，他却有吃不完的东西。他在这方面也从来没有过不满意的表示。

晚上张将军的消遣办法是和看守的特务们打小牌。他很懂得特务们的心理，输多了怕引起误会，以为是变相收买他们，因此每次输赢总是只有两三块银圆的钱。

抗战胜利以后，张将军心情表现得有些烦躁不安起来。当时外间又流传：他在关满了十年的时候，曾把他在瑞士所买的一只阿米茄表厂制造的百年纪念表送给蒋介石，暗示时间已经到了，希望蒋介石能守信用，十年期满应当释放他，但蒋介石没有理会，还是把他继续囚禁下去。

1946 年夏天我最后一次去桐梓看他时，他却对我有点发牢骚了。我当时是顺便去看他，并告诉了他戴笠死时的情况。他听了以后，说大家都要回去了，连兵工厂也结束关门了，他却继续留在这个夜郎国不知什么时候才能离开？他还说，八年抗战中，他是一个军人，却没有为抗日出一点力，很感惭愧，现在已被人遗忘了。这一类话，他平日是不大肯说的，不知什么原因他那次却谈了许多。我知道蒋介石并没有忘记他，更不会因他已被囚满十年而准备释放他。恰恰相反，还正在为他准备继续囚禁的地方。后来据当时任过江西省主席的王陵基告诉我，蒋介石曾叫他在江西兴国县阳明洞修建了一些房屋，原来说是为蒋介石自己准备的。这处房屋修成以后，有次蒋介石带着王陵基亲自去看过一次，才知道是为囚禁张学良用的。所以抗战胜利后张还住在桐梓，是因为江西的房子还未修好。蒋介石看中兴国县阳明洞这个地方，不但是因为地方偏僻便于警戒，主要的是希望张学良能够在荒凉的小城中安心居留下来，学学王阳明，专心治学，不问朝廷大事，所以在贵州给他住修文的阳明洞，胜利后又叫他住兴国的阳明洞，便是这个原因。

以后蒋介石到台湾，看到台北草山温泉区比兴国更理想，所以在 1946 年秋叫毛人凤把张将军从桐梓接到重庆，先住在磁器口中美所内戴笠在抗战时期借口为蒋介石避空袭所修建的松林坡公馆内，住了半月左右。当时在重庆任中央训练团分团主任的李觉和军统结束办事处主任张严佛、重庆绥靖公署二处处长徐远举等都常去看他，并陪他打湖南纸牌消遣。我当时奉毛人凤命令从南京赶到重庆照料张，并为他交涉飞往台湾的专机。我们当初还瞒着张将军，没有告诉他要去台湾，只说先到重庆等候消息。他很高兴，以为这次不成问题会释放他，不但十年期满，而且抗战已取得胜利，决不会再有问题。

我记得他到松林坡公馆第一次进餐时，刘乙光全家都和我们一起陪他吃饭。刘乙光的两个小孩把吃剩的骨头向地下吐，他看了连忙笑着说：“这样不行。这不比过去我们住在乡下，以后要留心些，将来我们住的地方都会有这样漂亮的地毯，可不能再随便向地下吐东西了！”可见他当时的估计是非常乐观，没有想到当一切准备妥当之后，才突然宣布要送他去台湾而不是去南京。他当时听了不但很生气地把手用力向桌上拍一下，也表现出很难过的心情，把牙齿咬得紧紧的。

我们过去一向称呼张将军为“副座”，因他当过蒋介石的副委员长和鄂豫皖三省“剿总”副总司令等职。他过去对这一称呼从不拒绝，但那次当刘乙光在答复他的询问时说了一句“报告副座”，他马上说：“还有什么副座不副座，干脆把我看成犯人好了！”当时他虽然气愤极了，但他知道与看守人员争吵和发脾气，是没有什么用处，也不能解决问题的。他说完这话便像发痴一样睁大眼睛呆坐了一会儿，极力压制住冲动的感情。随后，他表示同意去台湾，要刘乙光回电南京毛人凤。他走回自己房间向赵一荻谈起这事时，声音还有点气得发抖。当我们送他上飞机时，他和赵一荻强装笑脸和我们握别之后，便满怀悲愤默默地走上了飞机。

1947 年 2 月 28 日，台湾人民因不堪国民党政府的横征暴敛发动武装起义时，台湾情况混乱。蒋介石立即指示毛人凤，如果有人企图劫走张学良的时候，便要刘乙光一面竭力抵抗不使劫走，一面先将张学良击毙，务必不使张被劫或趁混乱时逃走。过去配属在看守张将军特务队的电台，一向是每周通报一两次，而在台湾事变发生时，毛人凤便规定每天除向南京报告三次情况外，紧急时随时可以叫通。南京总台指定专机日夜不停地收听台湾的呼叫，随时可以取得联系，毛人凤也经常向蒋介石报告。据以后我所了解，当时蒋介石巴不得有人去草山温泉放几枪，好借这一机会把张学良打死，自己可以不负责任。但附近的高山族人，当时还没有来得及向这个地区进攻，张将军的性命才得以保留下来。1949 年 10 月间，毛人凤在重庆奉蒋介石命令杀了杨虎城将军以后到了昆明时，我还问过他关于张将军的情况。毛人凤告诉我，张仍住在草山。自那以后，我就再没有听到过有关张将军的消息了。

杨虎城将军被惨杀的经过

一、回国抗日，被蒋用计扣押

“西安事变”以后，蒋介石被释放回到南京，立刻翻脸不肯承认在西安时所作的一切诺言，对张学良、杨虎城恨入骨髓，将张扣押，逼杨辞去职务，遣往欧洲考察。杨虎城只好带着夫人谢葆贞和幼子拯中及随员在欧洲游历一番，并在瑞士住了一个时期。到“七七事变”发生，中共和全国人民一致主张团结抗日，救亡图存，坚决反对蒋介石的卖国投降政策。杨在欧洲听到这一消息，认为蒋介石可能会履行过去的诺言，便不顾个人安危，毅然携眷返国，共赴国难。可是蒋介石却念念不忘过去西安被扣的仇恨，仍把个人恩怨放在第一位。当杨启程返国的消息传来，蒋立刻电召军统首脑戴笠去南昌，当面指示办法。戴笠回到武汉，马上命令军统特务队长李家杰，在特务队中挑选了便衣警卫20余名，经戴笠一一亲自点名传见后，由李家杰率领先往南昌布置。蒋介石还加派宪兵一连，共同负责担任押解和看守杨的工作，以免发生意外。

杨虎城

杨虎城返回祖国时，“八一三”上海战事早已发生，国民党反动政府正向武汉仓皇迁逃。杨抵香港后，接蒋介石电报，便先去武汉，戴笠在武昌迎接。当时蒋介石假称要在南昌召见，遂由戴笠陪同杨虎城从汉口乘专机前往，到达以后即被软禁在南昌百花洲熊式辉的一所别墅里。杨这时才知道中了蒋介石的毒计，万分愤慨，但已无可如何。熊式辉的这座别墅是一所独立小洋房，担任内层警卫看守的完全是军统特务，外层警卫岗哨则由宪兵担任，防范异常周密。蒋介石当时最怕杨回国后，先去西北，便难下手，所以决心先行扣押。杨夫人及公子随员等已先返西安，蒋仍不放过，随又设法将他们骗往南昌，一同囚禁。

1937 年 12 月南京沦陷时，蒋介石离开南昌之前，又令戴笠将杨夫妇及公子移往后方。他们从浙赣铁路乘专车经株洲到长沙，沿途警戒严密，上下车均在夜间。杨在长沙东郊朱家花园住了一些时候，又被解往益阳桃花坪，住在军统设在那里的临时监狱的附近民房内。到武汉撤退时，杨全家又被解往贵州。离开益阳的前一个晚上，军统将囚禁在益阳的 20 多名进步人士杀害了。这些人是从南京、南昌、武汉等地撤退时移禁到益阳的。据当时看守杨的特务队长李家杰谈：当时杨听到附近枪声和惨叫声，一夜都没有睡，他以为会在那里杀害他。他搂着男孩说：“我死了不知有谁来照料你？”他哪里会想到蒋介石以后杀害他的时候，连孩子也会一同遭到毒手呢？第二天拂晓启程时，他看到特务们正在附近掩埋被害人的尸体，一语不发，带着无限悲伤的情绪上了汽车。

到了贵州息烽县后，杨虎城全家又在军统设在阳朗坝的看守所住了一个时期。这个看守所以后改为军统息烽监狱，是一个可容三四百人的集中营，专门作为囚禁中共人士、进步人士和违犯军统纪律的军统特务分子用的。如中共四川省委罗世文、车耀先，党员张蔚林、张露萍、冯传庆、杨光等许多人，以及民主人士马寅初、黄显声等都在这里囚禁过。只要关在这里两三年，便被折磨得连走半里路都不能支持。连军统特务们谈到这个监狱都会不寒而栗，对革命人士的迫害就可想而知了！

二、在息烽的囚居生活

1939年戴笠到了息烽。他看阳朗坝离公路太近，怕出问题，便命令特务们另找地方。他们发现离息烽县城十多里的高山顶上有个玄天洞，戴笠亲自上山察看一番后，便决定将杨迁到那里去。在附近修建供特务队和宪兵等居住的房屋竣工以后，便将杨移送过去。

玄天洞是一个天然的大山洞，有十丈多高，里面有一所道士观，只有一个大洞口可供出入，警戒极为方便。特务将道士撵出，强占了这个地方。这个观建在山洞内，终年不见阳光，因此潮湿异常。杨全家在西北气候干燥的地方过惯了，对这种环境很不适应，加上心情不快，常常生病。这时杨已看出蒋介石短期内决不会释放他，为了长久打算，便一再请求，愿意自己拿出点钱，在洞外修房子居住。看守他的特务队长李家杰是云南盐津人，一向贪财得要命，听到杨愿意自己出钱修房子，便极力替他向戴笠请求，终于得到批准。杨很高兴地拿出了400美元，交与李家杰代办。李除在兑换美元时便揩了一笔油水外，又在修建时偷工减料，弄得非常简陋。杨对此非常生气，但也无可如何，只好将就下去。

当时对于看守杨的工作，蒋介石曾再三叮嘱戴笠不可大意。戴于1940年又亲往息烽布置一番，除在杨住宅四周设有便衣特务严密看守外，外层宪兵也分两层布岗。宪兵连连部设在后山高地，可以控制后山和杨的住宅。军统特务队则设在前面上山的路口。白天岗哨距离，彼此能看得很清楚；晚上更缩小范围，并采用传更办法。那是用一节大竹子划两道口，像过去城市打更用的竹梆一样，以木棒敲打会发出很大声音。每到夜间，隔一定时间，由第一个岗位先敲几下，梆声刚落，第二个便得接着敲打，就这样轮流着一个个敲下去，只要一处不响，带班的马上去检查。每天天黑以后到第二天黎明，梆梆之声响彻高山深谷。

白天，杨可以在门口走动一下。他最爱走到离住所几十步远的一个山嘴上去眺望通过息烽的公路，因为山上终年没有外人来往，只有从那里可以看看往来在公路上的汽车。一到夜间，便不准出门，只能在屋内活动。

我当时在军统机关任总务处长，戴笠常派我去看囚禁在贵州桐梓县的张学良和在息烽的杨虎城，了解一下他们的生活情况，也顺便送给他们一点吃用的东西。当时戴笠对张学良生活上的待遇安排较好，因为张同宋子文的关系很深，戴特予照顾。加上张夫人于凤至与赵一荻（赵四小姐）两人在 1944 年前，每年轮流陪张，她们都去美国休息，回来总带回不少东西，生活比较好点。至于杨虎城，因为蒋介石对他特别仇恨，从来没有外面接济。他自己虽有一点钱，又不便拿出来用；加上当时法币天天贬值，经手特务揩油，所以生活相当困苦。他想换一套新棉衣都很不容易。我每次去看他，他总背着看守的特务向我诉苦。我当时哪里会同情他，还不是敷衍一下，叫他忍耐点。军统对杨将军的待遇有时即令调整一下，也维持不了几天，又因法币贬值，仍旧是天天缺这少那，使他常为生活上一些问题感到苦恼。

杨当时对于带在身边的小儿子教育问题很关心。军统又不准他儿子去上学读书，怕走漏消息。他便多次请买一部百科全书（或万有文库）给他儿子阅读，后来总算准许了。他对此很高兴，自己也常拿这些书消遣。我每次同他谈话时，他只谈谈在欧洲游历时看到的东西，矢口不谈西安事变的情况。有一次偶然提到他和李虎城守西安的旧事，他马上就不愿再谈下去。我很敬佩的，是他的记忆力和听别人念东西时那种专心注意的精神。他同人谈话，不但能很清楚地记得在什么地方、什么时间、看到过什么东西，而且在别人谈话中，什么地方有问题或不符事实，也能在听完以后一点一点地给指出来。

约在 1941 年，杨夫人又生了一个女孩。这给他精神上带来不少安慰，但这种暂时的安慰，很快就变成忧伤。因为军统认为他夫人谢葆贞思想进步，不但对她的言行特别注意，并且经常有意刺激她，几年中由于种种不如意事，使得她渐渐有些神经失常。她非常痛恨那些特务，甚至戴笠去时也愤怒地加以斥责。这更引起特务们的不满和仇视，更想方设法去折磨她，在她产后也很少给以应有的照顾。有一次，她在吃饭，正感到饭菜粗劣得难以下咽，恰好遇上特务队长李家杰去看他们，她便提出质问。李用言语顶撞她，她气愤极了，便将手中饭碗向李打去。李一看不对，拔脚便跑，回去后便说她有严重的神经病，要把她同杨隔离，以免妨碍杨的生活。军统批准了李的建议，硬叫她同杨分居，仍然回到玄天洞内一个人去居住。经杨再三请求，才答应让她住在洞外自建的房屋内，杨则搬进湿暗的玄天洞去。就这样把他们夫妇拆开，杨对此很为悲愤，但在那种情况下，又有什么办法。杨夫人被特务们这样折磨，神经越来越失常，整天叫骂，特务们都不敢见她，终日把她关在房内不让她出来。杨每听到她叫喊，又不敢去劝慰，只有暗中挥泪，难过异常。

1941 年冬或 1942 年春，戴笠去看杨，杨在忍无可忍的情况下，向戴提出请求撤换李家杰，因为李使他太痛苦了，戴只好答应下来，到重庆后便改派龚国彦去接替李任队长，另外派原来在特务队任医官的张静甫兼任副队长。戴笠认为李家杰经常反映杨夫妇情况，看守有功，提升李为中央训练团警卫组上校副组长，代理他自己所兼任的组长职务。

龚国彦，浙江人，系戴笠所办杭州特训班毕业的特务，戴一向认为他忠实可靠。龚外表较李对人温和，实际上同李是一样的毒辣阴险。张静甫，河北人，系戴笠所办湖南临澧特训班毕业的特务，曾学过几年医，但没有什么临床经验，除在医药费上会揩油外，什么病也看不好。杨夫妇有病，并不找张静甫，而是经常请息烽军统特训班医官去诊治，偶尔也请过几回中医。在 1944 年前后，杨夫人病情有了好转，才准许杨搬出洞外，与她同居。

戴笠对看守杨的工作，除了前面所谈到的警卫布置外，还特别叮嘱军统息烽监狱主任周养浩（养斋）经常去看看。周是戴的小同乡，也是一个非常凶狠残暴的特务头目。戴很信任周，因周管理息烽监狱那一整套的严密管制犯人的办法，很为戴所称赞。虽然看守杨的特务队是直接受军统司法处和特务总队所领导，但也要受周的监督，因为多一层关系，可以更好地防止日久发生意外问题。周经常去陪杨打打小麻将消遣，每次总有龚国彦在场。杨因心情不畅，每打必输。

虽然有了这些严密布置，但戴笠还怕不妥，便连息烽县县长的职位也抓过来，先后介绍军统特务邓匡元、徐羽仪、陈国祯去当县长。这样一来，所有地方组织一起掌握在军统特务手中，共同配合看守杨的工作。当时军统在息烽有特训班、监狱、仓库，加上看守杨的特务队、宪兵、电台和电机制造所等，如果不是军统特务去当县长，任何别人充当，连县政府大门都会被这些凶神恶煞的特务们拆掉。当时不要说住在这些特务机关附近的老百姓叫苦连天，有冤无处诉，只能眼看这些腰上

插着手枪的特务横行霸道、无所不为，甚至连经过息烽的汽车司机，都要提心吊胆捏着一把汗。凡是汽车在公路上行驶，只要特务们一招手，汽车就得停下来，如果停慢了，就会听到“叭”的一声枪响，再不识相，第二下就会使挡风玻璃穿一个洞。

三、抗战胜利后的迁移

当日本投降的消息传到息烽后，杨夫妇、公子听了都高兴得跳了起来。但杨一想到他自己原来抱着满腔爱国热忱，从欧洲赶回共赴国难，不但没有在抗战中做过一点工作，反而被蒋介石囚禁了八年，真使他悲愤万分。这时他认为蒋会释放他，可是又怕蒋在胜利后忘记了他仍被囚禁在这荒山深谷，几次动笔想写信给蒋和于右任，希望不要忘了他，早点把他释放出去。他为了要求蒋抗日，不再打内战而扣留蒋半个月，而结果被蒋囚禁了八年，总以为宿怨可以消除了。他把信写好又撕毁，一直希望蒋能释放他。1946 年夏天，军统把在息烽的单位全部结束，迁并到重庆，决定把杨也迁到重庆。

当杨得到要回重庆的消息，真有说不尽的快乐和希望。可是一到重庆，他被囚禁到歌乐山下面中美特种技术合作所杨家山一座平房内。这时，希望完全失去，他终日长吁短叹。杨夫人更加气愤，经常责骂蒋介石太没心肝，特务不是人。杨知道这样会更惹祸，时常劝阻。八年的折磨，杨夫人身体越来越坏。特务们因为恨她，她病了不但不给医治，反而借故刺激她。到了 1947 年，她便含着满腔愤恨，与世长辞。杨悲痛异常，便把杨夫人的骨灰盒放在自己的枕边，终日抱着幼女，老泪纵横，饮食锐减。他原来声音非常洪亮，每次饮酒划拳，声震室外。这时说话变得很低沉，身体也消瘦下来。这些情况传到蒋介石耳边时，他总是得意地一笑。

不久杨患胆石病很重，到 1948 年才被准许送到中美合作所附近军统所办的“四一医院”去开刀。这个医院当时已移交给中央医院，改为中央医院沙磁分院。医生从杨胆囊中取出一把结石，这是由于在息烽玄天洞多年来饮了含矿质很多的泉水所造成。杨的病好转一点，又将他移回原处。这段时间内，他心情非常烦躁，常同龚国彦为一些生活小事争吵。有一次我去看他，他很消沉，我想陪他到附近散散步，他不肯去，要我坐下同他聊天。后来听龚国彦告诉我，杨有一次走到杨家山后面，看到一座坟墓，坟前石栏上刻着“杨氏佳城”四个字，便很感慨地说：“怎么这样凑巧？这同我的姓名只差一个字。”话刚说完，抬头一看，旁边的华表上正刻着“龙盘虎踞”等字样，他触景生情，长叹一声：“我的姓名这里早都有了，我今天住在这里，将来也必死在这里无疑。”因此他很不愿意到门外走动，不愿看到那座有他姓名的坟墓。

四、被杀害的前后

1949 年 1 月，蒋介石在辽沈、平津、淮海三大战役中把他多年来用以反共反人民的本钱输得精光，无可如何，只好引退。

李宗仁以代总统身份登台之后，想用一套假民主方法来欺骗一下人民，苟延残喘，便宣布释放政治犯，特别下令立即释放张学良、杨虎城两人。当重庆《中央日报》刊出这一消息后，龚国彦因事前未得到通知，不知怎么办好。这突如其来的消息，他不敢让杨知道，便把当天报纸扣着不让他看。杨天天看报，了解国内形势，知道当时情况一定有变化，蒋介石如引退，可能不再管他的事了。他没有看到这天报纸，就很疑心，一直找龚追问。龚不得已，将报纸给他看了，他大笑道：“总算盼到了今天！”他随时准备着出去，认为再没问题了。

李宗仁以代总统名义下了命令，但退在幕后的蒋介石没有同意的事仍然行不通，命令没有人接受。当时毛人凤已率领保密局（军统改组后的名称）的特务由南京撤退到上海办公，根本不理这回事。代总统一看命令兑不到现，便打电报给重庆市长杨森，要他释放杨虎城。杨森是蒋介石的忠实走狗，也是毛人凤最好的朋友，当然不会听李宗仁的话，而推说毛人凤不在重庆，不知杨虎城关在什么地方。当时重庆报纸便刊出大字标题的新闻“毛人凤在哪里？”内容大致是说：据杨市长谈，因为找不到毛人凤，也不知杨虎城在什么地方，无法执行代总统命令。其实杨森不但早知道杨虎城在什么地方，并且还同杨经常见面。杨森怕事久多变，便建议将杨

虎城暂迁别处。

当时保密局重庆公产管理组组长周养浩（息烽监狱结束后调到重庆）便以长途电话用浙江江山县的土话向毛人凤请示，经毛人凤向蒋介石请示后，决定将杨移禁贵州。当龚国彦、徐远举（鹏飞）等向杨提出准备迁移时，杨大怒说："代总统有命令放我，为什么你们还要将我继续囚禁？我坚决不走，要死就死在这里！"龚国彦硬说软劝都没有结果，而且吵了多次。徐远举只好请周养浩去劝驾，周再三说明利害，不走不行，因为没有蒋介石的命令，什么人的话都不作数，要他再忍耐一下。又坚持了一天，杨只好答应去贵州，但提出三个条件，要先解决：第一是撤换龚国彦，因为几年来龚对他折磨够了；第二要求把他的秘书宋绮云夫妇从另一看守所内调来同他一道走；第三要周养浩送他去贵州。这三个条件都由毛人凤批准。特务队长龚国彦调走后，改派了比龚更凶恶的中美合作所白公馆看守所所长张鹄接充。宋绮云是杨多年的秘书，后来也被蒋介石连同他妻子一起囚禁，一向与杨隔离。宋妻在狱中也生了一个男孩，比杨女稍大一两岁。这次由于杨的请求，宋夫妇和孩子随杨同去贵州。这位忠心耿耿的宋秘书，多年来一直没有改变他对杨的态度。

一切准备妥当后，周养浩便匆匆把他们一起送到贵阳黔灵山下麒麟洞一所房内。这里是贵阳风景区之一，戴笠为了讨好蒋介石，替他在这里修了一所公馆，实际上蒋介石从来没有去住过，而完全由戴笠自己享受，当时军统称之为麒麟洞公馆。杨在这里又住了七个多月。他每天很留心看报，了解到解放战争中人民军队节节胜利的情况。他这时更加谨慎，从不对时局表示态度，怕引起蒋介石对他更加怀恨。而代总统释放他的命令早成废纸，也再无人提起了。

1949 年 8 月，蒋介石由台湾到重庆，四川人民对他的痛恨和厌恶真是到了极点，他自己也察觉到了。为了敷衍面子，军统便和反动党团一起发动所有的帮会流氓组织，拼凑了万把人去欢迎他，反动报纸却大吹大擂说有十万群众夹道欢迎。他到重庆后心情异常沮丧，可是他杀人的嗜好，却因反动派军队一败涂地而更变本加厉。他对毛人凤一再说："今天之失败，是由于过去杀人太少，把一些反对我们的人保留下来，这对我们太不利了！"所以当毛人凤向他请示杨虎城如何处理，是否要解送台湾，他毫不考虑地回复：“留了他做什么？早就应该杀了！”但他最后叮嘱毛人凤，应当把杨解回重庆，秘密进行，不能让外人知道。据毛人凤事后告诉我：蒋介石要杀害杨的同时，还就囚禁在中美所内白公馆与渣滓洞两个集中营内的200多名革命人士的处理问题指示他说：“我们过去那样有势力的时候，这些人都不肯投降；今天我们到处打败仗，他们还会转变过来吗？只有干脆一起杀掉！”解放前在重庆中美所内连续集体屠杀200多人的举世震惊的大惨案，便是蒋介石此次重庆之行的得意杰作。

毛人凤奉令后，又派周养浩去贵阳接杨；行前并召集西南区长徐远举、白公馆看守所长陆景清，以及周养浩等仔细研究办法，并决定用刀杀害，以免发生惊扰。当时陆景清还推荐白公馆看守所看守长杨进兴和西南长官公署第二处行动组长熊祥等著名刽子手参加。第二天杨、熊两人还把准备的锋利匕首送给毛人凤看了，并决定执行地点在中美所内松林坡“戴公祠”内，因为那里最僻静。这所“戴公祠”，原来是戴笠在抗战期间为蒋介石准备的又一所避空袭的房屋，实际上也是为他自己所布置的另一个淫窟，地点在中美所东边小歌乐山半山坡上，四面松林围绕，非常幽静，平日很少人能到那里。戴笠死后，特务们把它改名戴公祠，用以祭祀戴笠。

周养浩到贵阳后，仍旧欺骗杨说：蒋介石到了重庆，要见见他。杨屡次受骗，这次也不敢相信。周养浩向他道喜，说这次很有希望。杨却心中有数，因为自从回国后，蒋介石就从来没有见过他。现在眼看全国要解放，蒋介石还会释放他？所以他这次态度很镇静。周养浩在动身前，先向毛人凤报告了到达重庆的时间。毛人凤便下令先一天（约在1949年8月底9月初）派交通警察总队一个中队，把松林坡团团围住，不让任何人进入这个区域。

当杨所乘汽车第二天中午到达贵州和四川交界的松坎后，周养浩一看天色尚早，到重庆过轮渡时怕人看到，便劝杨在松坎小客栈内睡了一个午觉，一面通知重庆做好一切准备。下午4点，他们才由松坎出发，到重庆天已黑下来。毛人凤已派杨进兴准备好轮渡，等候他们过江，并随车一同到松林坡。周养浩便回到中美所杨家山家中等消息。

杨等下车后，两个特务搀扶着杨走上300多级石阶到戴公祠去。他的儿子杨

拯中双手捧着母亲的骨灰盒，也被两个特务挟持着一同上去。宋绮云夫妇和杨、宋两个孩子便被安置在汽车间附近的平房内，相距有300多级石阶。杨氏父子到达目的地，又被特务分别引向左右两边的正房。这一切布置，使杨很感惊疑。特务们这时最怕这位20多岁的杨公子会有所反抗，决定先解决他。当他刚一踏进室内，预伏在门后的特务便用利刃插入他的胸膛。他惨叫了一声“爸”，正要挣扎，便被特务们连着几刀刺倒在地。杨虎城听到儿子的叫声，心知有异，在这山雨欲来风满楼的惨景中，老先生（这是特务们对他一向的称呼）爱子心切，想转身去看个究竟，刚一掉头，刽子手的利刃已刺进他的腹部。他大叫了一声“哟”，痛极倒在地下。凶手将他们再补上几刀后，认为没有问题了，便向山下奔去。

他们手握血淋淋的利刃，踏进宋绮云、徐林侠夫妇房内时，宋氏夫妇一看这副杀气腾腾的凶相，知道难逃一死。宋夫人便向凶手们要求饶恕两个孩子。没有半点人性的凶手，一语不发，向他们身边逼过去。这时，两个八九岁的孩子刚刚下车，还正玩得起劲，一看这情况，便互相紧紧地搂抱在一起。当宋氏夫妇被逼到墙边无路可走时，凶手们抢一步跳了过去，向他们劈胸几刀。这时，孩子们惊得呱的一声哭了起来。凶手们一面用刀刺杀宋氏夫妇，一面厉声向孩子们叫喊不准哭。孩子们吓得把哭声咽回去，搂抱得更紧了。灭绝人性的凶手把从大人身上的匕首拔出，又走向孩子。当第一个孩子被凶手从背上一刀刺穿到前胸时，另一个马上扑上去抱住他。另一凶手便狞笑一声，照样给他一刀。这时，宋夫人尚未断气，但已发不出声，她瞪着愤怒到极点的双眼，紧紧地咬着牙齿，看着自己的儿子森森和他的小朋友被惨杀。凶手们有意增加受难者临死前的痛苦，最后又给宋夫人补上几刀。他们杀完以后，匆匆把六具尸体埋在附近，便向主子去报功。杨随身携带的小皮箱中的财物也被他们当奖金给瓜分了。杨虎城将军尸体的面部，被特务淋上镪水后，才埋在一座花台里面。其余的尸体也埋在附近。

当时参加屠杀的凶手张鹄、张静甫、陈宝琪等20多人，以后都派到云南，由我另行分配工作。他们报到以后，每人都向我多次叙述这一过程，讲述时都是以最得意的口吻，争相夸耀自己的“成绩”。事后毛人凤向我谈到此事时说：“老头子（蒋介石）对于这件事干得如此干净利落，很感满意。”

1944年冬，当日寇侵占独山准备向贵阳进犯时，我随同戴笠去贵阳抢运物资。有天中午，何应钦来到戴笠在贵阳麒麟洞的住处，谈了一会便吃午饭。我们三人正在吃饭时，看守杨虎城将军的特务队长龚国彦赶到贵阳来向戴请示，戴叫他在客厅等着。何应钦刚一离开，戴便要我把龚国彦带到他的办公室。龚问戴，杨虎城何时可以迁移，戴笑一笑说："这么紧张的时候，连运物资的汽车都调不过来，还能管他们。万一日军继续进犯，你们一听到贵阳沦陷，敌人向重庆进军时，你就可以在混乱时把杨虎城一家结束，用不着再让他们留下去。"龚国彦走了之后，我便问戴，还有在桐梓的张学良是否要先转移？他毫不考虑地回答我："等到那时，还不是一样解决。我们自己都顾不上的时候，就不得不采取简单的手段来对付这些人了！"幸好日军没有继续进军，否则张、杨两将军便会在蒋军撤退时都被杀害。

蒋介石阴谋暗杀李宗仁的内幕

1948年11月，我在昆明担任国防部保密局云南省站站长，突然接到局长毛人凤要我立刻去南京的急电，便于第二天下午乘飞机前往。我刚住进局里的高级招待所，毛人凤便来找我。他告诉我，这次叫我去南京是蒋介石亲自指定调我去主持刺杀李宗仁的工作。他说，这一工作原来已由他选派保密局专门主管暗杀等业务的行动处处长叶翔之担任，并进行了一些布置。但蒋介石听说叶是文人出身，只会动笔而不能亲自动手杀人时，连说不妥，指定要我这个在军统中干过多年行动工作的老手去主持这一任务。毛人凤叮嘱我，见蒋时要表示一定能完成使命。

李宗仁

毛人凤说完后，就和我一同乘车去中央军官学校内蒋的住宅请见。我们默默地坐在会客室等了两个多钟头，蒋才抽空在他办公室接见了我们。这次我看他的态度非常和蔼，还装出一副很亲切的样子，问我云南的情况和我家庭的情况。最后他才问我，毛局长已告诉了要你到南京的任务没有？我说已经告诉过了。他便说，这次决定叫我去主持这项工作，是因为这关系到整个大局的问题，并表示他对我的信任。他还夸口说，共产党迟早总可以打败，而内部的捣乱比共产党更难对付，所以只有采取这个办法，好使内部统一起来一致对外。他还说，共产党只有一个敌人，所以能打胜仗，我们却有两个、三个敌人，几方面要对付，困难就多得多。他一再说，这次行动是关系到党国安危的大事，叫我绝对不能泄露，一定要从速布置，只等他做出最后决定，便要绝对完成使命。他还举出历史上一些刺客来鼓励我，并对我过去长期为他卖命而出生入死，胜利后又愿冒险去解放区寻找戴笠的失事飞机等来赞扬我。听他的口气和详细询问我家庭情况等，已很明显地告诉了我，为了完成他这次交给我的任务，连牺牲我的性命也在所不惜。

在半个多小时的谈话中，蒋介石始终没有说出他叫我杀的对象是谁，这是他一贯用的狡猾手段。军统局替他杀过那么多的人，却从来没有看到他写过一个字条给军统指明杀什么人，所以我们的谈话都是心照不宣的。我在辞出时，为了讨好他，坚决表示决不辜负他的期望，叫我做出任何牺牲都在所不惜，一定想尽一切办法去完成他亲自交给我的任务。他听了很高兴地握着我的手，对毛人凤说："这是我们最忠实勇敢的好同志，他工作上和生活上如有困难，你要尽力帮助解决。"

第二天上午我到保密局，毛人凤只找了局长办公室主任潘其武和叶翔之与我四人进行密商，连副局长徐志道都没让参加。当时决定主持这一任务的单位叫"特别行动组"，进行的办法分为两部分：一部分人担任暗杀，一部分人监视李宗仁防止他离开南京。我们还研究了对付其他几个桂系头子的办法，布置方面由我与叶翔之协商办理。毛人凤还亲自命令经理处和人事处，凡是特别行动组要钱要人，都应尽量满足需要。

一星期后，我们作了以下的具体部署：暗杀李宗仁的工作由我主持，毛人凤选派秦景川、王 ×× 作为我的助手。秦在军统一向担任杀人的罪恶工作，枪法准确，也很沉着；王为东北惯匪，从小杀人越货，能以手枪射落空中飞鸟；我在军统中也一向是有名的神枪手。李宗仁当时住在傅厚岗后面，他汽车进出转弯时速度很慢，从两面同时都可以射击。为了监视他的行动，我们在通往他住宅附近的马路转角处开设了一个旧书摊，除了可以掩护侦察外，还可以在这里多停留几个人，借看书的机会能够多待一些时候，不易被人发觉。这个地方由我选调军统临澧特务训练班毕业的特务吴德厚担任，因他一向是干行动工作的。

为了防止李宗仁突然离开南京，我们准备在空中将李的座机击落，可以借口“飞机失事”而达到杀李的目的。这是上策，所以我们在光华门外通往飞机场的一条小街上开设一家小杂货店作为掩护，还特地装了一部电话，以便在发现李宗仁去机场时立即用电话按规定好的暗语报告，由毛人凤通知随时做好准备的两架战斗机尾随李的座机，只要离开南京上空，即进行射击，使之机毁人亡。当时桂系军队大部分集结在安徽一带，因此我们也在火车站附近买了一个木头房子摆设香烟摊，准备在李宗仁乘火车出走时便立即赶去，在沿途火车停留的小站进行狙击。当时我们估计李还可能去杭州玩玩，便在汤山附近公路上开设一个小饭馆，如果李乘汽车离京，便用毛人凤拨给特别行动组的两辆高速汽车追去，在半路上进行狙击。据毛人凤告诉我，蒋认为李宗仁如果瞒着他突然离开南京，一定是去调部队实行“武装逼宫”，因此在南京以外的地方去暗杀，可以不必再等候他的命令；只有在南京城内动手，则一定要等他作最后决定。用蒋的话说，就是李如果不辞而走，便是自寻死路。

这个特别行动组最紧张的时候是 1949 年 1 月中旬，那时蒋介石正在考虑，是暂时引退由李宗仁代理以待美援或由张群去日本招募雇佣兵，还是干脆把李宗仁干掉继续依靠长江天险拖下去。在那一段时间内，毛人凤天天去见蒋介石，也天天叮嘱我不要离开，要随时做好一切准备，只等蒋一句话，就不管白天黑夜都得立即执行。如李不出门，便到李的住宅去狙击。毛人凤还叫在南京电灯公司的两个特务协助进行，借检修变压器，站在变压器上用手提机枪从围墙外面向李的寝室、餐厅等处射击，并做好爬墙进入院内狙击的准备。狙击手使用的子弹弹头内都装有最猛烈的毒药，不管射中人身任何地方，都可引起血液中毒而无法救治。在布置开设的旧书摊内，也准备好了一支汤姆生机枪和几颗炸弹。特别行动组还增调了几个一贯干杀人勾当的特务，做好双层布置，准备杀李后，把在南京的几个桂系头头一起干掉。所以在这一两个月里，我们一直处在紧张之中。

1949 年 1 月 20 日，毛人凤找我去，叫我马上结束这个组的工作，把所有的人交人事处另外安置，只把吴德厚、秦景川、王 ×× 三人带到昆明去，准备为蒋去刺杀他想要杀掉的人。这年 9 月，毛人凤到昆明住在我家时，还一再提起这件事。他说，蒋介石时常后悔没有在那个时候动手，留下了这一和他捣乱的祸根。

蒋介石阴谋暗杀李宗仁的内幕，我曾写出简单稿件，刊登在《文史资料选辑》第三十二辑。1965 年，李宗仁先生夫妇从美国回来看到这篇稿件，曾由民革中央的尹冰彦同志约我去他们的住宅（史家胡同）午餐。李先生一见到我便说，看到我写出的内情才恍然大悟，原来是那么回事。他当时只感到有人很注意他在南京的行动，万万想不到蒋介石会要暗杀他。他说他和蒋介石是拜过把的兄弟，见面时非常亲热。李夫人郭德洁还特别补充一个情况，她说李宗仁一到南京，蒋介石夫妇请他们夫妇吃饭，蒋介石特别问李的飞机设备好不好，李回答是一架专用的普通客机，宋美龄便和蒋介石两人一唱一和，宋故意问蒋可不可以把“美龄号”专机送给李夫妇？蒋便笑着说，你不提起，我还忘记了。我们有“中美号”够用了。宋便向郭德洁讲“美龄号”内的设备如何舒适等，要把这架飞机送给他们使用。当时郭对“美龄号”飞机很感兴趣，曾几次要李宗仁乘这架飞机到上海、杭州等处玩玩，李因为忙没有去。郭德洁还说，我们真没有料到，他们送我们那架飞机是准备要我们的老命。我们要是坐了上去，你们准备好的战斗机追来射击，我们还不知道是怎么一回事呢！这两个人真是人面兽心！李宗仁也说，我这次回到北京，听人们叫蒋介石为蒋贼、蒋匪，总不习惯，我还是称他蒋先生。从这件事看来，我这位拜把兄弟真是和禽兽一样，我也愿意叫他蒋贼了。

交通警察总队是一支什么样的反动部队

《毛泽东选集》第四卷中提到国民党政府的“交通警察总队”，究竟这是一支什么样的反动部队，有许多人还不完全明了。这里，就我所知，提供一点参考资料。

“交通警察总队”，是美蒋特务机关“中美特种技术合作所”（简称中美所）施以特种训练并全部用美国武器装备起来的一支特务武装部队。它是美蒋特务合流中的产物之一，也是蒋介石所宠爱的一支袖珍王牌军。

从1943年开始，到1946年为止，美帝特务头子中美所副主任梅乐斯（Miles），除了在重庆替军统训练了大批美国式的特务分子，并且在抗战胜利后在上海、北平两处训练汉奸特务，以加强军统反共反人民的罪恶活动外，还先后在各地办了十多个“中美特种技术训练班”，训练和装备了4万多名特务武装部队。这支特务武装部队就是交警总队的前身。第一个训练班设在安徽翕县雄村，由戴笠兼主任，郭履洲任副主任，专门训练和装备“忠义救国军”。这支特务部队，是抗日战争开始时戴笠在上海利用帮会流氓组织成立起来的，训练时间每期为三个月左右，主要内容是训练美帝武器的使用和爆破、侦察、游击等，训练满期便改发美式武器装备。第二班设在湖南南岳，主任戴笠，副主任陶一珊，训练的部队是国民党军事委员会别动军司令部第六纵队何际元所率领的部队，以及湖南土匪特务陈士虎的部队。第三班原先设在河南临汝风穴寺，以后迁到西安附近牛东，主任戴笠，副主任先后由文强、杨蔚两人充任，训练过廖宗泽、岳烛远、杨蔚等所率领的别动纵队。此外还有绥远陕坝第四班（由高荣任副主任）、贵州息烽第五班（由邓匡元、何峨芳任副主任），以及在江西修水、福建建瓯、浙江瑞安、福建漳州、安徽临泉等地设立的训练班，总共有十多个。除临泉第十训练班由汤恩伯兼主任外，其余均由戴笠兼主任。配发的武器有卡宾枪、汤姆生机枪、UD 机枪、曲尺、左轮手枪和火箭炮。

抗日战争胜利后，这些特务部队均并入交通警察总局，改为 20 个左右的交警总队。先后担任总队长的郭履洲、张国梁、周文新、曹铁生、彭自强、杨遇春、鲍步超、陈杰生、何际元、汤毅生、朱赓扬、田动云、李骧等，都是军统特务分子。蒋介石很重视这个部队，除了利用它担任铁路、公路的警卫之外，并多次把它投入反共反人民的重点战役中。1949 年春，蒋介石引退后，还特别指定调几个交警总队到宁波奉化去保护他。领导这些部队的交警总局局长先后有吉章简、周伟龙、马志超，也都是军统特务。解放战争末期，所有各地铁路、公路本身原有的交通警察也大部编入了交警总队，解放前还成立了几个交警旅。

这些部队的特点是火力强，机动性大，调动灵活。由于他们是经过美国特务训练，全部美式武器装备，带部队的军官又大多是军统特务，因此他们比其他一些反动部队更顽固，更凶狠残暴，对人民的危害更大。在解放战争期间，它不仅在各战场上配合反动派正规部队担任攻守，同时还担任后方骚扰与破坏交通等活动，并且还配合军统各地特务组织担任搜捕、屠杀革命人士的种种罪恶活动。解放前在重庆中美所内的多次集体大屠杀，在上海、成都等地的屠杀，以及在其他各地的种种破坏活动，他们都曾参加过。这支特务部队在解放战争中，和蒋介石所有其他部队一样，最后也被人民解放军所消灭，只剩下周文新等两三个总队仓皇逃往台湾。

军统对陕甘宁边区的罪恶活动

军统局过去一直把对陕甘宁边区的特务活动当成重点，戴笠也经常亲自主持这方面的工作，并且异常重视。我过去并不主管这方面的工作，仅因为在军统工作多年，尤以在抗日战争期间担任军统局局本部总务处长，经常参加军统局的局务会议和各种机密性的会议，对这方面的情况从旁听到一些，有时在处理有关这方面工作的一些事务性工作上接触到一点点，因此所知非常有限。加上当时并不留心，又因事隔多年，所以无法作较详尽的记述。现只能就记忆所及，将过去所了解的点滴情况写出，以供参考。

一、初期的一些活动

抗日战争以前，特务处（军统前身）对边区的特务活动，是由特务处陕西省站主管。西安事变以前，陕西省站站长马志超经常派遣特务去边区活动。该站设有陕北组，负责搜集有关边区的情报。约在 1936 年，马志超兼任陕西省会警察局局长时，戴笠指示他专门培训一批特务，以便打入边区，建立特务组织。马奉令后，即在西安警察局内成立了一个“特警训练班”，自兼班主任，由陕西、甘肃两省省站挑选保送了五六十人，进行了半年多时间的特务训练。戴笠从南京派了娄剑如去担任队长，以在陕西的军统特务舒翔、张业、许开、陈国强、李友三等为教官。训练期满后，据说只有薛志祥等少数几个特务曾混往延安，做过短期逗留。戴笠原来计划在延安建立“延安组”的阴谋未能实现，因派去的特务无法在延安立足。

“西安事变”期间，特务处在西安的省站被破获，其他各处的特务也纷纷逃走。事变后，军统又恢复建立省站，重新布置，计划中虽仍准备物色适当人选打入边区，去延安建组，但未能办到。抗战开始，军统局正式成立，才大规模进行这方面的活动。

二、以张国焘为主的一些活动

抗战期间，军统希望中共叛徒张国焘能在反共方面作出成绩。最初戴笠认为只要通过张国焘这一关系，从中共内部去进行“打进拉出”的活动，一定有相当把握，把多年不能实现的阴谋都寄托在张的身上。

张由蒋介石派到军统后，戴笠马上为他成立了一个“特种政治问题研究室”，由张担任主任，专门开展与研究有关对中共进行特务活动方面的工作。不过戴对张一开始就不十分相信，军统原有专对中共的“中共科”仍旧由党政情报处领导，不隶属特种政治问题研究室。

张到军统后，第一个建议是举办一个“特种政治工作人员训练班”，专门培训一批去边区活动和在蒋管区专搞防范中共活动的特务。戴很同意这一建议，于1940年前后，在重庆磁器口童家桥洗布塘成立了这个训练班，由戴兼任主任，张兼副主任，专门选调其他特务训练班毕业的特务和在军统中专门从事这方面工作的特务去进行专业训练。这个班先后举办过两期，每期都有200人左右。张国焘经常向学生讲课，除了讲些中共问题的分析等用以诬蔑诽谤中共外，还讲如何进入边区，以及进入边区后应如何从事活动等问题。

张曾经写过一本几万字的有关中共内部及边区情况的材料，除大肆攻击、诬蔑中共领导人等外，还谈到不少有关边区的问题。当时军统除抄送蒋介石、何应钦等外，还印成小册作为军统大特务（内部处长级，外勤省站长、区长）的参阅文件，指定不许传阅，阅后并须缴还。

戴笠对张的这个材料并不十分满意，主要是认为对军统如何派遣特务打入边

区的作用不大，因张只是对中共上层的情况提供较多。戴为了进一步深入研究如何才能打入边区，便规定军统各检查所逮捕到的每个从边区出来的工作人员，或曾经到过延安的人，都要写一份“怎样打入边区”的材料，指定要写清楚自己去的经过、注意事项和有关打入的办法。当时军统设在西安至善里 13 号的特种拘留所，经常不断把这方面的材料送到军统局。我除了听到该所所长丁敏之谈过这方面情形外，还听到军统局主管文件总收发的总务处交通科科长黄羽中和收发股股长谢涵等人提到过这方面的情况。不过我当时并没有看到过这些人写的东西，只知道有这么一回事。

戴笠在主持军统局业务会上经常说：“对付共产党的最有效办法，是叫共产党（指叛徒）去对付共产党。”所以军统中用了不少叛徒从事反共的罪恶活动。有次从西安拘留所调了一个叫赖国民的到军统局当法官。这人过去是边区政府的干部，因吃不了苦，逃出后被军统逮捕，叛变后即在西安拘留所内专门从事搜集有关打入边区的材料。这人以后调到军统局司法科，又专门审讯被捕的共产党和嫌疑分子。军统搜集和整理“怎样打入边区去”的材料不少，在张国焘主办的训练班内便成了一门重要课程。

这个训练班的学生虽经戴笠亲自挑选，又由张国焘亲自主持训练半年，但训练期满后，经过张等考核，认为适合派往边区打进延安去的还是不多，具体数目我不清楚。听说经过挑选，只有极少数的人派往张所领导的几个“策反站”去工作，其余大多数派在蒋管区内的一些重要兵工厂担任“防共”工作。

当时设在接近边区的“策反站”，我只记得有汉中、洛川、耀县三个，其余的记不清楚。以后究竟有哪些人打入过延安，我也不了解。我在军统局时，经手办理过两三次招待张所谓“策反”过来的叛徒。戴笠叫我在他公开会客和普通应酬的“漱庐”招待所（在重庆枣子岚垭军统局本部大门附近），接待和宴请这些人。这些人的姓名我只记得有个叫朱春荣的，其余记不起来，时间都是在晚餐前后，每次只有两三个人，由张亲自陪同前去，照例是由郑介民、唐纵、毛人凤等作陪。

由于张办这个训练班没有做出什么成绩，使戴笠很感失望，所以只办了两期便停止了。

三、军统对边区的活动片段

戴笠虽然希望张国焘在反共活动中做出点成绩，但并不十分相信他。军统自己还是另外搞了许多阴谋活动，我所知虽不详，但这些点滴情况也许还有参考价值。

军统基本特务中，去过延安的我只知道有沈之岳和以后投入军统的秦 ××、赖国民等几个人。据说沈之岳去过延安两三次，他曾在张国焘主持的特种政治问题研究室工作过。他当时在军统中很受戴笠和郑介民、毛人凤等的重视。他和我常拉“同宗”关系，私人间虽有点感情，但他对他去延安的情况却谈得很少。1943 年前后，军统成立东南特别侦察站，专门对付新四军等抗日武装部队时，沈被派去任该站书记，以后便少往来。他和我过去也只简单谈过一点有关延安的生活等，我也只是带着好奇的心情听听，没有涉及什么具体工作。至于秦 ××、赖国民等人，我虽经常和他们接触，由于私人间无深交，就没有问过他们。

军统从事这方面的活动，主要是依靠设在榆林的陕北站（站长为黄逸公）。戴笠企图通过陕北站去建立“延安组”，但一直没有成功。我记得有这么一回事，陕北站派往延安进行特务活动的一批特务，被边区政府发觉逮捕，不久便释放回来，并正式通知该站。后来戴笠在每天中午工作汇报中，曾经提出过这件事，骂黄逸公没有能力，做得太丢人，具体经过，我现在已记不清楚了。

另一个是设在汉中的西北特侦站，站长程慕颐是我过去在上海工作的老同事。这人一向做对中共的工作，抗战前曾打入过设在上海的江苏省一个地委组织，后来将这个组织破坏了。戴笠很相信他，抗战时便派他去汉中主持西北特侦站工作。他除了多次派特务打入延安“建组”没有成功外，还办过小型训练班。当时从公路去延安的爱国进步青年被军统的检查所（哨）扣捕后，曾交一些给他训练。通过一段时期毒化教育后，才又派这些人混进延安。听说大部分的人都向边区政府自首，只有极个别的替他搜集过一点情报。

当时有的去到延安的人，因吃不了苦又出来，其中有的人被检查所扣押起来

送到西北特侦站。这主要是想从这些人口中了解边区情况和利用他们到过延安的关系，强迫他们提供混入边区去的办法。程慕颐于 1943 年前后调往东南时，在重庆换汽车，我曾招待过他。当时他带了一个女人和孩子，据他告诉我，他的那个女人（实际上是他的小老婆）便是被扣押下来的中共嫌疑分子，后来被迫与他同居的。

戴笠对西北方面的交通检查工作极为重视，曾在西安设立过交通运输统制局监视处西安分处，派叛徒王邦联为分处长，主持西北地区的检查工作。以后王等因贪污被扣捕，戴以鞭长莫及又将分处撤销。当时各检查所扣捕去延安的爱国进步分子，几年间多达数千人。军统派遣特务去延安，是采用伪装进步的办法跟着混进去。据我了解，许多人去延安时，都带了介绍信或原来在什么学校读书或什么单位工作等种种证件，这些人被扣捕后，军统将这些可以混进去的证件没收下来，交由伪装的特务冒名顶替混进去。军统运用这一办法，曾经有上百的人去过延安。军统办的临澧特训班毕业学生袁 × 良，便向我说过，他是顶替别人名字去到延安，在抗大学习的，以后因病离开了。

戴笠为了尽量摸清有关延安的情况，有次设宴招待派在八路军总部的联络参谋徐佛观、郭仲容，我和军统其他几个处长都出席作陪。在此以前，我还见过徐佛观所写的一本小册子，内容是谈延安方面的情况。那次和他见面，他给我的印象是大言不惭夸夸其谈。他在吃饭前后，专门用一些编造的材料来诽谤和挖苦中共的领导人，作为笑料。后来戴笠问到他怎样去延安从事特务活动的时候，他又说什么“说难也难，说易也易”的一番谬论。戴笠对他这番话很感兴趣，叫党政情报处长王新衡与人事处长龚仙舫两人记了下来。我模模糊糊记得，他说难是检查不严而清查历史严，不易立足；易是凡不急于求成，准备长期埋伏，有取信于人的证明，去后极力伪装进步，不马上活动，还是容易取得信任的。

第二天，戴又约徐去他家里长谈。那次我没有参加，只有毛人凤与王新衡、龚仙舫等在场。龚仙舫当时和我两人住对面房间，下班后经常闲聊天。他告诉我，戴笠总是急于在延安建立一个小组，架设电台，但始终没有成功，因此他挨过不少的骂。那次听了徐佛观的意见，考虑要双管齐下，专门准备一批人埋伏到中共内部去，时间不计较，一两年乃至十年都行，只要能立下足，一步一步伸进去，将来一定能作出成绩。因为平时既找不到真正共产党的地下组织，又不容易去接近公开露面的共产党人，现值延安正在大批招收人员，来者不拒，是千载难逢的机会。我当时听了龚仙舫的这番话，很以为然。不过以后究竟派了些什么人，怎样伪装打入，我却没有问过。

戴笠处心积虑一直想去延安建组。据我了解，当时军统设在边区最近的一个小组和电台是在洛川，延安虽有特务混进去过，电台却没有能建立。有关延安方面的情报，都是通过洛川电台和榆林的陕北站发到重庆的。

梁干乔在耀县当专员时，那里成为军统特务对边区活动的中心。约在 1942 年间，我因公去西安，因和梁过去关系相当好，特去耀县看过他。当时他已脱离军统组织，替胡宗南搞反共活动。他曾向我谈过，军统每年总有几十名特务经由他的地区潜往延安，有的是他设法找到关系，主要是通过当时有些去边区做生意的商人，一同伪装商人混进边区去了解一点情况。他自己也专门有一个向边区搜集情报的单位。我曾问过他，为什么不在边区建立组织。他说这比较困难，只能个别去活动一下，要想长期待在那里很不容易。

军统设在兰州的西北区，先后区长程一鸣、吴景中、霍立人，和我私交都很好。当时该区的主要任务也是针对边区进行特务活动。霍立人后来调回重庆，也曾和我谈过西北区对边区的一些活动情况。他说除了延安以外，他们在边区里的一些县里都建立过特务组织，只是没有设立电台。这些打入边区去的特务，不少是军统兰州特训班毕业的学员。该班所调训或经特务介绍去受训的学生大都是西北籍，这些人当中便有老家或亲友居住边区范围内，西北区便利用这一关系派人潜入边区去建立起特务组织来。

霍立人还告诉我，当时派遣特务混进边区去搞情报活动，并不很困难，只是想搞破坏和发展组织则很不容易。他派去的特务中有几个去搞破坏活动时被边区政府逮捕。

军统派往边区去搜集情报的手法是无孔不入的。我曾经由戴笠指派和军统主管过人事的大特务李肖白一同去见过天主教的主教于斌。于斌在抗战前任南京区主教时，就同军统头头早有往来。抗战后，他逃往四川，任四川乐山区主教，却长期

住在重庆曾家岩戴笠的中四路住宅附近，经常和戴有往来。戴那次派我和李肖白去见他，是为了有一批天主教徒要去西北，想免费坐军统的便车。我当时很不高兴，认为自己去惹麻烦。李肖白便告诉我，于斌对军统的工作很热心帮助，说这人可以通过天主教徒替军统在边区建立工作网。我们见到这个主教时，他向我们分析边区情况，好像很了解边区的问题。我记得他说，由于共产党不准人信迷信，引起教徒的很大反感，特别是边区许多县原来信奉天主教的人都对共产党不满。他还说，如果利用这些人做点什么工作，一定能够达成任务。那次李和他并没有谈到什么具体利用边区教徒的问题，只是谈了要我如何尽快给去西北的教徒找便车。自那以后陆续有过几十人搭乘军统的便车，人事处曾派人和他们联系过，内容我就不清楚了。

四、军统企图暗杀中共领导人的阴谋

从 1942 年起，我才知道蒋介石曾多次指示戴笠，要他选派搞行动工作的特务混进延安，暗杀中共的领导人。约在 1942 年春夏间，戴笠亲自挑选了三个在军统一向搞暗杀的特务，其中有一个叫蒋更生的是我训练过的学生。蒋更生临行前去见我，说此行任务很重很困难，也非常秘密，要我千万不要说出去。我当时怕惹事，也没有仔细问他，只听他说另外两人对西北情况比较熟悉。我没有见到这两人，也不想见他们。

大约过了几个月，戴笠找我和军统特种技术研究室主任刘绍复、人事处长龚仙舫、行动处长徐业道去他办公室。戴很生气地把一张电报交给龚仙舫看，说上次派去的几个人都已被逮捕了。从他们的谈话中，好像他们几个人都是以前参加过这一阴谋策划的，只有我是第一次。我也不便在那时再问以前的情况，只是听他们说。戴笠的意见是以后不能一组组的派去，应当个别去进行。当时的行动处长徐业道，在军统一向主管司法工作，对行动是外行。他便问我一个人搞暗杀行不行？我说，一个人在“敌人”统治地区进行暗杀，如有内线，使用毒药或定时炸弹，能够完成任务，如要进行狙击便没有把握。戴笠听了我的话很不以为然。他说一个人只要有牺牲决心，一样可以进行狙击。我认为没有把握，他仍坚持，说多一人容易误事，我不便再说什么。他就指示龚仙舫，挑选两个人，分别派遣，不要让他们发生横的关系，当时就这么决定了下来。

过了几天，龚仙舫在军统特务总队的便衣队中挑选了一个河南人（姓名已忘），还从兰州特训班毕业后派到重庆卫戍总部稽查处工作的学生中挑选了一个陕西人李琎交我考验。那个河南人是惯匪出身，胆大，枪法好，戴笠叫先派走。李琎年轻，没有经验，我教他补习了两星期的手枪射击和狙击方面一些应有的技术。他的枪法还很不够理想，但戴仍催促派了出去。戴笠没有亲自接见他们，只是由龚仙舫、徐业道分别和他们做了单独的谈话，交代了任务。据龚仙舫说，派人去延安还有很多手续，不一定马上能混进去，要经过很多关系才能辗转设法进入边区。至于等待机会完成任务，说不定要一两年。

我当时虽也反共，很希望特务能在延安干出一两件大的暗杀案件，但不赞成派遣个别特务去搞暗杀，特别是狙击，而主张按照过去行之有效的一套办法去进行。戴笠认为过去的办法不适用于延安，我便不感兴趣。军统以后又陆续挑选过两三个派了去，都没有听到一点消息。

我曾问过戴笠，为什么不在重庆等地选定一两个中共领导人来暗杀？他听了后，骂我没有政治头脑，说在重庆等地发生了这类暗杀案，任何人都会知道是特务干的。如果发生在延安，便不能说是特务干的，而我们却可以宣传这是共产党内讧，相互残杀。

我有次在无意中看到过一个文件，足以说明军统处心积虑想暗杀中共领袖。我在军统局担任总务工作，找我的人很多，中午得不到休息。有次我躲到毛人凤办公室对面小房间去午睡。这是军统秘书室秘书袁寄滨的宿舍兼办公室，袁和我是湘潭小同乡，又是同岁，私交极好。我要他到外面大的办公室去工作，我在他房内休息。当时，他极为毛人凤所信任，许多极为机密的文件都由他保管，不过他们对我还是不避讳的。我睡了一会儿后还不想出来，便顺手在他的床头文件柜内拿出一份文件来看。很出我意外，这个文件竟是一份中共许多领导人的警卫人员名单调查表。我匆匆看过以后，迄今还记得周恩来有个警卫叫龙飞虎，因这人的名字比较特别，其余的就记不起了。

从这个调查表可以看出军统是怎样企图暗杀这些领导人的。平日我在军统局里还没有听到别人谈起过这一情况，由于是顺便看到的，不便问是怎样得来的。我知道军统一贯的做法，凡对某人要进行暗杀，事前一定要尽可能先把对象的警卫情况弄清楚。这个调查表肯定是准备暗杀这些领导人的一项初步工作，可惜我当时没有弄清这些东西的来源，无法具体说明。

以上是我所知道的有关军统对陕甘宁边区的一些活动情况。

胡宗南和戴笠、毛人凤的关系

军统特务头子戴笠，由于胡宗南的推荐而逐渐得到蒋介石的信任。胡宗南以后能更加得到蒋介石的宠信，却又是得到戴笠不少的帮助。他们是一双忠于蒋介石的走狗，两人一直在蒋介石面前相互标榜，内外勾结，其势力得以日益发展壮大起来。我现就个人所了解到的一些情况写出来。至于多年来，军统特务在西北时与胡的种种往来的传闻，因非亲身了解，这里不准备去多谈它。

我第一次见到胡宗南，是在1937年春天。当时戴笠正患急性盲肠炎，在上海宏恩医院动手术不久，戴笠指定我带一个组（十多个特务）去保护他。在此以前，我只知道戴和胡的关系很深，戴叫我们在上海为胡定制过几次军用物品。我虽为他办过一些事，但还没有见到过这个人。

胡宗南

一天，我正从戴的病房中走出来，准备去周围看看那些值班的特务，忽见一个身材不高，而样子挺神气的人，直朝戴的病房走过来。我正准备盘问他，他却先开口问我："戴先生是住在这里吗？"我没有回答他，反过去问他："你要找什么人？"他连忙说："你们不认识我吗？我是胡宗南。"我想，他在进楼门时，已一定受到过特务们的盘问，因为这个医院很少有中国人去，而戴笠住的那一层楼房，只

有他一个中国人。我还没有回他的话，陪在戴笠房内的上海特区督察陈质平，已听出了他的声音，马上开门迎接，并向我说："你还不认识胡军长？"

当我们一起进入戴的病室时，戴正斜靠在床上，一见胡进去，便挣扎着想直起身来。胡急忙跑过去按着他，让他靠着，连问几句："你怎么样？你怎么样？"戴一面回答他动手术后的情况，并迫不及待地告诉他："夫人前两天来过一次。"胡听说宋美龄来过，连连拍着戴的肩膀说："好极了！好极了！难得夫人亲自来看你！"说到这里，陈质平便邀我和那个特别护士一同退到外面的客室中去。我们在外室只听到胡、戴两人时断时续的大笑声，只晓得胡对戴能得到蒋介石这样关心而感到高兴，并多次称赞戴在西安事变中表现得很特别等。

一小时左右，胡才辞出，陈质平送他到楼门口。我陪胡乘电梯下楼后，他在我肩上拍一下说："老弟！多辛苦点，上海很复杂。"接着他又问到我的姓名，并记在他的笔记本上。出门时，他又叮嘱我一句："要多注意点！"隔了两天，胡又去看过戴一次，这次谈了两个多钟头，以后便没看到他再去过。

抗战期间，我在军统局任总务处长，便有机会经常和胡接触。他每从西安去重庆，总是爱住在戴笠的曾家岩公馆。1944 年，戴笠在神仙洞的公馆修好以后，他便住在那里。有次戴不在重庆，毛人凤接到胡要去重庆的电报，便通知我准备招待他，叫我把戴笠所用的吃的都要拿出来。我当时感到为难，因为戴笠看来很大方，但有时却非常小气，特别是他用的吃的东西，是不大肯随便让人动用的。毛看出我的心思，便向我说明，对胡宗南，戴比对自己的兄弟要亲得多，一定要我和对戴一样招待，否则戴知道了，稍有不对，回来会大发脾气的，我只好照办。

过去，胡来访戴时，是由戴自己主持，我不大清楚，这次戴没在家，我只得天天去看看，才发觉胡住在戴家便和住在自己家中一样，住了几天，几乎天天请客，什么事都毫不客气地要照他的意思去办。以后久了，我才慢慢知道，不但在重庆这样，凡是戴笠有公馆的地方，如成都、兰州等地也完全一样。戴笠有的，不但胡可以随便享受，连胡的一些亲信高级官员如范汉杰、盛文等人，也都能够得到同样优待。

我在戴笠身边几年间，每次看到胡来到重庆见蒋介石之前，总是先和戴笠研究一下准备向蒋提出的问题，并向戴打听蒋介石那几天心情如何，遇到蒋不痛快的时候，便迟一两天去，以免碰钉子，当蒋高兴的时候，戴总催他快去。有次，胡刚下飞机，一到戴的家中，便把他写给蒋介石的东西拿出来给戴看，内容我不清楚，只看到戴一边看一边连着点头，赞好之声不绝，胡也表现出很得意的样子。

戴笠对毛人凤口头上不止一次指示过，军统得到的有关胡宗南个人或其部下的任何情报，都要慎重处理，一般都得先送戴亲自看过；非报蒋介石不可的问题，也都是大事化小，小事化无。这和对其他一些人那样从鸡蛋里面挑骨头的做法截然不同，而是处处偏袒。不仅如此，唐纵也得到戴的指示，其他方面向蒋介石检举胡的情报，送到蒋介石侍从室第六组的时候，尽可能把这类情报先批交军统复查一下，以便连同军统查复的东西一同送给蒋介石去看，无形中便为胡做了掩护。唐纵虽一向很谨慎，因这样处理，还是合乎手续的，所以他能照办。因此，蒋介石耳朵里听到的，眼睛里看到的，都是说胡的好话。我从蒋的侍从秘书曹圣芬口中听到过，如有人当面向蒋去报告胡的失职事项，蒋是不爱听的。蒋对官阶大点的人说这类话，还敷衍几句；对官阶小点的，往往还骂上几句，弄得人家自讨没趣。

胡、戴两人在一起时，无话不谈，而且一谈就没个完。有时我有要紧的事找戴笠解决，不得不在他们谈得很起劲时跑进去打断一下他们的谈话。我知道得很清楚，只要不是当着胡的面给戴丢脸，而是使他认为得意的问题，如像美帝给了军统多少东西，请示他如何处置，哪一处兴建工程，要不要先看过再动工等一类事，我便可以毫不避讳地当着胡的面提出来。戴一面听我的报告，一面向胡说明，一面得意地回答我。在他俩谈话之间我多次进入室内，也听到他俩谈话的点点滴滴。他俩谈话的内容，从反共和讨好蒋介石，一直谈到吃饭穿衣和玩女人。他们彼此爱吹嘘自己部下如何能干，用以显示他们自己更加有本领。最滑稽的是有天上午戴笠把我骂得一塌糊涂，说了我一大堆这不中用那不中用的话，而下午在胡宗南说了一句“军统的总务工作很不错”之后，戴又把我说成一个能干得很的事务工作专家，弄得我真是啼笑皆非。胡也不示弱，把他的副官长也说成是一个万能的全才。

胡、戴两人遇事经常商量，并征求对方意见。胡宗南是“西北王”，掌握军政大权。一次，他准备撤销陕西省主席熊斌，保举祝绍周接替。祝为著名的刽子手，

因乱杀人和大量杀人而得到胡的宠信，戴也很欣赏这个人。他们两人商定以后，不慎被军统特务左明听到了。左明为戴笠黄埔六期的同队同学，当时在汉中警备司令部当稽查处长，祝为警备司令。左明在西安听到这一消息，为讨好祝绍周，便向祝透露了这一内情。祝又告诉他老婆。结果很快便传到了熊斌耳里。熊斌便向戴笠打听，戴矢口否认有这件事，并立刻调查是谁泄露出去的，最后查出是左明。原先，祝听到左告诉他这一消息，非常高兴，马上向左许愿，说他当主席后邀左明去帮忙，给他以升官的机会。不料这样一来，戴笠大发脾气，立刻将左明免职调到重庆察看，并公开提出这件事来作为教育部下的材料。

戴笠对军统内部的重大问题，也是要找胡商量，并请他帮忙的。戴对搞武装特务部队没有经验，经常向胡请教。当时军统拥有一支庞杂的“忠义救国军”，最初由俞作柏任总指挥。戴因听说俞在广西代理主席时很有一套，便把这支部队交给他率领。由于俞在军统中资历不够，一些特务们不大听他的话，加上他本人也只徒有虚名，拿不出什么办法，因此戴对他越来越感到不满。但在军统中又不易物色出一个适当的人来接替俞，戴便请求胡给他找人，以便整顿这支队伍。

胡除了告诉他一些带部队的方法外，并推荐黄埔一期的马志超为忠义救国军总指挥。马在抗战前曾在戴笠举办的杭州特训班当过教育副官，以后离开戴而投向胡，戴对这个人的情况很清楚，对胡推荐这样一个人很感失望。我记得那次马从西安飞往重庆时，戴叫我去迎接他。那天早上戴和毛人凤与我一同吃早饭时，谈到这次胡推荐马的事表示很不满意，但碍于胡的情面只好勉强同意，而且表面上装出非常欢迎的样子。当我把马接回时，戴看到马只有一个人，连副官卫士都没有带一个，便叫我挑选一个精干的卫士给他，并指明在他私人收集的手枪里拿出一支最好的送给马，另拿一支全新的德造二十响驳壳枪给卫士，还给马添置了许多装备。我当然很清楚，这不是对马的优待，而是看胡的面子。马任总指挥不久，戴终于将其免职，而改以他自己培植出来的周伟龙接充。

胡宗南和戴笠，私人之间的确达到了不分彼此的程度。胡曾将他在长沙以中央军校七分校名义招收的女生六七十名送给戴笠的临澧特训班去受训当特务，另将几百名武装部队连人带枪拨给军统特务总队，还送过几十匹军马给特警班。这仅仅是我所知道的一小部分。戴笠对胡，除了送些从国外购回的奢侈日用品外，还经常代胡在重庆送礼给一些要人，替胡拉拢人事关系。每逢年节或这些要人的生日，如何应钦、钱大钧、林蔚、俞济时等人，戴自己备礼一份外，还叫我为胡也备礼一份。戴为人很细心，在代胡送与要人礼物时，总要叮嘱我注意一下，两份礼物的东西不可完全相同，以免别人看出是出于一个人之手。以胡的名义送出的东西，其价值往往略高于戴所送。送去以后，戴才打个电报，或在与胡通长途电话时告诉胡一声，好让他能接上头。所垫付的款子，总是戴自己掏腰包，从来不见胡归还，也不在军统费用项下支付。反正他们两人都有用不完的种种来历不明的大宗收入，谁也不计较这些小问题。

戴送给胡最隆重的“礼物”要算是胡的老婆叶霞弟了！戴对叶霞弟的培植，可说费过不少心思，除送她去美国“镀金”外，回国后又介绍她到光华大学去当教授，好让她取得“大学教授”这样一个漂亮头衔，便于日后在政治上帮助胡进行活动。戴感到叶霞弟这个“弟”字有点低气，给她把“弟”字改为“翟”，使之音相近似，而写出来却文雅得多。抗战胜利后，戴又为他们准备好在南京居住的公馆，一切陈设都挑选上乘的。不料这所房子后来却闹出一场意外的纠纷。原来这所房屋的地皮为国民党头头之一刘健群所有，国民政府迁回南京时，刘知道他那块地皮上由汉奸盖了洋房，满以为可以将地皮连同房屋一并收归己有，喜出望外，准备安享其成。不料一打听，房子不但给戴笠抢先一步接收了，而且还送给胡宗南住了。他自知这两个人比他更加厉害，不能用硬的办法再抢回来，便到处托人讲交情。戴因事忙一直没有理会。等到戴笠一死，他便迫不及待地唆使他老婆带着孩子天天去大吵大闹，睡在门口要赖皮。毛人凤以刘健群也不是好惹的，要我给胡另外找了房子，把这处房屋让了出来。

胡宗南和戴笠都是野心勃勃，连做梦也在想当蒋介石的继承人。几年来，在同他们的接触中，我觉得胡比戴更加狂妄，而戴比胡则更加阴险。有次，我有机会听到他俩高谈阔论了几小时，加深了我的这个印象。那次美帝特务头子梅乐斯送给戴笠一部二十门的自动电话机，戴马上叫我给他曾家岩公馆的每个房间，连洗澡间在内都装上一部自动电话，因他每天洗澡两三次，可以泡在澡盆里都能随心所欲地

打电话。我带着总务处电话队的一个技正到他每个房间去勘察设计装置，戴和胡在寝室外边一间起居室畅谈。我在这几间房内穿来穿去，断断续续地听他们谈了两个多钟头。他们毫不掩饰地在做将来如何平分天下的打算。胡勉励戴尽量设法控制政治和经济部门，多准备这方面的人才。戴对胡很恭维，说他将来在军事上的发展是不可限量的。胡自己也有统治军事“舍我其谁”的狂妄表示。

我听到这些对话时就想过，万一蒋介石故去，国民党内必将发生一场生生死死的争权夺利的大流血斗争，最后如果只剩下他们两个人的时候，结果还得再火并一次才能完事，而决不会真的一个专门搞军事，另一个便安于专搞政治，两人同时并存。因为胡在当时不仅搞军事也在搞政治，他军权所及之处，政权也同时抓过去，甚至连他这个最知心的朋友所搞的特务组织，他也自己搞了一套。

当时胡宗南任第一战区副司令长官，他的副长官部搞特务工作的第二处就不是戴笠所派的人，而是由他的亲信刘庆曾当处长。那时别的单位几乎都是由军统控制第二处，胡却不同意由戴笠来统一安排，而由他自己另搞一套。当时胡宗南的特务组织中除刘庆曾外，还有刘大钧等几个小头目，都是他自己培植出来的。从胡当第一军军长的时候起，刘庆曾就在参谋处当第二科科长，一直为他主持他的那个特务组织。当时凡属“中央”系统的军队或军事机关，蒋介石是不准有自己的特务系统的；戴笠知道了，也要千方百计地抢过去，而胡却仗着他和戴的关系可以例外。

由于军统特务都知道他们两人关系不同一般，谁也不敢向戴建议把它统一起来，不过背后却有不少牢骚，认为胡在这一点上还是信不过军统。可是戴笠还是尽心尽力地为胡介绍了不少搞无线电通信的技术人员，并送他不少美帝给军统用的无线电台。胡的这一部门工作，多年来一直由他自己掌握不交给军统，也不让他的特务参加军统组织。抗战胜利后，副长官部撤销，胡当了西安绥靖公署主任，第二处由国防部第二厅任命军统特务金树云当处长，他只好把刘庆曾调为少将高参，仍旧保留他自己的那个特务组织，由刘等主持，不合并于军统特务组织之内。

戴笠尽管表面上推崇胡宗南，怂恿他统一军事，而他自己却不放松这方面的工作，想方设法也抓军队。他除了大搞特务武装外，还大量培植军事人才。1944年，戴笠又在军统掌握的军令部第二厅办的课报参谋班内成立一个高参队。在此同时，他还保送一批军统大特务如魏大铭、岳烛远、阮清源、谢力公、王一心等几十人去陆大将官班或步兵专科学校将官班、军校高教班等处去受训。他这样做，一方面可使其部下取得军官的资格，一方面为军统拉军事干部。当时军事情报处长鲍志鸿，副处长杜逵、胡屏翰，科长麻清江等，都是陆大毕业后被拉进军统的。

戴笠在搞军队方面，却得不到胡宗南的帮助。戴曾向胡要求把范汉杰给他，去当税警总团长，胡一直不答应。戴要忠义救国军当总指挥的人，胡把原来跟过戴笠的马志超推荐过来。相反的，原来在军统中工作的人，在反共方面表现积极的，胡却尽力收容和拉过去。梁干乔本来跟戴笠多年，因反共积极，投入胡部下当了耀县专员，专门去搞对延安的封锁等罪恶活动。又如戴笠身边最活跃的红人赵龙文，战前当过杭州市警察局长，也被胡要了去成为他身边“智囊团”中的谋士。

总之，在有关切身利害而影响到自己前途的问题上，他们两人并不真正是同心同德，而往往是离心离德、各有各的安排和打算。当蒋介石还没死以前，各人发展的天地还大，在不触及根本利害的问题上，他们是能够上下其手相互勾结得很密切的。

戴笠在部下面前一直为胡尽力吹嘘。他每次从西北视察归来，总要公开在纪念周上大大捧胡一顿，说什么“胡长官”在治军方面如何有办法，军队如何精锐，装备如何精良，在反共方面如何积极。好像没有胡在西北坐镇，共产党就要打到重庆来，蒋家王朝全靠胡在保护。

戴笠不但在特务们面前称誉胡宗南，而且也为胡向他的美国主子吹捧。我记得他第一次陪梅乐斯去西北视察时，照例在行前找几个人一同吃早饭，顺便安排一番他离开后的工作。那次，他花了很长时间向梅介绍胡的为人，在蒋介石身边如何重要，拥有的军队是中国最精锐的，以及在反共防共方面的作用等一大堆。梅乐斯听了也连连点头，并表示能亲自去看看感到高兴。

梅乐斯于 1944 年因病回美国去休养，由中美所美方参谋长贝乐利代理副主任期间，有次胡从西安来到重庆，戴又特地陪胡去中美所参观。戴向贝乐利介绍胡的时候，又为胡大大吹捧一番。当时我站在他们旁边，看到贝乐利听完戴的介绍，再一次紧紧跟胡握手的时候，胡那种得意忘形的神情，连一些在旁边的美国特务看

了也转过身子在暗暗发笑。

胡宗南讨好美国主子，也很有他的一套办法。他在中美所参观时，只要见到美国人，总是主动走过去同他亲切握手，等待戴笠和贝乐利给他介绍。一些美特知道他，也乐于和他周旋。他对美帝的一切无不加以称赞，向每个美特都表示慰问，夸奖他们一番。果然，在他离去后，许多翻译反映，美特们对胡的“印象很好”。戴笠自然又得把这些告诉胡，使他增添几次得意的狂笑。

戴笠无论到什么地方去，事先都得告诉胡，并经常保持和胡的联系。他与胡互通电报使用几套密本，除一般用的之外，还有一套亲译的密本随时带在身边。当时所谓“亲译”，实际上也不是由他们自己去译，不过是由更亲信的人代译罢了，目的是只让更少的人了解他们之间所谈的问题。有次戴笠匆匆忙忙决定去贵阳，迟了一点告诉胡。胡在他走后的第二天发给他一个亲译的电报，军统机要组的译电科译不出来。因为亲译的那套密本戴笠带走了，所以他们之间一些不可告人的事，连当时毛人凤也不能完全了解。

在他们平日来往的电报中，戴笠随时把有关反动派内部发生的一切问题告诉胡，以便在某些问题上采取一致步调，或彼此研究。他们在讨好蒋介石方面所采用的方法，几乎是完全一样，除了在反共反人民和为蒋介石排除异己方面尽力迎合蒋的心理外，并且都是走内线和争取为蒋介石办理他的私事，成为蒋的心腹。在这方面，两人都同样成功。他俩商定，将蒋介石的另一个老婆陈洁如和小儿子蒋纬国交给胡宗南照料，而把同胞哥哥交给戴笠安顿，因此更增加了他们和蒋介石的亲信关系。

1946年春，戴笠因飞机失事摔死。胡得到这一消息，悲痛万分，连忙赶到南京，亲往中山路357号吊唁。我和几个大特务都赶去照料。胡进门看到戴的遗像便泪水纵横，立即跑进灵堂抚棺痛哭起来。他哭了好一阵，才询问我们戴摔死的情况。当时外间传说很多，胡也听到不少，便问我们究竟是怎么一回事？我们告诉他，经过多方调查，证实没有什么人对他进行谋害，的确是由于气候关系，驾驶员不慎撞在山上失事。他当时还打算去戴摔死的地方看看，因为不能直通汽车，要走许多小路，他才没有去。我把戴死后收尸的一套照片送给他，他含泪接收下来，又绕棺走了两圈，才依依不舍地离去。

戴笠死去以后，毛人凤继承了戴的衣钵，对胡不但和过去一样，并更加依靠他。当时军统遭到各方面的攻击，而胡却极力支持，一再在蒋介石面前讲好话。当时许多特务对他这样的表现都表示感激，认为他始终是爱护军统的。毛人凤对胡非常尊敬，还是和戴笠生前一样，经常把有关南京方面的情况向他报告，不过没有过去戴笠在世时的电报那么多。

1947 年秋冬间，我曾去西安见过胡，那是为了处理军统在西安几万包面粉的事。这些面粉是怎样来的，我已记不清楚。当时，西安绥靖公署第二处处长金树云和保密局陕西站站长侯定邦，为了抢夺这批面粉，吵得不可开交，最后闹到了保密局。毛人凤打电报要金树云交出来，金也不肯接受。毛便写封亲笔信，叫我拿去见胡。胡看到信以后，马上把金找去，勒令他交给我处理，并说明绥署不要这批东西。这样，我才顺利地把它变卖掉。

我在西安处理面粉时，保密局行动处处长叶翔之正在西安搜捕西北中共地下党组织。在清理出来的线索里，发现胡宗南的秘书和他的西北通讯社的负责人当中有中共党员，已经活动了多年。这是一件非同小可的大事。胡在西北执掌军政大权，连对日抗战都不发一兵，而是全力对付共产党。现在发现在他身边居然有共产党暗中活动，这使胡最为丢脸，是非给蒋介石痛骂一顿不可的。

叶翔之和我同住在西安的中国旅行社招待所里，有天半夜他把我叫醒，说这事关系胡宗南的声誉很大，问我应如何处理。我建议他立刻向毛人凤请示，估计一天之内就可得到答复。第二天，毛人凤复电指示，说涉及胡部下的问题，应先向胡详细报告，有关案卷都可送去给他看。

胡对此的确大吃一惊。这个死要面子的人，听说自己的亲信中居然有了共产党，脸都气得发青。他立刻决定将所有涉及他部下的几个人都由他自行处理，要叶翔之不必过问；连向蒋介石报告时也应当把这几个人另外列出来，千万不能让蒋介石知道。那天我和叶翔之一同应邀在他家吃晚饭，他一提起这件事便感到万分痛心，想不到他身边会有共产党又很久没有发觉。他用解嘲的口吻对我们说，他因专心致力搞军队，对这些事一向没有很好地注意，这方面太疏忽。他说，过去连范长

江是共产党他都弄不清楚，一直到他向蒋介石保举范去美国，被蒋介石骂了一顿，说他连这人是共产党都不清楚。我们听了也只好说：“长官太忙，哪有许多时间来注意这些事。这是我们的工作没有做好的关系。”总算给他一个下台阶的机会。

他怕叶翔之说出去，对叶表示特别亲热。他和我们谈话时，总是一再提到他和戴笠的关系，生怕我们忘记了一样。叶翔之准备赶到兰州去搜捕兰州方面发现的中共地下组织时，胡宗南马上把他自用的一架小型专机让叶坐了飞往兰州，不料飞机到平凉出了毛病，险些把叶摔死。胡听到非常着急，立刻向驻在西安的空军交涉，另派飞机把叶从平凉送往兰州。

1949年春，我去上海见到毛人凤时，他叫我抽时间去西安一次，接叶霞弟到昆明去住，并叫我在昆明给胡找一幢漂亮房子。因为胡宗南和陈诚一向搞不好，胡不打算送叶霞弟去台湾，毛人凤也希望她能住在昆明。我拖到这年夏天才去西安见胡，说明我已为他在昆明准备好了房屋，希望他送叶去昆明居住。当时他看到整个形势已无法挽回，大陆将无安身之处，表示暂不送家眷去昆明，还是送台湾。那次他对云南情况向我询问了很久，虽没有肯定表示要立刻派部队去云南，但却非常垂涎这个地方，认为是可退可守，比西北要强得多。我听他谈话的口气，已经没有信心能把西安保得住，尽管他在我面前还是满口有办法。这从他当时的一段谈话中便可看出他苦闷的心情。

他对淮海战役中蒋军统兵将领不能合作，致遭各个击破，一败涂地，十分不满。我曾冒冒失失问过他，西安会不会有问题？他答复我时，态度依然很骄傲，不过却说过一句：“只要友军不扯后腿，是有办法的。”他还夸口说，在蒋军将领中他最了解共产党，谁也比不过他。他吹嘘他和共产党短兵相接搞了十来年，得出一套经验，他的办法比共产党更高明。不过我离开西安不到一个月，便看到西安只一两天时间便已解放，他匆忙逃到汉中。

抗战胜利后，我两次去西安，亲眼看到和听到他部下一些高级官员如盛文、袁朴、汪震、董钊等人，整天花天酒地狂嫖滥赌的情形。我曾经好奇地问过当时军统在西安的一些负责人，为什么这种腐化的情形胡不加以整顿？这是因为戴笠一向吹嘘胡治军极严，并且以身作则，才引起我的疑问。当时他们回答我说：“胡长官一向夸耀自己部下如何好，谁敢把这些人的丑事去向他谈，弄不好要碰钉子，所以乐得不提，反而可以皆大欢喜，一团和气。”他们还告诉我，胡对自己部下也派有特务去监视，这些情况他不可能不知道，也是开一只眼闭一只眼，只要问题不揭穿，也就马马虎虎的算了。

我最后一次和胡见面向他辞行时，他叫我把云南的情况随时告诉他。我回云南后，因和他没有约定密本，只向毛人凤发过一个电报，请他转给胡，向他报告云南夏秋间的情况，但没有得到他的答复。

1949 年 9 月，毛人凤在昆明住在我家时，曾不止一次地叹息，说胡宗南没有听他的劝告派两三个军到云南去，否则云南即可成为军统的天下。因为毛人凤想在昆明杀一大批进步人士而遭到卢汉的拒绝和拖延，感到很不痛快。胡宗南被解放军从陕西赶出逃到川陕边境时，毛人凤还打电报向他说明过云南当时的形势，建议他抽调一部分兵力兼程前往，以便确保云南。我对此也寄予很大希望，曾多次向毛探询胡的回电。直到10月初，毛才告诉我，胡回电表示，暂时无适当部队可抽调，但答应一定要设法派兵到云南。毛还叮嘱我保守秘密，但一直等到云南和平解放前夕，也没有看到他的部队的一点影子。

以上是我所了解到的胡宗南与军统特务的一部分情况。至于他和其他一些军统头目如郑介民、唐纵等，我只看到他们之间一般的往来，不了解他们之间的特殊关系。

旧社会里的鸡鸣狗盗和侦缉人员

旧社会里，盗窃盛行，侦缉人员包庇窝藏，坐地分赃，其中黑幕罄竹难书。解放前，我主要是搞军统特务工作，有一段时期以侦缉队队长的公开职业为掩护进行活动，因此对其中门道略有所知。前几年，我在电车上遇到扒手掏我的腰包，当场被我抓获。事后，友人笑道：“这个扒手太没有眼色，居然扒到他老祖宗的头上来了，真是小偷遇到了大偷。”现就记忆所及，将旧社会中这些情况缕述于下。

许多人都知道，在旧社会里，强盗、小偷、扒手等都有他们自己的秘密组织，各有各的“行规”，各有各的暗语。据我所知，在抗日战争以前，专门干这些行当的人，不但有组织，而且一般都能遵照执行，即所谓“贼有贼伴，盗有盗伙”。这些行当，分帮分行，各有一套，各行其是。以上海为例，除了本地帮之外，还有苏北帮（也叫江北帮）、安徽帮、浙江帮、广东帮等。每帮之中，又分为吃什么钱的，如胆大不怕死的当强盗“吃明钱”，手脚灵活的“吃洋火钱”（当扒手），眼明腿快的“跑顶宫”（专门趁电车、公共汽车刚开行时由车外抢人的帽子）和去火车上“跑轮子”（偷行李货物）。

除了分帮分行，又分地段，不能随便侵入别人的地区去“抢生意”。如果不听警告，轻则挨一顿打，重则有遭到砍去手脚等处罚的。至于为抢地盘，结伙械斗也是常有的事。

当然也有少数为生活所迫铤而走险的人，他们既不落帮，也不在行。但这类人是最容易失风的，不但侦缉人员要抓他，吃这行的人也会把他“丢”出来。

“一回生，二回熟，三回精”，这是过去盗贼们自己常说的口头语。那是说一个初出茅庐的人，第一次是生手，被捉关在看守所或监狱以后，便可在这些地方找到有本领的师傅，传授他一套“本领”。等到刑满释出后，他就成为一个熟手。万一再次被捕入牢，他又可以得到进一步学习、研究“技术”的机会，再出去时便成为精通此道的老手。有些人还可以收上几个徒弟，所以他们把坐牢看成加强本领与结识伙伴的机会。

一个老手入狱，有他一套“亮相”的手法。他一进牢房，如有相识的便招呼一下；倘若没有，便把手里提的东西或衣服之类向壁上钉子上一挂，并且用手摇一摇钉子，一边说：“我上次在这间房里钉的这颗钉子还很牢实。”如果有人抗议这是自己刚刚钉的，他便说：“那我钉的谁拔去了？”这样的一些话，无非说明他不是初次入牢的生手，别人不能欺侮他。

当时上海本地帮对外来帮很不满意，认为外来帮在和他们抢饭碗，彼此之间仇恨很深，经常发生斗殴。外帮到上海“抢码头”，曾牺牲过不少性命才打出天下。虽然以后通过帮会头子们协商，划分过势力范围，但一直不能相安下去，经常还要“吃讲茶”进行谈判，重新划分区域。在“强者为王”的旧社会，盗贼也不例外，往往是有实力的占了便宜。

有一个时期，各帮在上海的势力范围大致如下：老城区是本地帮的基地，英法租界内有一部分地区可以去游击；公共租界的虹口区是广东帮的范围；英租界有一段是归浙江帮；十六铺一带归安徽帮。其中还有些细节划分办法，我已记不清楚了。

反动派的治安机关和租界巡捕房的侦缉人员默许他们这样做，因为这对破案是有帮助的。一些有权有势的人丢失东西，只要一个电话，东西马上可以原物奉还。许多人都知道盗贼有“三天不动赃物”的规矩，其实有时一个星期内也不会动。至于那些不入帮的却是到手即动。

上海南市有个扒手头子，虽然已有四五十岁了，人们还是叫他的小名“阿狗”。有次军统局书记长唐纵到上海视察工作，在老西门附近下汽车，只走了半条街就把钱包丢掉了。他很着急，因钱包里有一个小笔记本记有很重要的东西。我找到阿狗，第二天便将原物要了回来。唐纵一定要见见这个高明的扒手。阿狗再三恳

求，说干这行的最忌“亮相”。我则软硬兼施，非要他交出不可。当晚他约我到他家去，介绍他的徒弟和我见面。一见面，竟使我大吃一惊，原来这个高明的扒手竟是一个在中学读书的女学生，只有十多岁。她苦苦央求我不要带她去见唐，我只好回复唐说扒手害怕已经跑了。

抗战开始后，情况起了变化。在重庆，除了本地帮的组织还是照样存在，并与侦缉人员有联系外，而上海、南京、武汉等地逃去的“下江帮”，就往往各行其道，所做的案子便不易清查出来。

盗贼入帮落行和拜师，除了希望有伙伴便于办事以及相互照应外，还希望学到本领。抗战前曾横行东南一带大城市的大强盗王胡子（原名王鹤，年老了蓄长须，江湖上一班人都称他为王胡子），便训练了不少本领高强的徒弟，专门偷盗住在高楼大厦里的外国人和豪门巨富。当时英法租界内十几层楼的洋房最上几层的住客常被偷去不少贵重物品和现金，久久不能破案。有一年，龙华寺内的方丈室失窃，被偷的有玉佛和金银法器以及手抄的善本经文。这个庙正在淞沪警备司令部旁边，当时警备司令杨虎又是帮会大头子，一些与杨相识的居士们便把这一情况告诉他，请他早日破案。杨听到后，感到对自己面子太下不去，决心要破此案，否则影响自己的“威信”太大。

我是被指定承办此案的人员之一，接受任务后照例先去出事地点察看。我们在观察中看到，这所庙宇不仅是四面高墙，还有好几层院落，从外面很不易进入。我们都判断是内贼，曾搜遍全寺的每一角落，盘问过不少有嫌疑的和尚，而得不到一点线索。最后发现围墙上的青苔有被人踩过的痕迹，才认定是从外面进来的人干的，都感到此案很棘手。

我们第二步办法，是找了几个惯做“拣露水”（黎明前偷盗的）、“收灯油”（黄昏时挨门而入）和“掀帘子”（半夜挖墙洞）的头子一同去察看，问他们是哪一路的人干出的？他们看后都一直摇头，肯定这是外来专做大生意的能手才有这种本领。他们交不出人来，经我们一再逼迫，其中有个老头想了一下才说看情况不是王胡子也是他的徒弟干的。这老头只晓得王本人业经“洗手”，在杭州西湖边安度晚年，住址还是弄不清。

在无法可想时，我便决定去杭州一趟。当我找杭州公安局局长军统特务赵龙文向他打听王胡子的时候，他马上把王的情况告诉我。原来赵龙文知道王胡子的底细，王已向赵保证他的徒弟不在杭州做生意，所以赵同意王住在那里。当天，赵派了一个督察陪我去找王。在一座相当讲究的别墅式的房子里，我见到一个衣着考究、态度和蔼的老人，从外表上完全看不出这是个江洋大盗。当王胡子听到我说明来意后，他笑着说："徒儿们太不懂事，惹下乱子，实在抱歉得很。"他答应派人去上海看看，如果是他的徒弟们干的，一定叫他们原物送还，否则也愿帮同想想办法找一找线索。

离开王家，我问陪我去的那个督察，知道杭州还没有出过这样的案子。原来安居在西湖边的豪门权贵的财物，是靠这个老头子在暗中保护的。我回上海的第四天，龙华寺失去的东西已在夜间堆放在方丈室的门口，一样都没有缺少。半年后，我再去杭州又见到王，他只说那件事是他的三个徒弟干的，别的情况他一直没有说出。

抗战期间，我在重庆稽查处当副处长时，稽查处抓到一个偷窃美国大使馆时失风的惯盗。他承认是王胡子的徒弟，我便找他谈了几次，知道王所教出的徒弟，都有一套"翻墙越屋"的本领。外间传说这些人能够"飞檐走壁"，我出于好奇心，叫他表演给我看看，结果并不是那么一回事。他们翻墙越屋主要是依靠一些工具。他们经常使用的一种工具叫"软竿子"，是用头发或丝线编成比筷子粗点的长绳，一头有金属制成的钩子，抛在墙头上钩住了便可攀缘而上。这种"软竿子"平日可以缠在腰间，不露痕迹。另一种工具叫作"硬竿子"，外形像手杖，内部结构有如照相机的三脚架，可以拉长一丈多，一头钩在窗檐边便可顺着爬上去。

他们有一种打碎玻璃推开门窗的办法，即先用划玻璃的金刚钻在玻璃上划出可容手伸进的线框，再用涂好生胶的手帕粘在上面，稍干，轻轻一推，裂开的碎玻璃都粘牢在手帕上，不会落在地上发出声音，这样便可从洞眼里伸手进去把窗上的闩子拉开登堂入室了。

他们偷窃十几层高大洋楼住户的东西，总是白天先混入大楼内找地方躲起来，夜晚从顶楼垂绳而下，去到他们看中的住户行窃。所以越高的楼房总是最上几层容

易被盗，因为这种地方不宜由下向上爬，只能从上而下，东西盗走后可从原路回去，亦可从房里开门逃走。许多不了解这种情况的人，往往以讹传讹，认为盗贼能从楼下飞跃到高层楼房上去，把他们说得有了不起的本领。

一些走江湖闯码头的盗贼，虽然不落帮，但还是有线索可寻，因为很少能够单干而不需要伙伴的。像这些有本领的飞贼，当他们进行偷盗时，往往有一两人给他们“把风”。如果这时正遇到巡逻的警察等经过时，把风的人则用事先约定的方法通风报信，一方面引起作案盗贼的警惕，另一方面则分散警察的注意力。

“远贼必有近巢”。不管从什么地方来的盗贼，总得找地方住宿。他们偷到了东西，也得找出路而不是留下自己使用。过去许多大城市都有一种黑市，大都是在天不亮时点灯做交易。许多盗贼偷来的物品就在这些地方脱手，侦缉人员便是从这些地方去找线索。许多窝藏盗贼的窝主，他们既代售赃物，同时又是侦缉人员的耳目，因为他们平日需要得到侦缉人员的包庇才能从事这门行当。遇到非破不可的案件，他们也得帮助找线索，所以能在相互利用下存在下去。

我过去亲自承办过许多案件，当时都是以所谓破案神速，而被人称为“名探”。实际上说穿不值一笑，很多是由于巧合或偶然的机会碰上的。这里我只举两三件简略谈谈。

抗战前，国民党的一个师长梁华盛，有次到南京开会后一个人溜到上海去玩。他在火车上认识一个衣着华贵的美艳少妇，举止阔绰，带有女仆两名和许多行李。到站时，又有新型汽车来迎接这名妇女，梁华盛以为她是什么达官贵人的家属。当她邀梁上汽车答应先送他回家去的时候，梁说自己还没有决定住什么旅馆，她便请梁到她家去，把梁安置在客房内。第二天，梁醒来发觉随身携带的皮包不见了，这个屋子里的主人和仆人都不在，才知上了圈套。梁急忙找当时京沪杭铁路局警察署长吴乃宪。吴曾担任过军统上海区长，和梁是黄埔一期同学。吴找我帮忙，说梁的皮包内除有7000多元现款外，还有许多重要文件，非替他找回不可。我和梁一同去他住过一夜的地方查看，得知这是一所白俄开的公寓，原来租房的女客只付过一个月的租金，已快满期，所有家具都是租用的，留下的几只箱子都装了破烂，没有一点值钱的东西。梁焦急万分，再三请我帮忙，我口头虽答应下来，却毫无把握。

我先找了几个专在京沪铁路上“跑轮子”的窃盗盘问。他们听我说了这个女人的面貌特征和当天情况后，都说不认识。我又找了那个地段的“地头蛇”查询，他们也不了解。最后我只有用“守株待兔”的办法。

原来上海老北门一条小弄堂里有一座财神庙，这个“财神”是专门为所有在上海操皮肉生涯和干坏事的女人供奉的。庙祝王某，是我的眼线。每逢初一十五，妓女大都要来进香求神。有的女“拆白党”在取得财喜之后，更要来还愿。那天去的人很少，我有机会从王某的房内看清每一个去烧香的人。我一直等到下午，还没有看到梁华盛所讲的那个模样的少妇来烧香还愿。我正准备走的时候，发现有个穿得非常朴素的女人向神龛前的钱柜内投了两块银圆，立刻引起我的好奇心。我借故走近她的身旁，发现梁所说的唯一特征，右耳边有两颗黑痣。我便等她烧完香后跟着出来，转了两个弯，又看到梁所说的一辆新型司蒂倍克小轿车停在那里等她。当她正准备上车时，我将她逮捕，连车一同驶回侦察大队。一经讯问，她立刻供出有关同党。我将她的同党先后捕到，并追出梁的皮包和7000多元现款。当时梁感到能如此迅速破案追回原物大为惊奇，我也瞎吹一阵。实际上却是毫不费力，而是对方自投罗网。

抗战前曾轰动一时的另一件大案，上海不少小报都以“破案神速”而大肆吹嘘过。有一艘木船从安庆装了土特产品准备驶往上海，开船的头天晚上被国民党某部逃兵两人，勾结专做水上抢劫生意的惯盗三人，半夜冒充检查，将船老板全家五口和三名船工杀死抛入江中。这五名盗匪作案后将船开往上海停靠十六铺码头，准备将货物脱手后逃走。我带队将这五个匪徒逮捕，从案件发生到破案不到48小时。

说来真是凑巧，我在水上并没有眼线，破获此案不过是“瞎猫捉耗子”碰上了。原来，那只木船的老板有个亲戚熊某，与我有过些关系。熊某那次顺便搭这条船来上海，匪徒们上船作案时他正下船去找人，回船时恰巧看到有人上船，并听到嘈杂声音。他一看这情况知道不妙，便躲在暗处观看动静，不久就看到那船解缆向上海航行，他便乘车连夜赶到上海。天刚亮，他发现这条船向码头行驶，船上的人一个也不认识，知道出了事。他看到船停在十六铺码头立即打电话告诉我，我就这样把这案轻易地破获了。

侦缉人员在向人谈起破案经过时，从来不提是靠什么眼线提供线索的。这一方面是故意显示自己的本领，另一方面凡是当眼线的都害怕匪徒报复，也不愿别人知道他。因为这些人是没有什么保障的，随时都可能被匪徒们的同党杀害。这次破案后，我只从那一船无主的货物中，提出十分之一还不到的钱给这个眼线，他也就很满足了。船上的财物照例是主办人得一半，另外的一半归承办的有关人员瓜分。谁也不会去管被害的“苦主”家属了。

我在上海几年中，也遇到过一些非常棘手的大案子，如上海邮政总局一次被抢去现金4万多元。此案当时轰动全国，我和许多侦缉人员奉令限期破案。这件案子虽发生在公共租界的北四川路，但邮政总局却不属于租界警权保护范围之内。抢劫犯共有四五人，趁邮局向银行解缴现金时，将盛有现金4万多元的几个邮包抢走，还当场打死一个看门的人，乘着一辆抢来的出租汽车逃逸。我们后来发现这辆汽车被遗弃在沪西郊外，是匪徒先去租一辆汽车，将车驶往郊区后即将司机拘禁捆绑在一间小草房内，由一人看守，事成之后再把汽车开往该处通知看守人逃走，将车抛弃。

我和许多人研究案情后，断定被打死的看门人是个内线，当他给匪徒指明盛满现钞的邮包后，正准备与匪徒们一同上车逃走时，警铃与警笛狂鸣，匪徒不愿停车，又怕留下他会供出其他的人，便发枪两响将其击毙。我们查明，这个看门人原籍苏北盐城，匪徒遗下的弹壳是驳壳枪弹，因此推断这个案子是苏北帮的土匪干的。因为上海帮的盗匪一般都爱用小手枪而不用驳壳枪。这是因为在大城市内作案使用小手枪便于携带、隐藏，而在外地作案则要求射程远、威力大，所以大都爱用驳壳枪。

我奉命带着三名老探员去苏北侦查，从上船起就和帮会取得联系。老探员有一套办法，一上船就能找到帮会关系，到一个小地方住旅店也是这样。他们最引人注意的手法是把手提箱等向地上一放，从身上掏出手铐，一头把行李锁上，一头锁在固定的东西上。这样一锁之后，便毫不在乎地走开，一会儿就会有人来代为照料，回来时便会自动来打招呼。他们住旅店锁房门也是用手铐，所以一路上到处都可以与地头蛇取上联系。我当时还很担心这样明目张胆地出门办案会泄露身份，他们却满不在乎。经过一个多月，跑了苏北几个县以后，居然找到线索而将此案破获，追回3万多元。这主要是通过各县帮会分子提供线索。因为这些盗匪抢到几万元巨款回到家乡后便大肆挥霍，引起人们的注意。这样辗转相传，我们才能根据这些线索找到有关匪犯。

我在常德警备司令部和洞庭湖警备司令部任稽查处长期间，常德城区很少发生大的抢劫案，而四乡及附近集镇却不断发生大小案件。在前后三年中，我都是依靠稽查处第一组组长胡葆文与惯匪有勾结，才保住城区不出大案。这个胡葆文被人叫作“葆哥”，专门窝藏盗匪坐地分赃。这些抢劫乡镇的惯匪，作案之后每每住在他家。我了解到这一情况后装聋作哑，不去拆穿他，只要城内不出事便可交代得过去了。

有次军政部官员的家属所乘木船在桃源附近被匪搜劫，抢去不少黄金和贵重物品，军政部严令限期破案。我听说这些抢匪都住在胡葆文家中，由于案情重大，被劫的是军政部官员的家属，不能像对待一般商民一样应付敷衍，便决定要破案。有天晚上我亲自带人去胡家，正碰上胡和几个人在大吃大喝。他一见我去，知道已走漏风声，便向我提出条件，为匪徒们说情，答应交出两个人和退还一部分赃物。我考虑再三，为了希望以后不在城内出事，也只好同意不办主犯，由他们交出两个从犯来顶替。他们交出的两个“匪徒”，我一问，原来是两个农民，因为无衣无食被雇去搬运赃物，每人只得到10元，便作为“替罪羊”被处死刑，这件案子便这样算是破获了。像这一类侦探与盗匪合伙破获的案件，我亲自处理和听到的还很多，这里就不再多举。

侦缉人员也曾采用过一些西洋的所谓“科学办法”，在许多侦缉机关里设立指纹、法医、警犬、理化、检验等机构，以利于案件的破获。但是这些从外国学来的东西，每每由于主管人员的调动也随之变更。留德的主张采用德国办法，留意、留日、留美的又主张采用自己学过的一套，甚至连一个指纹究竟应采用亨利爱德华式或白脱里式也始终不能统一，各地都是自己各搞一套。许多老侦探对这些新鲜玩意儿更是毫无兴趣。我过去虽然也提倡采用洋办法，实际上，我搞这项工作约有十年，破获的案件数以百计，很少是用这些办法破案的，主要还是靠老一套经验和无数的眼线。

过去侦缉人员办案，很少依靠指纹。这是由于一般人对现场保护缺乏常识，每次发生凶杀或重大窃盗案，还不待侦缉人员到场，事主家属和看热闹的人早把现场弄得很混乱，往往在一件遗留的凶器上沾满了新的指纹，而把凶手的指纹破坏了。如果凭这种指纹去找凶手，十有九回不可靠。加以反动政府的治安机关中，没有建立系统的指纹机构，也没有大量的资料可以核对，所以等于虚设。

最可笑的是抗战胜利后，美国为帮助反动派镇压中国人民的革命运动，赠送的一些所谓科学的刑事器材，试用结果说明，它也只能成为点缀品。我亲自看到使用美国审讯用的“测谎侦察器”去审讯窃盗嫌疑犯，十多人中没有一个问对了的。而老侦探们那种审讯办法，只要对那些惯窃们劈头问上几句黑话，对方便立刻和盘托出，我自己就有过这样的经验。我第一次按照一般审讯程序去问一个窃犯时，除了问出姓名年龄籍贯等外，其余都不得要领，怎样也问不出来。这时在旁边看热闹的一个老侦缉人员走到他身边，提起他一只耳朵用江湖黑话问了他几句，他立刻改变态度老实招供了。

我曾和上海法租界管理政事部侦探处长饶伯泽和侦探长普来西会同办过一些刑事案件，这两人都是巴黎有名的老侦探。他们在讯问嫌疑犯时，开始还照他们在法国老一套方式，一边问一边迅速用打字机把问答的要点打在纸上。最后他们问不下去了，总是照例伸伸懒腰不耐烦地把犯人交给中国籍的部下去刑讯。一顿拷打之后，等犯人供出了案情，他们才继续接下去问。

反动政府的各级侦缉机关，有些成立虽有很长时间，可是一直到全国解放前都还是用那套腐朽陈旧的老办法。

在旧社会里，窃钩者诛，窃国者侯。侦缉人员对待那些被他们认为触犯法律刑章的人，随心所欲地处理而不会有人过问。反动政府也曾假仁假义地颁布过皇皇明令，禁止对犯人施用肉刑拷问，法院也不收被打得皮开肉绽的犯人。有些受过刑的人被送到法院后控告侦缉人员对他酷刑逼供，法院照例传讯这些被告去质询。我在上海便经常为了打伤犯人而被法院传讯，但这完全是一套官样文章，传讯由他传讯，酷刑照样施行，反正去了法院也只是说说不能使用肉刑，可是从来也没有因为这些事而当庭扣押过侦缉人员。相反，法院有时遇到重大案件没有办法，却以发交侦缉机关侦讯为名，交给侦缉人员去用酷刑逼供。1947年，孙科在上海哥伦比亚路二十二号的公馆失窃，为上海警备司令部稽查处第七大队长肖复权破案后，窃犯移送法院后翻供。因事关院长大人公馆发生窃案问题，法院不能不认真处理，以求讨好院长。法院不便自己动刑，便发还原办单位复审。肖复权把这些翻供的窃犯重重地痛打一顿之后，再送法院去时，果然不再翻供了。

在解放之前，治安机关对犯人施用肉刑是司空见惯习以为常，被认为是公开的"官刑"。其实，在这些官刑以外，还有许多侦缉人员暗中采用的惨无人道的私刑。一向根本不知道什么叫人权的侦缉人员，对那些被他们看来比普通人要低几等的盗匪，就更可随心所欲爱怎么就怎么了。

抗战前我在上海时，抓到一个专门在京沪铁路上偷头等卧车旅客行李的惯盗。他犯一次案，就使我们头痛一次。因为当时乘头等卧车的旅客，大都是南京政府的达官贵人，这些人哪怕丢了一件小东西，都是小题大做非叫破案不可。我们抓到这个人送往法院服刑几个月出狱后，他又重操旧业。有次我和我的助手陈金标第三次抓到他（他在南翔火车站附近偷了国民党一个到上海度周末的中央委员的皮包），我便和陈金标研究，这回不再送他到法院，也不带回机关，决定把他带到郊外好好收拾他一下。

我们在一个小茶馆坐到天黑以后，才将他带到一处僻静的麦田边，他以为我们要杀掉他，跪下去向我们求饶。陈金标便将他按倒在地，问他要死还是要活。他当然要活，陈和我便向他提出，要活就不准他再吃这行饭。他答应了，以为没事，结果是被我们用一把锋利的小刀将他的脚筋割断一根。当他痛晕过去时，我们才将手铐解开，把他丢在那里。这个终身成为残废的人，我们以后虽然没有再看到过，可是京沪路上偷头等卧车旅客行李的案子却仍是照样经常发生，并不因我们施用过这种残暴的私刑而使达官贵人不再丢东西。

抗战期间，军统特务头子戴笠在重庆马路上被人扒去钢笔不久，美国特务头子、中美合作所参谋长贝乐利在胜利大厦门口也被人从裤袋里摸走了一个小皮夹。据他自己说，这个小皮夹还是用链条拴在裤腰上的，这就更增添了这案的神秘色彩。戴笠得到贝乐利的通知后，自然又大发脾气，认为给他丢了脸，不识相的扒手

敢在他主子身上动手，这还了得。当天晚上戴笠把我找去，写了一个限三天破案的手令，叫我亲自送给侦缉大队长李连福。李接到这张手令，听到我谈出的情况，也和我一样认为这是个手法很高明的外地来的老手干的，不易找到线索。

三天过去，抓到的嫌疑犯近百人，但仍毫无线索。戴笠一面打电话责骂李连福，一面派我去侦缉大队催促。半个月以后，侦缉队员在一品场抓到一个重大嫌疑犯，从这人身上抄出五张 100 元的美钞，与贝乐利失去六张 100 元的美钞相近。经一顿严刑拷问之后，这人供出美钞是从另一个人手中购来。经我们辗转追查，最后总算找到这个出售六张 100 元美钞的人犯，并追出了他扔在水沟内的皮夹和戴笠赠送给贝乐利的刻有中国名字的象牙图章等。李连福对这个窃贼恨得咬牙切齿，说一定要叫他知道李某的狠处。

我听后曾私下问李，还有什么狠处？他告诉我，抗战前他在北平当侦缉队长时，对这种惯窃有一套制服的办法。他说，在这些惯窃刑满释放以后，抓来处以私刑，或不送交法院判刑即采用私刑来对付。李连福告诉我，这些私刑，轻的是把惯窃面部用利刃划一道或两道伤口，愈后也无法遮掩，侦缉人员随时可以监督或逮捕他们；重的是毁伤肢体，使之成为残废。我为了搜集这类资料，事后曾问他对偷窃贝乐利皮夹的人是怎么处理的？他告诉我，是由他亲自带了两个人把这个窃犯的右手中指和食指用石块把骨节砸碎，使他再不能吃这门饭了。因为当扒手的主要是靠这两个指头才能偷窃，这两个指头残废以后，再有本领的惯窃也无法施展其伎俩。

这种残暴的私刑，当时各地都有。我曾问过在兰州当侦缉队长的许忠五（以后当重庆侦缉大队长），知道他也曾把一些不入帮的外来惯窃抓到后，将耳朵上部或下部削去一块以便辨别。陈志强在西安当侦缉队长时，还曾把一个专偷大官豪绅东西的惯窃用石灰将其两眼弄瞎。贵阳侦缉队邱队长、昆明刑警队长周百先，也都是爱采用私刑的，也曾把一些不听话的惯窃打成残废。这些人在向我谈到这种暴行时还非常得意，认为这是一种最好的办法。但尽管如此，在那黑暗的旧社会里，达官权贵的贵重物品还是经常被盗窃，并没有因为这些官刑、私刑而使人不再去铤而走险。

谋财害命，是人们深恶痛绝的罪行，无不要求绳之以法。但侦缉人员却每每利用职权任意杀人取财。当他们抓到有些赃物很贵重的盗匪，为了私自吞没这些东西，往往采用灭绝人性的办法把这些论罪不应死的盗匪私自杀害，而加上一个“持械拒捕，当场格毙”或“追捕误毙”的罪名，以了结案件。抗战前我在上海时，与上海公安局侦缉总队长卢英和他的几个得力部下如董德明、沈文达、尤汉文、巫克忠、李筱宝等常在一起，他们曾向我介绍过这种杀人的经验。军统特务虽然没有将这些办法用在对待盗匪上面，却曾把学到的这些办法去杀害过中共地下工作人员和民主人士（具体情况已写在《抗战前军统特务在上海的罪恶活动》一文中）。

旧社会的侦缉人员利用职权鱼肉人民，危害之大是非常惊人的。我从事这项兼职前后十年多，见过的和听到的有关这些人的罪行真是数不胜数，现择要略述几件。

抗战前，我在上海认识法租界一个叫顾纪生的老侦探。他死后，因他外甥与养子打官司争夺遗产，才知道他竟积蓄了 40 多万元的资财。当报上公布这件事后，许多人大吃一惊。这个月薪不到 60 元的探目，二三十年中竟弄到这么多钱。

原来，他除了侦缉人员一般常用的包娼包赌包毒，以及坐地分赃和敲诈勒索等办法搞钱外，还经常用栽赃诬陷弄得许多人倾家荡产。他养了一些盗贼，如看中某家有钱人或商店，便先叫人拿些物美价廉的东西卖给这些人家，过几天他便把他养的窃盗用手铐铐着，一直带到这些人家去取赃。这些人家或商店既然贪图小便宜买了小偷的东西，侦缉人员一去自然能把这些东西找到。这样，他们便硬指这些人家是收藏盗贼赃物的“窝主”。旧社会办案不讲是非，“贼咬一口入骨三分”，何况有人证物证，更是有口难分。

顾纪生进行敲诈勒索，专门选择那些在上海社会关系少的人作为对象。例如法大马路一家杂货店的老板刚死不久，这个店的老板娘继续经营下去。顾便勾结一个店伙，向顾所养的窃盗购进几次黑货。等一切部署好以后，顾便带人去搜查，将老板娘抓走，最后弄得这个老板娘变成了神经病，他慢慢地把这个商店弄成了他的。又如先前在外省当县长搜刮人民血汗，后来到上海当了寓公的一对老夫妇，在吕班路底买了一座小洋房。顾利用这家人布置房屋时，叫人卖了些便宜东西给这个老头，其中有一个小保险柜。顾便和法籍探长勾结，将老头逮捕，硬说这个保险柜

是他从某处盗来的，内有多少贵重物品被其吞没，一定要赔出来才能释放。这个在上海无亲无友的老头，最后被逼得把所有搜刮来的造孽钱全部被他们弄得干干净净，并无可奈何地离开上海。顾依靠和法国租界捕房勾结，专干这类勾当，不到十年，便拥有十多处房地产，以后便经营地皮生意。如果不是他的养子与外甥为争夺遗产闹到法院去，这个内幕还不会公开出来。其实，在旧社会，类似顾纪生这样凶狠毒辣的人又何止一个。

至于侦缉人员蔑视人权，任意殴打无辜人民，对被他们认为是嫌疑犯的人随意施加酷刑，更是被看成"合法"的。我因长期兼任军统所办的特务训练班行动术教官，为了讲行动术中刑讯这一课目，搜集过各种肉刑的资料。后来军统特务把许多身体结实的"罪犯"当作试验品，进行种种实验，看一个人究竟能经受住多少种刑，每一种刑可以在人体上施用多久。军统特务仔细观察并将情况详细记录下来作为教材。这种惨无人道的暴行比野兽都不如，野兽虽吃人但还不懂得折磨人。

我在重庆稽查处任副处长兼督察长时，有天去朝天门水上稽查所视察工作，看到稽查员抓到一个被指为偷窃军米的所谓嫌疑犯。这是一个身体非常结实的码头搬运工人，只在他口袋内搜出一些从地上扫起来的军米，按照一般情况也只是责骂一顿或抽几个耳光，让他把拾到的军米归还便可了事。稽查员把他押上汽车带回稽查处，便以彻底追查历来军米失窃的原因为名，叫几个专门行刑的稽查员对他进行刑讯，我在旁边观察。稽查员先把他两手反背，将两个大拇指吊起来，使身体离地，全身重量都悬在两个指头上。经过四个多小时，这人晕了过去，才用冷水将他浇醒。这之后，侦缉人员继续使用了老虎凳、踩杠子等七八种酷刑，都一一做成记录。这主要是做"实验"，不是在追查什么，所以任他乱叫乱供也还是一套又一套地施用各种酷刑。后来看到他已着实经受不住了，才从他胡乱供出的一些情况中抓了三个人，并继续用这三个人做了三天的实验，才结束这场暴行。

我当重庆侦缉大队长时，侦缉人员经常把许多小偷当作酷刑的实验品。军统特务班的学生也拿这些人当作"活教材"，练习使用酷刑的方法和观察效果，以便将来用到被捕的共产党员和革命人士身上。这些被用来作为实验品的盗窃犯或嫌疑犯，在饱受各种灭绝人性的刑法以后，即使残废，也只好自认倒霉；如果想去告发也无门路，反正是官官相护。偶尔有个别不怕事的敢于那么做，便会引来杀身之祸，侦缉人员可用各种借口把他再度逮捕进行更毒辣的酷刑。

抗战前我在上海认识一个在公共租界老闸捕房当华探的朗祖荫，这人凶暴异常，动辄把人打伤。他一贯依仗外国人的势力在租界横行霸道，有次一脚把一个人力车夫踢个半死。这个人力车夫回到家去不久就真的死去了，他临死前告诉自己的妻子，一定要为他报仇。他妻子在他死后便去公共租界特区法院叫冤，法院还没有接受她的诉状，就被朗祖荫带着几个流氓痛打了一顿。这个坚强不屈的女人，第二天还是去告，又被阻止。当晚，朗就带人把她投入黄浦江中，本打算把她淹死，结果被渔船救起。她第三次还是去告，这才引起法院的注意，传她去问明情况，并传朗到庭质问。法院传了三次，朗都抗传不到。社会上一些有正义感的人士支援她，结果法院只好呈报司法部转外交部与公共租界交涉。当时反动政府外交部哪会为这种小事去麻烦洋人，最后还是拖了下去，没有下文。

抗战期间，沅陵警备司令部稽查处长黄加持与湘西土匪勾结，土匪头子送他一副用人皮制的马鞍。据说这副人皮是黄的一个仇人的，黄勾结土匪杀了他。土匪为了讨好黄，便将这人的皮剥下做成马鞍。如果不是黄拿出这东西给我看过，我也不会相信有这等残酷的事。

至于一些侦缉人员任意强占人家妻女财产诬良为盗更是多得不胜枚举。如重庆稽查处侦察大队的吴 ××，看中一个司机的妻子，便把这个司机以莫须有的罪名逮捕陷害而达到了强占其妻的目的。稽查处社会侦察组组员车重光害死重庆冉家巷一个小型饼干厂的老板后，把他妻子财产一起霸占了。侦察大队队员李虎臣害死一个澡堂老板，把这个澡堂据为己有。像这一类的事实在太多，我就不再列举。总之，过去反动政府和帝国主义统治下的租界，设立各式各样侦缉机构，无数人民受其毒害，我这里所写出的还只是有限的一部分。

中美特种技术合作所内幕

中美特种技术合作所（简称中美所），它的英文名称为 SINO AMERICAN COOPERATION OFFICE（缩写为 SACO）。它是在抗日战争期间美蒋特务公开合流的一个产物，由国民党特务机关军事委员会调查统计局（军统）与美帝海军部情报署合作组织起来的。我当时任军统局总务处处长，由于经常和这个组织有很密切的往来，对于这一机构的成立和结束以及它的组织、人事和活动情况有相当了解，现就个人所知所见写出，不够的地方，尚待过去了解该所情况的先生们能有以指教和补充，俾使这一臭名昭著的罪恶集团种种情况能全部揭露出来，让更多的人了解到美蒋特务的真正面目。

一、成立经过

抗日战争期间，蒋介石集团逃到重庆后，几乎所有的机构中都有美帝的顾问从中主持和操纵。当时只有特务这一部门，还没有得到主子的垂青，军统特务头子戴笠，对于自己所领导的这个单位得不到主子们的重视，也认为很不光彩。当他向蒋介石谈到这一问题的时候，蒋介石也表示这是一件很遗憾的事情。从 1940 年前后开始，戴笠便一再示意当时军统局美国站站长（公开职务是国民政府驻美大使馆助理武官）肖勃，希望他在美国方面进行联系，找有关的特务部门去接洽，虽经过一段相当长时间的努力，也没有引起过美帝方面的重视。

1941年冬珍珠港事件发生的前几个月，由于军统局电讯处担任日本密电码的技术研究室从日本空军的调动和种种部署中，侦译了解到日本空军有准备在太平洋地区进行活动的企图。戴笠认为这是讨好美帝的最好机会，经过蒋介石的批准之后，便把这一情况通知肖勃。由肖勃转告驻美武官郭德权，并分别告知美帝国防部有关人员，叫他们注意日空军的活动。据说当时美帝国防部一些负责的将军们听到这一消息，不但捧腹大笑，不相信有这回事，还认为是国民党政府有意在挑拨美日关系。以后军统不断地得到了这方面的情报，连续告知肖勃转告郭德权以后，他们都不好意思再去正式通知美帝国防部，而只和与他们有些私人关系的个别美军军官谈谈，同样也只是引起他们笑笑。等到12月8日日本空军偷袭珍珠港成功，美帝在太平洋的舰队遭到了沉重的打击之后，美国的许多将领才想到几个月前郭德权告诉他们的情况，不是凭空捏造出来的东西，这才去找他，问这一消息的来源，才知道是军统局侦译到的。他们一方面与肖勃开始进行联系，同时也叫驻重庆大使馆武官迪帕斯上校就近和军统直接去接洽，以便在对日作战中能够通过军统这一组织从事他们所需要搜集的情报活动。

1943年戴笠在中美合作所成立文件上签字

迪帕斯和戴笠第一次见面时，对戴所领导的工作大为称赞了一番。戴感到莫大的荣幸，除了电告肖勃应抓住时机加紧在美国活动外，并在曾家岩住宅中设盛宴

招待迪帕斯，邀请军令部二厅厅长杨宣诚、副厅长郑介民，航空委员会主任周至柔，以及他的好友何世礼、伍仁硕等作陪，尽力向迪帕斯夸耀他在抗日战争中的“功绩”和对美帝的崇敬心情。

肖勃在美国活动的结果，得到了美帝主持海外情报工作的海军参谋部情报署的同意，派遣曾任远东舰队舰长的梅乐斯（MARY MILES）中校，于1942年春间由肖勃陪同到了重庆，当面和戴笠进行谈判，参观了军统局一些单位。梅乐斯回国向海军情报署报告了与戴笠谈判情况后，极力主张和军统先进行电讯侦译方面的技术合作，企图在合作过程中把军统局电讯处技术研究室所掌握到的有关对日空军密码侦译经验剽窃过去，自己能够普遍掌握到这方面的技术。美海军部批准了这一计划后，于1942年夏秋间，梅乐斯便率领了十多名美国方面专搞电讯工作的特务来到重庆进行筹备工作。戴笠除希望美帝方面多供应一些当时军统所急需的无线电通信器材外，更希望美帝能把它专搞密电码翻译的一个叫作“黑室”的机构与设备，分一部分到重庆来，以便偷学到美帝的那一套东西，而把自己所懂得的侦译日军一点经验保留起来作为本钱不让美帝特务学过去。

在最初合作的阶段，由于双方各有一套自私的打算，始终是貌合神离，没有法子合作得起来，在工作上毫无进展。虽然双方所派遣的人员不断增加，但距双方真正的目的却愈来愈远，中间还几乎一度停顿下来，合作不下去。不过在这时，美帝特务部门却渐渐了解到当时戴笠所领导下的军统组织已遍布蒋管区每一角落，如果通过这一单位在中国进行种种特务活动是一个很不易找到的最理想的对象。而戴笠则看到美国人比正在和他进行合作的英国人要慷慨得多，为了满足军统今后物资上的需要，这是一个最好的靠山。由于双方都看出了对方的可利用之处，所以在进行电讯技术合作方面虽然彼此并不满意，可是都不愿轻易放弃这一机会，而企图改变一下合作的方向，扩大合作的范围。

1942年冬，戴笠和梅乐斯在磁器口缫丝厂杨家山戴笠别墅中的一次谈话里，提到今后应进一步加强合作的问题。当时美帝最缺少的，是日军在中国与太平洋沿岸及沿中国海岸的一些活动情况，以及这些地区气象、水文等方面的资料。军统方面除了最需要的电讯器材外，更希望能够得到美帝的武器与交通运输工具。经过那次交换意见后，合作便立刻转入一个新的试验阶段，而把原来所准备进行的合作项目搁置起来。经双方的主管部门批准之后，美帝的气象工作人员和设备便陆续来到重庆，戴笠所需要的轻武器和炸药也运来了一些。这些武器虽为数不多，我记得第一批运来只不过几百支左轮、曲尺手枪和卡宾枪以及汤姆生机枪，但是来得很快，而且所配的弹药数目也相当多。不像英国人那么拖拖拉拉，不仅数量上一再争执，而且配属的东西也非常少。因此戴笠对美国人这种“大方”感到极为满意，在改变合作方向、扩大合作范围的试行期间，戴笠又不断提出请求美方帮助训练和装备军统所领导的武装特务部队问题和请求美方供应交通工具、医药设备等问题，也都得到了满意的答复。原来很简单地组织起来的中美所，由于业务范围一天天扩大，双方人员不断增加，内部机构也逐渐形成。原来梅乐斯和一批美特还只在磁器口缫丝厂杨家山背后钟家山一带办公和住宿，到 1943 年便慢慢向东、西、南三面发展开来。

从 1943 年春开始，新的合作工作不断地增添，戴笠每有所要求，很快便得到美方满意的答复，大批美国特务和器材也源源不断地向重庆涌来。从 3 月初开始，双方便决定把已经试行的各项工作和双方所提出的要求，用文字把它固定下来，而决定正式签订一项条约。为了给这种条约定一个名称的问题，戴笠曾经一再考虑。他怕别人将来指责他和帝国主义签过不平等的卖国条约，便力求从名称上用得妥当些。最后才决定用签订“合同”的方式（美方有时称它为“协定”），以表示完全是从平等合作的基础上来签订的。在起草这项合同时，戴经常召集军统局处长以上和中美所组长以上的大特务开会研究，往往直到深夜才散。第一次合同经过一个多月的酝酿，做过七八次的修改增删，除了内容方面经常由戴笠口头上向梅乐斯去试探，先征求他的同意外，还力求在文字技术上要周到仔细。1943 年 4 月间，第一次准备和美方签订的合同草稿才拟出来，戴马上去找宋子文研究。宋认为没有什么问题后，戴才去向蒋介石报告。蒋看了也很满意，这样才正式通知美方约期正式签订合同。从第一次合同签订之后，中美所的筹备工作才结束，而把试行的各项合作工作正式开展起来。

二、前后三次签订的合同概要

第一次签订合同的时间约为1943年4月15日，地点是在重庆磁器口缫丝厂杨家山军统乡下办事处的大礼堂（也是军统局重庆训练班的礼堂）。

主持这次合同签订的人：美帝方面为当时海军部长诺克斯与美国总统罗斯福的私人代表美国生活杂志老板鲁斯和美国海军部情报署代表梅乐斯中校；中国方面的主持人，蒋介石原来指派外交部部长宋子文，临时宋有事没有来，改由外交部常务次长胡世泽代表，与军统局副局长戴笠共同主持。

参加这次签订合同仪式的人计有：中美所美方参谋长贝乐利、主任秘书史密司和中美所几个组的美方副组长；中国方面有中美所军统方面参谋长李崇诗、主任秘书潘其武与军统所派的几个组长。另外，戴笠还指定要军统的“三巨头”郑介民、唐纵、毛人凤，第一处处长鲍志鸿、第二处处长何芝园、第三处处长徐业道、第四处处长魏大铭、第五处处长沈维翰、第六处处长龚仙舫、第七处处长徐人骥、第八处处长沈醉等均参加。这是因为双方在业务和事务工作上需要紧密配合，他希望中美所与军统能打成一片，所以在中美所与军统的一些重要集会上，两个单位的组长和处长级的人员都要参加。

当天下午，礼堂布置一新，中悬双方国旗。仪式是在宴会前举行的，参加的人员都先坐在摆成马蹄形的餐桌前等候。5点整，戴笠领着鲁斯等和胡世泽等在热烈掌声中进入会场，在上首就座后，先由戴笠简单地表达了对鲁斯等远道而来主持这次合同签订的谢意，并介绍在场参加的人和鲁斯等见面。他是用点名的方式，把每个参加的人名字叫了一声，站起来后，便补充一句是什么职务，鲁斯微笑点一点头便又坐下来。只有郑介民、唐纵和毛人凤三人和鲁斯握了握手。介绍完毕即由潘其武将合同的中文本宣读一遍，然后由史密司宣读英文本，便由双方主持人在中英文本各两份上签字。接着由诺克斯讲话。他首先谈到，为了早日战胜共同的敌人——日本帝国主义，而举行的合作，是符合两国共同的利益和目的的。他说美国总统对这项工作寄予很殷切的期望，相信双方在今后一定能忠实地执行合同中所规定的一切，能做出出色的惊人成绩。他表示对合同中所列各点感到满意，并主动提出今后双方在合作期间，如果发现没有订入合同的问题而又为工作需要时，美国方面愿尽一切可能帮助中国。最后他对戴笠和戴所领导的军统局特别赞扬了一番，使参加的这群特务头子个个都很为高兴。

诺克斯讲话后便由胡世泽讲话。他代表蒋介石政府向美方表示最大的谢意和敬意，对美国代表诺克斯与鲁斯远道而来主持这一合同的签订极感满意，并盛赞鲁斯为美国杰出的人物。胡世泽表示中国方面一定能忠实地履行合同，今后希望在美国不断帮助下打垮日本帝国主义。戴笠和梅乐斯也在最后表示：一定能很好地履行合同所规定的事项，保证双方能做到忠诚合作，亲密无间，不负两国元首的期望等等。仪式完毕即举行宴会。双方为美蒋特务顺利进行合作与互祝两国领导人健康等不断干杯。宴会进行到晚上 9 点左右才停止。诺克斯与鲁斯在中美所内住了五天才回国。

第一次合同的内容很多也很烦琐，我虽然在起草前多次参加过这一合同的研究工作，以后在执行期间又亲自履行过合同中一些规定的有关事项，解放后又曾经与当时一些有关的人多次拼凑回忆，但仍只能记到一部分，更由于以后还补充签订了两次，因此对前后秩序也可能有颠倒，现就所知分述如下：

合同一开始就提出这是中国军事委员会调查统计局与美国海军参谋部情报署为了早日战胜双方共同敌人，愿意进行有关对日作战的情报交换与心战宣传以及在敌占领地区进行游击破坏等工作方面的合作，成立中美特种技术合作所于中国战时首都重庆。接着便说明中美所系因对日作战而成立，如对日战争取得胜利应即宣告结束，本合同中所商定的事项不论已否执行或正在执行，均应立即中止；但在对日战争尚在进行期间，如任何一方不愿继续执行本合同而要求中止此项合作时，除应当在半年前正式通知对方外，并应负责保守有关本所一切秘密，另一方有要求赔偿因合同中止而所受到的一切损失的权利。

中美所工作人员应按需要由双方派员共同组成，各个部门正副主管人员由双方选派，原则上是由军统派正主管人，美方派副主管人，必要时可另行协商办理。在选派各部门负责人员时，双方均应事先互相征求对方同意，始行派遣。如在工作

期间，一方对另方工作人员有意见时，得请求更换，双方均不得借故拖延或拒绝。今后在工作需要时，对组织机构之增减等问题，应由双方负责人事先进行协商同意，不得由任何一方采取单独行动。

中美所对外一切行文，由主任副主任出面共同签署方为有效；对内双方最高负责人，中国方面为中美所主任，美国方面为美方所派之副主任。主任或副主任因工作关系需要指挥另一方工作人员时，应以主任或副主任共同签署之命令方能生效。主任或副主任因事离职时，可自行指定专人负责代理，事前并应相互通知，征求对方同意。

双方工作人员之薪给待遇，均自行负责支付。所有来华工作之美方人员，有关食宿交通运输等生活方面问题，应由军统负责协助妥为解决。各项费用凡由军统先行垫付者，由美方按期归还。有关中美所办公、宿舍及其他公用房屋之修建工程，均由军统派员主办，所需经费则由双方共同负担。

合作的主要业务，是交换关于日本海陆空军在中国沿海及大陆上的活动部署情况及有关这些方面的材料，双方均应将所搜集到的情报全部无保留地提出交换研究，俾有利于对日作战（实际上却是叫军统提供这方面情报，名义上虽说交换，而美方却从来不向军统提供什么情报）。美方在中国沿海布雷、测量等，华方可派员参加。

当时美帝特务机关，虽然很重视中国共产党和它所领导的八路军、新四军与各地人民武装游击队的情况，以及各民主党派的活动和苏联方面的情况，但在合同中却没有正式提到，只含糊其词地说了一句，说在情报交换方面，除上面所谈到的对日本的材料外，“其他有关情报”也在交换研究范围之内。所以从合同全文中找不出有反共反苏反人民的字样，而在实际执行时，军统是不断地要向美方提供这些材料来满足它的要求的。当时军统局的新疆省站，便专门在中苏边境搜集有关苏联的情况，向美方提供。对中共和它所领导的武装部队的材料以及各民主党派的材料，军统局主管部门更是整套整套地提供。

军统所领导的武装特务部队，总共有五六万人，戴笠请求美帝帮助训练和配发美式武器装备，也得到美方的同意。在第一次合同中便提出先训练和装备5万人，并规定凡经中美所训练和装备的特务部队，都得接受中美所的指挥，这些部队对日作战的情况也要向中美所汇报。合同中关于美方为军统进行训练的情况提得很多，已记不起来，只知道以后除了在各地成立了许多“中美特种技术训练班”外，还在重庆成立了助教人员训练班和气象人员训练班，在湖南东安成立过医务人员（军医）训练班，以及爆破班等。

合同中还提到为了便于双方海空军对日作战，中美所应在中国沿海及后方各重要城市以及所领导的特务武装部队驻地，设立水文站、气象站和无线电台。关于中美所因工作关系所需要之电讯及气象器材和武器弹药装备以及交通运输工具、医药设备等物资，均由美方按实际需要数量全部无代价供应，并负责运输。

另外还在合同中谈到，中美所中所有美国籍工作人员来华后均享有外交人员之待遇。合同中还提到美方工作人员，如有失踪、伤亡等情况发生，军统应尽最大努力协助寻找与负责保护美方人员之安全。美方特别提出，凡在美国经过训练，认为绝对可靠，并已宣誓对盟国效忠之缅甸、泰国、朝鲜、台湾、安南等地人员，经美方提出，华方认可后，准在本所指挥下工作。

合同最后提到，本合同自签订之日起生效。凡在本合同签订前有关中美所筹备期间一切措施与本合同商定条文不相抵触者应继续进行，否则应即中止，另行协商解决。合同中还规定，在执行期间，如双方均感到有必要修改与增补事项，经事先协商取得一致意见之后，可另行补充签订合同。合同用中英文各缮写两份，中英文本有同等效力。

第二次签订的补充合同，时间为 1944 年秋，地点为中美所内陈家院子。美帝方面主持人为美国战略业务局局长杜诺万（W. J. DONOVAN），蒋介石集团方面为戴笠。参加的人除中美所组长以上人员外，还有军统局各处处长和各室主任，共有 30 余人。

第二次的合同，主要内容是由美帝特务为蒋介石集团培训美式特务人员和向军统提供美国刑具以加强军统对中国人民之镇压。

合同中规定，中美所决定在重庆成立特种警察人员训练班，专门培训刑事警察干部。所需教官由美方选派，技术训练工作全部由美方负责主持，教学器材和实

习所需之器材设备等均由美方供给。受训人员由军统选调，所需房屋及训练经费由军统负担。

这次合同中，还提到美方同意为军统培训高级特务 20 名，送往美国受训一年。除旅费由军统担负外，受训人员在美国一切费用由美方支付，每人一年约 1 万美元。1945 年美国海军第七舰队司令柯克上将到中美所视察时，又主动地将送美受训大特务的名额增加一倍为 40 人。

在这次合同中，还提到增加美方供应中美所的交通运输工具和医药设备等问题。如十轮大卡车由原来议定的 500 辆增至 2000 辆，中小吉普车由 50 辆增至 200 辆，并供应全部车辆的维修设备和可供三年使用的各种备份材料。医药器材增至可供 1000 张病床使用的全套设备和医药。

第三次合同的签订是 1945 年冬天，这时戴笠和梅乐斯均已赴东南视察，根据他们两人商定的几项原则，在重庆中美所内由美方参谋长贝乐利和军统方面主任秘书潘其武两人主持签订，内容主要是关于结束方面的事务性问题。

根据第一次合同规定，对日作战取得胜利后，中美所应即宣告结束。有关中美所一切结束工作，均由军统负责主持。所有美方在华工作人员应即返回美国。中美所内美方人员所保存之武器弹药和其他生活日用品等，凡已运来中国者，不问数额多寡，均不计价交与军统接收处理。军统方面所要求增拨之物资及两次合同中规定应由美方供应之物资，除 1000 张病床所需之全部医药设备器材仍由美方负责供应齐全，改在上海交付外，其他各项物资凡已启运来华者均按已启运之数量供应，未启运者不再供应。双方合作期间，中美所各项资料文件，美方可按需要带走一份外，其余交由军统处理。中美所美方人员离华后，所有美方在华修建之房屋及各项装备与陈设物品，均不计价赠予军统接收，美方不再保有所有权与使用权。

三、组织、人事及活动情况

中美所设主任一人，由戴笠兼任；副主任一人，由美特头子梅乐斯充任。对内对外一切工作，均由主任副主任共同负责。

双方各设参谋长一人，军统方面为李崇诗，美方为贝乐利。

双方各设主任秘书一人，军统方面为潘其武，美方为史密司。内勤部门设下列各组：

军事作战组（又叫参谋组或简称军事组）：组长尚望，号渭父，系军统所领导的军委会别动军司令部参谋长。副组长易炜，系别动军参谋处长。两人均系兼职，实际上由易炜负责。组下设有高参四人，均为军统大特务。美方派有一个副组长和若干参谋，姓名均不详。这个组主要工作名义上是指挥军统所领导的武装特务部队包括各地的行动总队和爆破总队，实际上这些武装特务头子们并不听从中美所的指挥，而仍由军统所控制。这个组所拟订的一切作战计划，均须先与军统商妥后才能发出去。虽然这样，而各地武装特务头子还是不大接受，仍按他们自己的一套直接向军统请示。但为了要得到美帝的武器弹药与美式装备，则又不得不将每次对日作战的伤亡、战绩和消耗向中美所汇报请求补充。这些数字大多是经过一再扩大甚至捏造出来的东西，往往与他们报给军统的有出入。而美方却非常重视这些统计数字，并经常对这些单位进行武器弹药的补充，他们根据这些虚报的“成绩”便可向美国政府去要东西。

情报组：组长为陆遂初，美方副组长不详。

这个组是中美所的重点工作组，主要是将军统向美方提供的各项情报由它分类编妥后送与美方，同时把美方需要深入了解的有关问题转交给军统作补充或复查。最初一段期间，军统向美方提供的情报在数量和质量上均不能满足美特的要求，梅乐斯一再以书面备忘录或口头向戴笠提出要求改进。以后由于军统与汉奸合流，大批军统特务安置到上海南京及东南各地，到处设有电台，对日军在华情况搜集较多。这些材料都是美国特务机关过去最感缺少的东西，这时不但数量多而且质量相当高，因此很引起美方的重视，并且弄得美国特务机关内部由于眼红而发生内讧。美国陆军参谋部战略情报局便要求派员参加中美所工作，并要梅乐斯向驻华美军总部及大使馆提供情报。据说梅乐斯因不答应还被杜诺万扣留在美大使馆一天，弄得梅几乎发神经病，曾回美国休养了几个月。以后美国陆军与联邦调查局的特务也于 1944 年间参加了这个组的工作。

这个重点组的工作几年来是不断地在发展和加强的。1943年以前只有美蒋特务20多人，到了1944年便增加到40多人。原来完全依靠军统局供给的一些情报，也不能满足美方的要求。1944年后增加了在东南地区的几个情报站，直接搜集东南沿海地区的情报。由于业务不断扩大，并且美方特别着重于东南地区的工作，1944年夏，军统方面又增加一个副组长王一心。这人原来在军统局局本部内专门担任对上海地区的潜伏布置工作多年，对东南一带情况熟悉，所以加派他去担任这个职务。

心理作战组：过去军统一向不大着重搞宣传造谣等工作，自与美帝特务合流后，也仿照美国特务机关在中美所内设立了心理作战组。这个组先后由谢××、吴利君担任组长。谢为托派叛徒，曾任陈独秀的秘书，以出卖陈而投身军统。中美所于1943年夏第一次合同签订后才成立这个组。戴笠在介绍谢××与梅乐斯见面时，曾提到谢的历史情况，梅乐斯很为高兴，认为这种人担任心战工作是非常适宜的。

这个组的成员有20多人。美帝特务由征集的兵员中，特别挑选了一批适合中美所工作的人前来工作。当时派到这个组的，有过去在美国很有声誉的漫画家两人（姓名已记不清楚）。我记得我去该组找谢××时，谢曾特别为我介绍过，说这两人在美国报纸杂志上画一张漫画就是几十美元，应征入伍后，为了发挥其所长，便派在中美所来担任对敌宣传的工作。另外还有一个专在美国搞广播工作和几个搞新闻工作的人，也都分配在这个组。当时戴笠为了不甘落后，也把当时中国有名的漫画家聘为这个组的专员。还有当时国民党国际宣传处的魏景蒙，也被聘参加这个组工作。国际问题研究所主任王芃生，更是不断地向这个组提供有关对日本方面的宣传材料。

这个组除了经常不断地向日寇占领区进行广播并用飞机空投宣传品外，1944年又成立了一个流动宣传大队，由贺元充大队长，经常在东南一带前线活动。这个大队配属有十几辆宣传车，车上装有播音设备，专在接近日军驻地向日本士兵进行宣传。这个组的工作最紧张活跃的时期，是1945年美军向日本逐岛进攻与向长崎、广岛投原子弹的时候，他们不断地宣传美军在日本本土上作战的成绩，夸大原子弹的威力，去动摇日军军心。胜利后，梅乐斯急于想了解这个组的工作在日本军队中所起的作用，曾派出许多美蒋特务去询问过一些日本军人，得到了很令人满意的答复。因为一些被封锁的消息不断传到了日军的耳中，他们互相暗中传播，据说对前方士气的影响相当大。在美蒋特务合流期中，军统得到了美特们的传授，也学到心理作战的这一套，戴笠和蒋介石都给予很高的评价。所以到军统结束而成立保密局时，在进行反共反人民的内战期间，保密局也成立了心战科，专门搞这些宣传造谣的活动。

气象组：这个组完全是由美方提出要成立的。当时虽说是为了双方海空军的活动，需要了解中国大陆的气象情况，实际上国民党的海军人员已逃进了湘西的山区，空军的一些残破飞机也天天在逃警报，而真正急于需要的倒是美方。据说美国曾多次向国民党政府提出要求，供给有关中国大陆的气象材料。当时中国方面实在没有办法答复，因为它本身根本没有重视过这一工作，飞机起飞都要靠无线电临时和目的地联络。等到逃到西南地区后，连过去仅有的一些设备也残缺不全，形成瘫痪状况。美帝也很了解这一情况，所以中美所一开始，首先便注重这一部门的工作，大量气象器材源源不断地运来。他们只好通过中美所这一组织，在中国大陆上亲自动手来搜集所需要的材料。

这个组，军统方面原来由一个姓王的当组长，后来由程浚继任，实际负责的人是美方的副组长和他们的一些专家。在第一次合同签订前，便已在重庆、成都、昆明、贵阳、西安、兰州等地建立起了 150 多个气象站和无线电台。第一次合同签订后，由美国气象专家柯朱拉（R. KOTRLA）来主持训练，大批的气象工作人员便被培训出来。几乎凡是与中美所和军统有关的部队、训练班、办事处等外勤单位驻在地区，都如雨后春笋般建立了气象站和电台。1944 年年底以前，当时蒋管区内都普遍有了这个组的工作单位。据中美所总务组一个美国副组长告诉我，美国对中美所除了装备军统特务武装花费的武器物资最多外，第二便要算气象方面了。抗战胜利后，这个单位的军统人员与各地的气象台站全部设备均交国民党行政院的民用航空局接收。

行动组：组长周知声，副组长焦金堂。美方副组长不详。这个组是第一次合同

签订后才成立的，工作情况和军事组差不多。因中美所本身并没有外勤行动组织，完全是依靠军统所领导的大大小小80个左右的行动总队、行动队、行动组和各种名称的破坏队、组等单位进行工作。戴笠把这些单位的“成绩”，一方面由军统局向蒋介石报功请奖，同时也由中美所向美帝去汇报“成绩”，请求增补武器炸药等物资。梅乐斯多次受到奖励和不断得到升级，与这个组的工作“成绩”也是分不开的。当时军统一些在敌后和前线工作的行动单位，除了经常搞一点破坏铁路和公路的交通工作外，还经常在上海等地刺杀一些像上海伪市长傅筱庵等汉奸的活动，也同样列为中美所的成绩。中美所有时竟把成绩夸大到每月毙伤敌人2000多人。

交通运输组：组长黄荣华，为一侨居美国多年的华侨，兼任财政部战时货物运输局运输处处长。当时中美所运输方面最紧张的工作，是到昆明去接运由美国海运到印度后再空运到中国的物资。这些物资中占吨位最多的是武器弹药和装备，其次是美帝特务们的生活日用品。1944年后，中美所有十轮卡车2000辆，实际上经常出动的只有1000辆左右。由昆明运出的东西，一部分存放贵阳，以便转运东南地区；一部分存放泸州兰田坝，以便转运西北各地，而大部分则是运到重庆。这个组在昆明设有接运站，在泸州、贵阳、西安、建瓯等地都设有转运站。当时运往东南地区的武器最多，回时则装货运局从沦陷区购进的物资，所以货运局与中美所的运输业务几乎是相互配合起来的。这个组也是第一次合同签订后才成立的。在没有成立这个组以前，中美所的物资都是由军统局汽车大队代运。从中美所成立起，一直到结束后的一年多，美帝供应的武器、弹药、炸药、刑具、电讯器材等都还没有运完，最后就地处理了一批。

经理组：这个组在1943年以前原为会计组，扩大组织以后改为经理组，先后由毛宗亮、刘君实任组长，周浩良为副组长，组里的工作人员大都是军统特务，除主管财务会计工作外，以后还兼管物资账目。美方自己有它单独的经理机构。

医务组：这个组是1943年以后，中美所扩大组织时才成立的。组长原为张约翰，系军政部军医署长林可胜介绍给戴笠的。但张发现中美所是一个美蒋特务合组的特务机关，便不辞而别，后来由军统医务所所长戴夏民兼任该组组长。这个组主要工作是主管医务行政，专门接受美方供应的医药器材和设备，并计划向美方要求这方面物资。它领导一个由中美所与军统合办的四一医院，院长也是由戴夏民兼任。这个医院专门为两个单位的特务和家眷诊治。美方另外还有它自己的诊所和一个设备很好的牙医室。当时美方的这些诊所是不替军统特务看病的，甚至连替美特们搬运日用品而中暑倒在这些诊所前面的搬运工，美特们都是叫人抬到四一医院去，只有极少数大特务得到梅乐斯或贝乐利的准许，由他们事先通知后才能去看病和检查。我曾得到他们的准许去检查过牙齿，那些美国医生傲慢的神情，使我也不敢再去领教。

总务组：这个组一开始有中美所便已成立，也是一开始便忙到结束为止，又始终是美方意见最多、最不满意的一个组。戴笠把军统局办总务最有经验的郭斌派去当组长。这个在香港开过客来门旅馆和在军统局当过总务科长多年的事务工作专家，在任中美所总务组长不到两年的时间里，被美方提出口头和书面的意见达50多次。戴笠只好把另一个两度任军统局总务科长的杨隆祐抽调去换了郭斌。1943年，中美所扩大组织后，戴还专为办好中美所的总务工作成立了一个管理人员训练班，把军统局及所领导的公开单位中最好的事务人员选调了40多名去受三个月的专门训练后才派到这个组工作，希望在生活招待上能满足美国主子们的要求。他虽然费尽心力去讨好巴结，美特们还是不满。到1945年，又将杨隆祐撤换而改调美国留学生罗杰去担任这个职务。要不是抗战胜利中美所结束，还不知要更换多少人。

这个组的主要工作是为美特们生活方面服务，从洗衣服、吃饭到住房子，几乎无一不和美特们直接打交道。由于抗战期间的物资供应困难，美特们总认为是由他们自己出钱而交给中国人代办一下都办不好，要想买的东西不能马上买来，吃的东西不合胃口，都要大发脾气。当时虽然专为美特们盖了很好的饭厅，在重庆几处大餐馆搜罗了20多名懂得一点英语的服务员，每天派出几辆专车四处去采购鸡肉鱼鸭菜蔬水果之类食品，美特们还是天天有意见。中美所美特最多时有四五百人，除了吃的问题使他们不满外，更使他们不高兴的是住的房子太少，临时赶修赶建的房子不合他们的生活习惯。戴笠虽曾下令在重庆、成都、昆明等地大量搜购抽水马桶等卫生设备，几乎到了罗掘俱穷的程度，还是不能满足需要。在中美所范围内和附近一些较好的房屋，只要美特们看中了便立刻腾出来，连军统局一所白公馆监

狱，美帝认为很好，也要去做了宿舍。戴笠只好在渣滓洞另外建立一所新的监狱，把白公馆改成第三招待所。

这个组除了办理事务方面的工作外，还负责保管武器弹药和物资。不过每一粒子弹每一寸电话线的处理，都不是由组长可以做主，而必须通过美方的副组长或美方的管理人员批准，才能从仓库中发出来。

中美所内部组织除了这些主管业务和事务工作的九大组以外，还设有一个总办公室，由主任秘书潘其武兼主任。这个总办公室下面又有几个组。联络组：这个组在中美所没有扩大以前是直属主任副主任领导的。1943 年以后成立总办公室才划归总办公室领导。组长刘镇芳，是戴笠和梅乐斯的翻译，也是他们两人中的桥梁。他了解到戴、梅的意图，便先向双方示意，所以在商谈问题时，很少弄成僵局，因此戴、梅都器重他，而成为中美所中最走红的人物。这个组主要的工作是担任口头上的翻译与双方人员的联络。在有美方人员参加工作的单位中，都派有若干联络员（也叫翻译官）。这些联络员大都是军统所举办的外事、外语人员训练班毕业的学生，与刘镇芳都是同学，其中得到戴、梅两人信任的有潘景翔、周关锠、潘孚硕等人。每遇到刘镇芳有事不在中美所时，只有这几个人才有资格临时充当一下戴、梅两人之间的翻译。

总办公室下面还设有文书、人事、译电等三个组，其中除人事组有美方人员参加工作专主管美方的人事行政业务和办理卡片登记等外，译电与文书组没有美方人员参加。因为这两项工作，他们自己还另有组织，情况不了解。

总办公室设有秘书两人，一个是李逸云，一个是温万生，均为潘其武的亲信，又是潘的福建同乡。总办公室在职权上不能直接领导九大组的工作，但由于军统方面是主任秘书潘其武负责，潘兼总办公室主任，所以对其他各单位总其成的工作都无形中归总办公室来主持了。

1944 年夏天，由于业务一天天扩大，原来一些文件翻译的工作是由联络组与派在各单位的联络官担任，经常忙不过来，积压的东西很多，又成立了一个总翻译室，由刘镇芳兼主任，专负责文字方面的翻译。当时军统自己培养的翻译人员已赶不上需要，特别是十几个中美特种技术训练班先后在各地成立后，需要大量翻译人员担任美方教官讲课时的翻译和联络工作，戴笠便向军委会外事局局长何浩若要了100名当时由外事局在中央训练团主办的译员训练班的学员。这些受训的学员都是当年应届毕业的各大学学生，被征入伍，准备予以短期训练后派往有美军顾问的各部队各军事机关去担任翻译的。这100人派到中美所后，戴笠又成立了一个临时性的训练班。

这个班当时叫作军统重庆训练班译训队，费了一个月时间，向学员们讲述中美所的业务和统一翻译名称等工作。因他们在中训团译训班只受了一些军事术语方面的统一翻译课程，而中美所是美蒋特务合组的机构，对一些特务工作方面的常识和术语弄不清楚。同时也要他们全部先办理好参加军统特务组织的各项手续以后，才能正式叫他们去工作。这100人中有几个女学员。她们在总翻译室工作不久，便为美特们发现。他们对这几个能操英语的女性感到很大兴趣，便在她们上下班时几十人列成队伍在办公室通往宿舍的路上等候，找她们纠缠。后来给梅乐斯和戴笠知道了这一情况，便马上把她们调走，并规定中美所内的职工不准用女性，怕这些美特们因争风吃醋发生问题。

这批学员一下子派在中美所后，又感到人太多了点，戴笠便把其中一些学化学工作的派到军统所办的贵州遵义植物油炼代汽油的工厂去工作。到1944年底，有些人不安心于这个特务机关的工作，戴笠怕出问题，便送了一批回外事局。到1945年年底中美所工作刚一结束，便全部把他们遣送回去。

中美所里还有一个工程处，1944年成立，由沈觐康任处长。当时由于房屋缺少，戴笠自作聪明临时赶建的一些房屋因设计和工程质量不断发生问题，梅乐斯一再向戴笠提出书面备忘录，叫他注意美方人员安全，这样才成立这个处，专门负责房屋修建工程。在此以前，所有中美所房屋的修建一向是由戴自己设计，由军统局缫丝厂办事处工程股兼股长侯桢祥负责雇工兴建。1943年以后因大批美帝人员不断涌来，戴本人工作也很忙，往往只随便指手画脚地说上几句，侯便完全照他所指示的去办，结果不断发生房屋倒塌、石堡坎下陷等情况。到1944年又因要成立重庆中美特种警察人员训练班，戴想在美国人面前显示他的力量，要盖一所比重庆所有的大礼堂都要漂亮的房子。这样才决定不再由他亲自设计，而只提出要求——能

容纳 4000 人，尽可能做到美观和适用。由于这些原因，便成立了这个处。

工程处成立后，戴还决定以后中美所的房屋兴建工程，不再由办事处工程股负责，全部要交由上海陆根记营造厂承包。这个营造厂的老板陆根泉，是戴在云南新结识的朋友，戴特地邀请到重庆来帮同兴建中美所的房屋。通过陆的介绍，当时重庆第一流的基泰工程司派专家来这个处担任设计与监工工作。从 1944 年春开始，中美所的范围随着戴笠和梅乐斯的需要，便一天天扩大起来，到处开山挖石，废回填沟，数以千计的泥木石工彻夜工作着。在炎热的夏天，每隔几天便有一两个工人因赶工中暑或过度疲劳而死去，至于因赶工而发生工伤事故折手断脚者则天天都有，但是戴笠和梅乐斯还是嫌工程进度太慢。

中美所为要兴建房屋，附近民房被强迫拆除。他们对一些指定要拆除的民房，一看中了便叫住在里面的人马上搬出去，立刻将旧房屋拆掉，而只给予少量的迁移费。一面付钱便一面叫搬家，从不问这些居民在一天之内能搬到什么地方去，因此为了强迫迁居也不断发生人命事件。我记得在强迫五灵观近 100 户居民迁移时，有的迟迁一步，除被特务们痛打之后将行李丢出来外，稍露不满，立刻被抓走关起来。有一个妇女刚生小孩，没有马上搬走，被特务们将房顶拆去。当夜狂风暴雨，第二天这个产妇和刚生下的婴儿便都死去。戴笠听到后说："这是一个好榜样，以后看有谁还敢赖在房子里。"以后在拆步云桥一带几十间民房时，也有些老人舍不得离开住了几辈子的老家而被特务推倒地上，当场也发生过一位 70 岁左右的老人中风死去，结果也只给了一点埋葬费了事。

当时在中美所附近一带的居民无不天天惶恐，不知什么时候会被看中自己的房子，弄得马上无安身之处。我记得有一次我陪同戴笠到附近去看看准备兴建军统接收美方炸药的仓库，希望离得远一点，已走出了中美所的范围。回来经过一处农民住的茅棚时，戴笠看到这家人养了一对小鹅很好玩，便走过去看看。这时这一家人都惊慌异常，因为一看那副前呼后拥的气派，加之天天在担心要房子，所以当戴刚一走近时，全家大小六七人便一齐向他跪了下去，连说我们家里人多，找不到房子，请开开恩准许住下去。当时弄得戴莫名其妙，便笑着向他们解释不是来要房子，是看看这对小鹅，这时他们才敢爬起来。当戴离开时，我因走慢一步，便亲眼看到这家一位老人马上把这对小鹅摔死，或许是因为恨它几乎惹出大祸来。当时附近人民对这些特务的恐惧和仇恨的情况，多年来一直在我脑中浮现出来。

几年间中美所的范围由于不断扩大，从北起缫丝厂向南伸延，包括了小歌乐山的茶店子直到小歌乐山山顶的黄角树。这里原来有一条从歌乐山通往磁器口的捷径，也被封锁，而叫来往的人绕道走杨公桥。中美所的西边则伸延到渣滓洞煤窑紧接兵工厂。为了占用这个煤窑，也把这个小煤窑的老板活活逼死才占过来。东面一直到兵工署弹道研究所。围绕整个范围有近 30 里。所有在这个范围内的房屋、田地、山林，全被强征，误入这个范围的人，轻则遭到打骂，重则囚禁杀害。有四个中学生因假日游山而误入禁地，被指为共产党所指派来的侦察人员，竟囚禁在重庆和息烽集中营十多年，到了解放前还有三个被杀害在白公馆。

工程处成立一年多，主要兴建的工程是矗立在钟家山东面步云桥南边的一座特警班的大礼堂和特警班的房屋与大操场。1945 年春，又替梅乐斯在钟家山南边另一个小山头上新建了一所华丽的小住宅（梅原住在戴笠在钟家山的一座别墅中）。正在动工的时候，戴有天带我去看工程进度，很得意地告诉我："这座房子背山面水，看来风景很好，其实大门正对着一条大山沟，住在里面的主人是要破大财的。"当时他非常希望他的主子住进去后破大财，好更多地供给军统武器和物资。他为了讨好梅乐斯，把这座房子取名为"梅园"，并准备于建成后在房子四周种上几百株梅花。1945 年秋天，这所房子落成时已接近胜利，刚把屋内家具陈设等弄好，梅乐斯和戴笠一道去东南，连一天也没有住过。那座比当时国民政府大礼堂还新式还宽敞的特警班礼堂，于 1944 年圣诞节前赶建完成，除了举行几次盛大集会和宴会外，也因抗战胜利没有再用到它。

汽车总队：汽车总队于 1943 年冬成立，总队长一职久久不能决定，一直由军统汽车大队大队长张秉午以副总队长名义负责。到 1945 年春，才调了当时自（贡）内（江）警备司令部稽查处处长许建业来担任总队长。总队部设有业务课，由军统汽车大队副大队长王济兼课长。还有一个保养课和一个总务课，保养课由军统汽车修理所所长曾惕明兼课长。总队下辖三个大队和一个修理所。重庆有两个大队，1000 多辆十轮卡车。贵阳有一个大队，分驻昆明、衡山。在东南和西北地区，都

驻有一个中队。这个总队成立时，最初有一部分美国司机，以后全部是西南运输处处长宋子良拨给的华侨司机。这些人多数是从南洋一带回祖国来参加抗日工作的，共有 1000 多人，胜利后便陆续回去。直到中美所结束一年多这个总队才结束。

中美所的外勤单位原来只有一个东南办事处，1943 年成立于福建建阳。当时中美所的重点工作是在东南方面，所以由军统方面的参谋长李崇诗兼主任，长驻东南指挥。这个办事处组织很庞大，设有军事、情报、训练人事、总务四个科和秘书、会计、督察三个室。当时中美所与军统在东南的工作，几乎都由这个办事处在领导。1944 年中美所在东南设立的四个情报站和一个前进指挥所，也都由这个处直接指挥。这四个情报站的工作，以上海站最受美帝重视。站长庄心田，经常通过一些汉奸到日本去的关系，而能搜集到日本本国的情况。特别是有些汉奸亲自看到日寇海军舰只，在与美帝海军发生战斗后受伤拖回来修理的种种表面现象，更为美帝海军方面所急于要了解的材料，因此这个站的工作经常受到奖励。另外还有闽侯站（站长王调勋）、定海站（站长张元）、漳州站（站长王德元），也都是负责搜集日寇在沿海地区的活动（主要是海军）和对沿海的军事部署情况的。据梅乐斯说，这是美国海军准备帮助中国打日本，准备从海上向日寇进攻后，再派遣部队登陆，前后夹击日军。当时许多人都信以为真，总希望他们早点开辟在中国沿海地区的战场。特别是在 1944 年冬，日寇先头部队已越过广西而进入贵州境内时，重庆方面受到严重威胁，蒋介石、何应钦等都急于希望美帝海军能在中国沿海发动攻势以挽救重庆的危机。结果却是一直等到胜利之后，为了帮助国民党布置打共产党的内战，这些美国海军才从容地登上了中国大陆。

由东南办事处领导的前进指挥所，是由毛森任指挥官，设在浙江分水县印渚埠。这个单位虽然是列入中美所编制内，实际上却是军统局的一个前哨据点。它主要是指挥属于军统领导的忠义救国军等一些乱七八糟的特务武装，到伪军驻防的地区去活动一下，便分别向军统和中美所报战功。这个指挥所因比较接近日寇占领地区，美帝特务们从来也没有敢去过一次。毛森利用这些经过美帝武装起来的特务部队，在附近设立关卡，强征捐税，而成为当地的太上皇。

另外，还有一个属于财政部战时货物运输局的东南运输站，和中美所有联系，也由东南办事处就近领导。运输站站长姜守全，遇事得向李崇诗请示。由于李是以中美所中方参谋长而兼东南办事处主任，连中美所设在东南的雄村、玉壶、漳州、建瓯、港口等地的中美特种技术训练班也要受李的监督指挥。这个办事处几乎把中美所的工作分去了一半。

东南办事处还在建阳回龙寺设有一个庞大的美军招待所，除了招待来往东南的美特外，每年还要在这里举行几次盛大的集会，慰劳在东南地区工作的美特。据说有一次在举行圣诞节晚会上，几个喝得酩酊大醉的美特抱着李崇诗的老婆乱来，气得李崇诗拔出手枪来准备和这几个美特干一下，后来经旁人力劝，才弄了个不欢而散。

四、中美所的训练班情况

中美所从成立起到结束止，前后办过 20 多个各式各样的训练班。美帝特务在帮助军统训练特务和武装特务部队方面，花费的人力、物力最大最多，其中以重庆特种警察训练班最为完善，设备最多，训练时间最久，也最能说明问题。

重庆特警班的成立时间比其他训练班要迟一些，一方面是由于在第二次合同中才正式提出，另一方面是由于房屋和器材以及学生的挑选都费了不少时间，所以到 1944 年秋天才开始训练。特警班由戴笠兼班主任，梅乐斯兼副主任，实际负责行政工作的，第一期为副主任、军统特务乐干，第二期为刘人奎。主持训练工作的则为美特总教官怀特（White），一切大权都是操纵在总教官室。班里共有美特教官50 多人，所有技术方面的课程全部由美国教官担任，完全是按照美国训练特务的方式进行训练，对军统过去那一套特务技术课程一概不采用。当时虽然连戴笠也感到不掺入一点合乎中国情况的特务课目，将来工作起来不方便，因为不是训练好了去美国工作。但是美方还是不同意，认为军统那一套是落后的和不科学的。戴笠也不好在这一点上再争执，便完全听他们去安排。

这个班的组织也和军统其他训练班一样，设有教务、政训、总务等三个组。第一期的教务组组长便是后来在解放前任天津市警察局局长的李汉元，第二期是曾

宪凯。班里设有大队部，第一期大队长为李汉庭，第二期为杨元森。大队下设有三个中队。第一期有学生 800 名，第二期 1200 名。这些学生的来源都是从军统局的几个基本特务训练班，如兰州、息烽、重庆等班中挑选出来的。

这个班的训练内容分为刑事警察与保安警察两个系。其中以刑警系的课程最为复杂，除了侦察、审讯、指纹、痕迹、罪犯心理、化装、拘捕、警犬使用等外，更注重各种实习工作，如刑事实验、手枪射击、机动车驾驶、爆破等。当时美特最感自豪的是从美国搬来的那一整套刑事实验器材，其中有一部最新的“测谎侦察器”，这是专门用来侦察被审讯的人说话是否真实的。

我曾经多次去参观过他们如何使用这部“测谎侦察器”。这部机器很复杂，占了半间房子，全部是电气操纵。受审讯的人坐在那个特制的椅子上，胸部与脉搏上都系上电线。据说，电门打开后，这个人每说一句话的心理状况是否正常，生理上有什么变化，机器上的仪表便能指示出来。审讯员只要看这些仪表，便能断定受审者所说的话是撒谎，或者是老老实实在招供。美特们把这种机器看成是宝贝。我多次参观后，当时便感到太不可靠了！这对一个有经验而沉得住气的人，倒是成了救星，只要在撒谎时情绪不紧张，心脏跳动得很正常，仪表上便出现了不需要怀疑的种种记录。如果遇上一个初出茅庐或有心脏病的人，那就会变得再说老实话也会一辈子弄不清楚。有些人一坐上那个椅子，心情已经紧张万分，不知道是怎么一回事，仪表上的指针与自动记录设备所显示出来的便是忽高忽低零乱异常，这便是表示出他说的不是“老实话”了！

我记得这部机器刚一运来，他们要在戴笠面前显示一下美国的科学进步，便在装置好以后邀请戴笠去参观，我也跟了去。那几天正巧军统总务处在中美所范围内的洪炉厂仓库发生了失窃案，看守仓库的人认为临时雇来的几个搬运工人有嫌疑，把他们都扣留起来，但不能解决，谁也不承认偷了东西。我便向戴建议，把这几个人交给他们实验一下，好当场表演给大家看看。戴马上同意，要我派汽车立刻将这几个人从警卫大队部接出来送到刑事实验室。第一个被拉到椅子上的，以为是要受电刑，马上喊娘叫爷地大哭起来，问了半个多钟头，操纵这台机器的几个美特忙得满头大汗，结果只说了一句“这人所供的是不老实”，戴笠看得有点不耐烦便借故走了。我送他到汽车旁边时，他才笑着对我说："这样麻烦，还不如我们那些不科学的方法有效得多！"我因急于要想弄清这次失窃案，便又回到实验室耐心地等他们一个个去实验一下。结果个个都是"不老实、嫌疑重大"，最后都只好继续扣留下来进行侦察。半个月后，这个仓库失窃案案情完全弄清楚，原来是管理仓库的特务们自己监守自盗，因分赃不均发生了内讧，相互检举出来，这样才把这几个说老实话而被这部机器断定为不老实、有重大嫌疑的无辜者释放。从第一次试验了这部"测谎器"是在撒谎以后，戴笠对它便毫不感兴趣，不过对美帝的其他几种刑具倒很为称赞。

当时从美国运来的还有一套"强光审讯器"。这是用几盏光度极强的电灯组成的。被审讯的人经过相当时间的照射后，神经上受到极大刺激，便不能控制自己而胡言乱语起来，法官可以从他说出的许多话中找出矛盾再去追问。另外还有几套新式电刑设备，这比军统一贯用的手摇电话机改成的电刑具不但方便而且很美观，像小巧的收音机一样，可以控制电流的强弱，对不同体格的人使用不同程度的电量，使用过久也不会晕过去，而只是越来越难受，虽然痛苦到汗出如雨，连精液都要流出来，但还能说话，这便最有利于审讯。这些美制刑具，更大的特点是虽然经过多次用刑，受刑人的神经系统与心脏机能受了重伤而表面却看不出半点伤痕来。由于这些原因，以后特警班的学生除了几个人专门学习过对"测谎侦察器"的使用、操纵和检修等技术外，大多是学习另外一些美式审讯方法。美特还送给特警班学生实习用的许多美制手镣脚铐。戴笠看到以后很高兴，认为比军统原来使用的轻便牢靠，携带方便。美特们听到后，便立即赠送5000副给军统。以后这种美式手脚镣，除了军统自己留了一批外，大都分配给各地的公开特务机关。解放前中美所大屠杀中，许多被乱枪打死的烈士们手上和脚上都还带着这些东西。

当时特警班实习用的警犬有100多条，也全部是由美国经海空陆等运输而到重庆的。戴笠原来认为这些活教材可以由军统警犬室来繁殖，免得占去运输吨位，好多运其他物资，但美国教官不同意。他们去看过军统的警犬后，连戴笠所最称赞的那条叫小琳的第一号警犬，都认为品种不纯，不够条件，便决定全部由美国运来。只有保警系用来训练骑警的一些马匹，从美国运来太不方便，才派人从新疆去

采购了一批，但是美特也感到不合条件而是勉强使用。他们认为用最好的马队组成的骑警，对驱散示威的群众比之国民党特务机关用救火车的水龙向群众喷射的效果要高明得多。戴笠也很重视这一项新办法，保警系的学生在实习过程中，便经常练习骑在高头大马上冲入人群中挥动皮鞭警棍去痛殴群众头部的种种技术。

特警班第一期的学生受训一年刚刚满期，便赶上抗战胜利，戴笠立刻把他们分配到全国各地大城市的警察局和稽查处去工作，并对那些专心致意负责主持训练的美国教官，叫我每人给准备了一份厚礼，以答谢他们的辛劳。第二期因中美所结束，美国教官都回去了，但训练方法却仍保留了原来的方式，把第一期学生中向美特学习得最好的留下当助教。不过由于这一期的学生，没有受到美国教官的亲自传授，在毕业后分派工作时便不像第一期那样到处受欢迎了。

中美所成立得最早的训练班，是气象工作人员训练班。这是由于美帝海空军急于要掌握中国大陆的气象材料，在第一次合同未签订前便于 1942 年冬成立。关于这个班的情况，我了解不多，只知道先后办过四期，是专门训练有关气象测量方面的一些技术人员。除了美国的专家外，中国方面也聘了两个气象专家帮同训练。每期有学生 30 人到 50 人。学生大都是在军统无线电训练班中挑选的，毕业后都是分发在各地的气象部门工作。

另一个较早的训练班则成立于 1943 年春，叫“助教工作人员训练班”。这个训练班是准备为各地的中美特种技术班培养担任美特教官的助手的，全部是由美特们自己负责。这个班由梅乐斯兼班主任，所以学生们自己便把它叫作“梅乐斯训练班”，借以显示出他们是完全由美国特务培训而有别于军统局的其他训练班。这个班只办了一期，学生 50 余人，是由军统其他特训班毕业学生中挑选出来的，毕业时由梅乐斯赠送了镌有“梅乐斯赠”的短剑一柄。学生大多是分在一些中美班去当助教。

中美所办得最多的是“中美特种技术训练班”。这些班都是由戴笠兼主任，军统派副主任，美帝方面只派总教官和教官。每个班的组织都相同，主任、副主任下设美国总教官室、教育长以及教务、政训、总务三个组。学生系由军统所领导的武装特务部队里调来，受训完毕由美方负责按实际受训人数全部配发美国武器和装备。所发武器都是卡宾枪、汤姆生手提机枪或 U.D 手提机枪，以及少数火箭炮与曲尺及左轮手枪。训练的内容主要是美式武器的使用，并传授爆破术、侦察术、游击战术以及配合美军登陆等战术。这些都是由美国教官负责，只有政治训练才由军统特务负责。受训期间大都是三个月左右一期。在人多的地方是采用一期未完二期便又同时举办的办法，一般是一期接一期地训练下去。从 1943 年到 1945 年，这些班共训练和装备了武装特务 5 万多人，在解放战争期间都改编成为交通警察总队。

这些班是按成立先后次序排列，但通常却是以班的所在地来取名的。最先成立的训练班，是在安徽军统所领导的忠义救国军所在地附近歙县的雄村，所以第一中美特种技术训练班，一般人又称为雄村训练班。这个班的副主任为郭履洲，教育长佘万选，教务组长吴未生，总务组长张东生，政训组长不详。班里有美特教官 30 多名。参加受训的部队都是忠义救国军的各个纵队的成员。这个班训练的时间最长，一直到抗战胜利才结束，训练出来的人也最多，共有 8000 名左右。1945 年秋，戴笠曾陪同梅乐斯前往视察，对这个班极表满意。这个班在第一期举行开学典礼时，国民党第三战区司令长官顾祝同亲自前往讲话。抗战胜利后抢先进入上海的特务部队，便是由这个训练班所训练出来的，当时军统称之为装备最精良、战斗力最强的基本部队。

第二中美特种技术训练班于 1943 年秋成立于湖南南岳，1944 年因湘北日军进攻，国民党军节节败退，这个班便一下迁逃到湘西洪江，但一般人仍称之为南岳训练班而不称洪江班。副主任为陶一珊，教育长郭宗尧，政训组长苏业光，总务组长粟沧洲，教务组长不详。这个班当时调训的部队主要是军委会别动军第六纵队何际元部以及军统在湖南招收的土匪陈士虎的部队。陶一珊在调训陈士虎部队以后，看到这部分土匪为数不少，自己便想吃下去，曾和陈闹得不可开交。两人表面上虽仍称兄道弟，暗地里各显神通，先是相互向戴笠去控告，戴双方敷衍。最后演变到陈士虎准备派人暗杀陶一珊，陶闻讯立即赶赴重庆检举陈在湖南的种种不法行为，说陈野心太大，将来得到美式装备后又准备去做山大王。陈士虎在其部队受训时，曾向美特教官们行贿，装备的武器不但比何际元部要好，而且得到的弹药也多。戴笠听信了陶的话，怕陈士虎一旦叛变，给他丢面子，便同意陶的建议将陈士虎秘密杀

害，将其部队改编。

第三中美班于1943年成立于河南临汝县风穴寺，1944年因战事关系迁往西安附近牛东，一般称为牛东训练班。副主任先后由文强、杨蔚两人担任过，教育长由金树云、张树勋先后担任过，教务组长为常惠卿，政训组长刘克敌，总务组长黄翠柏。训练和装备的部队为军委会别动军廖宗泽、岳烛远、杨蔚等几个纵队。1944年，戴笠和梅乐斯一道去视察过这个班。当时这个班有美特教官40名左右。戴笠和梅乐斯都很重视这个班，因为它是设在国民党反共的重要战略地区，所以决定要使它成为西北方面训练反共的特务武装部队的基地。

第四中美班设在绥远陕坝，一般称为陕坝训练班。副主任高荣，教育长黄康水，其他各组负责人不详。这个班成立不久，高荣便与美特总教官闹意见，戴笠一再责备高荣要他听从美方意见，高表面上接受而暗中仍自己搞一套，最后戴将高撤职，由乔家才接替。这个班没有训练几期便结束。

第五中美班设在贵州息烽军统息烽特训班旧址。副主任先后由邓匡元、何峨芳担任，系训练别动军徐光英纵队。戴笠和梅乐斯也去这个班视察过。

第六中美班设在江西修水县国民党三十集团军王陵基总部附近。副主任唐新。专调训别动军杨遇春、盛瑜等纵队和一些军统局的行动总队、爆破总队。每期开学，王陵基均前往讲话。这个班一直到抗战胜利都没有结束。日寇投降时，王陵基率部进驻武汉市区时，唐新也跟着带了他的行动总队和30多名美特教官一同驶往武汉。当时驻在武汉的日军发现唐部有美国军官，拒绝他们进入市区，这些美特教官才悻悻返回重庆。

第七中美班设在福建漳州，副主任先后有雷镇中、陈达元，其他情况不详。

第八中美班设在浙江瑞安县玉壶，副主任赵世瑞，系训练忠义救国军张惠芳部和军统的行动总队等，其他情况不详。

第九中美班设在福建建瓯，只知道副主任为林超，其他不了解。

第十中美班设在安徽临泉。只有这个班的班主任不是戴笠，而是由汤恩伯兼主任。副主任周麟祥，教育长刘庆生，政训组长钱孟起等，则仍为军统人员。主要是调训汤恩伯的苏鲁豫皖边区总司令部所领导的游击部队和周麟祥的军统行动总队。这个班是由于汤向戴笠提议而成立的，汤和戴感情一向很好，戴为了尊重汤，所以自己不兼主任，但成立不久便因抗战胜利而结束，没有办几期。

除以上十个专门训练特务武装部队的中美特种技术训练班外，还在浙江淳安港口成立过中美爆破人员训练班。副主任毛森。这个班也是由美帝派遣专门教官和供应训练器材，帮同训练。

另外还在湖南东安办过两期中美医务人员训练班。副主任傅荣。这个班是美特专为这些武装特务部队训练军医人员的。

抗战胜利后，按照第一次合同的规定，中美所应即结束。但是戴笠为了要设法保留一批反共有经验的汉奸特务分子，便要求美方仍以中美所名义在上海和北平各成立一个中美特种警察人员训练班。这一要求立刻得到美方同意，除愿意留下一批美国教官负责主持训练外，并答应供应两个班所需要的各种器材，俾使这批南北两地的汉奸特务镀一镀金变成美蒋特务。戴笠在接收了上海江湾日本海军俱乐部和北平日本特务机关的大批房屋后，还感到规模不够大，又加工扩建。当时因上海方面修建房屋工程太大，没有等到完工，戴笠便已死去，只决定了由赵志意为副主任，正在筹备中即行停止。北平特警班先后由楼兆元、乔家才担任副主任，已招收学生 300 余人，刚准备训练，也因戴死去而匆匆结束。郑介民接任军统局长后，怕受到各方面的攻击，顾虑很多，这两个训练汉奸特务的中美特警班才没有继续举办下去。

五、美帝特务的活动情况

派到中美所工作的美帝特务，除了担任中美所的公开职务以外，都有另外的一种任务，最明显的是他们利用中美所这个基地来发展在亚洲的情报活动，以加强它在东南亚各国的特务联系。这方面的工作，有的是由他们直接去进行，有的则利用军统的关系去活动。

我记得最先与中美所美特发生关系的，是英国在缅甸、印度活动的英国特务组织。这一关系的具体情况，我不了解，只是有一次偶然听到该所担任事务工作的

特务们告诉我，说有三个远道来的英国客人在该所住了几天便走了。我便去问戴笠知不知道这件事。他答复我说英国人走了以后他才知道，因为美方事前没有告诉他。为了这件事，戴笠有点不痛快，认为美方不应该不和他商量一下。

不久，法国在印度支那半岛活动的一个法国特务要来中美所与美方联系，美特便先通知戴笠，戴听了很高兴。这个法国特务的姓名我已记不得，只知道他的妻子叫梅丽亚，是越南皇帝隆治的女儿。戴笠为了招待这位越南公主和驸马，曾举行一次盛大宴会，还准备了一份厚礼送给那位身材矮小，只有她丈夫三分之二那样高的公主。可是戴笠和这位法国特务只在宴会上见过面，攀谈了一番，到美法两方特务正式商讨问题时，却又没有被邀请去参加。他虽很难过，但表面上又要装成不在乎的样子，从他当天借故发脾气骂人的情况，便可看出他的心情。以后泰国代表团团长乃沙愿来到重庆，先是与军统局联系，由戴笠在黄家垭口找了一栋小洋房给他们六七个人居住。戴笠多次带我去那里布置，对这几个人招待得很周到。后来美方知道这一情况，又很快地把这些人拉了过去，表面上是叫他们与中美所联系，实际上是美帝想直接利用这些人。泰国代表团与美国特务组织勾上后，便感到比和军统往来更为有利，便投入美帝怀抱。戴笠因此更加不满，可是自己还得事事依靠美帝，也只好忍受下去。

美国特务们利用中美特务合作这一便利条件，在中国进行特务活动，最初还是秘密地进行，后来便逐渐变成公开的了。例如美国司机去东南和西北地区运送武器、物资时，据一些同去的军统局司机告诉我，这些美国佬不但非常注意公路交通情况，而且每次休息下来，便留心打听各地的民情风俗、山川河流以及出产物品等等。派在各个中美特种技术训练班的美国教官，更是随时随地从事各种间谍活动，每天由他们自己带去的电台直接向重庆美方发报。有一件最具体的活动，是我亲自参加过的。那便是 1945 年春，浙江大学教授费巩的失踪事件，美特进行了为期近两个月的寻找，这一情况我最清楚。从这一件事，便可说明美帝特务在中国的种种活动了。

事情的经过是这样：浙江大学进步教授费巩，于 1944 年春应复旦大学邀请到重庆讲学。有天早上，费巩教授在重庆千厮门码头准备搭船去北碚，和他同行的有一个复旦大学的学生。两人因为都没有进早餐，这个学生便请费巩留在码头上看行李，自己到岸上去买早点。等这个学生把早点买回后，便再也找不到费巩，到开船时还不见影子，他只好一个人回到学校去报告。等了一天，还不见费巩到学校，复旦大学便把这一情况向重庆卫戍总司令部作了报告，要求设法寻找。卫戍总部的处置办法，便是传讯这个和费一同候过船的学生，问去问来也得不出结果。

这时，费巩教授的失踪引起了教育界的许多人的注意。他们认为一定是被那些无法无天的特务秘密抓去了，便纷纷进行营救工作，希望早日释放出来。一个星期过去了，也得不到一点消息。事情越闹越大，许多教授认为个人安全这么没有保障，都人人自危。后来蒋介石知道了便向戴笠查问这件事。戴回答他军统没有抓这个人。当晚，戴又约集中统局长叶秀峰、宪兵司令张镇到军统局漱庐办公室开会，这两个单位的特务头子也矢口否认秘密逮捕过费巩。蒋介石便准备以不了了之，置之不理算了。

但一个大学教授突然无端不见了，除了费巩的家属和亲友们异常关怀以外，社会上一些进步的舆论也为此而提出了指责，而反动派仍旧不理会。这时便有与费巩先后在美国同过学的大学教授 40 人联名上书美帝驻华的远东战区参谋长魏德迈，请求他出面来营救这位留学过美国的教授。这一下果然引起了魏德迈的注意，他曾亲自去问过蒋介石。蒋介石虽一面答复没有抓这个人，但还不放心，便再一次叫戴笠详查，也无结果，而只把那个同行的学生再严刑逼供一次。

当蒋介石得到戴笠的再次回复而转告魏德迈之后，魏德迈为了树立美帝在华的威信，便决定把这件事交给梅乐斯来办，希望通过美帝特务们把费巩找出来。梅乐斯当时感到很棘手，便找戴笠商量，希望在戴的帮助下完成这一任务。戴同意之后，梅乐斯便把在中美所的一个纽约名探克拉克少校派出来去负责这一工作。戴笠便叫我参加协助，并向梅乐斯吹嘘说我过去是上海的名探。因我抗战前在上海搞特务活动时是以侦探来作掩护的。戴笠在派我时，曾再三叮嘱，如果发现了可靠线索一定要先行设法把费巩弄到手中，不能由克拉克弄去，以免他在蒋介石面前丢脸。戴并叫我不要多出什么主意，一切看这个美国名探的办法。因此我在和克拉克初次见面商谈时，便问他准备怎样进行？他主张先去复旦和浙大调查一下再做

计较，我同意先去浙大了解费巩过去的情况再说。

第二天我和他带了中美所一个翻译潘景翔由重庆动身去贵州遵义，先去见浙大校长竺可桢先生。我记得那天竺先生很不耐烦地在校长办公室接待了我们，我向他说明了来意之后，他便用英语直接和克拉克交谈，答复了这个美国名探提出的有关费巩的问题。我记得竺先生对我们十分肯定地指出，遵义是绝对找不出费教授的，说要找到这个人，最好是回到重庆向那些专门逮捕和囚禁政治犯的政府机关去查询，在那里可能得到圆满的答复。但是我们对这样一个肯定性的回答并不满意，又请他介绍一下费先生在遵义和其他地方的关系，我们好去多方了解。竺先生想了很久，最后又问了在旁的其他一些人之后，便要我们去附近的湄潭县费教授一个亲戚处去了解一下。我们并向他要了一张费巩的最近照片。第二天我们便驱车赶往湄潭，见了费巩的一个亲戚和几个与费相识的人，他们也和竺先生所说差不多，说费教授平日思想很进步，对政府常有不满言论，浙大的学生都很尊敬他等。

从湄潭回来后，我便找了军统在遵义负责的贵州站遵义组组长陈某查问情况。他告诉我，费在浙大教授中一向是表现很激烈，除了军统对他注意外，中统也很注意他，中统并派有特务监视他，这次去重庆可能还有中统特务跟他一路去。他认为军统如果没有逮捕他，很可能是被中统秘密逮捕了。

我们在遵义军统设在茅草铺的植物油炼代汽油的工厂住了近一星期，便返回重庆。克拉克认为竺校长告诉他向政府机关查询的意见很值得重视。当我们向戴笠和梅乐斯一同报告去遵义调查经过情况以及竺校长的意见后，梅乐斯也认为如果能向重庆治安机关去查询一下便可能水落石出；万一没有，魏德迈也好回答给他上书营救费教授的 40 名留美教授们。戴笠当时也只好答应仍旧叫我陪同去向重庆稽查处和警察局刑警处等单位去查阅自费巩失踪后的有关捕人档案，必要时可拿着费的照片去查对一下这一段时间内所逮捕到的人犯。

在走出来的时候，我悄悄问戴笠，万一克拉克要看看设在中美所内的军统局看守所时怎么办？他听了立刻把脸一沉，厉声地回答我说："他们想讨好这几十个留美的教授，别的都能依他们的，要是提到看我们的看守所时，你就干脆回答他这都是些很久以前关起来的人，没有最近逮捕的。"停了一会，他又补充一句："我们没有抓费巩，你不是不清楚，怎么会提到这个问题？”

当我们翻遍了稽查处和刑警处等单位的档案而找不出一点线索时，这些单位的负责人又向我们建议可能是由于失足落水淹死了，所以到处找不到。克拉克一听也很以为然，便和我到码头上调查，后来又到长江下游唐家沱一处专门打捞尸体的地方去查询，甚至还把最近所捞到的无人认领的尸体十多具一起挖出来对证一下。当时天气很热，我们在唐家沱附近的坟地里，搞了两天，仔细查对了那十多具腐烂得已经发臭的尸体，没有一具可以勉强联系得上是费巩，才失望而归。

魏德迈听说没有一点结果，很不高兴，还要梅乐斯继续设法侦查。他认为不管是哪一个单位抓去了，只要弄确实以后，他一定有力量能要回来。正在这个时候，重庆卫戍总司令部突然接到一个署名浙江大学学生 ×× 的一封告密信，说他亲自见到失踪的费巩教授在巫山县过渡，费身穿和尚装束，经他认出后费叮嘱他不可对人声张，因他看破了红尘，决心出家，要这个学生一定要守秘密。卫戍总部正急着没有办法好交代，因为一个大学教授居然丢了找不出来，又惊动了美国主子来出面查询，实在没法可辞其咎，得到这封信后，便连夜由稽查处派人去巫山寻找。卫戍总部去的人还没有回来，梅乐斯也得到这消息，也要派人去，戴笠又叫我陪着克拉克赶赴巫山县。巫山县政府一听洋大人要找什么和尚，便准备下令各乡镇将巫山县各寺庙的和尚全部押到县里来由我们当面查对。我和克拉克都不赞成这个打草惊蛇的办法，决定亲自到各寺庙去查访。结果花了半个多月的时间，我们遍历巫山十二峰，寻访了几十个大小庙宇，仍旧找不到一个可能是费巩的和尚。我们在巫山渡口住了两天，留心观察渡河的来往行人，也没有看到这位教授来过，才扫兴而回。

最后，总算由于抗日战争取得胜利，消息传来，美国人纷纷作回国的打算，这件事也就这样不了了之。直到解放后，我也没有听到费巩的下落，这一件大学教授失踪案，始终成了一个谜。

在这里，最后还要谈一点中美所美特们的胡作非为。当时在中美所工作的美特，因为经常到处乱来，时常被人民包围起来喊打，往往弄得狼狈逃回。他们进到中美所范围才敢大摇大摆地走，因为追的人不敢越雷池一步，唯恐无辜受害。这些

美特们后来发现美国的许多空军背上都有国民党政府发给的一张护身符，上面有十二个很大的中国字“来华助战洋人，军民一体保护”。他们从这些背上有字的美军口中，知道这张护身符的好处，也希望弄到一张。戴笠听到翻译的报告后，曾考虑过这一问题，后来认为中美所是一个特种机关，没有用这一办法，而改用了一种有中美两国标志的臂章，另外还定制了一批浅蓝色的证章，上面有 SACO 白色字母，给他们佩戴。重庆当时的警察和公开特务机关工作的军统分子，看到佩戴这种证章和臂章的美军，都知道是中美所的，遇到他们有不法行为都得让他们几分而好好地保护一下，因此他们便越来越有所恃而无恐了。

在抗战快要结束前，美特们便忙着做生意。有些在美国经营木材、纸张、杂货等生意的特务，纷纷找人签合同，希望在中国找人推销货物。一些原来在中国当牧师、神父的中国通，不少也在抗战时调到中美所工作，胜利后又回到他们原来的岗位去了。其中有一个在川西一带活动多年的美特任福根，解放后因从事间谍活动被捕，直到 1956 年才释放回国，他当时也曾在中美所担任过工作。

六、梅乐斯的罪恶活动

以协助中国抗日为名而来到中国的美帝特务头子梅乐斯，这个双手沾满了中国人民鲜血的刽子手，中国人民是不会忘记对他的仇恨的。他在中国的几年当中，不但尽心竭力地帮助军统培养大量美式特务和选送军统大特务赴美国学习，以加强军统对中国人民革命的镇压，并供应大量各种杀人武器来屠杀中国人民，为军统训练和装备了数以万计的武装特务部队，企图加强反动派阻碍中国人民的解放事业。解放以后所破获的许多潜伏特务组织，都与梅乐斯过去在华的罪恶活动有密切关系。他是一个非常阴险狡诈的人，也是一个中国通。他在和戴笠“合作”的几年时间中，主奴关系是处得非常之好的。主子对奴才是宠爱备至，使得奴才们也恭顺异常。他很了解戴笠的为人，表面上是好胜逞强，骨子里又是另有一套。所以每次他和戴笠在有军统大特务参加的会议上，从不直接给戴笠下不去。每遇到不能解决的问题而要坚持他的意见时，他总是用“让我考虑一下”这句话敷衍过去，等到他回到办公室，便立刻以书面的备忘录通知戴笠。戴接到这类与他意见完全相反的通知，有时虽然还要发一下脾气，但过了一会便得完全依照这一通知去办，不敢坚持自己的意见。因为梅乐斯从来不当着戴笠的部下给他难堪，所以戴笠便往往可以向部下夸口他和梅乐斯之间不但完全平等，有时梅还得听他的。其实天晓得，我在那几年中从来没有看到哪一件稍许大一点的事戴笠能自己做主而不听梅乐斯的话。据我所了解，戴笠曾经希望在广西柳州或桂林成立一个中美特种技术训练班，梅乐斯认为没有必要，戴笠只好依他，而把广西的特务部队送到贵州息烽去训练。还有，当时戴笠希望中美所的武器多集中到重庆，梅乐斯却要多配给到东南沿海地区，以便接应美军在东南登陆。梅一定要在贵阳成立大武器仓库，这样便可以把运到昆明的武器分置到贵州后更快地运往西南。又如，戴笠一直不爱照相，梅乐斯也叫他改变过来，任意由美特们给他拍照。

梅乐斯很懂得戴笠的心理，他为了永久能利用军统这一组织在中国从事特务活动，除了在美国宣传戴笠的种种神话式的传闻和他在蒋介石身边的作用，使得戴笠感到浑身舒适以外，他还极力怂恿戴笠应当去美国游历一下。而最能使戴笠感激不尽、终身难忘的恩赐，是在开罗会议期间，罗斯福总统当面向蒋介石提出希望能见一见这个中国的希姆莱。戴笠听到了之后，知道是梅乐斯替他在美国吹嘘的关系，才使他得到主子的主子这么重视。他便愈加感到梅乐斯对他未来的前程关系太大，便更加俯首帖耳了。

梅乐斯不但对戴笠肯下功夫，而且对派在中美所工作的大特务和军统的处长级的特务也是尽力表现出一副主人的姿态。不少的大特务都得过他赏赐的手表、衣服之类的东西，一般都能得到些香烟、巧克力糖之类。个别的人还得到他赠送的手枪、卡宾枪、汤姆生手提机枪。我因在事务工作上和他常常有所接触，他还送过我一部吉普车引擎，自己可以装配成一辆汽车。他在赠送这些东西时，总是叫人用打字机打好一张证明文件，由他签名，以免误会。

自从中美所正式成立那天起，梅乐斯便在他所住的钟家山办公室前面空地上升起了他那面七星旗，一直到中美所结束。他除了回国养病和出去视察工作的期间外，每天一早他总是先叫人去升旗，到傍晚才收下来。我对这面长不到两尺、宽不

过几寸的窄长小尖角旗很为好奇。这面旗是白底镶红边，一顺排着七颗红星，既不像美国国旗，也不像中国过去那种帅字旗。后来经过多次打听，才知道这面旗子的来历。原来是梅乐斯过去当海军舰长时，有次去镇压菲律宾人民武装反抗美帝的船队时，他的军舰大炮把逃在海上的反美武装船只击沉以后，船上的菲律宾人便挤在许多小舢板上逃命，很快这些舢板又都一一被击沉了。在他凯旋时又遇到一只装人最多的舢板在海上挣扎逃命，他便命令军舰不要开炮，而紧紧尾追，到了机关枪可以扫射到的距离时，他才自己亲手用机枪去扫射。在一船人都被杀死后，他还在舢板底部扫射了一下，这时白色的小舢板内的鲜血便从七个弹孔里涌了出来。他看到这一幅惨景非常得意，第二天便在他军舰上加上了这一面七星小旗用以纪念这一次的胜利。从此以后，这面小旗也成了他的个人标志了。

在对待部下方面，梅乐斯经常劝戴笠要学他的那一套假民主方法。因为戴一向讲个人威信，希望部下怕他，所以动辄以打骂和监禁甚至枪决来表现他的权力，使别人不敢违抗他的意志。梅乐斯却与他这一套不同，他就在责备部下时也往往不采用最粗暴的方式。

我记得最清楚的有这样两件事。一次是发生在歌乐山地区，当时有一对刚从大学毕业的夫妇，因在重庆找不到工作，无法维持生活，便仗着自己能讲几句英语，向亲友借了一笔钱在中美所背后歌乐山开一家小酒店，想赚这些外国人的钱，成天和美特们打交道。有一天晚上，几个美国特务趁着酒店男主人去办货，便把这个女老板轮奸了，男的回来不依，告到中美所。梅乐斯知道后，只把几个强奸犯找去说了他们一顿，罚他们一个月不准休假外出；另叫翻译请我通知当地警察局出面，赔一点钱叫他们不要再在附近做生意，如果不听，以后出了事便不再管。当时附近的警察分局和派出所都为军统特务所掌握，只要一句话便把这样一件美特轮奸案轻易地解决了。

还有一次是中美所刚成立不久，正在准备强行征用附近民房民地时，有天戴笠陪同梅乐斯带着我和两个翻译一同在后面山坡上察看形势，忽听到一个小山坡背后传出一阵女人惊叫声和男人的狂笑声。戴笠当时很担心军统特务们在胡来，给他在美国主子面前丢脸，赶快给我使个眼色叫我快去看看。梅乐斯一听到这些声音，也急着想了解一下情况，便跟着向这个地方走去。刚一进小山坳，就看到一个衣服穿得破烂的中年妇女狂奔而来，两个穿着美军便服的美特紧紧在追赶。这个妇女看到我们这群人才停下脚步来，一面理着被抓乱了的头发，一边用手掩住被扯破了衣服的胸膛。戴笠当时很有点生气，因为他一向是只准自己胡作非为，而要求部下守纪律，可是对美国人却不敢有什么表示，只有看梅乐斯如何发落这两个侮辱妇女的美特。当翻译把这个受欺负的贫苦妇女的话告诉了梅乐斯之后，他却发出一阵狂笑，并用很亲切的声音问这两个美特："你们调戏这样的女人，不会嫌脏吗？"接着也只轻轻说了几句，最后还在他们背上拍了一下便打发走了。戴笠看到这样处置，很不以为然。梅乐斯一眼便看出了他的心事。当我拿了点钱把那个妇女喊走之后，他们便坐在一些乱石上谈开了。梅乐斯趁这个机会劝说戴笠，告诉他应当学学美国的一套方式来对待部下，不可动辄打骂，不但要设法使部下口服，更重要的是心服。

戴当时听了也连连点头表示愿意接受，但以后我却很少看到他能真正这样做。不过每次当着梅乐斯面前，戴对部下那种狂叫怒骂的态度有点收敛，而往往改用一些最严厉的字眼，只是说话时态度上稍微温和一点，使人不易看出他在大发雷霆，不过这些话往往使对方听了更为害怕。如有一次他为了招待那个随法国特务来中美所的越南公主，叫中美所一个事务股长布置一个大客厅，要用 60 张藤沙发（因为天气热，他听说越南人爱坐藤椅），结果这个人给他准备的是普通软沙发。当他带着我走进这个临时大客厅一看，马上大怒起来，正准备用脚踢那个事务股长时，我看到梅乐斯已从另一个门走了进来，便赶快告诉他。他立刻改变态度而狠狠地说了两句："今晚不给我准备好全部用的藤沙发，你明天就会活不成。"当他和梅乐斯打过招呼后，又怕还没有说够，再补上一句："办不到就要你的命！"这个股长吓得浑身打战，在戴和梅乐斯走开以后，便哭着要求我想办法，因为一下要那么多东西，的确凑不出来。最后由我请稽查处和侦缉大队的特务们帮忙，才从几家藤具店强行借来用了一次。当梅乐斯陪着客人走进来一看，只两个多钟头又换上了一套新的布置时，曾对戴笠特别夸奖了一番。

梅乐斯最能使戴笠感到满意的地方是在供给中美所和军统所需要的东西方面。

戴笠提出的数目往往怕太多而不好意思开口，梅乐斯总是主动地替他增加一些，有时还额外赠送一些，特别是武器弹药炸药等物品，总是出乎意外地使戴笠感到满足。而美帝特务机关利用中国人杀中国人的这种阴谋，也通过梅乐斯来进一步实现了。从几年间梅乐斯由中校连升了三级，便可说明美帝对这个特务头子的成绩是如何满意了。

七、美帝海军与陆军争夺对中美所的领导权

在美国内部，为了争夺对中美所的领导权，海军与陆军之间的矛盾，自始至终一直没有得到解决。

自梅乐斯来华与戴笠接触之后，了解到军统这个庞大的特务组织，不仅有种种强大的特权，而且机构遍布各地，如果能通过这一组织进行工作，可以毫不费力地得到美国所需要的一切。梅乐斯的这一发现，立刻引起陆军方面的注意。海军生怕陆军插手，所以在中美所刚谈判成功时，便立即明令宣布：美国驻华的海军有关机构，乃美国太平洋舰队的一个工作单位，应在舰队总司令直接指挥之下作战。这项宣布，目的很明显，中美所应当由海军单独控制，其他单位不能过问。

海军这一宣布，反而造成了“此地无银三百两”的相反结果。陆军原来还不太注意，这样一来，便通过美驻华武官等深入了解，得知这是深入中国各处的大好机会，决不能让海军独占，因此也马上来一个声明：凡是在华美军一切机构，均应受美国中印缅战区司令部节制，并接受美军参谋长之统驭。当时的参谋长为马歇尔，他从一开始就反对中美所成为一个独立机构，直接由海军来指挥。

另外一个想控制中美所的是美国战略业务局局长杜诺万。这个局原来是由美军情报协调处改组扩充为两个机构，军事情报局与战略业务局。杜诺万一向与陆军方面较为接近，所以对陆军想控制中美所，他不但极力赞成，而且希望能借机把中美所置于战略业务局的掌握之中。中美所刚一成立，他就加派梅乐斯为战略局驻远东代表，先行控制梅乐斯。

杜诺万这一如意算盘，立刻遭到美国海军部和戴笠的反对。杜诺万便请陆军

出面，向梅乐斯提出要派遣一批教官来华，协助中美所训练军统所控制的特务武装，还企图在西北另行建立据点，并派出巴纳斯与约翰·海登博士等来华。梅乐斯立即告诉戴笠，认为杜诺万派人来不先征求中美所同意，坚决不接受，结果陆军方面准备好的一些教官等，均只好半途回去。杜诺万并不因此罢休，所以1944年中美所签订第二次补充合同时，他便作为美方主持人，企图以战略局取代海军情报署来控制中美所，并推荐战略局的柯林上校为中美所美方第二副主任，也为梅乐斯与戴笠所拒绝。

魏德迈继史迪威出任中印缅区美军司令后，他对中美所与军统局不但歧视而且成见很深。他极力主张将中美所置于战略局指挥之下，应使中国人退居被支配地位，对中美所主任由中国人担任早就感到不满。美国一些“白人至上”主义者更从中推波助澜，而梅乐斯则坚持战略局来华工作人员应受中美所节制。魏德迈便进一步要中美所必须受他指挥，否则他就辞职。官司打到华盛顿，代表陆军的马歇尔首先赞成魏德迈的主张，空军亦随声附和，海军虽力争仍无结果。美国联合参谋本部便发布命令，要在中美所工作的美军人员，自梅乐斯以下均直接受魏德迈之指挥。

由于梅乐斯对魏德迈只是表面上承认受其指挥，实际上并不理会，魏德迈司令部的人员便借机予以打击。如中美所每月所需物资150吨左右，实际上连半数都不给运送。海军方面愿自备飞机、车辆为中美所运输物资，亦被魏德迈阻拦。海军元帅尼米兹气愤之余，曾表示要用军舰来给中美所运物资到印度，再经雷多公路运往重庆。

美国海军方面原准备调往中美所工作的人员为3000人，因得不到陆军支援，有2000左右的人滞留印度，无法飞越驼峰。他们又不愿吃苦经公路来华，结果一直拖到抗战胜利，即由印度向后转返回美国。

当时中美所在中国的活动，连许多美国人都看不惯，因为军统局及戴笠声名狼藉，早为美国许多开明人士所不满。美海军部门想把一些夸大与伪造的所谓“成果”在国内外报纸上披露，遭到了美军方面主持发布新闻的机构所反对。梅乐斯为此气得发昏，曾准备在重庆举行一次记者招待会，要把中印缅战区司令部和战略局的许多丑恶内幕公开揭发。结果，记者招待会尚未来得及举行，已被中印缅战区

司令部与战略局发觉，立即宣布梅乐斯神经错乱，马上派人将他押送回国。所以1945年秋天，蒋介石视察中美所时，梅乐斯已被送走，由贝乐利代理副主任，主持对蒋的欢迎仪式。

梅乐斯回国后，五角大楼的头头便宣布撤去他的官职，并将他的官阶由少将降级为上校，不过海军方面对他还是支持的。1946年3月下旬，当美国海军元帅尼米兹得到戴笠摔死的消息后，准备派梅乐斯为代表来华致祭。这一消息被刚从中国回美的马歇尔听到了，马上赶到海军部部长福莱斯特办公室表示反对。他的理由是戴笠是中国臭名昭著的反共头子，如果美国派官员参加戴的丧礼，将影响他主持调处国共关系。不但如此，连美国海军原来拟就的“战后海军助华法案”，也遭到了马歇尔等人的反对而无法实现。

1947年初，梅乐斯又被美海军部起用为哥伦布号巡洋舰上校舰长，并同意他的请求，在中国沿海巡弋一年，所以埋葬戴笠的时候，他能闻讯匆匆由上海赶往南京。毛人凤带我去机场迎接他时，他一看到我们便泪痕满面。他在戴笠坟地上，更是泣不成声。很显然，他不但是在哭他死去的这一好友，同时也是在哭他自己的不幸遭遇。

八、为求美特欢心举行的几次盛大宴会

中美所历次举行的盛大集会中，要算1944年12月25日圣诞节最为热闹了。为了举行这次圣诞节晚会，一座可容4000人的大礼堂便日以继夜地赶建完工。这座礼堂中间没有一根柱子，也没有固定的座位，因平日集会一般人都是站着听讲话，只有晚会时才临时布置桌椅。在兴建这座礼堂时，所有电器材料如扩音、照明以及电动舞台等设备，全部是从美国运来。梅乐斯还特地按照礼堂大小在美国定做了几十面万国旗。这些漂亮华丽的万国旗都是一丈多长，用的是最好的丝绸，周围加上金色的绦子。这些万国旗当中，没有德、意、日等国国旗，也没有苏联国旗。为了举行这次集会，军统由印度空运来60多件乐器，乐队队员全部用军政部发给的将军呢做成制服，换发了新皮鞋和白手套。礼堂的节日布置从12月中旬就开始

准备。戴笠准备赠送美国王子们的礼物也在 11 月底前都已办妥。梅乐斯在 12 月初就已由美国运来大批妇女们穿的衣料、台布、糖果与小孩玩具以及圣诞节化装用的纸帽，等等。这些东西都分成一份份地装在一个小竹箩筐内。一棵圣诞树，是从几十公里以外用专车装来。一切布置都是按照美国的习惯，由一些到过美国的太太们指挥，完全按美国生活方式，处处要使美特们像置身于自己家乡一样。

从 12 月 20 日以后，戴笠每天都要抽出一些时间亲自去看看，有时还邀请梅乐斯去，看合不合主子的意。为了圣诞晚餐要吃火鸡，重庆一向没有，只好把养在动物园和公园的仅有几只供观赏的火鸡弄来供奉贵宾，其余的则用鹅肉来替代。戴笠原来想在宴会后来一次盛大舞会，因为凑不出 200 个女客，只好改在宴会后看文娱表演。

这天晚上 6 点钟左右举行宴会，所有在重庆的美特 300 多人全部参加，中美所副组长以上、军统副处长副主任以上的人员都要带自己的太太和 18 岁以上的女儿或儿媳去参加，另外选定了 40 名年轻貌美的女特务去作陪客。因为怕一些太太们不敢去，戴笠要我预先通知一下，只要参加晚会，即使不跳舞，去的女客都可得到一小箩筐的美国礼品，被邀请的女客如不去，则要查究。等女客们一进入礼堂，戴笠便叫人把她们全部分别安排在美特们的中间。有些从来不曾和美国人往来过的女眷，被夹杂在这些美国流氓身边，弄得如坐针毡。宴会散后，有些女眷气得把那一小箩礼物摔在地下和我吵起来，说不该劝她们去活受罪，连祖宗三代的脸都丢尽了。其中也有少数的人认为很难得这种机会参加这样盛大的宴会。

这次被邀参加的有 800 多人，在大礼堂当中排着五长条桌子，上首加一横排。国民党一些高级军政人员，也有 30 多人被请去参加。乐队奏着美国流行的许多小调，引起了美特们的怪声叫好。宴会完毕，即互相赠送礼品。梅乐斯别出心裁地叫每个女客走上礼堂的舞台到他面前去领礼品。戴笠站在旁边，一直鼓励她们要对主人多多表现亲热尊敬。所有女客都只和梅乐斯握一握手便拿着礼品走下台来，其中只有一个一向在香港当舞女的女特务刘美美，在戴笠的鼓动下当众抱着梅乐斯吻了一下，立刻引起了在场美特们一阵狂笑和掌声。戴笠便叫她再来一次，梅乐斯又加一份礼物给她。戴笠还希望其他的女客都学刘美美，结果再没有第二个人肯那样

干，弄得他非常扫兴，认为这些人太不合时代潮流。礼物赠送完毕后，便开始文娱晚会，京戏刚演一半，一些喝得醉醺醺的美特便跑上台去把演员的大刀、花枪拿过来大耍大闹。戴笠也跟着上去到后台挂一串白长须，跟他们一起乱叫乱打，一直胡闹到深夜才散。最后我督促办事务的收拾会场时，管餐具的特务哭丧着脸向我报告，又有几十双牙筷和银质汤匙被这些美特偷去当纪念品了！

1945 年圣诞节是在上海杜美路军统办事处举行的，参加的人虽然没有重庆那么多，但更为豪华奢侈，因胜利后上海物资供应比重庆方便得多。特别使戴笠感到满意的是，请的女客都是些所谓名媛闺秀和交际花、电影明星、红舞女，京剧、沪剧、越剧的名演员等。她们对与美国流氓往来都有一套，使得在座的美特们皆大欢喜。

在中美特警班大礼堂未建成以前，1943 年和 1942 年的圣诞晚会，都是在中美所美方人员的大饭厅举行的。由于当时马路没有修通，还得坐一段路的轿子（四川人称为滑竿），因此每次举行类似的晚会，除了全部动员军统和中美所所有的滑竿来接送客人外，还得临时派出大批特务武装和警察把歌乐山、磁器口等地的滑竿抓几十乘来当差。上百名抬滑竿的苦力，被抓来后一直要抬到散会才准回去。有的因连续不断地抬来抬去，弄得筋疲力竭，遇到天雨路滑，一不小心把穿着漂亮的女客或贵宾摔了一下或弄脏了衣服，她们总是要向戴笠去撒娇，戴一怒之下，抬滑竿的便往往被打得死去活来。

戴笠为了讨好这些美国主子，除了圣诞节外，遇到过春节与军统成立纪念日开四一大会，也要举行一次宴会、晚会来招待一番。美帝总统代表赫尔利和第七舰队司令柯克上将等，到中美所视察时，更少不了也要举行一次盛大宴会。此外对从美国来的什么慰劳团之类的组织，到中美所来表演或进行慰劳时，也得大事招待。特别是每次听到梅乐斯升了级，更要为他庆祝一下。每举行一次这种盛大豪华的宴会，所花费的钱，为数都是很惊人的。我因办理总务，对此最了解，像这样一年要举行几次的大宴会，以黄金计算多则要几百两一次，少也得几十两，一席所费就不止穷人百年粮了！

九、蒋介石最欣赏美国刑具

1945年秋天蒋介石来视察中美所，带着他的第二个儿子蒋纬国、秘书曹圣芬、参军皮宗阚等十来个随员，在中美所几个重点工作部门看了一下。蒋介石最感兴趣的要算中美特警班的美国刑事实验室了。因为这里有美国最新式的各种审讯人犯用的刑具，和大批从美国运来的良种警犬。这些东西对镇压人民、巩固他的统治都有很大作用，所以他每看到一样新的刑具，问明了它的用途和功效后，总是连连点头赞不绝口。

戴笠和贝乐利（梅乐斯当时已被押送回美，由美方参谋长贝乐利代理副主任）为蒋介石安排的主要节目，是给蒋介石看看特警班第一期800名学生的各种精彩表演。在新建成的大操场上，刚把一座检阅台赶建完工，蒋介石登上去以后，左边是中美所和军统的中级以上的特务一字排开，右边是中美所近300名服装整齐的美国特务。这些美特这天都穿上美国海军制服，我和他们往来几年，还从没有看到过他们这么整整齐齐规规矩矩地集合过。操场中央站着800名学生和40多名美国教官。蒋介石刚一出现，离检阅台还有100多米远，戴笠便示意我指挥8名号兵吹响“立正”的号音，一直等到蒋介石缓步登上检阅台答了礼之后才叫稍息。学生们刚开始进行一些分列式表演和美国式的操法时，蒋的兴趣还不很大。等到进行刑警课目表演时，蒋介石看到美国教官，指挥这些特务学生如何去追捕人犯、骑警握着美国橡皮棍如何冲入人群殴打群众，以及警犬搜查等表演时，直乐得手舞足蹈连声叫好起来。戴笠和贝乐利看到这种情况，便交头接耳，后悔没有多安排点这类使蒋最感兴趣的精彩节目。表演近一小时才结束，蒋介石不待戴笠去请他，便走到扩音器前训起话来，由皮宗阚替他译成英语。他满面笑容地向远道而来为他尽心尽力培养爪牙的美国特务们一再表示感谢，并尽力称颂他们几年来的功绩。对这些受了美国式训练的特务，蒋是勉励有加，连说你们不但是戴局长最好的学生，也是我最喜爱的学生，今后你们的责任非常重大，应当有很大决心去完成我所交给你们的任务。他一气讲了近半小时，才在一阵欢呼声中离去。

十、任务未完，先行结束

根据第一次合同的规定，抗日战争取得胜利中美所便应结束。可是戴笠和梅乐斯却认为这次亲密的合作，任务还没有完。因为合同以外的工作当时只进行了一部分，就是帮助军统抢先进入沦陷区进行接收，和阻止共产党领导的人民抗日武装部队进入各大城市。此外，对训练反共有经验的汉奸特务和继续帮助军统全力与共产党作斗争等任务并未完成，双方虽均依依不舍，但一时找不出充足的理由再继续下去。

戴笠在得到蒋介石准许之后，才于1945年冬天第一次把中美特种技术合作所几年的所谓成绩，公开在国民党的机关报上公布出来。梅乐斯曾一再向戴笠保证过，为了将来帮助国民党战胜和消灭另一个比日本更凶的敌人——中国共产党，他们随时会再度回来与军统进行更亲密的合作。而帮助国民党建立一支镇压中国人民的海军由戴笠来统率，他们是会尽最大努力的。戴笠死后，梅乐斯从美国赶来吊唁时，还一再向毛人凤、郑介民表示过这种“慷慨的”愿望。但是中国人民在共产党和毛主席的领导下，胜利得太快了，加上美国海、陆军之间的矛盾重重，使得他们永远失去了卷土重来的机会。

至于中美所的结束工作，完全是由军统局代为办理，我在另几篇材料中已经记述过，这里就不再重提。

云南解放前夕军统在昆明的特务活动

1949年12月9日，云南宣告和平解放。我当时是国民党特务机关国防部保密局（军统局改组后的名称）云南省站站长，对于云南和平解放前夕蒋介石集团的垂死挣扎和种种阴谋活动，是重要的主谋者和参与者之一。为了真实地保存一点历史资料，特就当时个人活动范围内所能掌握的材料先写出来，其余尚待有关人士作全面的撰述。

一、人民民主运动高涨，特务阴谋活动猖獗

远在抗日战争期间，昆明便成为大后方的一个民主堡垒，云南人民长期受到民主爱国思想的影响，抗日反蒋的运动不断高涨。虽然在抗战胜利后蒋介石解决了龙云，把整个云南置于他的恐怖统治之下，并用最野蛮、最残酷的血腥屠杀政策，多次镇压过昆明学生的爱国运动，暗杀过坚强的民主战士李公朴、闻一多两位先生，但云南人民并没有被吓倒，反蒋的进步力量反而一天天高涨不已。

当时，云南许多地区的人民武装力量越来越壮大，使得蒋介石派驻在云南的嫡系部队疲于奔命，仅能保住几个大点的城市和几条交通线，对“山那边”（当时云南人民称解放地区）却毫无办法。驻在昆明的国民党第二十六军军长余程万束手无策，天天向中央要求增加兵力。余程万派一个师的兵力保守昆明通向沾益100多公里的川滇铁路，还经常遭到人民武装力量的破坏。师长石补天公开向人谈：“我不

应叫石补天，而应改为石补路。我天天补这条路都补不过来，哪还有时间去补天！”

当时蒋介石虽决心想要保持住云南这一通向国外取得帝国主义援助最方便的基地，但由于各个战场节节败退，赖以反共的精锐嫡系部队又输得精光，至此已无暇兼顾。1949年春，解放军横渡长江解放南京之后，云南人民便急不可待地希望早日解放，摆脱蒋介石集团的黑暗统治。这时蒋介石直接派在云南镇压人民的云南警备总司令部已在卢汉的要求下撤销，总司令何绍周被调走，云南军政大权集于卢汉一身。蒋介石想以云南人治理云南，暂时使这一地区能安定下来，实际上由于没有足够的兵力调到云南，所以很多方面只好迁就卢汉。

卢 汉

在此之前，以卢汉为代表的地方势力，和以何绍周为代表的中央势力，在云南闹得不可开交。何绍周是黄埔一期学生，不但得到蒋介石的信任，更由于是何应钦的过房儿子（何应钦没有儿子，便把这侄儿当成自己的儿子），一向骄横跋扈，看不起卢汉这个彝族将领，想把卢汉挤走，由他兼任云南省主席。所以他同卢汉表面上虽然敷衍一下，而背后则对卢汉动辄讥讽辱骂。这个国民党政府中的“衙内”，公子哥儿习气很重，整天不是打猎，就是打网球、打牌和玩女人。他的“三打”朋友，如驻昆明各中央机关的负责人和驻昆明的一些外国领事，对卢汉不满意的与失意的云南军政界人员，以及一些大商人等，都是一边陪他玩，一边替他出谋划策对付卢汉的。

何绍周

我一到云南，马上就和何绍周连成一气，帮他搞反对卢汉的活动。加上我也爱好打猎和打网球，所以很快就成为他的“两打”朋友。何绍周这个人没有政治头脑，一味只想升官发财。他到云南很快就大发横财，主要是做鸦片生意。在云南花 1 万元买的鸦片烟运到上海，可以卖上百万元，运到香港卖的钱更多。以他当时的地位和社会关系，每月只要做上一次这样的买卖，收入就很惊人了。他刚到云南，没有自己的房子，借住云南旧军阀刘治陆的一座相当大的花园洋房，还觉得不好。他当警备总司令几个月后，便决心用几千两黄金修建一所豪华住宅，准备在云南作长久打算，没想到房子刚落成，还没有搬进去住，就被调走了。他任警备总司令期间，不但残酷镇压云南人民民主运动和学生爱国运动，他自己还是一个随意开枪杀人的恶魔。

我常陪他一道去离昆明几十百把公里的地方打猎。有次我的汽车出了点毛病，他邀我上他的车。在路上，我亲自听到他吩咐司机，不要为了避让在公路上行走的人畜而把车翻到悬崖下边去。我问他为什么要这样？他说：“你没有看见山区公路上翻的车吗？十有八九是因为避让人畜而把车开到山沟里去的；不避让，一直撞过去，就可以避免翻车的危险。”我说：“那不会把路上的人畜撞死撞伤吗？”他笑着说：“是我们的命重要，还是他们的命重要？”

平日我们出猎，总是爱坐敞篷车，这样就可以随时射击在公路两旁发现的鸟兽。有一次，他买了一辆崭新的小轿车，想试一试走长途的功效，便邀我一同乘新车去嵩明附近行猎。回来时，天快晚了，他急于赶回，一再催促司机快开，不料在一条不宽的支路上，赶上前面一辆十轮军用大卡车故意不让路，老在路中心行驶，一再按喇叭，也不肯让。司机几次企图强行超越，那辆军车的驾驶员在小车刚要越过时故意把车向左边挤过来，差一点把我们挤到山沟去，所以不敢再强超。何绍周气得在车内大骂，后来走到一处宽敞的地方，小车一下超了过去。何绍周便要司机把车在马路中间一停，后面那辆军车也只好停下来。因为跟在我们后面一辆坐有卫士的车还没有赶来，我和何绍周以及他的一个副官都穿着打猎的服装，那个军车司机以为是几个有钱的大商人，他便质问小车司机为什么挡住去路？何绍周立即跳下汽车拔出手枪，骂道：“老子要你的命！”我当时还以为他只是吓唬一下那个军车司机，没想到他真的朝着那个人开了一枪，把那人的手臂击伤。那个军机司机一看这情况，转身就向路边树林里跑，何绍周追上去又开一枪，没有打中，那人就消失

在树丛中了。

等后面的卫士赶来，何绍周还想要他们去抓那个人，因天快黑了，才气冲冲地回来。一到家，他就叫副官打电话把那个汽车兵团的团长找来，骂了一顿。我一问，原来那个团长是他叔叔何应钦的一个老司机，慢慢提升到团长的，所以对他毕恭毕敬，甘于受辱。我临走时，劝他以后不要再这样。他满不在乎地说，这次算那小子走运，留他一条命。他还很得意地说，有次他在广西公路上遇到这样的情况，连开两枪便把那个司机打死了。由于他在云南无恶不作，弄得天怒人怨。他调走后更是对卢汉痛恨万分，除到处以云南旅外人士名义散发谩骂卢汉的“白头帖”外，还托人带给我几百份，要我替他在云南散发。我为了不把和卢汉的关系弄坏，便把这些东西都销毁了。

警备总司令部没有撤销时，保密局云南站得到有关地方人民武装活动的情报，可以请警备司令部马上调兵去围攻，也可以请他们出面去拘捕嫌疑人士；抓错了也没有关系，不但何绍周本人极力支持我在云南的活动，警备总司令部军法处长丁龙恺，是抗战初期我任湖南常德警备司令部稽查处长时用过的人，我关照他做什么他都可以去做。自警备总司令部撤销后，虽然我还可以通过云南省站领导的公开特务机关云南省警务处、昆明市警察局及所属刑警大队和省政府调查室去执行任务，但是这几个机构都受卢汉辖制，都得接受卢汉的指挥。

有一次，云南地方人民武装滇桂黔边区纵队有一部手摇发电的无线电收发报机损坏了，派人送到昆明修理。军统特务昆明组向我密报这一情况后，我决定等来人去取报机的时候予以逮捕。一星期左右，报机刚修好，我便通知刑警队准备几个队员，听候捕人。我没有将这次任务和捕人的地点告诉刑警队，怕他们走漏消息，只说到时由昆明组的人带他们去。到了那天，果然将人连同机器一道捕获。经审讯，那人承认是“边纵”的。我想通过这一线索追究下去，以便更详细地了解一些有关“边纵”的情况而没有把这人送往重庆。

还有一次，卢汉的旧部、曾任营口市长的 ×××，营口解放时他被活捉，经解放军教育一个时期后释放。他回到昆明，宣传解放军如何优待俘虏等政策。我便要昆明市警察局长王巍将他扣押起来。第二天，王来见我，说卢汉打电话质问为

什么逮捕 ×××，并命令马上释放。他回答是我要他拘留的，卢汉才没有说什么。王希望我把这一情况向卢说明，免得使他作难。我便马上去见卢，告诉他，×××宣传共产党的政策，扰乱军心民心，所以扣押他。卢听了说，这个人就是嘴巴讨厌，爱乱说，也同意关他一下。

没过几天，我接到毛人凤写给我的一封亲笔信，说他已和胡宗南商谈好，胡同意把他的老婆军统特务叶霞翟送到昆明，而不去台湾（因胡与陈诚不和），并将抽出一两个军的兵力加强中央在云南的力量。毛要我亲自去西安见胡宗南，说明云南的形势和重要性，劝胡在西南建立一个根据地，顺便把叶霞翟接到昆明。我接信后便于第二天动身。

临行之前，我估计卢汉可能要强迫王巍释放 ××× 和“边纵”的电台人员。当时受保密局云南站领导的特务机构而不受卢汉辖制的还有滇越铁路警务处、第四区公路工程局警务科、第四运输处警稽组、五十三兵工厂警稽组和警卫大队等。我本想把 ××× 和“边纵”电台人员从警察局送到这几个单位暂时囚禁，因时间关系，又想着我离开昆明卢汉不一定会知道，所以没有把他们转移。后来知道：我刚一动身，卢汉就命令王巍马上把 ××× 和“边纵”的人员连同电机一齐释放。我从西北回来后去见卢汉，他推说这是省参议会提出的，所以没有等我回来和我商量就释放了。我当然不愿为此事和他闹翻，只把经过向毛人凤作了详细汇报，毛也同意我不为此事与卢汉闹摩擦。

自警备司令部撤销，何绍周调离云南之后，卢汉对待云南人民民主运动，一反过去何绍周采用的严厉镇压手段，而采取缓和的态度，无形中在默许和支持。到1949年夏天，昆明一些进步报刊便一再公开提出驱逐国民党中央政府在云南的机关，驱逐蒋介石集团在云南的特务，并不断对国民党许多倒行逆施的反动政策和法令公开提出严正的指责。

云南人民对国民党发行的金圆券也纷纷拒绝使用，而以过去云南所通行过的半开硬币代替金圆券在市面流通。西南几省受到云南的影响，均改用银圆银角。国民党财政部利用这一情况又进行搜刮，把库存的镍质辅币拿出来当银圆一样流通。它颁布一道命令，恢复使用早已作废了的镍币，按十角换一银圆计算。当这一决定

还没有公布以前，国民党财政部和中央银行的高级官员知道了这一消息，便纷纷勾结商人到处搜购民间散存的镍币。几天之间，少数人便成了一本万利的暴发户，而多数人却上了大当，把旧存镍币按几角甚至几分钱一斤的低价卖掉。于是人民又纷纷拒用镍币，国民党政府只好把刚下令恢复使用才几天的镍币再来一次贬值，更加引起一场混乱。

1949 年 2 月 11 日，云南《中央日报》突然刊出一条消息，说中央印制的紫色 50 元票面的金圆券发现了伪钞。同时，昆明中央银行宣布 50 元票面的金圆券，不分真伪一律暂停使用。这样一来，所有商店当然都拒收。第二天正是元宵节，持有该项金圆券的广大市民都想买点东西，却使用不出去，便纷纷去昆明中央银行请求兑换，该行竟不开门营业。群众越集越多，一会儿便有 2000 多人齐集在该行门口，大喊开门，该行无人理会。群众气愤之下，有人一声喊打，便有大批人将门窗捣毁，冲进该行，把账单等抛至街心。反动派军警赶往镇压，一面向天开枪驱散群众，一面大肆抓人，被抓的人一个接着一个被就地枪决了。后来大批地方士绅和省参议会人员一再劝阻，才把其余被捕的几十人交由军法审理。这次被杀害的无辜市民有冯长安、刘代学、李学成、王才、徐吉等共达 21 人。金圆券风潮虽暂时平息下来，但引起人民更大的愤恨。

云南参议会不少进步的参议员，不仅在开会时提出对许多反动政策法令的责难，并支持进步舆论所提出的驱逐国民党在云南的机关、军队与特务，还公开对蒋介石集团所作所为不停地进行抨击。保密局云南站随时把这些情况向台湾方面报告。特别是云南警备总司令部撤销以后，卢汉对云南人民武装部队再没有进行过大规模的进击，有些地方保安团队和朱家璧、庄田等领导的人民武装保持着互不侵犯的情况，曾引起台湾方面极大的注意。但台湾方面认为以武力解决云南问题和撤换卢汉还不是时机，便决定撤退中央在昆的税务、审计和特务等机构。

1949 年 7 月中旬，保密局云南站得到毛人凤电令，决定将云南站、云南电台支台和一些已半公开的地方组织、个别暴露身份的特务，连同保密局在云南的特务武装交通警察部队撤到重庆，但指定站长沈醉仍然暂留昆明，看局势发展情况再另作决定。我随即去见卢汉，向他报告这一情况。他同意台湾方面这一处置，认为军统特务在昆明的种种活动，多年来人民的确一直恨之入骨，撤走以后，可以缓和一下人民的情绪。卢汉并说，对我个人暂留昆明，表示决无问题，并希望我和他经常保持联系。

1949 年 7 月下旬，保密局云南站正式宣布撤走。实际上是把站部组织缩小，采用汰弱留强的办法，剩几个精干的人员搬到了我的家中。云南支台撤走后，也留一部与台湾和重庆通报的小型无线电台，设在我家楼下。昆明组的所谓撤销，也是只把组部取消，把身份暴露的特务撤走；没有暴露的，特别是打入卢汉身边工作的几个人，如收发室主任王文彬（化名林子华）、秘书蒋 ×× 等人，不但不走，反而更加强了他们的活动，还要他们发展新的特务。外县的组也只把开远、蒙自与河口三个组撤销，其余在昭通、保山、车里、佛海、陇川等地的组织和电台一直没有动过。武装特务部队虽抽走一些，领导方面则仍然换汤不换药。川滇、滇越两铁路警务处处长田动云，被指定负责率领所有在云南的武装特务去重庆，两路警务处处长仍由军统特务苏子鹄继任。第四区公路工程管理局警卫稽查组与第四运输处警务课虽调走一部分交警部队，而两个机构的负责人仍为军统特务罗嵩与张贞。五十三兵工厂警稽组因远在郊区，根本没有动，只更换了组长。实力最充实的公开特务机构昆明警察局刑警大队，不但没有调走人，仍由周伯先负责，反而吸收了该队一些最顽固的分子何云贵等加入军统组织。表面上算是交了出去，而实际上仍有军统在内部控制的单位还有云南省警保处、云南省政府调查室与昆明市警察局。

当时从表面上看起来，好像是真正撤走了一大批特务，其实他们刚一走，毛人凤马上就派保密局潜伏布置组的科长兼西南特区潜伏布置专员任鸿传于 8 月初赶到昆明，并要我协助他在昆明布置了一个昆明潜伏组和两部潜伏电台。这个组的主要成员，除组长丁翔和组员王文彬、马 ×× 等是原来云南站身份未暴露的特务外，还吸收了几个医生参加。如明绍武医师，当时他想在昆明中华路开设一个诊所，没有足够的钱，经他亲戚军统特务李瑞峰介绍，由军统给他 1000 元硬币协助他，而以参加昆明潜伏组，在解放后为军统工作，并在他诊所内掩护一个特务为条件。另外还以帮会关系，由江义等特务找到在昆明基督教会所办的医院内任内科主任的马 ×× 等为组员，组部电台报务员郑玉和系由重庆支台选派来的。另外怕万一昆明

潜伏组出了问题，昆明工作不能继续下去，又做了一个双层布置，成立了一个所谓独立潜伏台，由重庆选派报务员冯泽芬为台长，自兼情报员，不与昆明潜伏组发生横的关系，只和台湾直接联络，当时称这种特务为全能情报员。

蒋介石对云南问题所作的指示，以后毛人凤当面告诉了我。蒋认为云南的民主运动不足为虑，因时机尚未成熟，卢汉虽有点靠不住，但还不会马上有所举动。这是因为一方面解放军离云南还远，对他不能帮助，运动立不住脚；另一方面卢汉本身兵力有限，只有十几个装备不好的保安团，而中央军的余程万第二十六军早就驻在昆明郊区，足以控制昆明，李弥的第八军已开进云南，加上刘伯龙的八十九军也在黔滇边境，这三个军的兵力足以对付卢汉而有余。因此，主要的是要使卢汉不能与共产党联络，不能与龙云有往来，但又要尽可能争取他，避免对他刺激，同时又要使他有所畏惧，不敢轻举妄动。所以决定用恐怖手段，先除去卢身边几个思想进步、在政治上对卢能发生影响的人。

从1949年8月初到9月初，我先后接到毛人凤给我亲译的三个密电，命令我立即设法在昆明暗杀杨杰将军和另一个云南民革的负责人陈复光教授，以及云南省政府民政厅厅长安恩溥、云南保安司令部参谋长谢崇文和云南保安旅旅长龙泽汇等五个人。因为这些人有的对卢汉在政治路线上有很大影响，有的是卢的亲信。我接到这项命令后，因为许多原因一直没有认真执行。毛人凤便连续来电指责我，并一再说明，只要先除去这几个人，对于扭转云南局势，镇压云南民主运动，将发生极大作用，我却总是推说进行困难，正在设法中。

实际上当时要在昆明暗杀杨杰和陈复光是比较容易的事，因为我所住的三节桥靖园新村五十一号，正和杨杰的住宅是斜对面。杨虽有一辆小吉普车，却很少用来代步。他家中只有一个副官、一个勤杂工、一个司机和一个养女。他的活动，我是弄得很清楚的。他几乎每天去云南大资本家“沱茶大王”严燮成家吃饭。严家可以随时开出几桌酒席，吃顿便饭也可以拿出十几道菜来。我有时也去那里，遇到杨杰，总爱和他聊天。他每天从家中出来要经过我家对面一个大的草坪，我的几个孩子在那里玩的时候，他总爱停下来逗孩子，彼此都很熟悉。我原来准备等他深夜在外面应酬回来时，就在通往那个草坪的一条小巷内狙击他。

我找了两个行动员和他们研究，他们也认为杀掉杨杰是轻而易举的事，只要我作出决定，他们就马上执行。不料我和他们商谈时，我的母亲正在我办公室外面的阳台上，我们的谈话她完全听到了。等那两个行动员一走，她马上气冲冲地走了进来，用手指着我的头说：“我经常教你，一个人可以不做官，但要做人。你还要不听我的话，再去杀人，我就和你脱离母子关系。”这一出我意料的情况，使得我只好把准备在第二天杀杨杰的事拖延下去。

民革在云南的负责人陈复光住在我家后面篆塘新村住宅区，大门临马路，连围墙都没有。当时云南站虽撤走，而留下的特务中还有戴季庸、杨文智等几个人，是一向搞暗杀工作的。毛人凤又加派了保密局专搞暗杀工作的王 ××、秦景川两个人到昆明。秦为军统培植多年的刽子手，而我过去在军统局也专搞这类工作多年，并在许多特务训练班兼任这项工作的教官，毛人凤总以为不会有什么问题。我当时迟迟不肯动手的原因，主要是怕自己跑不脱，因为这些人一旦被暗杀，毫无疑问，一定会猜到是我干的。我如果先跑到沾益、曲靖等地，再叫他们去干，就不一定有把握，反而打草惊蛇。当时整个局势迅猛发展，解放军势如破竹直指西南，眼看不久便要到云贵等省。我自己也很清楚，国民党所留下的一点残兵败将，绝不是共产党的对手，杀几个人也不能挽救失败的局面。

在那种形势下，我实在有点心灰意懒，再加上我母亲的那几句话，因而为个人利害考虑特别多，所以放过了许多有利的机会。以后毛人凤对我没有在昆明暗杀杨杰，而让他逃到香港，曾对我执行命令不力严加指责。至于对安恩溥、谢崇文、龙泽汇三个人的问题，我就更加有顾虑：一方面怕杀了后反而把卢汉激怒了，不但自己有生命之虞，而且云南局势可能会变得更快，欲保云南，反因此而早日送掉云南；另一方面，他们三人均为现职官员，平日出入有汽车，家中有警卫，下手也比较困难。虽然这样，但我在接到第二个命令时，我还是进行过部署，因为军统纪律很严，对连续命令不执行，将受到严厉的处分。特别在那个时候，毛人凤为了挽救垂死的局面，枪决个把大特务来对内部动摇情绪进行震慑，是随时可能的。我当时虽一百二十个不愿意，而仍不能不做一些布置。

云南站撤走后，云南站的外围组织却仍然存在，其中还有点力量的是第四运

输处副处长兼运输总队总队长李家杰所领导的“杰社”。这个帮会组织的成员，大都是第四运输处的汽车司机和搞运输工作的职工。凡是参加这个组织的，多是些专搞走私贩毒、偷关漏税的不法之徒，还有不少在滇缅公路上专干杀人越货的惯匪。

我当时对安恩溥特别不满意，私人间一向处得不好。为了执行命令，我便叫李家杰在他的人当中挑选了四个干暗杀有把握的人，由我给他们每人一支美造曲尺手枪，先给他们十两黄金的活动费，并允许事成之后，每人再给十两黄金。李家杰也把自己所乘的汽车给他们使用，准备在安恩溥经常来往的路上动手。因为这些人与安的司机容易接近，打算先勾通安的司机，故意在偏僻的路上抛一次锚，他们尾随在后，便可立即对安进行暗杀。

另外，由军统特务余谦所掌握的洪帮组织武圣山所领导的一些流氓，更是无恶不作的亡命之徒，我便叫他选几个人去进行谋刺谢崇文的工作。我当时也怕他们干的时候出问题，叫他们在决定动手的前一天先告诉我一声，我好同时布置杀杨杰和陈复兴，并早做逃出昆明的准备。我知道安、谢两人中任何一人被杀，卢汉都会马上和我翻脸而逮捕我或杀害我，因而我不得不先作打算。

至于对龙泽汇，我当时还不打算杀他，一方面我和他私交不错，另一方面因为他与卢是亲戚，杀了他，我和卢不但发生正面冲突，也会使卢更坚决地倒向共产党而痛恨国民党和蒋介石。我在回复毛人凤第二个命令时，也只说正在准备杀杨、陈、安、谢四人。

毛人凤第三次来电催我赶快执行，我刚刚分别约见几个选定的凶手，并决定同时进行的时候，突然得到卢汉准备去重庆见蒋介石的情报，我便又连夜分别通知他们暂缓动手。因为昆明的手枪一响，卢汉可能不去重庆，这样我反而负不起这个责任。两相权衡，还是以能使卢早日去见蒋介石更为重要。这样，解放前在昆明才没有继 1947 年暗杀李公朴、闻一多先生后再来一次血案。

在卢没有去重庆见蒋介石之前，我在昆明表面上是暂时留下来和卢保持联系，实际上我这个时期的活动较过去任何时期都紧张。和台湾联系的电台设在我家楼下，我们日夜不停地保持接触。昆明方面发生的任何事情，特别是卢汉的一言一行，只要能得到这类情报，几分钟后便可传到台湾。这时在昆明的一些公开特务机关的领导人员，几乎每隔一两天便和我举行一次“公秘会报”（云南站秘密领导单位与公开特务单位的军统联合开会），交换彼此所得到的情报，研究对策，传达台湾方面的指示。这种会报也比过去更秘密更紧张。

除此以外，我个人还得随时与驻在昆明的二十六军军长余程万、八军军长李弥保持联系。李弥当时住在云南民族资本家王少岩家中，我去他那里谈问题很不方便，他找我也目标很大，我们总是先用电话联络好以后，到偏僻马路上碰头，坐在汽车上去商谈。

当时李弥由卢汉处借来一辆老式轿车，前后座位中间有一道可以活动的厚玻璃隔起来，推紧以后谈话连前面的司机都听不清楚。有时为了更好地畅谈一下，他便坐上我的汽车，由我亲自驶到郊外，更可没有顾忌。李弥当时的野心是想取卢汉在云南的地位而代之，因他是云南人，蒋介石叫他回云南也有这个打算。所以他表面上对卢很尊敬，而骨子里却老是想利用我多向台湾报告一些卢靠不住的情报，这样他可早日如愿以偿。

当时我对余程万新娶的一个小老婆很怀疑，也曾对她进行过调查和防范。据余程万介绍这个来历不明的姨太太时说，这是名小说家张恨水代他找来的。原来，在抗日战争期间，余任五十七师师长，担任湖南常德城防。他这个师的代号是“虎贲”，所有官兵都佩戴这两个字的臂章。张恨水去过常德，和余有一段往来，便写了一部以余程万守常德为题材的《虎贲万岁》的小说。这位苏州小姐看过这本小说后，对余异常爱慕，决心不顾一切委身于张恨水笔下所描绘的“虎贲英雄”，甘心充当他的姨太太，和他秘密同居。我对她非常怀疑，怕她负有什么政治使命来策动余程万，因此暗中派人监视她，还告诉余的副军长彭佐熙留心她，要当心她到军部去有什么活动。彭佐熙当时很想当军长，对这项任务他一点不放松。我鼓励他，一旦发现问题，马上告诉我，好及时处理，军长一职还能不归他。

我除了做这些挑拨离间的特务活动外，有时还得做一些有关团结的工作。自李弥回昆明后，余程万一直不痛快。因为余想由他负责云南军事方面的责任，不管谁当主席都行；而李则想军政大权一手抓，彼此各有打算，各有背后支持的人，因此两人面和心不和，相互猜忌。我对此非常焦急，怕他们之间不能很好地合作而影

响整个大局。为了使他们彼此谅解，我也曾费过不少唇舌。直到以后大家都被卢汉扣押起来住在一起时，他俩虽结成了同生死共患难的异姓兄弟，但在个人利害问题上还是各有各的打算。

当时台湾方面对云南站的情报活动很不满意，我每天都得抽出时间亲自从事这方面的活动。我用以活动的中心是余谦在护国路开设的乐乡饭店。这里有一批所谓消息灵通而又与我有关系的人天天去那里打牌、抽鸦片烟和吃喝，主要的人物有圭山区行政督察专员蒋子孝、曾任龙云秘书的刘公度、昆明商会会长邓和风、邮江储金局经理李少阳、《朝报》发行人王公弢、医师王子翰等。他们虽只能听到一些道听途说的东西，但我却可以找卢身边一些比较亲信的人去证实和补充，主要的是省政府秘书长朱景暄和卢的副官处长朱子英。

朱景暄和朱子英一向接近军统，也知道我找他们是有目的的。朱子英虽为卢的亲信，但缺乏政治头脑。我知道他对卢的生活情况很熟悉，但我从不直接向他打听卢的情况，总是以关怀卢的口吻和他聊天，从中得到了不少有关卢的情况。他曾把卢汉与“边纵”的情况向我透露了一些。有次卢汉派他送武器接济“边纵”，他去时不敢向我说，回来才告诉我。我说，你先说出来我也不会拦劫你，以后有什么都可以先告诉我，我决不会使你为难。

另外我还发动军统在昆明的大特务、曾任警保处长的邱开基和代理国民党云南省党部主委的裴存藩等，利用他们和卢过去的关系及昆明上层社会关系，去找一些我需要的东西。这些紧张频繁的活动，无疑是完全针对着卢汉的。在这同时，我也注意龙云在香港可能指示他的旧部在昆明进行活动。蒋介石最担心的是卢、龙两人合作起来，而希望加深他们之间的矛盾。他特别怕杨杰将军利用过去当过陆军大学校长的关系，拉拢国民党高级军官，参加民革的军事活动，并影响卢汉，所以决心要除掉他。

当时蒋介石表面上同意采取撤退中央在云南的机构和特务组织，以缓和云南人民的反蒋情绪，实则准备以退为进，再抽调一部分兵力到云南加强控制。蒋介石对当时云南的局势，只求暂时安定一下，所以不但对卢所提要求可以让步，甚至可以迁就，只等有足够力量时才一鼓作气将卢逐走，完全把云南置于他的控制之下。

蒋介石的这些做法，卢汉也是很清楚的。所以卢便尽量以地方不安靖为口实，打起保境安民的口号，利用蒋介石抽调不出更多兵力来云南，而又希望保有云南这一后方的想法，不断向蒋介石要求充实地方武装力量。蒋介石碍于形势只好同意把保安团扩编为两个军。按照规定，国民党的军队中都要有军统特务组织，如集团军的调查室或情报处、军的调查组或参谋处第二科、师的联络参谋等，部队自己不能再成立什么特务组织。当蒋介石同意卢汉将保安团队扩编为九十三军和七十四军时，我就去找卢，要在这两个军的军部内设立军统特务组织。卢虽然不能正面反对，却推说军部刚成立，军长虽已决定，但有许多人事上的安排还没有就绪，可稍等一下再派人去。我明明知道他在拒绝，但在那个时候也不好坚持。

不久，我听到昆明组向我报告，九十三军军长龙泽汇搞了一个特务组织，负责人是过去在军统中工作过的名叫李世荣的云南人。李世荣正在设法把过去和他有关系的特务拉过去，替他搞对中央的特务活动，主要目标是我和云南站以及二十六军、第八军等。昆明组建议我把这个人逮捕起来秘密处死或解送重庆处理，如果卢汉或龙泽汇发觉要人时，可以名正言顺地告诉他们，因为这个人是军统人员，这是执行军统的纪律。

我考虑之后，决定不但不逮捕他，而且指示昆明组可以让他拉人去替他做工作，以便摸清楚他们的情况。因为逮捕他或杀掉他，他们还得找别人来干，我反而弄不清他们的情况，不如将计就计让他拉人进去。我当时最注意的是怕他们搞暗杀活动，如不搞暗杀，只搞点情报，我可以编造一点真中有假、假里有真的东西给他们去骗取信任。昆明组按照我的指示，让那两个被拉的特务去参加那个组织，随时把他们的活动情况向我汇报，使我了解他们的情况。因为没有发现他们准备搞暗杀活动，所以一直没有去惊动他们。

正在这时，我又发现有人拉拢设在我家中的无线电台报务员。这个报务员原来是中尉，我把他连同他的妻子小孩安排到我家中后，便提升他为上尉。他夫妇都是云南人，在昆明有不少亲戚。他的一个在云南部队中工作的亲戚，拉他去龙泽汇部工作，并提升他为少校电台台长。按照规定，军统人员不能脱离军统组织自行另就他业，因此我就不能客气了。当我叫人搜出委派他为少校的委任状后，马上把他

逮捕，秘密解送重庆囚禁。重庆大屠杀前夕，主管清理白公馆犯人的法官打电报问我对此人应如何处理？我回电说，把他囚禁一个时期，惩罚一下就行了，所以在大屠杀时才没有把他杀掉。

自上海、南京相继解放之后，国民党整个要垮台的形势越来越清楚，不少国民党高级军政官员企图早点和共产党拉上一点关系，以便在解放后求得出路。有一个叫张铿的坏分子，利用这种情况钻空子，冒充共产党的什么特派员在昆明进行活动。卢汉手下一些高级幕僚如获至宝，都以能和他见一面为荣。这家伙也装模作样故弄玄虚，卢汉手下的个别厅长、参谋长一类的人，还恭恭敬敬去拜访他。他要什么便给他什么，后来甚至向卢汉要求拨一个营的兵力给他指挥，也得到同意。我听了暗自好笑，因为张铿拉了一些不三不四的人做他的部下冒充共产党，这些人当中就有云南站特务的外围分子或运用人员。他们把这一情况早就向我汇报过，我是在等着看他们的笑话。不过我当时的心情却十分沉重，因为从这件事的分析中，可以看出卢汉和他的几个部下确有反蒋投共的打算和决心，不然不会这样饥不择食而上坏人的当。

最可笑的是，有天晚上，卢汉的省政府秘书长朱景暄（此人不是卢的亲信，过去是汪精卫系统的人，所以和我很好）打电话要我立刻去他家，说有要事和我商谈。我估计可能就是谈这件事。因为我接到情报，说卢汉的亲信不让朱景暄参与同张铿联系，所以他想利用我来对付他们。我想，如果他和张铿见了面，他可能还会瞒着我。我去他家后，他郑重其事地叫我的卫士坐在他家楼门口，说连他家的人也不让上楼去。他把我领到他抽鸦片烟的房内，倒在烟床上，一边打烟泡一边告诉我：昆明已有共产党的组织在活动，卢汉已派了代表随同他们的人去四川联系，问我知不知道？我说我早就听说了，没有准备去惊动他们。他便向我建议，应当从二十六军调一个团的兵力去包围他们，才能把保卫他们的一个营缴械而一网打尽。最后我笑着对他说，用不着我派人去逮捕他们，迟早那些拜访过张铿的人会把他们抓起来的。不久，卢汉果然发觉张铿是冒充共产党，把他们逮捕了。虽然这是云南解放前夕发生在昆明的一个大笑话，但还是显示出云南人民渴望解放的心情。

二、忽明急暗的政治局势

1949年8月，蒋介石为了便于亲自处理西南问题，梦想以他个人的所谓威望来保持西南最后一片土地，作为国民党反共反人民和争取美帝用实力援助的基地，便由台湾飞到重庆坐镇。当时国民党的一些高级军政官员认为，过去八年抗战，重庆始终能成为大后方，除了地形险要、兵源粮源补充容易外，还由于对这些地方情况熟悉，易于控制，所以这时把最后一点希望又寄托在西南这个角落上。

蒋介石自抗战胜利后离开重庆，这还是第一次再度回到他抗日战争时期躲了七八年的旧巢。重庆的一般国民党高级军政官员都非常清楚，重庆人民对蒋介石的再度光临，只会更加痛恨，而绝不会加以欢迎。因为他过去许诺四川人民的许多事，如修筑成渝铁路等，没有一件兑了现。为了对蒋介石表示仍然孝敬，重庆市长杨森等，指使重庆的帮会流氓、袍哥大爷如田得胜、石孝先、唐绍武、冯什竹等出动他们的徒子徒孙和兄弟伙，来了一次号称十万帮会分子的欢迎大会，在飞机场迎接这位出身于青帮的老头子，演了一幕滑稽丑剧。

蒋介石当时最感棘手和最注意的，当然还是云南的问题。这时他最感苦恼的是再也抽不出相当兵力来进行他的计划，最后只好采用所谓软硬兼施、恩威并用的政策来对付云南。而这次硬也硬得非常可怜，他只能命令一个比较完整的二十六军包围昆明，并叫一个在淮海战役中整个兵团被歼灭、只身逃出包围圈的李弥，把刚刚东拼西凑而成的第八军和驻在贵州的八十九军（军长刘伯龙）一齐向昆明方面推进。在这同时，他还把昆明对外的航空联络线予以封锁，连几架破旧的运输机和客机也全部撤离昆明，装出姿态迫使卢汉就范。

卢汉面对这种情况的确费了一番心思。我从他的亲信副官处长朱子英口中得悉，卢连着几天都在彻夜苦思焦虑，香烟头堆满烟灰缸，由此可以看出，他对当时局势的应付很费苦心。特别是蒋介石接卢汉去重庆的专机停在机场上等着起飞的时候，据说卢几乎通宵不眠。不去，很可能要打一场，硬打不是很有把握，况且云南地方要遭到战争的蹂躏；如果马上宣布起义，解放军离云南还有相当路程，不能立

刻得到支援；但是去重庆，又怕蒋介石翻脸不认人。谁都知道，这人是什么好话都说得出，什么坏事都做得出的。当卢汉正在犹豫不决的时候，蒋介石为了使他释去疑虑，最后特别把蒋经国派到昆明当面劝驾。

蒋经国一到昆明时，正遇上昆明学生和群众3万多人举行“反蒋反美”的大规模示威游行。他一再问我：“云南会不会马上出问题？”我再三安慰他不会马上发生问题，如果真的到了局面无法挽回的境地，我不会等在昆明当俘虏。他最担心飞机场控制不住，没有法子再坐飞机逃走。我告诉他，二十六军还有几辆坦克车，万一有事，至少可以用坦克车送他离开云南到贵州去，他才放了心。

9月5日是昆明最紧张的一天，一大清早，余程万便派副官接我到他的军部去。这时，留在昆明的一些特务，都带着二十六军和云南保安司令部两枚不同的证章，以便万一双方发生冲突时，见到二十六军的部队便说是二十六军军部的，遇到云南保安团队又可以说是保安司令部副官处的。当我到二十六军军部时，知道从9月3日起该军官兵便一律禁止外出，几门小钢炮也擦得干干净净，炮衣业已卸去，炮口正对着五华山卢汉的办公处，炮弹一箱箱地都搬了出来，部队已做好一切战斗准备，战事大有一触即发的可能。

当时昆明全市人民也都惶惶不安，市面上争购柴米菜蔬之风大起，家家都在做准备，怕一旦枪响买不到东西。我特别派了刑警大队长周伯先坐在朱子英家中等消息，因周为朱的连襟，他们之间是无话不谈的。直到9月6日，周在电话中向我报告，卢汉已决定动身去重庆，我才松了一口气。当时人们紧张万状的情况虽然缓和了一些，但卢的部属却又在担心，一旦蒋介石将卢扣押在重庆，昆明方面还得有一场混乱。所以在卢去重庆的三天中，表面上是缓和了一些，而骨子里却更加忙碌。重庆通昆明的长途电话，不断报道卢在重庆的情况。二十六军的备战状况并没有改变，保安团也还是扼守要点，没有放松警戒。

直到卢汉于9月9日由重庆专机安返昆明，情况才马上改变。但平日活动积极的民主人士，知道卢能安然归来，必然要执行蒋介石的命令，在昆明来一次镇压，因此许多人纷纷忙着做暂时离开昆明躲避一下的打算。果然，当卢的专机刚刚降落，紧接着降落下来的另一架专机，便送来了蒋介石和毛人凤所派遣的保密局西南特区区长兼西南军政长官公署第二处处长徐远举（徐鹏飞），他还带领着一大批特务。

解放前夕，在昆明所发生的一次最大规模的400多人被捕的“九九事件”，便紧接着发生了。徐远举和大批特务由我接到我的家中后，连茶都没有喝一口，便马上执行蒋介石当面命令他办的第一件事：逮捕杨杰和陈复光，由原机解回重庆处理。至于早先毛人凤命令我在昆明暗杀掉的几个人，则暂不逮捕，也不对他们再有什么表示，以免使卢汉面子过不去。当徐远举和我带着特务赶到杨杰家中去捕杨的时候，却扑了一个空，原来杨杰正好在徐远举下飞机时，搭上当天才恢复的中航公司班机飞到香港去了。徐远举急得跳脚大骂云南站人员不负责，没有做好监视杨的工作，使得蒋介石当面命令的事没有办到，无法复命。

当特务们正在杨家抄查时，陈复光却送上门来，他是受杨的嘱托来料理杨的家务的。过去监视过陈复光的特务一眼认出了他，便连同他所乘坐的吉普车一同扣留，把他带到我家中审讯。这时，西南区的特务们正在我家楼下对杨杰的副官进行刑讯。杨的副官经受不住手摇电话机改成的临时电刑的痛苦，发出凄厉的惨叫。陈复光在楼上客厅里听到惨叫，身上发抖，坐立不安。当徐远举厉声追问他，杨杰是怎样走了的时候，他说是由民革云南另一负责人朱剑飞代杨购好去香港的机票，并用朱的汽车接杨送到飞机场的。

当天下午，卢汉用云南绥靖公署主任名义，发布解散省参议会、查封昆明报刊的布告。布告里说，参议员半年以来的发言和决议，不但不遵守规程，而且越出常轨；多数报刊，投机取巧，推波助澜，为共产党张目，扰乱社会人心。这个布告还说，许多报刊制造云南要解放的谣言，如果不是他飞渝解释，舍身救乡，昆明将先成灰烬，全省亦必遭兵祸浩劫。

卢汉布告发出之后，紧接着省政府总务处的一个科长带了省府警卫大队一排士兵，到莲湖公园省参议会把正在开会的参议员撵走，把该会所有档案文件印信等一起带走，将大门贴上省政府的封条。同时，卢汉亲自下了一个手令交给徐远举，逮捕副参议长杨青田，参议员马伯安、马跃、金汉鼎、李群杰等20多人。当晚便开始了大规模的逮捕，并查封正义、观察、大观楼、复兴、现代、朝报日刊等几家报馆和各报所设的广播电台。逮捕进行前，先由徐远举、沈醉出面，约集昆明警察

局副局长李智正、宪兵十三团团长王栩、昆明警察局刑警大队长周伯先等人开会，说明卢汉已接受蒋介石命令，同意在昆明进行一次大规模的镇压，务必认真彻底执行。

当晚的搜捕，经商定由宪兵、警察配合刑警大队特务，分组分途出发。每组以宪兵、警察数名及刑警大队队员一名组成，先逮捕卢汉手令中所指定的20多名参议员。其余的警员分为三部分，一部分查封几家报馆，逮捕报馆员工，一小部分查封广播电台，大部分则去云南大学、师范学院、南菁中学、五华中学等学校搜捕师生员工。

当晚10时起宣布戒严，由昆明警备司令部率领保安团担任全城警戒。大规模搜捕开始后，由沈醉、李智正、王栩、周伯先等分赴各处察看进行情况。保安司令部参谋长谢崇文也赴各学校和许多地方察看。全城交通断绝，马路上也布上铁丝网，军用电话也在各重要地区架设起来，真是如临大敌一样的紧张。

搜捕通宵达旦地紧张进行，直到天已大亮才停止下来，宵禁才解除。整个昆明一夜工夫被弄得乌烟瘴气，家家不宁。天亮时，警察局看守所十多间房间都挤得满满的，一夜之间逮捕了380多人。其中以报馆职工最多，因他们都是在夜间工作，所以每一报馆的编辑、校对、排字工、印刷工和学徒都一起被抓了来。20多名参议员也只有几个没有逮捕到。

第二天仍继续搜捕，规模虽较小，却是不分日夜在进行。10日上午，徐远举亲自率领大批宪兵、警察、特务，赶到昆明西郊海口五十三兵工厂，配合该厂警卫稽查组特务按照该组所开列的黑名单，逮捕了该厂进步工人和职员30多名。其余的地方如川滇、滇越铁路警务处的特务，也逮捕了铁路方面的进步职工十多名；第四区公路局和第四运输处的特务也逮捕了在公路局和运输处工作的员工20多名；由刑警大队在各处逮捕的嫌疑犯更是不少。

由于没有在昆明将杨杰逮捕到，和两三天紧张的搜捕中没有逮捕到共产党在云南的负责人，蒋介石很不高兴，又叫保密局局长毛人凤亲自到昆明主持继续搜捕和镇压的工作。12日上午，毛人凤又带着保密局西南特区副区长周养浩（沈养斋）、保密局贵州站长兼贵阳警备副司令陈世贤、保密局高级法官徐钟奇和随从人员，乘专机飞抵昆明。毛人凤对上次搜捕工作极为不满，认为事前没有组织好、准备好，所以没有成绩。他到昆明后，马上决定成立一个临时指挥部，一面继续搜捕，一面连夜进行审讯和清理工作。

指挥部由昆明市市长兼警察局长曾恕怀任指挥，由副局长李智正和宪兵团长王栩任副指挥，负实际责任。指挥部之下设行动组，由沈醉、周伯先任正副组长，担任搜捕工作；以陈世贤、周养浩为审讯组正副组长，并请朱子英担任总务组长。指挥部设在环城东路原任昆明警察局长、军统特务王巍的家中，每天由毛人凤亲自主持会报一次。

在毛人凤亲自领导下继续进行了将近一个月的搜捕工作，前后共逮捕了400多人，但始终没有逮捕到一个中共云南负责人，也没有能破获中共任何组织，只捕到民革方面几个负责人，这使得毛人凤非常懊恼和失望。他一面埋怨云南站过去工作没有做好，使得他亲自出马也没有收获，不能在蒋介石面前表现自己的能力；一面认为在被捕的400多人中，只要肯下工夫，总不难找出一点中共方面的线索。所以他便下令，指挥部只能逮捕人，不管什么嫌疑都可以抓，但绝对不准释放与保释被捕的任何一个人。

这样只准进不准出的办法，便使得警察局看守所无法容纳了。一间两丈见方的房内挤了40多人，连坐一下都得轮流着，更谈不到睡的问题。16日以后才决定把一大批人移送到钱局街云南模范监狱囚禁，并对被认为嫌疑较重的人，特别是对几个被认为与中共外围组织有关的人，进行了多次酷刑拷问，可是始终没有发现一点线索。毛人凤仍不放松，还希望慢慢地从被捕的人中清理出一些与中共有关的人来，以便进一步扩大搜捕。

大规模的逮捕、严密的审讯和清理工作，仍没有达到毛人凤的理想，于是他便研究是什么原因造成的。后来从许多事实得到证明，原来是卢汉采取权宜手法，不是认真执行蒋介石的严厉镇压云南民主爱国运动的命令。卢表面上同意逮捕有关人员，而且还下手令逮捕了20多名平日反对他的参议员，实际上是先来个打草惊蛇，有意识地放走一批重要人员。卢在下令逮捕参议员时，他先派人去查封省参议会；未搜捕云南大学与师范学院前，先派人通知学校当局做准备，以致一批过去列

入黑名单的进步学生均闻风先行逃避。特别是在逮捕开始前，卢先将军统大特务邱开基扣押起来。邱为云南人，曾任云南省警保处长，平日对昆明社会情况最熟悉，认识的人多，卢怕他在这个时候出来乱说话，所以先把他扣押起来。毛人凤亲自从卢的秘书长朱景暄、军统特务曾任昆明市长的裴存藩等人口中，以及从徐远举、沈醉等的报告中，肯定了上述情况后，便向蒋介石详细作了报告。蒋马上又加派徐永昌、肖毅肃两人到昆明察看，想进一步加强镇压工作，并设法对付卢汉。

毛人凤多次和我研究的结果，是扩大云南站组织，要求卢汉同意在云南绥靖公署内成立一个保防处，由云南站站长沈醉兼任处长。保防处下设秘书、参谋、督察三个室，和业务（主管情报与逮捕）、侦讯、总务三个科，一个特务队，和学运、工运、邮电检查、航空检查等组；另外还在昆明、保山、蒙自、开远、昭通、沾益、新平、思茅、普洱等处设立保防组，以便利用公开名义来镇压云南人民。

当毛向卢提出这一意见时，卢以经费困难为理由想拖延时日，毛马上答应全部经费由保密局负担，只要求卢同意给予这个公开名义。卢不得已只好答应，并允许津贴保防处特别费每月 3000 元云南半开硬币（云南半开硬币当时每二元半左右合一银圆）。保防处便于 1949 年 10 月 1 日仓促成立，临时由毛人凤从重庆、贵州等地抽调了近 200 名特务赶到昆明，还调集 20 多部电台与大量美造手枪，兼程运昆。这个公开特务机关从 10 月 1 日成立后，便匆忙进行布置，直到 12 月 9 日云南和平解放时，刚把在昆明的一些单位成立起来，还没有达到毛人凤的理想要求，便全部被消灭了。

三、毛人凤在昆明的阴谋活动

毛人凤于 1949 年 9 月 12 日由重庆到昆明后，一直到 10 月 13 日为止，在这一个多月的时间中，他是用尽全力策划如何去完成蒋介石集团确保云南，使云南成为大陆上最后一片反共基地的任务，并企图以血腥手段来加强对云南人民民主运动的镇压。他刚到昆明时，先是住在巡津新村裴存藩新建的一所西班牙式的华丽住宅中。他住了四天以后，感到住在裴家对他的活动很不方便，恰好当时我的家眷已送往重庆，房子很空，加上楼下设有直通台湾的电台，便于16日搬到我的家中，一直住到离开。所以他这段时间的种种阴谋活动，我能了解到一些。

毛人凤搬到我家的第二天就问我："朱惠清的事情传达了没有？"我说局本部的通报已看到了，因为太忙，还没有普遍传达，只和几个单位的负责人谈了一下。他便说："还是让我亲自来传达。"朱惠清的事情究竟是怎么一回事，值得毛人凤这样重视呢？

原来是1949年8月间，黄绍竑等44人在香港联名发出了一个题为"我们对于现阶段中国革命的认识与主张"的声明，主要内容是拥护中国共产党的领导，愿为建设新中国而共同努力，并对蒋介石反动派祸国殃民的罪行加以痛斥。蒋介石得到这一消息，把毛人凤找去大骂一顿，说他事前没有做好防范工作，命令他立即派特务去香港务必把几个领头的暗杀掉，以显示他还有力量控制，以免再有人效尤。蒋同时派一些人去香港进行劝阻，并对其中一些国民党的高级军政官员作开除党籍与通缉的处分。

毛人凤正在急急忙忙准备在香港搞一次大规模的暗杀时，突然听说这44人中的朱惠清，因为过去是军统大特务，虽参加了这次通电起义，但是没有得到北京方面的邀请，其他43人都将去北京。朱一个人感到进不能进，退不能退，万分惶恐。毛人凤对此极为高兴，马上报告蒋介石。蒋介石也认为这是一件值得重视的好事，应当立即向所有特务传达。蒋非常得意地指出，说他过去向军统特务讲话时就说过，除了跟着他反共到底外，当过特务的人是没有别的路可走的，共产党是一定要清算这些人过去的反共罪行的。毛人凤便把这一指示，用特急电报发到昆明，我当时非常忙，没有时间按照指示向每一名特务进行传达。

9月19日上午，毛人凤要我通知昆明各公开特务单位和云南站一些特务，集合到王巍家中，由他亲自进行传达。他说了一大套陈词滥调，滥事诬蔑共产党，对到场的人大肆恐吓，说军统特务一定要反共到底，只能反共到底。当时许多人都信以为真，最后还激昂地喊了几句坚决拥护蒋介石反共到底的口号。

毛初到昆明，满以为可以一帆风顺、随心所欲地进行工作，不料住上几天以后，才知道并不那么简单。他本来只打算在昆明住几天，把工作布置一下就走，而

情况的变化出乎他的意外，这才不得不继续留下去。当时使他最为丧气的是，不但在“九九事件”中没有捕到中共在云南的负责人，更没有破获一部地下电台，连最起码的杀几个人来镇压一下都不能称心如意地办到。他虽然天天背地里骂卢汉，可是还不得不耐心地和卢汉去周旋。

当他发觉卢的思想很动摇、没有坚决反共反人民到底的决心时，便向蒋介石建议，应及早撤换卢汉，至少也应当剥夺卢在云南的军权。他认为卢不可靠，迟早必反。蒋介石当时却一直听从张群的意见，认为卢不会投向共产党。蒋介石身边的几个要员，如徐永昌、肖毅肃以及肖化之等，也都认为从卢本人生活和家庭关系上来看，他没有投向共产党的可能。因为卢在生活方面不但很讲享受，连两个儿子都入了外国国籍，并且已把家眷送往香港，在国外存款很多。但毛人凤从他亲自在昆明了解到的情况来判断，却一直认为卢很有可能反蒋投共。

蒋介石以为凭自己的威望可以使卢对他忠诚到底，便于10月22日由重庆飞赴台湾之前，特绕道昆明。蒋经国则先两天赶到昆明预为布置。蒋经国一下飞机，就急于找毛人凤、徐远举和我三人，打听卢汉会不会突然变卦，也在昆明来一个“西安事变”式的行动。我们向蒋经国介绍了当时卢所能掌握的兵力和中央在云南的兵力，以及在云南的人民武装力量等情况，告诉蒋，我们认为卢汉不会轻举妄动，蒋介石来昆明，安全没有问题。随后，蒋经国传达蒋介石的指示，一定要等他的专机到达昆明上空之后，才通知卢汉去机场迎接，事前千万不能告诉他，以防万一。他同时传达了蒋介石的另一指示，说目前对卢汉只能争取，不能刺激，一定要想尽办法把他稳住，不过同时也要马上做好暗杀卢汉的准备，必要时把他干掉。他说，蒋介石也认为卢汉这个人是靠不住的，迟早会背叛。

蒋经国还一再问我，在昆明干掉卢汉有没有把握？我说，干掉一个人不是说干掉就能干掉，特别是像卢汉这样有大权在手的人，要干就得一次成功，不能打草惊蛇，所以需要有周密的布置和勇敢的行动人员，才有把握。他便吩咐毛人凤，我要钱要人，都要满足要求，不能打折扣，因为这是关系到保留云南这个作为反共基地的大问题。

22日上午9点钟左右，毛人凤、徐远举和我三个人到飞机场空军第五军区副司令沈延世的办公室等候。蒋经国随后也来了。沈延世指挥地勤人员做好准备，电台随时收听重庆和蒋介石专机发出的电报。

当时蒋介石有如惊弓之鸟，生怕他的行动被解放军发觉，特别害怕在空中被拦击，所以他不敢事前透露他要去的地方。他规定他的专机一起飞，几个大城市的飞机场都得做好准备，不断呼叫联系，可是谁也不知道他要在什么地方降落，谁也弄不清他的专机飞行的航线。他的专机只收听他要去的地方发出的呼叫，专机上不作回答，一定要等到专机快要飞到那个地方的时候，才通知那个机场做好他的专机降落的准备。

我们一直等到快 11 点还没有一点消息，都以为他不会来了。可是蒋经国说一定会来，因他昨晚还用暗语和重庆用电话联系过。果然在 10 点 50 分，专机上发来要昆明机场做好专机降落的准备。这时，蒋经国才打电话给卢汉，说蒋介石去台湾时，临时决定在昆明停留一下，想和他见见面，希望他马上到飞机场来，不要告诉其他的人。

11 点半，专机降落，机舱门刚一打开，舷梯还没有推到门口，蒋介石已站在那里向两边张望了。他看到我按照过去规定，把左手拿报纸的大批便衣特务已经布置在机场周围，才从容走下飞机。我们几个人跟在卢汉后面走过去向他敬礼。他只和卢汉握了握手。对我们点了点头，鼻子轻轻地哼了几哼，以示答礼。在从飞机走向汽车的一小段路上，蒋介石回过头来对我说：“你在这里要把同地方的关系搞好，有事多向卢主席请教。”我回答：“是。”当时我真佩服他这种两面派的手法，一方面叫蒋经国要我做好暗杀卢汉的准备，而当着卢汉的面又叫我有事要多向卢去请教。那次蒋介石在昆明虽只停留了两个多小时，吃了一顿午饭便匆匆走了，但此行说明他当时对云南特别重视。毛人凤在飞机场没有和他谈话，只与蒋经国商谈了一下。

蒋介石到过昆明以后，卢汉的态度仍没有多大改变。毛人凤背地里一直埋怨老头子（指蒋介石）越来越糊涂，听信张群的话，不重视他的意见。可是他并不因此而灰心，他下定决心要使卢汉分担一大笔血债，企图使卢两手涂满鲜血以后，不能再动摇，没有办法再转变，只能跟着蒋介石顽抗到底。

当毛人凤听说卢汉曾在昆明南屏街中央银行门前，连续枪决过挤兑伪钞的人的情况时，便连声称赞这种做法很高明，认为卢喜爱杀人是志同道合的朋友。他决心要把“九九事件”中所逮捕到的人借卢的手进行一次大屠杀，既不打算解送到重庆去处理，也不准备采用过去军统所常用的一套秘密处死的办法，而一心想借卢的名义公开执行枪决。他最初打算把逮捕到的人枪决一半，便去找卢商谈，先试探一下卢的意思。他从卢处回来后告诉我，卢认为杀一半太多。他还笑着说：“没有想到这位爱杀人的朋友居然会发起善心来。”这时他决定再减少一半，杀100多人。

为了赶忙拟定罪名进行屠杀，毛人凤亲自和保密局法官徐钟奇，从9月20日左右开始，连续日夜工作，往往工作到深夜还不休息。当时被捕的那些人，不但没有什么证据可以按照反动法令判处死刑，有的甚至连问都没有正式问过一下，便被拟出了罪状。特别是对卢下手令所逮捕的20多名参议员，几乎全部列入死刑。参议员中回族首领马伯安，在狱中写的感怀诗，其中有“问罪莫须有”这样一句，便被指为诬蔑政府、煽动犯人暴动的罪名，要处他死刑。毛人凤指示徐钟奇，对准备处死刑的人，只要根据国民党的杀人法令，给他拟上一条就行，反正不给他们上诉的机会，而是以军法从事。因此，对于准备处死刑的100多人，每人只写了几十个字的“罪行”，末了却都有“拟于枪决”四字。他满以为这样做就算办过了公开杀人的法律手续，卢汉会同意他所拟的判决书，在上面批一个“可”字，他便可以公开在昆明进行一次大屠杀。

9月25日前后，毛人凤第一次正式把一份判处100多人死刑的名册，亲自拿去请卢汉批核时，卢认为杀得太多，证据也太不充足，劝他郑重一点。毛回来很不高兴，连着对我说过好几次：“卢这个人太不够交情，杀百把个人都这样不肯买账。”他认为以他当时的身份和地位，所提出的意见不应当打折扣，所以非常气愤。但为了达到使卢分摊血债的目的，他只好忍着性子，用讨价还价的方法，由100多人减为80多人，最后甚至减为40多人，但卢还是没有同意。卢认为既要公开枪决，总得有充足理由，而不可草率从事。

就这样一直拖延到10月上旬，毛人凤因为台湾方面多次急电催他回去，实在不能再在昆明等下去，才气急败坏地走了。临上飞机的早上，他还和我单独密谈，再三叮嘱，说卢不可靠，要我特别注意，必要时立即执行他对我所作过的指示。他用极为严肃的态度对我说："再命令你进行制裁（暗杀卢汉）时，你不能再不执行。如果再和对杨杰一样，就没有法子交代了。团体的纪律，你是非常清楚的。"他这番话的意思很明显，如果我再不忠实地执行他的杀人计划，便要以杀我来维持纪律了。

毛人凤见卢汉不肯杀人，而且许多问题都使他感到不满，认为卢靠不住，如果不先一步下手，便无法扭转云南局势，所以他决定在必要时先刺杀卢汉。他认为李弥是云南人，又有一个军的兵力在手上，可以代替卢主持云南工作。因此他在昆明时经常约集李弥、余程万两个军长密商，劝他们两人好好合作，要以党国为重，并一再暗示李弥可以取卢汉而代之。毛再三关照我，必要时刺杀卢汉，并对我所做的准备工作进行过检查。

那时，我在卢汉住宅附近的翠湖东路八号租下一幢房子，楼上布置了一挺机枪，可以向卢的寝室、会客室、餐厅等处扫射。我还准备利用靠近卢家的另一所房子——河口督办王晓峰的住宅，作为特务们暗杀时守伏的地点。毛人凤对此感到很满意。这是因为王晓峰那所房子最靠近卢家，王本人在河口，他的一个小老婆是湖南人，和我家眷很要好，楼上、楼下都有空房子。卢的汽车进出拐弯经过王家住房时，特务们便可从容动手。

毛人凤怕云南站现有的几个专干暗杀的特务不够用，又特别选派焦玉印等几个多年专干暗杀的人来。焦玉印等在湖南和平解放时，曾在长沙暗杀过随同程潜起义的长沙警察局局长军统分子刘人爵。毛人凤认为只要把卢干掉，卢的部下便会因蛇无头而不能行，加上李弥和云南一些人的关系还不坏，与卢的部下也很接近，可以收拾残局，能使云南局势稳定下去。

毛人凤在昆明期间自认为最得意的一项工作，是他派人将杨杰将军刺杀于香港。当杨杰从昆明逃往香港后，特务们在昆明找到杨在香港的一些关系，因而能在杨准备离开香港前往北京的头一天将杨刺死。原来，毛人凤把从杨家抄出的日记以及来往信件等亲自一一翻阅，发现杨杰和李宗理等人常有往来，便清理出李等和杨的来往信件送到台湾，由保密局行动处长叶翔之找人模仿笔迹，写了一封信给杨。

叶翔之亲自带着四名凶手赶到香港找到杨时，杨正在看这封伪造的书信，凶手趁其不备将杨击毙后逃走。第二天，当昆明《中央日报》刊登出杨在香港被刺身死的消息后，我连忙告知毛人凤。他非常得意地说："当然逃不出我们的手掌。香港比昆明要麻烦，可是也更能说明我们的力量。"说完之后，他把叶翔之打给他的电报给我看，内容是：已完成任务，安全返台。

毛人凤在昆明期间使他感到不满意的，除没有大规模杀一次人以外，还对他从昆明派人去香港杀龙云没有成功也很不高兴。他刚到昆明不久，便问我云南站过去在龙云身边布置过哪些可靠的人。我提出了几个曾任龙云秘书、副官而与军统有关的蒋××、刘××等人后，他认为蒋××关系最好，可以利用。他便亲自接见蒋××，并指示他设法去香港与龙联系，进一步打入龙在香港的住宅。以后蒋××果然得到龙的允许去了香港，满以为事可成功，结果因行动不注意，被龙的儿媳怀疑，未能下手。毛人凤在离开昆明前，还念念不忘这件事叫我另行物色可靠的人当内线，以便实现他的阴谋，再在香港来一个杨杰第二的血案。

毛人凤在昆明时，对云南地方反动武装力量很重视，他特别看中了像新平县恶霸地主李润芝那样的人。李润芝公开在报上刊登过启事，自封为云南反共救国军总司令，在报上提出一套反共主张，号召其他的地方反动武力与他合作。毛人凤称赞这是一个敢作敢为的人，有办法，有主张，态度坚定，要我好好联系他。毛还要保防处在新平设立一个保防组，和李润芝密切联络，并要我派人到重庆领一点美国制造的轻武器送给李。以后，军统特务余谦向毛人凤推荐了曾任汪精卫伪政府驻德国大使的吕宜文。据说，吕和李润芝有深交，除吕本人愿为军统工作外，还可以通过吕拉李润芝为军统工作。毛马上接见了吕宜文，当面鼓励他一番，并叫吕多和我联系。后来吕宜文拟了一篇《发动云南地方武装力量，加强云南地方反共实力计划书》送给毛。毛看后非常高兴，也答应给他一批美式武器和电台，支持这一计划。毛还叫我送了一笔路费和特别费给吕，叫他先去新平和李润芝研究一下，并希望李能到昆明和他当面商谈。

毛人凤在昆明进行了一个月的活动，据他自己说，这是他任保密局长以来在一个地方停留得最久的一次。这个继承了军统特务头子戴笠衣钵的另一名在蒋介石身边最得宠信的凶残走狗，一切作风完全模仿戴笠，在杀人方面比戴笠更为凶残，杀得更多。但他这次昆明之行，却极为失望。他在昆明没有能像在上海、重庆、成都等处一样，一杀便是上百人。重庆中美所内屠杀300多人的震惊世界的大惨案，是他的得意之作。他在昆明一个月，连一个人也没有杀成，最后带着怨愤的情绪离开了昆明。

四、军统特务在昆明的最后挣扎

毛人凤离开昆明之前，交给云南站的任务，主要是要尽一切可能和力量，从各方面配合国民党政府确保云南的计划，做到对云南变化无常的局势能事前具体掌握，使蒋介石能了如指掌，及时处理；要注意防范龙云与卢汉的合作，特别留心搜集卢汉的一切言行。此外，还要多方显示国民党的力量，随时随地对进步力量给以沉重的打击，发挥军统特务的作用。毛还指示，在完成上述任务中，单靠云南站是不够的，要经常注意和驻滇中央军事将领、中统特务、宪兵和地方恶霸势力等搞好团结，密切合作。

毛人凤把希望寄托在我身上，向我保证做到要人给人，要钱给钱，要枪给枪，要电台给电台。但为了防范我出问题，并使我死心塌地为他效命，他一再提出要我把家眷全部送往台湾。我当时虽然满口答应他一定尽心尽力去完成任务，却自知毫无把握，也知道要我将家眷送往台湾不过是作为人质而已。毛走后连续写过三封亲笔信给我，再三强调这些任务的重要，以及蒋介石如何重视这些工作等。

当时台湾方面最重视的是情报工作，妄想准确掌握云南的情况，以便及时采取相应措施。云南站虽全力活动，夜以继日地工作，却远不能满足他们的需要，几乎经常函电飞驰，交相责难。我所得到的重要的情报不多，最感棘手的是无法打入进步组织。我在卢汉身边的一些关系虽不少，其中甚至有秘书长、秘书主任、参谋长、厅长一类人可以供给我一些情况，但这些人与进步力量方面的关系都不深。我认为一向与进步人士有往来的像民政厅长安恩溥等，却对军统敬而远之，常表示厌恶。一些与卢比较亲近的人物，则又不肯多谈有关卢的事情。

为了打开局面，我经常利用他们既拥护卢汉而又害怕共产党和不了解共产党的矛盾心理，进行种种挑拨离间、诬蔑造谣等手法，使当时一些钱多的人都纷纷把家眷送往香港。在这方面我尽量给他们帮忙，除了随时给他们弄飞机票外，还托香港方面的亲友给他们找房子。

我对一切可以利用的人和可利用的机会也决不放松。毛人凤走了以后，军统大特务邱开基由卢下令释放。邱开基过去任过卢的副官长，与卢身边一些人有关系。他出来后，对卢非常不满，我便利用他去打听卢的消息。他不但自告奋勇，还鼓励他妻子敖乃华一同为完成这项任务而大卖气力。当时卢身边的一些亲信和高级幕僚，几乎每天晚上都要到曾任龙云多年警务处长的李希尧家中去打牌玩耍。李家房屋宽敞，还有很好的中西餐厨师，是云南政治中心人物的聚会场所。我和他们虽熟识，但我去了他们总是有点提防，不愿畅所欲言地谈话。而邱开基则可以随便和他们扯一顿，邱的妻子更可以到许多人家中穿堂入室，与这些人的家眷们无话不谈，这对我的工作有过不少帮助。

还有当时在昆明和马连良先生配戏的花旦余素秋，是军统特务余谦的侄女，一向与军统大特务有往来，和我也很熟识。她经常参加各种应酬，许多人在酒后茶余的谈话中，泄露出不少情况，她只要听到，也随时供给我。我为了给她多找一些关系，有一次在宴请马连良时，特地把绥靖公署一些处长和卢汉身边的机要人员一起请去作陪。因为他们都爱听马连良和余素秋的戏。我便借这次请客的机会，让她多和这些人接触。看起来请一次客没有什么，但出于一个军统特务头目的策划，就完全不是那样简单了。马连良吃了我一顿饭却被我利用了一次，可能直到我写出这篇材料时马先生才会恍然大悟，为什么我要找那么多不相干的人去陪他。

最了解卢汉生活情况的朱子英，对我的确有不少帮助。这位副官处长每每无意中流露出一点一滴的情况，都成为我最有价值的好材料。比如他告诉我，卢先生决心戒鸦片烟，我向台湾报告后，立刻引起台湾方面很大的重视。他们研究卢的这一行动所反映的问题，认为卢可能准备出国去当寓公，怕在外国吸烟不便；更有可能是打算投向共产党，因为解放后不能再吸。总之，至少可以说明卢对继续维持云南这种偏安局面没有信心，也不准备将来去台湾，所以要把烟瘾戒掉。

为了加强情报活动，保防处成立了邮电检查组，以安耀礼为组长，准备对来往邮电进行检查，对长途和市区电话进行窃听。云南邮政局局长沈松舟对这一工作也积极帮助，特别在邮局内腾出几间房子，但直到解放时还没有来得及做这项工作。对于航空运输的检查控制，则仿照抗战时期的办法，保防处在10月间成立了航空检查组，由李瑞峰任组长。除检查来往旅客外，特别对飞机票进行严格控制，连航空公司的职员搭乘飞机都要按照繁杂的手续申请。许多人为了买到一张飞机票，不能不对航检组特务们进行贿赂，更多的是向保防处一些负责特务讲人情送厚礼。有人虽按手续购到了票，到飞机临起飞时又往往被航检组特务假借一点小事硬从座位上给拉下来，而让有权势的达官贵人和他们的眷属先走。这种事情几乎天天都有，当时真弄得天怒人怨。

云南站这时为了加强与其他反动单位的合作，即令平日相互猜忌的中统特务也都成为好朋友。过去虽同在一个地区内干同样的工作，军统分子和中统分子很少往来。这时为了共同商讨应付云南局势，保密局云南站站长沈醉、副站长胥××与中统在云南的几个负责人查宗藩、孙宾礼、隆曙明以及后来内政部调查局（中统局改组后的名称）西南方面负责人陈庆斋等，经常保持接触，交换有关情报。此外，军统云南站和宪兵十三团团长王栩、宪兵西南区指挥李楚藩等也时常往来，为安定云南局势进行通力合作。

过去特务机关不注意搞宣传，自军统改组为国防部保密局后，第二处也仿照美国的办法，设立了心理作战科，经常把一些有关心理作战的造谣诬蔑材料寄到云南站来。这个时期云南站控制、运用的报刊，有在“九九事件”中被查封了的昆明《现代晚报》，军统特务、代理国民党云南省党部主任委员裴存藩任该报发行人，军统特务王心宇任社长，他们除担负心理战宣传的任务外，还以报社为掩护，从事情报活动。此外，由原来的《云南日报》改组的《平民日报》以及《朝报》《扫荡晚报》等报纸的负责人丁中江、王公弢、丁燕石，都是一向与我有工作关系的，他们经常刊登保密局的心理战稿件，对中共进行种种诬蔑宣传。这些报纸对台湾发来的材料，如“扭秧歌的王朝”“古都见闻”等，都刊登了出来。

11月间，国民党中央宣传部部长任卓宣（叶青）特地从台湾匆匆赶到昆明，

云南站对这位以“反共理论家”自居的叛徒大为欢迎，并全力协助他在昆明进行诬蔑性的宣传活动，强迫商人市民都要去听他讲演。不过，这位造谣专家虽然尽力为国民党打气，但背地里和我私谈时，却使我大为泄气。他当时完全失去了信心，并一再说云南迟早保不住，将来只有困守台湾，等待第三次世界大战爆发，才有进行反攻收复大陆的可能。我当时听了他这番话很不痛快，除当面劝他千万不能在昆明再说这类话以外，还一字不遗地把他对我说的这些话向台湾作了报告。

继蒋介石到昆明之后，国民党的副总统、代理总统李宗仁于11月间也赶到昆明来活动。这个桂系将领到这时还在打算扩充地盘，也想拉卢汉一下，妄图将桂系势力伸向云南。在他开始对蒋介石进行“逼宫”之前，特务们早就奉蒋介石的命令对他开始了严密监视，并一度准备在南京谋杀他。他突然来到昆明，想在这最后一片土地上与蒋介石进行一次狗抢骨头的斗争，这又成了云南站一项临时性的紧急任务。

我这时集中全力注意李宗仁的言论和行动，每天从一些与卢汉接近的人员方面了解情况，当天汇报台湾。我当时很满意的是，卢表面上敷衍应付李宗仁，李也很知趣，不敢冒昧地公开向卢商谈桂系军队进入云南的问题。李曾公开表示对蒋介石的埋怨和不满，说自己是“代而不理”，没法行使代总统职权，主要原因是那位（指蒋介石）“退而不休”的人还在幕后一手操纵，半点不肯放松。

一向与桂系接近的滇越铁路局长唐宇纵在谈话中流露出来一些情况，说李宗仁此行的真正目的是企图把桂系残余部队从广西进入云南，造成既成事实，不怕云南地方政府不答应。我为了搜集李宗仁在昆明的活动情况，除派出大批特务跟随他外，甚至他到石林去游览，要唐宇纵派铁路局的路警保护他的时候，我都叫特务们换上路警的服装跟在他身边。直到把李送上飞机，才结束这项临时增加的任务。蒋介石当时虽抽不出军队到云南来，但仍把云南看成他的地盘，不准桂系插足。李宗仁一到昆明，我就每天把他的活动搜集起来当晚报出去，而台湾方面仍不断指示我要密切注意。

自人民解放军向西南大举进军以后，卢汉的态度也随着有了越来越明显的转变。这时，蒋介石已将由贵州进到云南边境的八十九军刘伯龙的部队从沾益、曲靖等地调回贵州，妄图螳臂当车在贵州山区险要地带阻止解放军前进。蒋介石认为卢汉会忠于他，所以云南站虽然不断将一切有关情报随时飞报台湾，希望早做处理，但蒋介石仍听信张群的意见，不准备撤换卢汉。直到 11 月 20 日左右，卢汉突然宣布经李宗仁代总统批准，将“九九事件”被捕人员全部无保释放，台湾方面大为震惊，弄得手忙脚乱起来。可是这时解放军已击溃了国民党逃入贵州的仅有的刘嘉树兵团和刚组成的何绍周兵团，并越过娄山关、乌江等层层天险直趋四川，一路势如破竹。眼看西南的中心重庆马上即将解放，再也无法对云南采用武力控制了。

在毛人凤尚在昆明时，卢汉即已看出蒋介石叫毛人凤逼他分担血债的罪恶阴谋，所以他对“九九事件”中被捕人员的处理一再拖延，连一个人也不肯杀。最后毛人凤不得不迁就他的意见，由西南军政长官公署派人和云南绥署人员进行会审，再作处理的决定。10 月下旬，西南军政长官公署派科长陆坚如、法官雷某，与云南绥署军法处长杨振兴、保防处长沈醉四人组织进行的会审工作刚开始，毛人凤又加派保密局高级法官徐钟奇赶来，想参加这项工作。卢对徐钟奇的到来置之不理。毛人凤连续急电质问我为什么不让徐参加，我均以未得卢的同意答复他。

卢的这一办法很成功，由于没有让徐参加会审，才使被捕的人没有一个丧生。在会审中，杨振兴接受卢的指示，对毛人凤一再坚决不愿释放的人，也分批交保释放了一些，对一些糊里糊涂被抓去的人则当庭开释。有些工人、学生只唱过进步歌曲或跳过秧歌舞便被指为共产党嫌疑分子，在会审中也都陆续释放。对一些平日思想言行比较进步，以及或多或少有一些所谓证据的人，则暂时仍旧羁押。

当我每天把会审情况向台湾报告时，毛人凤仍以为多少总可以杀几个，一再叫我坚持这一原则，不管多少，只要有几个人头落地，便算达到了目的。他叫我在数量上不要再争，但要做到决定杀一个便立即杀一个，不必等处理完毕时一起杀。但卢仍不同意，要等最后会审完毕再决定。就这样一拖再拖，拖到 11 月 20 日左右，会审工作还在进行，卢突然命令全部开释，300 多人一下都放了出来。

毛人凤接到我的报告，立刻派看守过杨虎城将军并参加杀杨的特务队长张鹄为保密局云南看守所长，要我马上准备房屋，调几名特务，限三天内协助张鹄把这个看守所成立起来。毛人凤指定要把被卢释放出来的共产党嫌疑分子、民革方面几

名负责人和进步参议员杨青田、陈复光、朱健飞、李群杰等几十人，再度逮捕起来送交张鹄看守，听候命令处理。我当时对这一命令的确不愿意去认真执行，因为怕和卢汉发生正面冲突，而成为这一冲突中的牺牲者。

我再三考虑，认为卢汉既奉代总统李宗仁批准公开释放这批人，蒋介石当天便已知道，却没有半点表示，而毛人凤暗中却又叫我去逮捕一些回来，卢知道后必然会追究，甚至会向蒋介石提出要挟，要求惩办我。在那种情况下，蒋必迁就卢，同时为了表示对卢的支持，牺牲个把特务是绝对有可能的。所以当张鹄拿着毛人凤的电报和亲笔信催促我的时候，我总借口房子找不到来拖延。直到云南和平解放，保密局云南看守所名义上虽已成立，人员也已派定，但所址却没有找妥，张鹄和几个看守人员一直住在保防处内，没有什么工作可做。

10月底，保密局命令云南站拟具切实可行的“应变计划”，并决定扩充云南站组织。另外，国防部命令成立国防部云南游击司令部，由我兼司令，原来的云南站人员均编入游击司令部，滇越铁路警务处长苏子鹄兼副司令。苏子鹄一再催我把这一名义公开出来，我认为会影响社会秩序，推说云南不会被解放，不到必要时不能用这个名义。因为保防处处长不能统一指挥保密局在云南的公开单位，按照过去军统的习惯，只有秘密单位，即各省的省站才有权统一领导各省的军统附属单位所掌握运用的公开单位。我当时如果不是云南站长兼保防处长，也不能领导其他在云南的公开特务组织，而且不能以保防处长名义对这些公开单位行文，所以一贯是用云南站的化名和站长化名指挥领导所有在云南的公开特务组织。

当时云南站的化名为常念农，站长化名为吴崇雨。这两个化名是我从1948年5月任云南站长以后才改用的。至于云南游击司令部成立后，司令是用我本名出面还是仍用吴崇雨的名义，当时尚未正式决定，因此每次召集公开特务单位负责人开会，一直还是用吴崇雨名义通知。

从11月初开始，在昆明各有关单位负责的特务们，为了商谈应变计划和成立游击司令部问题，往往开会到深夜方才散去。当时商定的“游击计划”是：人员分成两批，一批由我率领保防处、刑警大队、保警大队、四区公路局和四区运输处的交通警察大队、五十三兵工厂警稽组和警卫大队，加上在昆特务所控制的帮会流氓，共有五六千人，准备随同李弥的第八军一同向滇西撤退，到中缅边境交界处去找根据地；另一批由铁路警务处长苏子鹄率领警务处特务和铁路交通警察部队，及部分路局员工沿铁路向中越边境撤退。

在整个“应变计划”中最阴险毒辣而为毛人凤所最赞赏的，是准备在解放军向昆明进军之前，布置一个假撤退、真逮捕，一网打尽昆明民主人士和中共地下组织人员的阴谋计划。这一计划连当时保防处云南站一些不重要的骨干分子都不曾让他们知道，要等执行时才分别下达命令。

我们准备在国民党军队撤出昆明退到碧鸡关附近之后，叫事先安排好的几个商人、医生等出面，发起筹备欢迎解放军入城，并临时维持昆明市秩序。当时同意出面干这一工作的人，有昆明商会会长邓和风、西南银楼经理孙子顺、老天宝银楼经理朱文高、吉普贸易行经理张云雷，以及医生王子翰、甘烈明、秦作民等十多人。他们都是不准备走的，我们的阴谋他们并不了解。他们认为出面欢迎既已得到我的谅解，又可表示自己进步，无论哪一方面来，对他们都有好处，岂知我却准备好一批特务等在昆明，单等筹备会成立时，真正进步的人士以为真的是“天亮了”，而走出来参加活动。当时估计，中共地下人员、云南工委届时也可能有少数出面活动的。只要不是事前约好的人来参加这个组织进行活动，便可肯定是进步人士无疑。这时特务们便可多方留意他们的行动，弄清他们的住址。当他们最后一次集会时，埋伏在城郊的特务便在昆明再来一次有计划的大逮捕，连夜把捕到的人解往碧鸡关，或就在昆明杀害、而后逃走。

在这项行动计划里，我们准备对昆明的一些公用建设纵火焚烧，这是因为我们没有足够的炸药，不能进行彻底的破坏。记得我在12月初去见卢汉时，还向他表示，军统撤退前对昆明不打算像对其他大城市一样来一次大破坏，卢很同意。他认为破坏对国民党并没有什么好处，只会使人民对国民党更不满。当时云南站力量相当薄弱，甚至蒋介石下令要在昆明扣留贵州省主席谷正伦，都没有办到，而让谷带着大批美元、港币安然飞往香港。

这里，我顺便提一下蒋介石为什么要扣留谷正伦，和国民党内部在贵州临解放时的一场争权夺利、火并仇杀的丑剧。贵阳解放后，贵州绥靖公署主任兼贵州省

主席谷正伦逃到晴隆县。谁都知道谷正伦当过多年宪兵司令，是个杀人如麻的屠夫。到这时，他只剩下一点残余的保安团队充当他的警卫。而另一个康泽特务系统中有名的刽子手刘伯龙，正在贵州任八十九军军长，他手下还有一批残兵败将。这两个杀人不眨眼的恶魔，一向就处得很不好，彼此都想找机会把对方杀掉。

当谷正伦逃到晴隆后，刘伯龙便趁机“逼宫”，要谷把贵州绥署主任一职让给他。谷对这个后辈早就觉得很不顺眼，看到他盛气凌人，便宁愿放弃绥靖主任丢掉贵州，也要杀掉这个人，来发泄一下心头怨气。谷正伦和他的副主任韩文焕商妥，表面上答应让出这一职务交刘伯龙代理，约他前去接收。

当时刘伯龙身边的许多谋士都不赞成刘亲自前去，因为地名“晴隆”与“擒龙”字音谐同，怕出事。而刘伯龙早想当绥靖主任，迫不及待，便带着两连警卫，分乘几辆卡车赶到晴隆。当他去见谷的时候，两连警卫即被预先布置好的一个团解除武装。当刘兴高采烈地拿着谷委托他代理的手令出来时，就在县政府大堂被韩文焕指挥卫士们用手提机枪向之扫射，身中十余弹毙命。

谷正伦杀刘之后仍不甘心，还叫卫士们把刘的尸体抛到后面山沟内不准埋葬，并准备搜捕他的家属。事情发生后，保密局派在八十九军随军调查组组长张立若，立即把经过情形电告云南站转报台湾。蒋介石对此大为震怒，便叫毛人凤下令云南站，等谷逃到昆明时，务必将谷扣留解往台湾。这时国民党的宪兵先后撤退到昆明的有六个团，谷也料到蒋介石会要追究他，便先找几个宪兵团长去见他。这些人都是他过去的旧部，都愿保护他的安全。我在接到命令后，不但没有办法去扣留他，连一向控制在手中的飞机票也不能不给他几张。当宪兵大批出动保护着他上飞机时，我也只好跟着一道去送行，眼巴巴看着他逃往香港。

当时云南站连枪弹都很缺乏，硬不起来。毛人凤答应由重庆拨发的美式武器装备，也因空运紧张，迟迟没有运到。最后我不得不叫五十三兵工厂的特务来一次监守自盗的把戏，由该厂警卫稽查组与警卫大队合作，把该厂仓库存的枪弹偷出一大批，这样才把准备打游击的特务武装起来。

11月下旬，毛人凤指示我妥善做好解决卢汉的一切准备工作。他两次拍给我的亲译电报中，一再提到“临别所谈任务，必须充分准备妥当，电到立即执行”。

这寥寥20个字的电文，说明蒋介石一面答应卢汉对他提出增拨汽油与黄金的要求，一面却在准备下毒手了。可是当时国民党中央和在云南的军事首脑及特务头子对局势所作的估计，是错误的，他们认为局势还不至很快恶化，想不到卢汉突然提前宣布起义。

记得我在12月6日下午最后一次去看卢时，向他报告各地撤退到云南的特务人数之后，并向他报告我已得到情报，中共地下人员已在昆明从事局部和平运动。当时各军政单位负责人连我在内，都接到解放军发出的通知书，我问他应当怎么办。卢考虑片刻后答复我说，应当注意防范，但不必马上进行搜捕，以免打草惊蛇引起混乱和不安。当他问到我究竟是哪些人在进行这一活动时，我不好说出我所得到的情报是他的部下安恩溥、杨文清等人已在和中共地下人员开始接触，只说具体的人还在调查中。我从他与我对话的内容和他面部的表情等方面推测，他早已了解这一情况，更不难想到他本人正是这一活动的主持者。所以当我问到绥署与省府准备何时西迁时，他只含糊地回答我还没有到时候。我要求他改派李家杰为昆明市警察局长，并向他推荐一个保山县县长时，他也没有作出肯定答复。这样，问题是越来越明显了。

我从卢家辞出之后，又去看过几个与卢接近的高级幕僚人员，从他们谈话中证实了我这一判断。当晚我便邀请第八军军长李弥、二十六军军长余程万、副军长彭佐熙等在北校场余程万军部密商。当我把当日和卢谈话情况及我所得到的情报向他们提供后，他们也补充了一些关于云南地方部队调动的情况。李、余等都认为卢的态度已很明显，局势已无法挽回，只有做好充分准备。他们同时又认为，卢采取行动至早也将在12月中旬方有可能，这是因为卢的部署尚未妥当，同时解放军距离昆明还相当远。

当晚我把这些情况和我们的估计向台湾报告，并请示应否马上执行毛人凤临走时所交给我的任务。但一直到12月9日还没有得到复电，因这时毛人凤不在台湾而与蒋介石一同去了成都。9日上午李弥、余程万、龙泽汇还去成都见了蒋介石。蒋介石看到龙泽汇也去了，认为云南暂不会有什么问题，还认为张群有办法解决，便叫张群和他们一同于当天下午返回昆明。

当卢汉得到张群要去昆明的消息后，可能认为不能再延误，只好当天便行动起来。首先是保安团队频频调动，并做好战斗准备。从当天中午起，所有飞抵昆明的飞机一律不准再起飞，连汽油库也被保安部队看守，不准飞机加油。许多由成都经昆明逃往台湾的国民党高级官员和眷属被扣留下来。原来国民党空军第五军区司令部还准备把在成都大批飞往台湾的人员，先运到昆明再慢慢转往台湾，由于当时机场电台还未被封锁，下午到达昆明上空的飞机得到地面的通知，便大部分都纷纷返航折转成都。

这时，云南站的电台和成都台也取不到联系，对昆明这一突然紧急的变化，不能马上得到指示。中午，保密局西南特区区长徐远举、副区长周养浩、保密局局本部经理处长郭旭、总务处长成希超等，均由成都飞抵昆明，准备第二天便去台湾。这时我心情非常烦乱：马上离开昆明吧，将来到台湾必受处分；不走呢，眼看就要解放。在走与不走的问题上我老是犹豫不决。徐远举等看我在陪他们进午餐时表现得很不安，也知道情况很不妙，但他们还迷信张群已到昆明，至少几天之内不会有问题，还相信张可以说服卢汉，局势可以稳定下来。

但是，我认为正因张群的到来，有促成卢决心提前起义的可能。为了慎重起见，我没有向他们提出我这一看法，同时也不愿把下午的变化告诉他们，怕他们马上都跑掉。万一和平解放，我那时交不出这几个人，担不起这个责任。因为我知道他们不但在重庆杀了杨虎城全家，还在中美所内杀了 300 多名革命人士，到成都又杀了一大批，并破坏了重庆、成都的兵工厂和部分公共建设。这几个人到昆明，首先是找我。我先把他们分别安顿下来，准备看看当天的变化再说。

我正在准备作最坏情况的紧急措施时，传令兵送来一封张群邀我于当天晚上 10 点去卢汉家中开会的通知。徐远举抢过去一看，确实是张群平日常用的图章，他认为不会有什么问题。我就送随他一道来的保密局两个处长到皇后饭店休息，将徐远举邀到我家中。我拿出毛人凤 11 月 20 日给我的一封亲笔信给他看，信上主要是说为了确保云南这一基地，让我好统一指挥在云南的游击武装部队，他已呈请蒋介石批准，把国防部驻云南区专员办公室改为专员公署，把国防部云南游击司令部改为总司令部，晋升我为中将，并附来国防部委任我为云南专员公署主任与游击总司令的委任状，同时催促我把全家送往台湾，最后还再三说明，万一昆明不保，一定要把沟通缅甸与越南的滇西南保守住。我劝徐远举不要去台湾，留在云南，这两个新的职务任他选择一个。如果他两个都愿意，我愿当他的副手。我认为他的办法比我多。他看完毛人凤的信，听完我的话之后，沉思片刻，把头一摇："到了这个时候，委我当西南军政长官，接替张群的工作，我都不干！现在才来加官晋级，顶个屁用！我看你也趁早走吧！"我说："跟我们这么多年的旧部和大批家属怎么走得了呢？"他说："你管他们，谁来管我们！这次他们可以坐上飞机直飞台湾，把我们送到这里来担惊受怕，这个教训还不够吗？"

当晚，我对到青云路卢汉家中开会的通知考虑再三，究竟要不要去，将会发生什么情况，万一发生意想不到的事情，我将如何对付，等等，反复多方思考。按照保密局的组织系统，张群虽是西南军政长官，却不能指挥我。如果以我兼保防处处长的关系，我又非去不可。我为了慎重起见，便打几个电话问了绥署其他几个处长，他们都没有得到通知。我又打电话到卢汉家中，想找张群问问，得到的回答是张长官很忙，叫我准时去开会，有事当面去向他说。

这时我看情况非常不妙，可能有去无回。我便向毛人凤发出了最后一个电报，说明局势已经严重到无可挽回的程度，自己判断失当，有亏职守，无法完成任务。我并立即召集云南站和保防处的负责特务，叮嘱他们在我去开会后，由副处长胥 ×× 负责，要他们做好一切必要的准备，最后听我的消息。如果我在 11 点钟没有电话回来，便把档案名册等焚烧后，全部武装冲到附近二十六军部队中去。我临走前还把日记本、手枪和来往密电一起交与胥 ××，身上什么都不带便走了。到上汽车时，我还考虑到我乘的汽车较快，有紧急事可以方便些，又与胥 ×× 交换了他用的一辆旧汽车，一直驶向卢家。我很明白，蒋介石与毛人凤所交给我的任务，我已再也无法完成，留在昆明与逃出昆明都是一死，没有第三条路可走，我只有硬着头皮去开会。

五、云南和平解放

1949 年 12 月 9 日晚上 10 点钟，在昆明青云路卢汉先生家中的一间会客室里，

坐着七个军服整齐、胸前挂着勋标的人。他们都一言不发，面面相觑，狂抽着香烟。这些人是：国民党第八军军长兼云南区训练司令李弥、第二十六军军长余程万、第二十六军第 × 师师长石补天、宪兵司令部副司令兼宪兵西南区指挥李楚藩、宪兵西南区指挥部参谋长童鹤莲、空军第五军区副司令官沈延世、国防部保密局云南省站站长兼云南绥靖公署保防处处长沈醉。这七个人便是当时云南和平解放的主要阻碍者、云南人民最凶狠的敌人。他们曾费尽一切心机，使出全部力量企图阻止这一天的到来。但是，这时他们却已束手无策，成为瓮中之鳖，再无法逞其凶焰了。他们都是接到刚到昆明的西南军政长官张群的通知来开紧急会议的，可是连和张长官见一面的机会都没有了。几个打从翠湖东路卢先生新公馆进来的人，看到张群一个人坐在另一间大会客室里，只能把肩耸一耸，舌头一吐，两手一摊，表示什么都完了。这位蒋介石身边最亲信的著名智多星这时也毫无计策可施了。从会客室里外的布置，便已充分说明了这是怎么一回事。

在这样紧张的情况下，我还试图与云南站通一次电话，但遭到了有礼貌的阻止。这时，沈延世突然从他口袋里摸出一份电报交给李弥和余程万。这是当天下午蒋介石得到昆明突然发生扣留飞机的情况后，由空军电台转拍出来叫沈延世立即通知李、余两人返防，率部向昆明进发，务必迅速遵办的蒋介石的亲电。李弥看完后，马上把电报向地板上一摔，指着沈延世质问为什么不早通知。沈推说当时找不到人，认为晚上开会可以碰到，所以就没有再找。他们两人争吵起来，经其他的人劝阻之后，认为事已如此，只好听天由命。

11 点左右，卢汉的警卫营龙营长带着 14 名执手枪的士兵走进会客室，说了一声“奉命检查”，便由两个士兵看住一个，由龙营长亲自逐一搜查。他们最注意我，第一个先搜我。这很使他们失望。我身上除带几两黄金外，什么都没有，连我挂在外边的大衣也拿进来仔细搜查一遍，仍然没有什么。他们耐不住了，便问我：“你天天挂在身边的手枪在哪里？”我便笑着说：“在这种情况下带手枪也没有什么用，我早已放在家中了。”这时他们才放心搜查别的人。我很清楚，只要我有举动，他们会立刻先把我打死。他们可能认为我是比较难对付的人，估计我可能要反抗一下，其实我早已做好充分的思想准备。

当搜到李楚藩的时候，持枪的一个士兵也许是太紧张而走了火，砰的一声枪响，大家以为卢要把我们在这间华丽的会客室里解决掉，彼此面面相觑。后来听到龙营长严厉斥责那个士兵时，大家才稍安心。搜查过后，会客室里又趋于平静，大家仍一言不发，各人想各人的心事，只是拼命抽烟喝茶。从这时起，连上厕所也禁止了，便只好在会客室的痰盂里解起小便来。这几个平日骑在人民头上作威作福惯了的人，这时变得这么驯服了吗？不！他们这时表面上虽不敢反抗，而内心里却在打算着如何来进行报复。这从他们咬牙切齿和神经病似的用拳头捶打沙发的扶手便可看出。他们每个人都不甘死亡，还在幻想寻找机会来一次最后的挣扎，泄一泄当天的怨气。

到了凌晨2点左右，卢的副官把李弥、余程万叫出会客室坐上汽车走了。留下的人又在猜是不是拉出去分别解决？不到半小时，副官又来带走我和李楚藩两人。走到过道时，我自忖这一去就是执行枪决，于是从口袋里掏出金条，悄悄地对卫兵说："伙计！枪打准一点。"这是因为我想，一枪完事倒也罢了，如果半死不活，却是很难受的。可是，卫兵根本不理我，我只得跟着他们走到大门口，副官要我们坐进汽车。

我看车子一直向五华山省政府大楼驶去，才放了心。这时马路上三步一岗、五步一哨，交叉路口都布好铁丝网和沙袋。到了五华山，我们被送到四楼的主席办公室，看到先来的李、余两人正在和张群的随员、西南军政长官公署秘书处处长周君亮在谈话，才知道卢先生这次下了最大的决心。当张群来了以后，卢连见都没有见张一面，便把他软禁起来，张的随员则安置在主席办公室。我们七个人也陆续被送到，给每个人都预备有行军床和被褥等物，看样子还得在这里暂时住下来。

我因一天劳累，便脱衣上床睡下去。李弥走过来用脚踹我，气呼呼地说："你还睡什么？"我笑着说："杀头是明天的事，今天能睡就睡。"我一面说一面用手指指窗外，意思是说在那种情况下还能商谈什么呢？到凌晨4点多钟，昆明市长曾恕怀和李希尧等一群熟人走进来，再三安慰我们，叫我们安心住下来，并说明这是不得已的做法，希望我们支持卢先生这一行动。到了这时，大家也都无话可说，只好敷衍一顿，便连衣倒在床上睡下去。

10日上午9时左右，杨文清委员把我们分别找到三楼的会议室，介绍与临时成立起来的云南军政委员会公安处处长宋一痕先生见面。他们拿出一份一份事先拟好的拥护卢汉起义的通电，叫我们分别在上面签字，同时要大家拿出“本钱”来。

他们代我拟好的通电，有一些语气与过去军统习惯的行文法有点出入。我考虑了片刻，心想如果照他们代拟的这份文件公布出去，特务们一看就知道不是我写的东西，不会按照文件上的要求去自首报到、交出武器和电台。老实说，我这时并没有真正想投靠共产党而死心塌地随同卢先生起义，只是由于失去了自由，万一不能把自己摆的烂摊子收拢来，到头来自己脱不了责任。为了个人利害打算，我便向杨、宋两人说明这一情况，并表示愿意按照军统的习惯行文法，把一些不同的语句改一下，同时还愿意亲自抄写一份公布出去，并在电台进行广播。他们很称赞我这一做法，并劝我拿出全部“本钱”来。我就把徐远举（徐鹏飞）、周养浩（沈养斋）、郭旭、成希超交了出来，把云南站大小20多部电台和外省迁往云南的十多部电台、武器和所有重要特务、潜伏电台等以及潜伏组织一起交出。杨文清看到我当时的表现，很出意外，原来以为我是最顽固、最不好对付的人，结果我能自动拿出那些“本钱”，使他很高兴。

在把一切手续办完之后，杨文清便问我，是要走，还是留下来和他们一道工作？他还说，要走的话，还有飞机去香港。我当即表示愿意留下。因为我很清楚：我如去台湾，他们会认为我既没有能设法保住云南阻止住卢汉的起义，又不能为他们“成仁”，还服服帖帖地交出这些人和组织，去了非杀我不可。而我已按照解放军在昆明散发的文件所规定的都做了，至少不会处我死刑。我的家眷都在香港，还没有去台湾，也不会受到什么影响，将来还可以接回来，所以我愿意留下。

当我回到四楼的时候，看到李弥正伏在窗口。我走过去时，他热泪横流地拉着我的手说：“你看这样我们怎么对得起人，不如死了算了！”说完他准备从四楼窗口跳下去，我一把抱住他，再三劝说一阵，他才气愤愤地说：“他妈的，要起义，老子们自己不会起，要等别人拉着鼻子干！”

11日早上，《云南日报》出版了，它是由《平民日报》改组的。当天报上第一版便刊出卢先生率部起义的通电和李弥、余程万、李楚藩、沈醉等人拥护卢汉起义的通电。广播电台不断播出我们几个人的讲话，号召部下放下武器，响应云南和平解放。当天上午，我们看到昆明机场有一架巨型客机起飞，到中午吃午饭时，龙泽汇、杨文清、曾恕怀等照例来陪我们进餐时，才知道张群和他的随员以及军统特务头子、国民党云南省党部代理主任委员裴存藩等，乘英国果泰航空公司飞机到香港去了。卢先生把大特务裴存藩送走后，又叫杨文清问我走还是留，我仍说留。

12 日上午，李弥发起，我们七人应结为患难兄弟，因有这一段难得的同生死的机会，大家都很赞成。一序年龄，余程万居长，李楚藩第二，李弥第三，沈延世第四，石补天第五，童鹤莲第六，我最小居第七。这时，李、余两人虽已发表为云南临时军政委员会的委员，但他们对没有行动自由仍感到不满意。七个人都不甘心于旧时代的死亡，时时研究如何能取得自由后，再来一次报复性的行动，把已解放了的云南重新置于蒋介石和自己的统治之下。大家把扯下来投入字纸篓的勋标和领章等重新拾起来保存着，准备再用。当天吃完晚饭，龙泽汇告诉我们，通电发出后还没有得到北京方面的复电，表示很焦急。我们在他走后都很高兴，希望北京不重视这一行动，让他们去后悔，只要加上外面来的一点压力，说不定可以再倒一次戈。

13 日以后，二十六军已开始从东南角向昆明进攻，第八军驻在大板桥的一个补充团也与保安团发生战斗。这天上午龙泽汇陪同李弥的妻子来见李弥。杨文清、龙泽汇传达卢的意见，希望李弥通知部下不要进攻，听候改编。李便写了一信，要他妻子送到大板桥去，并向他们说明情况。当天下午李妻转回时带了一封复信，表示愿接受李的命令，但希望李本人能早日返回部队。李看了这封信之后，便把它交给杨文清。可是等杨走开以后，李妻便把自己的旗袍掀起来给李弥看，原来里面写有密信，内容与那封公开的回信完全是两回事。他们表示，不但不会停止进攻，还准备集中全力向昆明进攻，抢救李弥。同时李妻还告诉李、余等人说，保安团把第八军许多军官眷属也打死打伤不少，他们要报仇，决不肯就此罢休。这时大家都气愤愤地又商量了一阵之后，决定设法找机会先离开五华山，再作第二步打算。

14 日，二十六军副军长彭佐熙已把分驻在附近的部队集结起来，向昆明东南角猛扑，城内已听到枪炮声。卢汉同意了余程万的建议，让石补天师长出去传达余程

万命令，停止进攻。其实这是余程万与石补天事先商量好的阴谋，暗中却是叫部队加紧进攻。当天下午石补天回来说，不放余程万出去，便无法阻止二十六军的攻击。

这时一些潜留在城内尚未去自首的少数特务，也蠢蠢欲动，准备里应外合。他们虽在报上看到我的通电，也不相信。军政委员会又把我亲笔写的东西制成锌版印出来，张贴在许多地方。这些残余的特务绝大部分在当晚和第二天便被捕获或已报到自首，但少数的却还在幻想一旦昆明被攻破，准备再大干一下。这时国民党的轻型轰炸机也三架两架地经常向昆明市区投弹威吓，形势是越来越紧张了。

16日、17日两天，余程万、石补天、李弥三人先后被释放。他们临走前和新结义的兄弟一一话别，叫我们坚持下去，等他们打进昆明来救我们。这三人释出之后立即翻脸，战事不但未停止，而是更疯狂地向昆明猛扑，枪炮声彻夜可闻，且越来越近。二十六军的少数队伍已冲到拓东路附近的得胜桥，五华山的省府办公大楼也遭到轰击。

19 日上午，卢决定把我和沈延世、李楚藩、童鹤莲四人移送到钱局街模范监狱，因为五华山天天被轰炸，已不安全，加上两个军不停地向昆明猛攻，必要时还可能暂时撤出昆明。我们四人到模范监狱以后，看到那里已关有几百名国民党的军政官员和特务。当晚，附近城墙上的机关枪声已很清楚地听到了。这时大家心情非常紧张，也很矛盾，一方面希望国民党军队马上攻进昆明，好救这些人出去；另一方面又怕在攻入昆明前遭到杀害。

21 日后，枪炮声渐远，监狱里的陈科长告诉我：“最紧张时期，我几乎为你们当孝子，现在已不成问题了。”当时守卫昆明的少数保安团队，无论在装备上、人数上都比国民党军队相差很远，但是在昆明人民全力支持下终于把这群凶狠的敌人打退了。在几乎弹尽粮绝的危急情况下，全城人民拿出了自己所有的东西来支持自己的子弟兵坚守昆明，最后把敌人打退。

22 日以后，昆明威胁解除，全市人民狂欢起来，到处锣鼓喧天高歌狂舞，昆明人民在强大的敌人面前得到了最后的胜利。整个云南得到解放，这是云南人民的力量，更是共产党和毛主席英明政策的胜利，也是卢汉先生对祖国和对云南人民做出的一个贡献。

昆明“七一五”镇压学生爱国运动的经过

1948年7月15日，昆明国民党军警镇压学生爱国运动，开枪打死打伤学生30余人，逮捕学生300余人，囚禁三个多月。我当时是国民党特务机关国防部保密局云南省站站长，是这一血案的主谋凶犯之一。想起往日这一滔天罪行，至今犹愧悔交集！现将当日事件发生情况，就个人所知记述于下。

抗战胜利后，昆明学生爱国运动极为高涨，经常举行大规模示威游行，对国民党政府种种反动措施提出抗议。国民党当局对之深为厌恶，并经常进行残酷的血腥镇压，但不仅不能制止，反而愈演愈烈。我刚调任云南站长不久，云南警备总司令何绍周便告诉我当时云南许多情况。他认为最感棘手的是没有办法对付学生，因为轻不得重不得，轻了学生不怕，重了又怕引起各方面的反感。他当时最不满意的是云南的行政当局不能和他很好地配合一致，设法对付学生。他埋怨省政府教育厅不尽职，埋怨省主席卢汉拉后腿，使他不能为所欲为，因此云南的学潮镇压不下去。他很希望云南站加强这方面的工作，从内部去进行破坏活动，设法掌握学联组织，侦察出学联组织中与中共有关系的人来。他认为每次学潮都是由于有中共地下工作人员在指使，否则不可能那样有组织、有计划地大规模动员起来；如果纯粹是一些学生闹闹事，他不会对付不了。因此，他认为云南站的主要活动是弄清这些关系，采用釜底抽薪的办法，只要逮捕少数与中共有关的领导人，并进一步破获云南

的中共地下组织，便可彻底解决问题。

我当时也很同意他这种办法，便着手加强云南站的学运工作。在这期间，云南站只有学运指导员杨文智和昆明组在云大政治系的职业特务学生张发顺两人从事这方面的活动。杨文智一向只从几个学校的教职员方面去了解一般情况，我便指示他一定要通过教职员的关系，在几个经常闹事的学校中直接去发展一批学生，并利用学校中担任事务方面工作的职员和工人去注意学生的行动，并趁学生上课时暗中搜查学生的寝室，以便多方面去找寻线索。张发顺在云大读书，只靠个人去活动，我便指示他要多利用同乡和要好的同学等组织一些读书会等小组织，吸收可靠的同学正式参加特务组织，由云南站给以津贴，不要像警备总司令部情报处稽查处的特务那样，专门注意那些闹得最凶、喊得最起劲的“猛张飞”，而要特别注意那些平日不大作声而专门指使“猛张飞”的“诸葛亮”。

在这同时，我规定昆明组的重点工作要摆在学运方面，除了组长罗若维应直接利用亲友和旧同学等关系在各学校发展线索外，还指定一个女组员王金林专搞学运活动。此外，对云南站所掌握的公开特务机关昆明市警察局几个接近学校区的分局，也给予了加强这方面工作的任务；特别对警察局刑警大队大队长周伯先，叫他利用该大队组织的篮球队、排球队等体育组织去拉拢一批学生，来替刑警大队搞学运活动。通过这些新的布置，云南站的学运情报在数量质量上虽有所提高，但对学潮的控制和侦破中共地下工作人员的线索，始终没有办法。

6月，昆明学生又集合3万多人举行了一次反美扶日的大游行。游行完毕后，学生们还齐集在昆明美国领事馆前面草坪上进行示威，高呼口号，并向美国领事馆递交抗议书，吓得美国领事馆的人员紧闭铁门，不敢出面答话。学生们还把中英文的标语贴在领事馆大门外面。何绍周派出大批军警，也无法把学生驱散。

当天晚上，何绍周找我们去他家开会，到会的人有昆明警察局长王巍、宪兵十三团团长彭晋仁、警备总部稽查处长阮更生、情报处长刘剑义、政工处长刘善述等人。何绍周听取了几个人关于当天学生游行情况的报告后，非常生气地说：“真丢脸！我们这么多的人都不能制止这次游行。你们知不知道学生向美国领事馆提抗议，美国人却向我提抗议，这等于打了我一记耳光一样难受。”

会后，其他的几个人都走了，何绍周又特别叫我留下来和他商量一下，我们研究了如何把这个问题提到云南省特种会报上去讨论，迫使云南的国民党省党部与省政府和我们步调一致地参加武装镇压昆明学潮，免得到时有人拉后腿或从旁说风凉话。因为学生的家长们大都与当时云南党政军当局的人有往来，怕有人碍于情面，反对用武力镇压。何绍周觉得如不给学生一点颜色看看，就不能平安无事地过下去。我当时也感到采用武力镇压与从内部去破坏同时并举，对消除昆明学潮可以收到很好的效果，也赞成采取一致行动来一次大的镇压。

云南省的特种会报，由于主持召集的省主席卢汉一向不大感兴趣，所以过去起的作用不很大，但每月或隔一个月总还得召开一次。7月初，我接到卢汉用化名通知的开会信以后，便先和何绍周商谈，决定要在这次会上提出用武力镇压学潮的问题，请何首先主动提出来谈。他也认为正是时候，应当不放过这一机会。

这次到会的人，有卢汉和省政府秘书长朱景暄、民政厅长杨文清、教育厅长王政、建设厅长陇体要、警务处长李毓桢，以及何绍周和他的副总司令兼参谋长马瑛、云南保安司令部参谋长谢崇文、中统局云南负责人查宗藩和我，共十余人。开会时除照例传达了国民党中央特种会报的指示文电外，便对当前云南方面的问题提出报告和进行讨论。

恰好那次中央特种会报的文电中提到应防止各地学潮的一些有关问题。何绍周便把最近学生反美大游行及在美国领事馆门前示威情况作了一番报告，说：“为了防止今后再有类似的事件发生，应当对云南大学、师范学院、南菁中学等学校进行一次搜捕。”他再三强调这次学潮不单纯是学生闹事的问题，肯定背后有共产党在操纵指使；如不及时制止，将来随时可能发展成为学生在城市的暴动行为。

在何绍周这番危言耸听的发言之后，参加开会的人都表示同意来一次有计划的搜捕，对正在蓬勃发展的学潮给予有力的打击。特别是教育厅长王政更感到除此之外没有别的好办法。因为何绍周在发言中对教育厅进行了指责，认为主持教育的部门太不负责，越来越放纵学生。最后何绍周自告奋勇，表示愿意由他负责来主持这一工作，请省政府、保安司令部以及中统局、保密局等单位进行协助。

大约是7月8日或9日上午，何绍周邀我去警备总部参加他们的会议。这次

到会的有警察局长、宪兵团长和警备总部各处处长。何在会上报告了最近昆明学潮情况，说明特种会报上同意由他负责主持对学生进行一次搜捕，他要求各有关单位立刻提供搜捕的黑名单。会议的第二天，我便把云南站掌握的几个学校中一些学生活动的情况和学联会负责人名单等送给了他。10日下午，他又要我去他家中商谈了有关搜捕的问题，并决定在11日晚间即开始行动，他还要求我随时向他提供有关材料。

11日下午，何绍周集合了稽查处、刑警大队的便衣特务和宪兵两个连，警察局保警大队两个中队，与总部特务营一个连的武装部队，于晚间10时后将云南大学和师范学院的学生宿舍包围，逮捕了30多名学生送到总部军法处看守所，由军法处长丁龙恺亲自连夜进行审讯。这次突如其来的搜捕，使学生们在半夜里被惊醒，来不及抵抗，但除了平日一些表现最积极的学生被捕以外，昆明学联方面一些重要负责人却没有捕到，也没有搜到重要的文件。第二天上午，我打电话给何询问情况，他认为不能令人满意，准备再进行一次细致点的搜捕。

警备总部于深夜逮捕大批学生的消息，很快地在昆明传开了。被捕学生的家长和许多学校的学生立刻组织起来，向各方面呼吁救援被捕的学生。省参议会也召开临时会议，希望早日把问题弄清，将无辜被捕的学生立即释放，以免引起民愤。何绍周不但不理会这些，还坚持要继续进行镇压。

从12日开始，各校学生为了防止国民党军警再来搜捕，便纷纷向云南大学集中，夜间轮流派人担任警戒，把四面围墙缺口加固起来，并将大门堵塞，以进行自卫。当时虽然内外隔绝，而集结在云南大学的上万学生的活动情况，却随时从一些担任事务工作的职工那里传到特务耳中。这时学生们情绪极为激昂，对反动当局的迫害更为愤恨。他们整天在校园里进行各种反抗国民党的活动，愤怒的诗歌、抗议的文章贴满了学校，慷慨激昂的歌声隔垣可闻。

何绍周接到这一类情况的报告后，诬称这是学生要在昆明进行大暴动的准备，非以更大力量来对付不能压平反抗的风潮。14日下午，何绍周集结了他在昆明所能调动的武装军、警、宪和特务，准备一鼓攻入云大，来一次更大规模的搜捕，把集结的学生全部驱散。当晚，我陪着何绍周坐在警备总部听消息。何对这些学生感到太伤脑筋，他大骂国民党主办教育的人都是草包，培养出学生来反对自己。他要建议把这些学校停办，以免被共产党来利用。

这次进攻云南大学是在深夜，我没有亲自看到，只从电话中听到情况。当大批军警到达学校附近时，被值夜担任警戒的学生发觉，立刻敲打警报钟，学生们从睡梦中惊醒，奋起抵抗。这些手无寸铁的大中学生被军警的枪托棍棒猛烈敲打，抵挡不住，很快就被军警冲入校门。学生边打边退，大部分被从四面八方的围墙上爬进去的反动军警隔离开来。部分学生退到教室、宿舍、食堂等处后，被分别监视住。其中有一部分学生一直退到云大最大的一所房子会泽院，始终坚持抵抗，大批军警就把这所大楼重重包围起来。

天刚黎明，我正在和何绍周进早点，突然听到一阵枪声。何急忙叫副官打电话问发生了什么事情，一会儿便接到回答：因为学生从楼下退上二楼时用砖瓦等还击，所以军警开枪威吓。我急于想了解情况，便匆忙赶去现场。我在云大附近的几条马路上，看到全副武装的军警林立，交通断绝。围观的行人有近千人，其中不少学生的家长想进学校去看自己的子女，均被阻挡不许进入。一些老年人在痛哭呼号，处处充满群众愤怒的声音。

我到会泽院大楼前面时，看到警察局长王巍、警备总部稽查处长阮更生和刘剑义、刘善述等正在指挥着军警向大楼上的学生进攻。这时还有 300 多名学生从楼下一直退到四楼顶上，并把楼梯拆毁，坚决不肯下来。

何绍周接到报告，立刻亲自赶到。他问了一下情况后，便叫另想办法对付。我当时向他建议，让学生们的家长进来叫他们下来。他同意这一办法，便放进了一大群等在学校门口的学生家长。这些老人们用哭颤的声音叫着自己子女的名字，但是没有一个学生答应，喊了一小时左右，没有一个学生下来。何绍周叫警察局长王巍用白布写上“自动下楼来的概不追究”几个大字举向四楼，并把消防队救火车上的云梯升向四楼楼顶，准备强行突入。学生不但不下来，还把四楼平顶的石栏拆掉，捡起砖块向下面砸来。他们发现何绍周之后，便把砖块朝何的身上砸去。有一块砖头砸在何的左手上，王巍赶忙将一个消防警官戴的钢盔帽摘下来给何戴上，并把何护送到大楼二楼去休息。何便命令军警向学生开枪。

这时，师范学院查院长、云大校长熊庆来和其他几个中学的负责人都纷纷赶到，一致要求不要对学生们采用这种办法，各学校负责人愿意设法解决。何绍周气势汹汹地说："你们有办法马上把他们都叫下来吗？"各学校负责人看到他这样蛮不讲理，谁也不敢保证能做到，都不再做声。何便命令王巍、彭晋仁等立刻把被分隔在教室、宿舍、饭厅等处的学生先行清理，把要逮捕的昆明学联的领导人和各校学联的负责人清出来先带走，其余一律驱逐出学校；对不下楼的300多名学生则留一部分宪警继续包围，看他们能够坚持多久。

何绍周离去之后，宪警和特务在清理被分别围隔在各处的学生时，清了大半天也找不出几个黑名单中的人来。因当时学联方面一些骨干分子大多逃到四楼，加上学生们彼此掩护，不肯讲出来，只有少数平日为特务们认识的被当场指出后抓起来，其余便都赶出了学校。在被捕学生中，我记得姓名的有温宗江、白明顺、王友珍、傅金德、董德平、金维和等。

同日，围攻南菁中学的宪兵，企图从围墙上爬进学校办公大楼，因学生已有防备，未能得逞。宪兵便用楼梯从四面窗口爬入，又被学生将窗口堵住。有四名宪兵爬上屋顶，准备揭开瓦片进入楼内，其中一名宪兵不慎失足，从屋顶跌了下来，当即毙命。宪兵团长见跌死了宪兵，就下令开枪，对学生进行威胁，但学生仍坚持斗争。第二天，大批宪兵从四面八方冲上去，将学生打伤几十人，逮捕了30多人，后与在云大逮捕的学生一同关在南菁中学进行"管训"。

事件发生之后，整个昆明都为之骚动，弄得全城不安，人们对国民党当局用这种血腥手段对付爱国学生愤恨达于极点，到处听到"救救孩子"的声音。一些被围困在云南大学四楼的学生的家长，日夜在学校门外痛哭呼号，到处托人求情，探听情况。一些进步报刊也纷纷提出指责。何绍周却仍旧坚持非把为首的学生逮捕起来不可。

双方坚持到16日仍无结果。我在这天又到云大去看过一次，学生们虽被围困在楼顶一天没有吃东西，但仍然在四周派人监视着宪警的行动，防止他们爬上楼去。我正在和王巍、刘善述、阮更生等研究对策时，发现学生从楼上泼水下来。我知道一两天不吃东西可以支持下去，如果不饮水则不易支持，便提议如要迫使学生下来，应当断绝自来水的供应。大家一听很同意，王巍便叫消防警察把通向楼顶的自来水管关闭。一会儿果然听到了楼顶传来的喧哗声：“水没有了！水没有了！”可是这一狠毒的办法，同样没有收到效果，还是没有人下来，又这样过去了一天一夜。

17 日上午，云南省主席卢汉亲自到云南大学，在楼下架设起扩音器，向被围困的学生们用亲切关怀的口吻劝慰，要他们不要再这样坚持下去。学生们听到卢的声音，都集到大楼边上静听。最后卢提出保证，不惩办他们，并说这样坚持下去对他们不利；本来没有什么了不起的问题，由于不听劝告而继续发展下去，后果是不堪设想的。卢讲完话后，又再三喊学生们马上下来。我这时也赶到了。卢看到学生们仍没有表示，便再次恳切地说了一番话。他在讲话中提道：“你们再不听我的话，我就不管你们了！”他说完便离开扩音器准备上车。

这时学生中发出了喊声：“主席不要走，我们下来！我们听你的话！”卢听到喊声，又转身站在楼下。这时通向四楼被堵塞住的楼门打开了，守在下边的警察也大叫：“下来了！”卢便站在楼下，看着学生们鱼贯而下。其中一些轻伤的由同学们扶着，重伤的则背着抬着才能下楼。卢吩咐王巍和学校当局赶快给学生们准备早餐茶水，并叮嘱把重伤的先送医院，轻伤的要上药包扎。有些被枪伤的学生虽然用衣服包裹着伤口，但仍在流血，衣裤上都染满了血迹。他们下来后，在几个教室中分开休息，各个疲惫不堪。

我和王巍等爬上四楼，看到还有几包大米。从这一情况看来，如果卢汉不出面叫他们下来，他们还会坚持几天。卢刚一走，何绍周便赶来。他看到我，便气冲冲地说：“他（指卢汉）专充好人，叫我们来当恶人。我是不怕什么，他答应不追究，没有这样便宜，还得想办法彻底解决一下这个问题。”

当天下午，何绍周下令把这批学生用卡车送往南菁中学软禁起来，对外则用“暑期集训”的名义。他指定政工处长刘善述负责主持，一面进行军事训练，并着重进行法西斯毒化教育，一面用相互揭发和收买利用的办法来清查进步学生。他企图将昆明学联一些领导人的背景弄清楚，以期达到破坏中共在云南的地下组织的目的。因此在这个变相的集中营里，经常以开谈会的方式来进行检举和清查。保密

局、中统局、警备总部、宪兵、警察等特务机关，更不停地派人去活动。但据当时保密局云南站学运指导员杨文智和昆明组的特务们的报告说，学生们团结相当紧密，很不容易达到进一步破获中共组织的目的。何绍周对此也很灰心，加上十几个负重伤的学生先后又死去几个，各方面对他的责难迫使他不得不放弃长期拘禁这批学生的阴谋，而实行三个月的“集训”之后，便宣告结束。这一野蛮镇压昆明学生爱国运动的血案，除了引起广大人民更加激愤之外，反动当局则一无所获，只得不了了之。

阴谋诬陷中共的一个例证
——李公朴、闻一多被暗杀案侧记

1946 年 7 月，李公朴、闻一多两位先生在昆明先后被暗杀后，许多人都认为是军统特务干的。我当时在军统局任总务处处长，不知道这件事的内幕，连军统局局本部主管这类工作的负责人也不清楚。蒋介石从庐山打长途电话到南京责问毛人凤的时候，毛人凤也回答不出是什么人干的，只能说他没有叫人干这件事。据说蒋介石当时对这件事很生气，原因是他正在策划全面发动内战的阴谋，表面上伪装民主，还想欺骗全国人民，这种打草惊蛇的行动，暴露了他的马脚。

李公朴

闻一多

血案连续发生后，全国舆论哗然，纷纷提出责难。蒋介石便派新上任的全国警察总署署长唐纵赴昆明彻查，并下令严厉制止这类事件再度发生。

追忆李公朴、闻一多

唐纵奉命之后，先和毛人凤商量了一套办法，才由南京飞到重庆。当时军统局大部分已迁回南京，正在忙于改组为国防部保密局。重庆方面只有几个大特务和一部分办结束工作的人还没有走。唐在重庆召集军委会邮航检查处处长李肖白、军统局主管暗杀等类工作的第三处处长郑修元、中美所汽车总队总队长许建业和正在重庆清理军统财物的我一同研究。

当时唐纵非常焦急，很担心这个案件如果弄不清是什么人干的，对他这位全国警察总署署长太丢脸，同时也想将计就计，借此来一次对中共的诬陷。在唐和我们研究的时候，便决定先在重庆准备好一两个人带到昆明去，叫他们在公开审讯时，自己承认是凶手，而且还要吞吞吐吐地说出和中共有关，但又不能完全承认是共产党。这样既可使全国人民知道不是国民党干的，又意味着是共产党指使人干的。为了避免中共方面要求参加审讯或进行反驳，所以要考虑得非常周到，不能露出马脚来。

当天唐决定要我到白公馆和渣滓洞两个看守所中去挑选违反军统纪律而受处分的人出面顶替。他郑重其事地告诉我，这个出面顶替的人的条件，必须是没有担任过公开职务的特务，必须经得起反复考验而不会翻供。唐并透露，这个“凶手”经过几次审讯之后便立刻判处死刑，但到执行时再换出来，用昆明监狱中已判决死刑或无期徒刑的其他犯人来代替。他还许愿：对于愿意出面顶替的军统分子，则不问他罪行大小和刑期长短，只要完成这次假凶手的任务，便可立即释放，并派往东北或西北地区去担任较好的工作以为报酬。

我连夜到两个看守所中去挑选，在20多个被囚的军统特务中，只发现一个在军统局局本部文书科担任过司书的姓王的人符合这些条件，但他很胆小，怕宣判死刑后当场执行来不及换出来。他更清楚，在那种场合下，要把他当作牺牲品，大特务们也是像家常便饭一样干得出来的。我再三安慰他，告诉他一切都操在我们手上，什么时候执行完全可以由我们做主，谁也弄不清楚我们会换上一个。同时我还做主加了五两黄金的奖金，他才答应了。我第二天向唐纵去回话的时候，他说一个人不够，最好有两个人。我答应他再到重庆站担任秘密工作的特务中去挑选一个。他催促我要早点办好，他不能在重庆耽搁太久，因为蒋介石原来是叫他马上飞昆明的。

当天中午，我还在进行挑选时，唐纵突然派人到处找我，叫我到他住的地方——戴笠在重庆神仙洞建的公馆去吃午饭。我去的时候，李肖白、郑修元、许建业三个人早就在那里。唐见我之后，便说不必再找人，我们先去昆明，因为毛人凤已有电话来，说云南站已找到了线索。饭后，我们五个人便一同去机场，临时由航空检查所拉下几个旅客，让我们乘了当天的班机飞到昆明。

我们到达昆明时，云南警务处长李毓桢、昆明警察局长龚少侠、云南站长王巍等把我们接到李毓桢家里，马上开会。王巍提出报告，说云南站昆明组已经查出暗杀李、闻的凶手六七名，全部是当时云南警备总司令部特务营与稽查处的人。凶手的职务、姓名和事先的布置以及行凶情况等都已弄清楚。唐听了之后便决定叫我们不必出面，由他去和警备总司令霍揆彰先谈谈，看情况怎样再决定。因为他和霍是湖南酃县小同乡，私交一向很好，要避免对霍刺激，怕引起麻烦。唐并决定，他自己住到陆根记营造厂老板陆根泉在复兴新村的家中，其余的人则住在李毓桢的家中，每天晚上开会研究一下。

第二天唐纵和霍揆彰谈了一个上午，毫无结果。霍对此事竟不肯承认，还要唐帮助破案。这时，唐才说出他已带来了几个军统中的老练侦察人员，可以帮同进行调查。同时，唐把云南站查获的全部情况向蒋介石报告，并说明霍对此案企图抵赖，因此他对此事处理很棘手。我们当时主张把云南站所得到的材料向霍提出来，看他怎样，但唐纵不赞成这么做，怕把事情闹僵，不好收场。

以后几天，唐虽然向霍暗示已了解到这件事与警备总部的人有关，但霍仍然矢口否认。当时由于各民主党派一致提出要求惩办凶手，并保障民主人士生命安全，蒋介石才又派顾祝同到昆明查办。在此同时，蒋还把霍揆彰叫到庐山去当面询问，霍才不得不承认是他部下干的。蒋介石只将霍撤职，并叫交出特务营当连长的汤时亮和当排长的李文山两人公开枪决，以了此案。实际上，这两名宣布被枪决的人也是叫人冒名顶替的。

在这之前，霍揆彰还准备利用这一事件来一次借刀杀人的把戏，既欺骗舆论，推卸罪责，又借机会狠狠打击一下云南的地方势力。为此，他曾一度放出风声，说是云南前主席龙云的儿子龙三干的，并立刻开始搜捕。龙三闻讯，赶忙连夜逃往昭通老家躲避，然而几个与龙云有关系的旧部却被捕了。唐纵怕这样做更会增加麻烦，劝霍不要这样干。最后霍才从监狱中找出两个判了死刑而未执行的假凶手，顶替警备总司令部特务营连长汤时亮和排长李文山被枪决。枪决前，他们先将这两个替死鬼用酒灌醉，执行时沿途警戒森严，枪决后马上掩埋。这时，真正的凶手，奉霍揆彰命令主持这一罪行的警备总司令部情报处处长王子民和汤时亮、李文山等10多人，连同他们的家属20多人，已由霍揆彰派专车连夜送到大理，交给了第二军军长兼滇西警备司令王凌云。王凌云把他们安置在大理后山无为寺内，用好酒好菜招待这些人。直到1947年，王凌云部调往武汉改编为整编第九师的时候，王子民等人才由继任的云南警备总司令何绍周派人接收，继续保护起来。

事后我从霍的参谋长刘一戈、参谋处长郭业儒和第二军军长王凌云等有关人方面了解到，当时霍杀害这些民主人士的目的，原来是想讨好蒋介石，希望改派他当云南省政府主席。因为霍是陈诚系中的重要骨干分子，他从陈诚口中了解到蒋介石对同情中共的民主人士一向恨之入骨，满以为这样一来可以更加得到蒋的宠信，却没有想到竟会得到相反的下场。霍在抗战时任过洞庭湖警备司令，那时我在常德任稽查处长，与他熟识。1947 年他被免职后居住在长沙小吴门外新建的别墅“嵩庄”当寓公时，我去看过他。他对我谈到此事时，只认为时机还不到，干得太早一点，所以才惹出这场麻烦。他无限感慨地说：“如果等到今天来干，那就不是过错而是有功了！”

解放后，汤时亮、李文山等才被清查出来，落入人民的法网。

我受命暗杀杨杰将军的经过

1949年，我任国民党国防部驻云南特派专员兼保密局云南站站长。8月，保密局局长毛人凤先后两次发给我亲译密电，命令我立即暗杀在昆明的杨杰、陈复光以及云南省政府民政厅厅长安恩溥、保安司令部参谋长谢崇文、保安旅旅长龙泽汇等五人。这是蒋介石排除异己，企图竭尽全力保住云南这一反共基地，以便与国外帝国主义勾结，“收复”已解放的地区的措施之一。

我当时住在昆明三节桥靖国新村。杨杰住在我家斜对面，几乎每天都要从我家大门前的一个大草坪走过，去云南“沱茶大王”严燮成家吃饭、打牌，有时常常在外面应酬到深夜才回来。我除在严燮成家常和他见面外，在其他的许多应酬场合中也常见着他，彼此很熟悉。杨先生每次从我家门前草坪走过时，见到我的小孩，总要逗他们玩玩，孩子们都喜欢他，叫他“杨伯伯”。

杨杰将军

那时我要派特务暗杀杨先生确实是轻而易举之事，但我没有执行：一是因为毛人凤命令我暗杀五个人，我如果光杀杨杰，其他的人就会提高警惕，以后不易下手；二是当时我全家老小都在昆明，发生了暗杀事件，卢汉定会猜到是我，我即使能逃脱，但家人会受牵累；三是看到国民党大势已去，杀几个人也不一定能保住云南。所以我虽作了种种布置，却一直没有下定决心。

不久，毛人凤又发给我一份亲译密电，内容大致是说，奉蒋介石面谕：杨杰正在大肆活动，替民革拉拢国民党军队的高级将领，务必先将此人除去，以免后患。限我三天内务必执行，否则按团体（军统组织）纪律严惩。

我接到此电令后，考虑再三。我估计：光是杀掉杨杰，卢汉也许不会马上对我怎样，因为卢汉与杨杰虽有交情，但他不是民革成员，对杨杰搞民革活动并不支持，只要不同时暗杀与他有密切关系的人，他不会为杨杰而与我闹翻。为了防止万一，我还是准备在暗杀杨杰后，把家眷先送往重庆，我自己携带家中的电台一同迁往北校场二十六军军部。我若不杀杨杰，毛人凤在蒋介石面前无法交代，非处分我不可，所以我便下决心要把杨杰干掉。

当天下午，我召集几个专搞暗杀的特务到我家的一间小会客室秘密商议，指示他们于当天晚上将杨杰杀掉。第一个方案是：在杨杰晚上回家经过我家对面大草坪时，在那里靠近他，用无声手枪朝他头部射击。因为草坪中间路灯照不到，先等在那里，可以清楚地看到杨杰从亮处走过来。他身体相当胖，走得很慢，特务们都认识他，不会弄错。只要击中了就无法抢救，因为弹头内填进了毒药。第二个方案是：他若当天晚上不出去，便到他家中去狙击。他家的情况我们很清楚，只有一个副官、一个司机和一个厨师，还有一个十多岁的女孩。不论是敲门或越墙进入，都可以从容进行对杨杰狙击，附近的邻居都是高墙独院，谁也不会来管。

布置完毕，几个特务刚向我行礼走了，小会客室通往阳台的门突然一下被推开，我抬头一看，只见我母亲怒气冲冲地走了进来，把手中的一本书用力往书桌上一摔。我原以为外面没有人，没想到母亲正坐在外面阳台上看书，我们的话她都听到了。见母亲满面怒容，我连忙跪在她面前，想向她解释。她咬牙切齿地用手指狠狠地在我头上戳了一下，气得上气不接下气地责骂道：“我多年来一直教育你，一个人可以不做官，但要做人！你今天为了自己升官发财，还要杀人，你还像个人吗？我问你：你把杨先生杀了，明天你的儿女们问你，谁把杨伯伯杀了？你怎么回答？如果他们知道是你杀的，他们对你这个随便杀害好人的爸爸会怎么看？我这个

做母亲的又怎么见人？这些后果你都不想，只想自己做官，不想做人！我不要你这个儿子，我马上到台湾你哥哥姐姐那里去！”

听了母亲的这番话，我只好答应她：宁可受处分，也不杀杨杰，请老人家息怒。于是我把那几个特务叫回来，说情况有变化，宣布刚才的布置暂不执行，等以后再说。我母亲怕我另搞一套，天天注意杨杰是不是还在。于是暗杀杨杰的事就这样拖下来了。

不久毛人凤命我将全家送往香港，准备以后更好地采取行动。9月6日，卢汉去重庆见蒋介石，我准备只要卢汉在重庆被扣，我便与二十六军一同发动，进占昆明，把杨杰和卢汉的亲信全部逮捕，把几个保安团全部缴械。9月8日我接到重庆毛人凤给我的急电，说卢汉已同意在昆明来一次大逮捕，我便召集在昆明的十来个特务头目开会，将我们可以掌握的近千名特务和武装部队人员组织起来做好大逮捕的一切准备工作。监视杨杰的几个特务也做好准备，只要一声令下，就把杨逮捕起来。

9月9日卢汉的专机刚回到昆明，毛人凤所派西南长官公署第二处处长徐远举带领大批特务跟着飞到昆明。徐远举下机后，便到我家告诉我：毛人凤当面指示他到昆明办的第一件事就是逮捕杨杰。不料徐远举和我带着几个特务去却扑了个空，只抓到了杨身边的一位工作人员，接着又抓到了去杨家的陈复光教授。徐远举把陈带到我家楼上会客室中，让他听我家楼下被改成刑讯室的房间传来的受刑人的惨叫。我们很快就从他们两人口中得知：杨已于当天上午飞往香港，正是徐远举下飞机时，杨乘坐的飞机刚好起飞。机票是由朱健飞用化名代买的，并由朱健飞用汽车到杨家去接的，杨躲在汽车后座下面，所以没被监视的特务发觉。

蒋介石得知杨杰逃走的消息，大为震怒，又派毛人凤带着周养浩等赶来昆明。毛人凤到我家对我大发脾气，责怪我没早日杀掉杨杰。事后，我们从杨家里抄到的日记、信件中找出杨杰在港的关系，毛人凤便急电台湾保密局行动处长叶翔之率特务韩世昌等四人赶去香港暗杀杨杰。

一天早上，我从报上看到杨杰在香港被暗杀的消息，便拿着报纸匆匆去找毛人凤。当我把报纸给他看时，他从文件中抽出一份台湾发来的加急电给我看。那封电报是叶翔之打给他的，说刺杀杨已完成任务，全部特务已安全返回。事后，我才知道，叶翔之等人事先伪造了一封李宗理的介绍信，让特务拿到香港轩尼诗道 260 号四楼杨先生的友人家中，见到杨先生，把信交给他。在他正低头看信之际，特务便用手枪向他头部连开两枪，将他击毙。叶翔之等人因刺杀杨杰“有功”，保密局还发给他们一笔奖金。

这就是杨杰先生被暗杀的全部经过。

（沈美娟记录整理）

军统特务头子戴笠的继承人毛人凤

毛人凤是军统特务头子戴笠的继承人，解放前他对共产党和中国人民所欠下的累累血债不亚于戴笠，而且有些地方甚至还超过了戴笠。关于他的情况，我虽在写《国防部保密局内幕》和《云南解放前夕军统在昆明的特务活动》两文中提到过，但有些地方写得还不够，特别是关于他的作风和他取得蒋介石信任的手段，以及对中共叛徒的运用等方面的情况，还有进一步揭发的必要。除了过去已写过的不再重复而只在必要时提一下外，现将我和他相处十年左右的时间中所了解的情况再分别写出。

毛人凤过去在军统局时期，最初是谈不上什么的，但自戴笠死了以后，一下子便大走鸿运，很快得到蒋介石的信任，由他继承了戴笠的衣钵。他在很短的时间里，能在军统内部一场激烈的斗争中，胜过比他资格老得多的两个对手——郑介民和唐纵，掌握军统大权。这不是偶然的。他在军统中，内勤没有当过处长，外勤没有当过站长，也不是军统工作创始时“十人团”的成员，而是“半路出家”，一向搞秘书工作。他对军统业务没有多少亲身经历和经验，却能在几年工夫内担负起整个军统的领导工作，这是一件出人意外的事。

他在抗日战争开始以后，才调进军统局当秘书。由于和戴笠是小同乡，又有亲戚关系，他很快得到戴的信任。加上他本身也很勤劳、稳健，待人和蔼，没有表现出半点野心，更能任劳任怨，所以到了 1941 年前后，戴笠便准备培植他，作为内部的一个得力助手，给他以代理主任秘书名义，负责秘书室的工作。

军统局的秘书室，在编制上和其他机关一样，是与各处室平行的。不过由于郑介民担任主任秘书，无形中成为内勤各处室的领导单位，各处室的文件都由它总其成。至于一般性问题，便可以由主任秘书批核，不必送给戴笠去看。1942 年以后，军统组织扩大，秘书室的秘书也增加到十来个，并增设了副主任秘书，由张严佛（毅夫）担任这一职务。张为邓文仪特务系统的骨干分子，邓系特务合并到军统后，戴笠对张等原属于邓文仪的人，表面上没有什么分别，骨子里却很有分寸。所以张虽然当了副主任秘书，还得受代主任秘书的领导，许多重要问题也不让他过问。

主任秘书郑介民，每周照例去军统局一两个半天，只是戴笠不在重庆时，他才经常去局里办公。这主要是因为有关对八路军和新四军方面的情报，都要他去看看。因为他兼军令部第二厅副厅长（厅长杨宣诚，1944 年后，郑才升任厅长），对中共问题向以专家自命。有关这方面的情报，军令部二厅也同样要尽力搜集报告蒋介石。戴笠为了使两方面的情报出入不太大，以免在蒋介石面前出问题，所以要他去看看。这是因为有些材料不容易得到，而是特务们捕风捉影搜集起来甚至捏造出来以满足蒋介石对这方面的要求的。为了不露马脚，军统局和第二厅对蒋介石采用欺骗手法，所以要经过郑介民看过以后，认为差不多了，再上送，才不会出毛病。这一部分工作，毛人凤是无法代替的。

戴笠培植毛人凤，主要是把郑介民在军统中其他方面的职权逐渐让毛接替下来，使郑只保留一个空头名义，所以不叫毛当副主任秘书，而用代主任秘书职名。郑介民也很清楚戴笠的作风，在这方面也尽量少管闲事。因此，毛人凤在军统中的地位就慢慢地形成起来。

戴笠没死之前，毛人凤对郑介民和唐纵都非常恭敬，说话称“报告”，写的东西里称“职”，态度很谦逊。当时谁也想不到他会和郑、唐争雌雄，而且居然由他来继承戴笠创造出来的这份“家业”。毛人凤兴起的缘由，除去我以前所写过的以外，还不得不从以下几方面来说明这个问题。

一、忍，等，狠

毛人凤爱赌博，尤其会打“沙蟹”（扑克牌的一种赌法）。他对打“沙蟹”的赢钱秘诀：忍、等、狠，很会运用，因此每赌必赢。过去许多曾在他家赌博的人见面时，总爱问上一句：“今天是当了宋子文，还是当了刘纪文？”这是因为宋子文和刘纪文与“送几文”和“留几文”谐音，一般人便拿这两人的名字作为大输与少输的代义词。因为谁也没有打算去“赢几文”，能少输一点便不错了。毛人凤从打“沙蟹”中悟出“忍”“等”“狠”的道理，把它运用到了对人和做事上去。多年来，他一直本着这一“原则”，当机会没有到来的时候，要咬紧牙关忍耐，安心等待，一旦时转运来，便抓紧时机狠狠地搞一下。

他在军统局当代理主任秘书时期，是个有名的“笑面虎”，极少看到他板起面孔发脾气，见了任何人都是笑嘻嘻的。当戴笠责备他的时候，他能毫不勉强地忍受下去；即令遇到部下向他要态度，发牢骚，他也同样能忍受得住。当时特别使许多特务高兴他的，是他还肯代人受过而无怨言。戴笠的脾气非常暴烈，稍不如意就大发雷霆，常常为了一些小事动辄骂人、打人、关人。遇到这种情况，毛人凤总是向戴笠引咎自责，把错误由他承担下来。

有一次，戴笠和宪兵司令部为了交通检查问题，因配属在各地交通检查所的宪兵不听指挥而闹翻了脸。戴笠抢先向蒋介石报告，想借机会把宪兵抓过来，便把几年来军统在各地搜集到的宪兵的不法材料一股脑儿搬了出来，写成一两万字的长篇报告。担任抄写这份报告的文书科科员郭子良，因为抄到半夜还没抄好，身体实在支持不了，便去睡了一下。戴一大早便亲自来拿，找不到郭子良，立刻叫警卫从寝室床铺上把郭拖了起来。戴一问，报告还没抄好，气得拿起棍子要打郭。毛人凤连忙说：“是我要他去休息一下，上午一定抄出来。”戴一听便打不下去，转过来骂毛人凤糊涂，不知轻重缓急，误了他的大事。当戴一走，毛马上对郭说：“你去睡觉，怎么不告诉我一声，几乎出大问题了！”郭子良感激涕零，向他表示谢意，我才明白原来是那么一回事。

类似这样的事是很多的。毛人凤遇到这种情况，总是由他承担下来。我曾留心观察过，事后他总要找个机会，用直接或间接的方法，使对方了解是他帮忙，才使大事化小，小事化无。因此，不少人对他越来越表示好感。他这种讨好人的手段，也不止一次地用到我的头上，我也很了解他这种用心。我当时反正给戴笠骂惯了，多一次少一次也不大在乎。但他总是有意让我了解他常常在暗中帮助我，这便是我以后成为“毛派”的一个重要原因。

毛人凤当时不但在军统中能忍耐，就是在外面也不耍脾气。在一次，重庆稽查处长何龙庆邀他去第一书场看川戏，占了一排最好的座位。后来来了几个空军飞行员，毫不客气地挤了过去，遂与何龙庆发生冲突。双方均骄横惯了，都不肯示弱，便大打出手。毛人凤始终保持他那副态度，结果何龙庆挨了一顿打，他只挨了一顿骂。回来后，他便告诉我，要不是能忍耐，说不定也挨了几拳头。他对此事很注意，并常常拿这件事劝告别人，要能忍耐，才不吃眼前亏。

有抗日战争期间，毛人凤那种等待机会的精神，当时也为一般大特务所不及。他在军统局局本部大礼堂对面那间小楼房内，安心地等了几年。那是一间一丈五尺左右见方的办公室兼卧室，比一般处长们的办公室都不如。他整天守在那里，批阅数以百计的公文，一直到半夜才能休息。他身为代主任秘书，生活朴素，每个科员都可以随时去找他解决问题。当时像军委员别动军司令周伟龙，水陆交通统一检查处副处长张炎元，兵工署稽查处处长张师，特务总队长张业、王兆槐等人，都是军统的元老，每去见他，他总是非常客气地接待这些人，并照例先和他们开开玩笑才谈问题。他和张炎元在一起时，两人总爱学几句半吊子的上海话，胡扯一顿，等别人走了，才谈正经事。

戴笠在重庆时，经常亲自主持在军统局局本部的中午会报，一些处长主任们老是提心吊胆去吃那顿午饭。毛人凤也照例要参加。每遇到戴还没去的时候，总是由他首先开玩笑，听到戴笠下楼的声音才停止下来。遇到戴笠不能参加而事先打电话告诉他的时候，他便故意慢一点去，一进门便说：“告诉大家一个好消息，戴先生今天有事不能来，大家痛快吃一顿吧！”这时全场皆大欢喜，空气立刻变得活跃起来。特别是遇到戴笠到外地办事改由他来主持这顿中午会报时，更显得轻松愉

快，总是由他带头来点第二天的菜吃，办伙食的也更卖力，把每顿午餐办得特别丰盛。他一坐下来，除了简单谈谈工作外，绝大部分是天南地北乱扯一顿。因为他不像戴笠兼差那么多，私人活动也忙，对军统工作常常不接头，他是整天在军统办公，大家可随时找他联系，所以情况非常明了，用不着在吃这顿午餐时来多花时间谈问题。所以大家对他主持中午会报都是自始至终充满着欢乐的情绪，无形中也日渐对他产生好感，他也从不肯放过这种拉拢人的机会。

当时军统局在重庆掌握的公开单位很多，局本部各主管部门的负责人员常常借口视察工作，乘机找油水，每次总有不少好处可得。许多公开机关领导人常常请他去视察，他总是说："我不是单位负责人，只是内勤部门的帮手，我没有必要，也不便出去视察。"军统在重庆的许多特训班的副主任给他安排了"精神讲话"的课目，他也婉言谢绝，说自己没有资格作精神讲话。遇到实在非去不可时，他也只作一般性的业务报告，不以领导人的身份自居。

戴笠出门期间，军统仍照例于每星期一上午举行纪念周，他总是请郑介民或唐纵两人中的一人来代替戴笠主持，自己从来不肯出面代替戴笠。戴听到这些反映后，认为他是一个没有野心的忠实可靠的助手，也乐于培植他，并有意地慢慢让他在军统中造成一种无形的领导地位，使之和郑、唐两人能并驾齐驱。许多特务心目中除"戴先生"外便是"毛先生"，而对郑、唐两人越来越疏远。这样便为他日后与郑唐在军统中争权夺利打下了牢固的基础。即令戴笠不死，他也早在暗中安排如何能使自己坐上军统的第二把交椅了。

毛人凤讨好一些大特务的手段，除前面谈过的肯代人受过外，还尽力为人排难解纷。当时军统局党政情报处副处长叶翔之（曾在台湾任"国防部"情报局局长，成为军统的领导人），好色成性，常因乱搞男女关系出问题。叶翔之看中了侦缉大队女特务杨吉昌，便找种种机会和杨接近，而将杨奸污。当时侦缉大队长谈荣章也和杨发生了关系。后来杨吉昌怀孕找叶设法安置她到外地去生育，叶不理，叫她去找谈，谈也不管，两人由相互推诿而争吵起来。杨只好去找人堕胎，结果因流血过多而死去。杨为军统息烽特训班毕业学生，她的同学知道这一情况，气愤异常，要联合起来向戴笠去控告叶、谈两人。

毛人凤知道这件事一公开出来，戴笠非办人不可，便找我去研究，请我出面调解，因为他知道我在许多特训班兼课，和学生经常往来。我早了解这一情况，也同意进行调解，便找了十多个为首的学生吃饭，先向他们说明人死不能复生，家丑不可外扬，要他们不必闹出来。他们看到我出面来讲人情，只好答应不扩大这件事，但提出要盛葬死者及由叶、谈两人亲自送殡，还规定要他两人每年得去杨的坟上祭扫。叶、谈两人都同意了，不过叶翔之没有执行，谈荣章是全部照办。他在重庆的几年中，每年都去扫墓两次。毛人凤把这事处理以后，讨得叶、谈两人的欢喜，不久也把经过向戴笠作了报告。戴只要不公开闹出来，也落得不过问。有天，戴问我："杨吉昌的事怎样处理的？"我便把经过简单地说了一下，他便用责备的口吻说："为什么你在事前事后都不向我谈？"我才明白毛人凤是在玩弄两面手法。他这样处心积虑地搞了许多年，当初谁也看不出他是一个野心家，而只简单地认为他因为在军统中资历浅，对各方面不得不尽力敷衍讨好。

毛人凤的狠毒，在最初的几年中，同样也没有谁看得出来。当戴笠严厉处分一些特务的时候，他还常常从中为之说情，经常遭到戴的斥责，当面批评他是"菩萨心肠"，不能成大器。他那种假仁假义，连戴笠也被他欺骗了，等到他掌握了军统大权以后，才全部暴露了出来。

毛人凤的狠毒，我在以前的材料中提到一些，有些问题还准备单独写述，这里我只谈谈他对马汉三和毛森两个人的一点情况。马汉三被他杀掉，在当时是轰动一时的大事，因马不仅是北平市民政局长，还是国大代表，是不容易杀掉的。

1944 年前后，马汉三由五原办事处主任调升为军统局布置处处长的时候，毛人凤还亲自到飞机场去迎接，当晚并在家里设宴为马洗尘。因为在此以前，马任宁夏缉私处长时，每到重庆，总得带许多东西送他。他家书桌上放的一个很大的贺兰山石砚，便是托马找来的。马汉三每到重庆，照例还得在毛家打几次牌，变相送他几文。这次马刚调重庆，毛就一再要我为马设法找房子住。我给马买了一座小房子后，毛也去马家玩过。总之，两人关系处得很好。

抗战胜利，马被派为北平办事处主任后，初期还与毛保持过去的关系。1946 年春间，我第一次到北平，马托我带给毛礼物一小包，其中都是些玉器首饰，他也

很高兴地收下了。那时郑介民在军调部工作，不但自己长驻北平，他的老婆也常来小住。通过郑妻的关系，马把从接收日伪财产和纵放日本战犯中所贪污的钱分送给郑介民，同郑日益接近，对毛开始冷淡起来。

毛人凤对马汉三的贪污劣迹早就清楚，不过也还在等待马分些赃物给他。但是，马走上郑的路线后，又与李宗仁勾结上了，对毛采敷衍态度。1947 年马去南京开会，虽然送了毛一些珍珠翡翠之类的东西，价值也不小，但毛听了他老婆的话，说马对郑妻是公开分成，而只给他这一小点东西，便拒而不收，并且更加怀恨在心。毛在郑介民下台由他正式当了局长后，便决定拿马来开刀。

毛人凤早安排下一着棋，那便是把他的亲信小同乡王蒲臣派为北平站的督察，暗中搜集马的材料。马自得到郑介民和李宗仁的信任后，也野心勃勃，想在军统中自成一系，暗地里搞小组织，连北平站长乔家才也被马拉在一起，发展到 50 多人。这个小组织，最初是以华北几省的特务为主，后来也吸收其他地区的人参加，主要目的是拥郑反毛。当王蒲臣搜集到这个小组织的一份名单后，立即跑到南京向毛检举。这时，毛的杀机已动。

正在这时，李宗仁与孙科竞选副总统，蒋介石下令全力支持孙科，所有军统特务的国大代表都接到正式的命令，除自己投孙科的票以外，还得为孙科拉票。马汉三不但不接受这一命令，除为李拉票外，还拿出不少的钱帮助李竞选。这样一来，三罪并发。毛决定签报蒋介石的前两天，还特别找我去问过有关马汉三的种种情况。

毛人凤把签请严办马的报告当面送给蒋介石以后，据说蒋曾考虑了很久，因马是国大代表，不得不慎重一些。蒋没有照例批上“准予枪决”而只批了“准予扣押讯办”。毛便决定亲自赶赴北平扣押马汉三。他临行的前一日还笑着对我和潘其武说，他参加军统工作十来年，还是第一次亲自去扣捕人。

毛人凤到北平的第一天，还和马汉三等谈笑自若地敷衍了一番，第二天才在一次临时召集的紧急会议上把马汉三、乔家才、刘玉珠等当场扣押起来，并勒令参加马等组织的特务都要写悔过书，检举马等的不法活动，如不好好坦白悔过，便以马等为例，还要严办。这样，军统中这个小集团便一下被他打垮。

马汉三等解到南京后，消息很快在军统内部传开。毛人凤自扣押马汉三以后，便再没有和马见过面。马等关在保密局设在南京宁海路 19 号接收汉奸特务组织的一所牢房内。根据王蒲臣等在北平搜集的大量材料和马汉三供词的记录，毛才再次签报蒋介石将马等枪决。蒋介石只批准了杀马汉三和刘玉珠两人。马在看守所中，曾多次请求见毛一面，每次总是由司法处长李希成代为提出。有次我也在场，毛狞笑了一声说："有什么话叫他同你（指李）说好了，我见他做什么？"

马被扣押以后，郑介民和他老婆都非常着急，但又不便出面袒护，也无法公然托人说情，因为他们知道属于郑派的大特务，毛人凤都恨之入骨。郑妻便找我打听，我便据实告诉了她，并且暗示马已把他和许多人贪污分成的事和盘托出。她听了很着急。当我把这情况向毛谈及时，毛很得意地说："回答得很好！免得她们再来啰唆。这还能讲什么人情吗？"

蒋介石批准枪决马、刘两人的当天，毛人凤便命令司法处长李希成立即在监狱内执行。马被杀后，当时有许多传说。有人说毛人凤在临刑前去看过马，还有人说马要求先打麻醉剂才执行枪决。据我亲自听到李希成告诉我，马得到通知问他还有什么话要说的时候，他态度很沉着，只要求照顾他的家眷，使她们能生活下去，根本没有请求使用麻醉剂。只有刘玉珠在临刑前大哭大叫，马还呵斥他，叫他不要在死以前还闹一场笑话。马、刘被杀以后，当时连许多毛派的特务在背后谈论起这件事时都感到做得太狠了些。

另外，从毛人凤对他族侄毛森的态度上，也可看出他那种六亲不认的凶狠手段。毛森是军统杭州特训班毕业学生，抗战初期任军统浙江省站杭州分站站长，以后任行动总队长、中美所爆破训练班副主任、忠义救国军前进指挥所主任等职，一向在东南一带活动。毛森每来重庆，在毛人凤家中进出最多。毛人凤也有意培植毛森，因此抗战胜利后毛森便在汤恩伯的京沪警备总司令部任第二处长、衢州绥靖公署第二处处长等职。这是由于毛人凤的关系，很得汤恩伯的信任。上海解放前，汤恩伯部驻上海，毛森得任上海市警察局局长。这是个杀人不眨眼的刽子手，当时上海许多人对他恨之入骨，把他的名字加上两个字，叫他作"毛骨森森"，以形容他的凶残。而毛人凤当时对他可说是信任到极点，任何事都与他商量。

上海解放后，毛森逃到福建，任厦门警备司令，不久便与美帝直接勾搭上了。当时美帝是采用直接援助的办法，把武器交给反动派的反动头目，而不通过反动政府机构。因为这样不但可以更快地使这些反动家伙能早点拿起美国武器来屠杀中国人，而且也能更好地直接来控制指挥他们。毛人凤当时正在苦闷，看到美帝特务迟迟不来直接帮助他，听到毛森却先他而得到美国主子的重视，很不痛快，便想以他个人关系和军统组织关系叫毛森把和美帝的勾结全部交出来，由保密局统一办理，恢复过去军统时代与美帝的合作。当时不但毛森不愿意，美帝方面也只答应直接进行个别支援。这既可以选择它所认为最有用途的忠实奴才，又可以避免正式露面。毛人凤一再严令，但毛森以自己羽翼已成，又能得美国主子的器重，也就不理会毛人凤的那一套。他直接从美帝手中得到了一批武器和电台，在东南沿海一带地区进行活动。

他们叔侄之间翻了脸之后，毛人凤公开对付不了这个通过自己一手扶植起来的侄儿，便决定派人去进行暗杀。毛森在军统中一向是搞这类工作的，他也知道毛人凤会在他不听指挥后对他下毒手，因此防备也很严密。最后，毛人凤不得不采用公开通缉的办法，准备逮捕毛森。但直到全国解放前夕，反动派在大陆已无立足之地的时候，他还在打算要杀掉毛森，只是由于无从下手而没有结果。

毛人凤对共产党和民主人士的狠毒残暴，我在另外的几篇资料中都提到过。他是一贯主张“斩草除根”的，所以连小孩都杀了不少。

1949年春，我在重庆，有天我的一个学生陈月华找我，请我向毛说情，保释黄显声将军。我便向毛去说。毛听了笑笑，望了我很久才轻轻地说：“这种人到现在才放出去，对我们会有好处吗？你真太不懂政治斗争了！”后来毛人凤在重庆主持的大屠杀中，首先被害的便是黄显声将军。

另外我还曾向毛人凤保释过一个军统特务陈为诚。他也认为这种人放出去将来对军统不利，而在大屠杀时和另外几个特务一起杀掉了。

至于他对一些共产党的叛徒，比戴笠更凶狠的做法，我在下面将专门写述。

二、取信于蒋介石的方法

我调到军统局任总务处长以后，经常听到毛人凤和许多处长在闲谈时，提到他第一次随同戴笠去见蒋介石的情况，感到非常得意。他说，蒋介石在办公室接见他们时，态度非常随便，完全不像接见一般将领那样严肃。蒋在和他们谈话时，一面还叫人把一盘宁波式的小点心拿了出来，一面吃一面听他们谈话。毛人凤对蒋介石这种随便态度，认为是最亲切和亲信的表示。

戴笠从 1942 年以后每次离开重庆时，总是先向蒋介石报告，将军统工作交与毛人凤代为负责。最初蒋并不重视毛人凤，有什么事情还是找郑介民和唐纵当面告诉他们，由他们转告毛人凤去办。戴笠每到一地，总有些报告送给蒋介石，往往是用电报发到重庆后由毛人凤派人抄得端端正正亲自送去。毛人凤去时，最初大都是先见唐纵（当时唐纵任蒋介石侍从室第六组组长，主管各方面送蒋的情报），由唐引见。一般性的东西，则交由唐纵代转。以后时间久了，蒋介石看他办事稳重，业务也熟练，便慢慢直接找他。约在 1943 年春间，戴笠不在重庆，有天毛人凤正和我们几个处长谈问题，突然接到蒋介石秘书的电话，说蒋介石叫他马上去一趟。他高兴异常，立刻换衣前往，回来还津津有味地向我们谈到蒋见他的情况。以后蒋时常在戴笠出门后找他，他也渐渐习以为常，不是那么感到紧张了。

蒋介石对毛人凤的看法，一直到戴笠死了的时候，都只把他看成一个守成有余、老练持重的内勤人才。因为几年间在戴出门时，他没有敢向蒋介石提出过自己对工作的意见，而只是为戴笠转送报告，并把蒋介石的指示转告戴笠。所以等到戴笠死后，蒋介石决定以当时正在北平军调部工作的郑介民继任时，还一再当面叮嘱毛人凤要好好帮助郑介民，当初也没有要他继承戴笠的表示。但毛的做法，却慢慢不同起来。这是由于郑介民很忙，军调部的工作已使他感到头痛，同时他一向少过问军统的工作，自己又没有大批干部，自然渐渐把领导军统的工作转到毛人凤身上来。

毛人凤能进一步取得蒋介石信任的主要原因，是他善伺人意，懂得如何迎合

蒋介石的心理。戴笠在世的时候，蒋介石非常信任他，甚至也少不了他。但抗战胜利后，蒋介石已感到戴笠兼职过多，特别是自从和美帝发生关系后，野心越来越大，美帝公开答应支持他搞海军，使他不能专心致意于军统特务工作，而感到不很满意。这些话是唐纵在戴笠死后有次在军统局公开向毛人凤和几个处长级的大特务谈出来的。我当时也在场，听了后感到很为惊异。只有毛人凤表示了一下，认为搞特务工作的应当以不兼或少兼公职为最妥，其他的人都没有作声，因为大都希望多兼些公职。

军统迁到南京不久，还在马台街二十二号办公的时候，毛人凤经常和我在闲谈中谈到戴笠的私生活和戴对付一些军政首脑的作风。毛人凤对过去军统内部工作了如指掌，但戴笠在外边的许多情况他又不完全能了解。有时许多外勤负责的大特务在谈到戴笠在世时许多独裁的情况，特别是使许多人感到不满意的问题时，毛人凤总是问得很详细。我开始以为毛人凤准备给戴笠写什么传记一类东西来纪念戴笠，谁也没有料到他是为了自己取得蒋介石的信任而做准备，避开戴笠的缺点，为自己往上爬作借鉴。

毛人凤能够自己提笔写东西，许多重要报告，总是仿照戴笠亲笔书写送给蒋介石。他有一个保密的习惯，当他在写东西或批阅文件时，遇到有人去找他谈问题，便把卷宗盖起来，把笔搁下，笑嘻嘻地和人交谈。除了一般性的例行公文，他极少当着别人面前批阅，因此他暗中搞些什么，很不易为人所了解。

有天下午，我因有一件急于要他批示的公文，上午送给他以后，一直没有看到他批下来便去找他。当我走进他办公室时，恰好他刚离开，我见桌上有一个卷宗摆着，便不等他进来先去翻一下，看他批了没有。当我翻开卷宗一看，真使我大吃一惊，原来是他用上等宣纸笺，恭恭敬敬地在向蒋介石写报告。由于他的字一向写得很大，我为好奇心驱使，便匆匆地看了一页，实在出我意外，他竟在对戴笠过去的做法加以攻击。原文我已记不清楚，但还记得他的措辞很婉转，只是说明今后军统的工作应当“专业化”的问题。他指出过去戴笠兼的公职过多，不得不和各方面应付敷衍，不但花费时间，而且还得迁就某些人，这种做法对工作是极其不利的。我不便再看下去，虽然我一向对他比对戴笠随便得多，但如果他发现我在偷看他的这些东西，也会和我翻脸的。不过我以后非常注意这个问题，对他的为人也有了不同的看法。

他为了向蒋介石表示自己比戴笠更忠实，便抓住戴笠最大的一个弱点来做文章。因为到抗战末期，戴所兼的公开职务已有不少，加之胜利后野心越来越大，已引起蒋介石的不满。戴笠如果不死，蒋介石不会将全国的警察领导权交给军统。为了掌握全国警察的领导权，蒋介石没有接受戴笠推荐的人选，而亲自遴派首都警察厅厅长和上海、北平等大城市的警察局长。蒋介石还曾召见李士珍，并叫侍从室研究李士珍提出的十年建警计划等一系列措施。从这一系列的事情都不难看出，蒋介石是不愿戴笠兼职过多的。毛人凤便选择了这一点来表明自己的态度，没有任何野心，自然能讨得蒋介石进一步的信任。

我自从看到毛人凤那几句话以后，便一直注意他对这个问题的态度。我当时是一百个不满意他那种做法，认为他太对不起死去的戴笠，有点忘恩负义，为了自己升官便不择手段。大约过了一星期，有天毛人凤见了蒋介石回来，非常高兴地找了几个平日与他最接近的人一起谈话，我也在座。他津津有味地谈到，今后要使军统工作"专业化"，不主张搞秘密工作的大特务们再去兼任与本身业务无特别需要的公开职务，要把公开机关与秘密单位划分。他还说，不准军统大小特务私自兼营商业，过去搞的生意都要停止。以后除了由保密局办的"三有公司"外，个人均不得以任何方式和用亲人的名义去入股经商，一经查出，便以违反纪律论处。他还谈到，今后在工作上不能对外徇情，要求所有特务一心一意为蒋介石尽忠。

我当时心中有数，一定是他那个报告得到了蒋介石的批准和赞扬。那个报告中还有我没有看到的问题，也通过他那次谈话露了出来。从那以后，在保密局外勤站长的调整中，开始将一些兼有公职的大特务站长的职务免去。许多特务在胜利后都在偷偷搞投机生意，戴笠在世还有所畏惧，戴死之后，这些人几乎把军统工作放在次要地位，而主要是抢劫敌伪物资和大做投机生意。

毛人凤针对这些问题来讨好蒋介石，自然引起不少人的反感。许多人在背地里谈论开来，都认为毛不主张特务多兼公职是由于他自己的出身关系。他没有军校的学历，公开职务也只当过县政府的秘书，所以他在抗战胜利前，军统内勤特务都

急于搞任官任职的手续时，他却不愿搞。因为他尽管平日也说过他在黄埔三期住过几天，以后便离开了，想以此说明自己也是黄埔学生，但谁也不承认他这一关系，他也不能利用这个出身。同时他老婆做的生意不少，当然用不着他来出面了。

其实他那种讨好蒋介石取得信任的方法，连他自己也不能做到，一些规定不久也陆续改变了。如新提拔起来的一些省站站长，都是他认为最忠实可靠的特训班毕业学生，像重庆站长吕世琨、贵州站长钱霁林、西康站长董士立等，都是临训班毕业的。而一些担任公开机关职务的像重庆稽查处长罗国熙、绥靖公署二处处长徐远举、贵阳省会警察局长东方白、警备副司令陈世贤等人，都是军统老资格，哪里肯接受这些后辈的领导。不到一年，毛人凤只好改变办法，仍由一些公开单位负责的大特务兼任省站站长，统一领导各省的工作。雷厉风行闹了一阵不准特务兼营商业的命令也不再提，事实上谁也不肯听从这一命令。毛人凤曾几次动员我首先作出榜样，把在长沙经营的生意停下来，并准我一个月的假回去料理。我到了长沙，不但没有照他的做，而且还与湖南站长黄康永、长沙警察局长李肖白等集资做了更多的生意。其他各地的情况也大都如此。他知道了也只要求不要太明目张胆，不要让人向蒋介石那里去检举，也就不再过问了。

蒋介石听到他的建议后，却信以为真，认为经过他几次三番整顿以后，的确比过去好得多了，还当面夸奖过他。他回来虽然很高兴，但也常常表示有隐忧。因为他自己非常清楚，这是在欺骗蒋介石，好在那时是无官不贪，官官相护，谁也不会在这些问题上来找特务的毛病向蒋介石去告发。纵然有些人知道特务在搞生意，而他们也会毫不掩饰地坦白承认，甚至请人帮忙，因为只要加上一个这是“工作上的掩护”名义，谁也不再过问了。

三、对权贵的拉拢和运用

毛人凤拉拢豪门权贵的手腕可说比戴笠更肯下功夫。戴笠由于长期以来得到蒋介石的信任，越来越骄横跋扈，许多权贵与他往来都有三分畏惧，十几年间树敌不少。毛人凤在这一点上与戴笠的作风却大不相同，因为他和蒋的关系不深，在反动政权中资历很浅，所以处处学郑介民和唐纵的办法，决不轻易得罪人。

当时在蒋政权中最得宠的陈诚，一向是讨厌军统和戴笠的，戴死后，他更想趁机打击。毛人凤对这样一个劲敌，的确花了不少心思。陈诚的个性那么强，也特别骄横，要想化敌为友，实在不是一件简单的事。

由左至右：毛人凤，胡宗南，蒋经国

抗战期间，毛人凤和陈诚同住在军统局局本部隔壁的杨森在重庆的房子里。他们每天进出见面的时候，尽管毛很客气有礼貌地向陈打招呼，陈总是要理不理的看一下，彼此极少交谈。戴死后，陈比过去更有权势。有次他在重庆军委会大礼堂讲话时，公开把军统骂了一顿，并说像军统在抗战期间搞的那些游杂部队比土匪都不如。毛人凤听到这些话，长长地叹了几声，深深地感到这是一个最大的障碍。从那以后，他便决心要想尽一切办法来缓和陈对军统的恶感。他除了低声下气去请教之外，更托杨森去和陈拉关系，可是收效仍不大。陈诚到南京后，照样对军统进行过公开的责骂，但以后突然间一下改变了态度。陈和毛竟然往还得很亲密，这中间有这么一个过程。

戴笠在世的时候，公开和陈诚作对，但彼此均为蒋介石的亲信，谁也奈何不了谁。有次邮电检查所查到一封信，是在陈诚六战区长官部工作的几个军官和在重庆的陆大同学联系。他们有一个很天真的想法，认为蒋介石本人是非常想把中国弄

好，可惜被一些贪官污吏和昏庸老朽所包围，所以才把中国弄成那个样子，便联合一些人想发动一次军事政变，来一次“清君侧”的运动。他们愿意忠心耿耿拥护蒋介石，希望这个独夫能把中国治好。

本来这样一个情报和线索，不值得大搞特搞一番，一般情况下只是注意一下他们的言行，看有没有什么发展，再作决定。因为这些人都不是带兵官，大都是些幕僚人员，一共又不到几十人。最初这件情报还没有送给戴笠去看，只由毛人凤照例批了“继续侦察，予以监视”几个字便算了。有天中午吃午饭时，毛人凤听到戴笠在谈有人对何应钦等不满意，便拿这件事作为笑话一样讲了出来，引得当时在场的许多人都笑了起来。戴笠一听有第六战区的人在内便特别注意，决心要借此小题大做一下，马上叫毛把这一案卷送给他去看，并下令严密注意搜集证据。

但是过了好久，一直到陈诚调任远征军总司令时都没有新的发展，大家都慢慢地忘记了这件事。后来，云南站方面又从远征军总司令部方面得到有关这个小组织的一些材料，才又引起戴的重视。后来云南站弄到这些人的一份组织章程和一些行动计划。戴一查原卷，还是这几个人，都是从六战区调到远征军总部去的。其中最使戴注意的是在这些人当中有一个是陈诚的亲戚，这一来他就有话好讲了。他一方面签报蒋介石，说这些人准备发动兵变；另一方面向何应钦等暗示陈诚系统的干部要对许多高级将领进行暗杀。

蒋介石初尚犹豫不决，但在戴笠的挑拨离间下，加上许多终日在蒋介石身边的人也从中进言，这样才由蒋介石下了手令给陈诚，要他把这几个在远征军总司令部的人交出来，送到重庆审讯。陈为了洗清自己，不得不叫他的特务头子张振国把这几个人扣押解送到重庆交给军统。在此同时，军统也把在重庆的几个有关的人一起扣押。

当这些人被送到中美所后，戴笠亲自连夜审讯。当天下午军统司法科科长毛惕园（又叫毛第元），向我要汽车到中美所，我正有事要下乡，便和我同车前往。一路上他向我谈了有关案情，我也很希望能把这个组织的阴谋弄清楚，把指使的陈诚弄下台，好为军统显示一点力量。可是隔了几天毛惕园再向我要车时，我问他进行得怎样，他摇了摇头说：戴亲自问过两次一直没有结果，现在交给他去办，还能有什么办法。

这几个人被秘密地分开囚禁在中美所内的警卫大队部很久，毛人凤还叫总务处给他们买过一两次日用的东西。审去审来，他们就是不肯承认是得到陈诚的指示，而只承认是他们自己发起的。由于证据不足，也无法签报蒋介石，这案便一直拖到戴笠死后还没解决。

当陈诚极力打击军统，毛人凤感到这人连戴笠也没法对付得了而一心想改变态度去巴结的时候，忽然想起这件事来，便立即签报蒋介石，替这几个人翻案，用来讨好陈诚。当时表面上是说为了清理积案，要把他们交给军法局公开处理，实际上等蒋介石一批准，便把他们释放了。这几个人关了三四年，最后成了毛人凤讨好陈诚的本钱，果然不久以后陈诚的态度有了改变。毛人凤也趁机去见过几次陈，向陈表示愿意听从陈的指示。

当时不少特务对毛这种卑躬屈膝去求人，便在背后说他的闲话，而他却以能打通这一难关而沾沾自喜，常向一些大特务表示他的才能。以后陈诚当东南军政长官时，还主动提出把保密局一个最庞大的外勤单位技术总队的全部经费由他负担，还特别对保密局人员迁逃台湾给了极大便利。1949 年春天，我在上海时，毛人凤还对我说过，要不是他设法把与陈诚的关系改变过来，保密局那么多的人和物资迁去台湾真不知要遭到多少困难呢。

戴笠生前的一些人事关系，毛人凤也想方设法把它继承下来。他为了讨好何应钦，除了把美帝送给戴笠的四辆新式小轿车恭恭敬敬地送何一辆外，还多方面找机会去拉何的关系。我于 1948 年去云南当站长时，他一再叮嘱我要多与何的侄儿（实际上是何的过房儿子）何绍周联系。何绍周当时是云南警备总司令，与云南主席卢汉一直闹摩擦，他企图赶走卢汉由他兼省主席。我去昆明不久，便了解到这一情况，即写信向毛报告。他回信给我叫我应当多方支持何的这一计划。何也满以为有靠山，又得到军统的支持，他当主席的梦不久便可实现。

当时有几个成天陪何绍周去打猎的云南方面的要员，他们虽然是卢汉的老部下，可是也同样支持何。我们在野外打猎后休息时，便无话不谈，公开讨论如何进行倒卢的计划，甚至连人事上都预先作好安排，准备用什么人当首府秘书长、什么

人当民政厅长等。当时云南警务处长李毓桢是军统老特务，毛也要我联合他一同暗中倒卢。李因为自己是云南人，对何那种不顾一切滥肆搜刮有点不愿意，还劝我应多与卢联系，不要参加到何、卢两人的斗争中去。我据实告诉了毛以后，当云南警务处扩大为云南警保处的时候，毛便向唐纵提出警保处长一职不能再给李毓桢，唐同意了这一意见，而发表了反对卢的云南人邱开基为警保处长，将李降为副处长。何绍周去南京见何应钦时，毛人凤特地设宴招待何绍周，并表示过一定竭力支持他当省主席。结果由于蒋介石不同意，使他白费了一番心思。

军统在贵阳办的一张报纸，有次提到何应钦是贵州第一个大财主，何知道了非常气愤，立刻打电话找毛人凤去询问这一情况。毛听了急得要命，马上下令把这张报纸停刊，并将贵州省站站长兼保安司令部情报处长周养浩免职。当毛把处理情况向何报告时，连何也感到处分太重，而有点过意不去。当时多少军统特务在背地里骂他过分迁就这些权贵的时候，他还公开提出要求特务们不准再有类似的事件发生，以免增加他的麻烦。他不止一次对人说："连委员长都看得惯的事，我们又何必去这样得罪人。这对我们有什么好处？"特务们了解他这一作风后，都以此为戒，再也不敢去触动这些权贵一下，怕惹出岔子受到严厉的处罚。

毛人凤得到蒋介石的信任，击败比他资格老、威望高，而且长期得到蒋信任的郑介民，这与他讨好俞济时和蒋经国这两个人是分不开的。他对俞济时开口"侍卫长"，闭口"侍卫长"地叫个不停，见俞时的态度和语气完全像部下对长官一样。俞对毛有好感，肯替他在蒋介石面前说好话，一方面是由于毛会巴结，又是浙江同乡关系，而另一个更重要的原因是毛能投俞所好，不断向俞馈赠贵重礼物，俞也一向把这个单位看成他生财有道的地方。

郑介民假惺惺地冒充廉洁，自己一向不出面搞钱，却指使他老婆出面，可是钱一到她手中，便再也不肯拿出来，所以郑介民得不到一滴油水。他自己也不敢把军统财物拿去作私人应酬。毛人凤虽然同样利用老婆出面搞钱，但这个女人比郑介民的老婆厉害得多。她是受过训练的女特务，曾做过殷汝耕的工作。她和毛人凤结婚后，对毛在工作上有不少帮助，不像郑介民老婆常常给自己丈夫帮倒忙。她为了使毛能往上爬，便把她贪污来的钱替毛活动，对俞济时送礼往往是由她去出面。她常常劝别人学她，说："要想偷鸡，也总得撒一把米当本钱。"

毛人凤对蒋经国也下过不少功夫。他知道对这位"太子"不能像对俞一样花点钱就可以打通这条路。他还是和戴笠一样叫军统中留俄的大特务王新衡等去联系。蒋经国的野心很大，随时都在做继承父业的准备，毛便在这方面来投其所好。1948 年蒋经国奉父命去上海主持推行金圆券平抑物价彻底搜刮人民财产时，毛曾下令保密局在上海的所有单位和每一特务都要倾全力来帮助执行这一任务。他自己还经常赶到上海为其提供情况和策划，处处想法讨好。蒋经国为了要树立威信，准备扣押上海青帮头子杜月笙的儿子杜维屏的时候，毛害怕弄得不好下台，曾进行劝阻。但蒋经国认为此人不办，局面无法打开，坚持自己意见，毛只好同意他这一做法。结果杜维屏被扣押后，问题弄得很僵，毛又从中为之多方奔走，最后弄成虎头蛇尾，蒋经国还埋怨特务们没有尽到全力支持。

1949 年 9 月间，蒋介石去昆明的那天，我和毛人凤先去机场布置。蒋经国先来了，我看到毛在休息室中对蒋经国那种低三下四的神气，真令人作呕。当蒋经国问到我云南站的工作情况时，毛生怕我回答不得体，便很严肃地对我说："你把重要的情况好好报告一下。对经国先生就应当像对总裁一样。"我说完以后，蒋经国提出一些问题，毛总是抢先回答，语气非常恭顺。当天他回来时还对我说："我们的工作做得再好，要是没有人替我们在总裁面前说话，还是等于白做。"

此外，他对原来和军统有很深关系的胡宗南、宋子文、汤恩伯、杨森等许多反动头子的关系，也都是靠得很拢，这里就不一一列举。

毛人凤一直认为蒋家王朝中的许多军政要员，大多是肯帮助军统工作的。因此，他对一些在解放战争中起义的将领也曾抱过幻想。当他住在我家时，有天晚上和我闲谈，他很得意地说："你看，这些投靠共产党的将领，对我们还是做到手下留情，在事前把我们的负责同志安全送出来，这种交情，将来我们还能设法去利用它一下。"他再三强调这不是一件小事，这里面有不少文章可做。他还告诉我，蒋介石听到这些情况，最初表示惊异，但以后却感到欣慰，认为这是军统工作最成功的地方。

毛人凤离开昆明时，整个西南的大势谁都看得很清楚，我不能不为自身的安

全和工作经常问他。他临上飞机时，把我拉在一边悄悄地说："你不用过分担心，再有重大的变化也丢不了你的脑袋，看别处的例子你就知道后果会是怎样的了。"我对日后的责任问题还不放心，曾经再三请他明确指示。他意味深长地悄悄地说："人总是有交情的。你在这里处得不坏，好好注意一下就行了。"我说："万一遇到……"我的话还没说完，他就抢着回答我："万一来不及走，也不能执行我交给你的任务时（指必要时暗杀卢汉等），那你难道不能学一学王佐？"他笑了笑，又抚着我的手臂说："可以不必断臂，留下来还大有用处呢！"

四、对待叛徒的手段

毛人凤的阴险毒辣，有不少地方比戴笠还要胜过一筹。他常常强调情况比过去不同，不得不采取更为毒辣的办法。他杀害共产党和民主人士等的残暴罪行，我在其他的资料中曾提到过一些，这里不再重述，现在只谈一下他对共产党叛徒的毒辣手段。

我不止一次听到他告诉我："从前国民党强盛的时期，一些留俄学生和被捕叛变的共产党员，除了为求得生命的安全而叛变共产党外，同时还为了自己升官发财，所以肯真心诚意卖气力。现在情况不同了，叛变的人只是为了求得不死，他们是没有诚意跟我们干到底的。所以只有尽力运用他们可以运用的地方，迫使他们再不能走回头路。"因此，在他任局长时期，对一些新的叛徒总是要尽一切办法去利用他们。

他最毒辣的一手，是在全国快解放前保密局逃往台湾的时候，不少叛徒比一般人都害怕，争先恐后急于要走，他却偏偏把这些人留下来，不准他们去台湾。南京解放前，一些在保密局特种政治问题研究组工作的叛徒，全被他丢了下来，甚至连组长瞿梦秋都没有带走。我对此很觉得奇怪，以后毛人凤到昆明住在我家时，我曾问过他这是什么道理？他很得意地告诉我，这是他最感满意而且得到蒋介石特别嘉奖的地方。

他分析给我听，这些叛徒能利用的地方已利用得差不多了，去到台湾人地生疏，起不了什么大作用。台湾地方小，也不需要用这么多人，去了只有增加负担，丢下来的好处却大得很。他弯着指头，一件件数给我听。第一，过去国民党抓到这些人，不但没有杀掉，而且给了他们官做，当然这些人对共产党是不利的。共产党再抓到他们，一定要算这笔账，很有可能被杀掉。这时我们可以大肆宣传，我们都不杀的人，被共产党杀掉了。这是最好的材料，他们的亲友也会对此产生很大反感，认为我们还要好得多。第二，丢下这些人，可以给共产党增添不少麻烦，同时也必然要涉及他们不少的亲友。这样一来，至少要花大量人力去搞清楚他们的情况，而我们留下来的人员便可以减少一些危险。第三，如果这些人没有被杀而又重新得到共产党的信任给予工作，那便证明他们在许多问题上有了隐瞒。那时我们再派人去找他们联系，如果不肯干的话，便可以威胁他们，宁可同归于尽。第四，这些人在替我们工作时，生活待遇都很不错，以后在共产党内不但要受到轻视，生活也过得不好。相形之下，他还会留恋我们。

他一边数一边说，认为把叛徒留下来好处是多得数不清。在他这一措施之下，不少过去怕死而变节的叛徒，像抗战期间任过十八集团军洛阳办事处长的×××、四野参谋处作战科长××（四平街战役被俘叛变）、解放前在重庆被捕后叛变的市委书记×××，以及1947年在北平、西安等处被捕的一批地下党员中少数叛变的人，都一起被他抛弃下来。他很得意地告诉我，有些叛徒一听到叫他们留下，不让去台湾，甚至跪下去哭了起来，他还是不答应。当时许多大特务连家里的老妈子都坐上飞机跑了，而这些人却眼泪巴巴地准备当俘虏。甚至一些替军统拼死拼活干了多年的老叛徒，最后也被他甩下了一批。保密局第二处副处长黄××，抗战时随同张国焘一起工作，任过专做延安情报活动的陕北站站长，解放前夕拖家带眷在成都找到毛人凤，一再哭着要求去台湾。毛坚决不答应，还命令他继续去西康活动。又如替军统搞过多年训练，当过华中区区长的苏联留学生叶××，以及在军统任过督察室主任的徐××等多人，都被他甩下。

可是毛人凤对一些他认为可能回到人民行列去的叛徒和脱党分子，却又坚决要他们去台湾，害怕这些人将来对军统工作不利，最典型的一个例子是他对在军统中主持过多年训练工作的余乐醒。余乐醒是留法勤工俭学学生，以后留学苏联。毛

人凤知道他与一些留法留苏的中共领导人认识，怕他不肯走，便一再强迫他去台湾。余乐醒只好把老婆孩子等先送去台湾，自己留在上海办结束。后来毛人凤听到有人说余乐醒行动可疑，便又不让他去，而准备逮捕他，但又没有证据，怕引起内部的反感。因余在军统中工作的亲戚即达40余人，学生更是数以千计，所以不敢贸然下手。

正好我在1948年底去南京，毛人凤告诉我余有问题，要我设法找到余与中共有关的证据，哪怕是几句话都行。我去上海找余，并且住到他家中去。我是经余乐醒介绍参加军统组织的，多年来可说无话不谈。关系如此之深，他始终不曾料到我是受毛人凤的指示去搜集捕杀他的证据。由于我在不到十年时间中在军统的地位便爬到和他一样，一直比他更加得到特务头子的信任，在那种生死关头，他非常慎重，一直不敢正面和我谈问题，并且完全采用与过去相反的态度，极力回避和我谈今后的前途问题。

我住了两天毫无结果，便向毛去复命，建议先让他去台湾再说。毛不同意，一定要弄清楚他的问题。我回到云南后，听说毛人凤在上海临解放前曾派人去逮捕他。但余乐醒因得到在稽查处工作的一个学生打电话通知他，才没有遭到毛的毒手。以后毛和我谈到这件事还感到非常遗憾，认为这个人如果捕杀了，可以拿他做一个典型的例子，使许多想要走回头路的叛徒和脱党分子看一看下场。

五、毛人凤的生活片段

这里，我不准备多谈毛人凤和许多反动统治者一般的腐化情况，而只简单谈一下他生活中一些较为突出的问题。

从重庆还都南京以后，毛人凤最初居住的地方是在梅园新村中共驻南京办事处的附近。有天，他又照例派汽车把南京某浴室一个最好的擦背工人接到他家中去给他刮脚、捏脚，突然接到俞济时的电话，说蒋介石要了解有关中共在上海、南京、重庆等大都市活动情况的材料，要毛人凤把过去搜集到的有关这方面的情报立刻整理好亲自带去见蒋介石。毛便打电话到局里叫他的机要秘书毛钟新转告情报处把有关材料整好，由交通股派人送给他。

这个交通员只去过毛人凤家中一次，还是晚上去的，他拿了这份东西糊里糊涂竟送到中共办事处。中共办事处的收发见是“送呈毛先生亲启”的文件，也就照例收下，并在送文簿上盖了一个收发图章。毛人凤洗好澡，捏好脚，打电话催这个文件。毛钟新便到交通股去查询，这个交通员刚好回来，便把送文簿给他看。当他看到是中共驻京办事处的收文图章，急出了一身冷汗。他三脚两步把这个交通员带到我的办公室，把情况告诉我，问我怎么办？

我考虑了一下，叫他不急于报告毛人凤，我设法把这件东西取回来。我一面叫这个交通员立刻带上送文簿去取回这个文件，只说还有一点东西没有装进去，要拿回去一下，同时我自己带了六个便衣警卫，开了一辆汽车跟在送公文的三轮卡后面，准备万一办事处不肯退回，便不顾一切硬抢回来。当我的车子停在离梅园新村不远的地方等候着的时候，这个交通员进去一会儿便把原信取了回来，这一场罪恶的暴行才没有发生。毛人凤知道了以后，也吓出汗来。他说：“幸好原件取回没有被拆阅，要是这份东西给共产党拿去了，那还得了，真不知会有多少人头落地。”后来这个交通员也以嫌疑重大被扣押侦查了好久才释放。

毛人凤很迷信看相、算命和风水这一类东西。他最要好的助手、保密局局长办公室主任潘其武，对他在这方面的影响也不小。不论在重庆、南京、上海，潘其武发现有什么有名的相命家，总要带毛去试试看。当反动派彻底失败逃到西南准备最后挣扎的时候，毛人凤也附和反动派中一些军政头子的可笑说法，认为国民党的惨败，不是由于它们本身的腐朽和失去全国人心，共产党打胜仗也不是由于得到全国人民的拥护和领导的英明，最主要的原因是国民党政府那面国旗犯了错误。因为它是青天白日满地红，象征国民党被共产党所包围，所以弄得满地红。他们逃到西南后，好像恍然大悟，准备正式向蒋介石建议，立刻把国旗改正过来。他们要把国旗改成国民党的党旗一样，全部是青天白日，而把满地红缩小成为一点红放在白日中间，这样做的意思是用以象征国民党包围和吞并共产党。1949 年 10 月，毛在昆明和我津津有味谈到这个问题时，还感到这一发现太迟了一点。

毛人凤对戴笠的遗物不大爱使用。他对戴生前乘坐的小轿车一直不感兴趣。

毛人凤还没有回南京前，我把戴笠常用的几辆轿车分别给了他和郑介民、唐纵。他坐了几次便要我把它转让给副主任秘书张严佛。戴在南京、上海等地接收的房子，他一处也不要，而宁愿自己另找。有些人还以为他比郑、唐两人高明些，其实他是由于迷信关系，害怕不吉利；甚至连戴笠生前自行设计的军统新建的大厦中那间最好的办公室，他也忌讳，不愿在那里面去办公，而选择一间他认为方位朝向最适宜于他的一间办公室，一直不肯变动。当他从副局长升为局长后，许多人都劝他搬到郑介民那间局长室去，他坚决不同意。我问他为什么？他笑着说："我这间办公室很顺利，何必去动它。"他由于命中缺火，他的化名便叫"以炎"，多年来一直用这个化名。

毛人凤对京戏特别爱好，他在昆明一个多月，几乎每天都要看一场甚至两场京戏。当时马连良和余素秋在云南大戏院演出，他每晚都要去，因此昆明警察局刑警大队长周伯先每晚总是在戏院给他定好十几个座位，并先派特务在前后两排布置好，把中间一排五六个最好的座位留给他。周伯先还同时在戏院门前派出一批特务等候照料，一等他下汽车，特务们便前呼后拥地把他送进戏院去。那种作威作福的排场，使得整个戏院看戏的人都为之侧目。他对此却非常得意，事情再忙，也得抽空去看一出压轴戏。

毛人凤曾多次想把余素秋聘到台湾去，余素秋经常和他接近，曾几次到我家拜访毛。毛一听见余来，立刻把要办的事都搁下来，和余一谈就是几小时，这时谁也不敢去惊动他们。有次余素秋白天有戏要出台，戏院经理到时找不到她，一打听她到我家来了，便派人赶来接她回去准备出演。她仗着毛人凤的势力对来人说："你们是怕今天客人要退票呢，还是准备以后不做生意？毛先生留我吃饭，你们敢不敢说个不字？！"戏院里的人一声不吭走了，只好回去挂上一面"余素秋因急病不能演出"的牌子请求观众原谅。

毛人凤和戴笠一样爱玩弄女性，不过毛的条件没有戴那么优越，往往只能利用机会和乘人之危来达到他的目的。抗战时，军统特务李广和在山西的天主教中有一点力量，一向利用这个关系从事特务活动，并与敌伪发生关系。当时他还不了解蒋介石早在实行曲线救国政策，因此不敢把他同日寇的关系据实报告军统。当他奉日寇特务机关命令到重庆进行活动时，被戴笠发觉，将他扣押起来。这时李的老婆刘青芳便到处活动，想见见戴笠，没有见到，却先见到了毛人凤。毛看刘青芳非常风骚，便起不良之心。当她请求见见李广和的时候，毛在征得戴的同意后，便亲自陪同她去见李。经过几次接触之后，毛便达到目的。戴笠死后，不但李被释放出来，不久还由毛派为天津警备司令部稽查处长。后来刘青芳还想利用她和毛的关系竞选国大代表，毛也答应支持她。她便风尘仆仆，经常来往于天津南京之间，和毛的关系越来越不避讳。还有重庆警察局刑警处长谈荣章的老婆×××，因常常有事请求毛人凤帮忙，不久也落入毛的圈套。毛也答应帮助她竞选国大代表。这只是两个例子，类似的事就不多谈了。

自戴笠死后，毛人凤领导军统这个集罪恶之大成的特务组织，不过两三年便被全国人民赶出了大陆。他在这短短的时间中，却和戴笠一样双手沾满了中国共产党党员和中国人民的鲜血。他还没有受到应有的惩罚时便已于1956年死去。人民对这样一个凶狠残暴的刽子手，是会永远痛恨的。我过去和毛人凤的关系虽然不错，但对他的情况了解还不够全面。为了把这样一个恶魔的罪行全部揭露出来，我这里只是一个开端，尚有待了解情况的同志们更全面地写出来。

唐纵其人

唐纵，字乃健，湖南省酃县人，黄埔军校第六期毕业。戴笠死后，军统特务组织分裂为以郑介民为首的广东派，以毛人凤为首的浙江派，以唐纵为首的湖南派。全国解放，蒋帮逃往台湾后，毛人凤、郑介民相继死去，过去军统时期的大头子只有唐一人尚在继续为蒋介石主持特务活动[a]。

我从1932年参加军统在上海工作，即与唐有往来。抗战期间在重庆，我们相处五六年。抗战胜利后，唐主持警察总署工作，我当时也很想转入警察部门，又加上是湖南人，与唐接近更多。这里，只是将我与唐相识十多年所了解的一些有关他的情况记述于下。

一、抗日战争以前的情况

唐纵这个人，从外表上看，是很斯文的样子。他戴着一副近视程度不深的白金框架的眼镜，白瘦的面孔，说话时不但声音很轻，而且老是带着微微的笑容，态度很冷静。从表面上，既不易看出他是一个军人，更不易看出他是一个凶残的杀人魔王和特务头子。但在他那慢条斯理的谈吐中和秀丽的笔迹下，却不知残杀过多少优秀的共产党员和进步人士。

---

a　本书首版付印前唐已在台湾死去。

我很少看到他疾言厉色的面孔，可是在处理许多问题时，他那种坚持个人意见的态度，非要别人同意他的意见才肯收场的劲头，又常常使每个接触他的人感到他是个异常倔强的人。他甚至对待那个动辄暴跳如雷的戴笠，也是用这一套办法。他常常告诉我，这就是“柔能克刚”。

唐 纵

唐在军统中是有名的阴谋家，一向以稳健冷静得到戴笠的器重。戴每遇到有特别重大问题想不出好办法时，总是叫毛人凤去问计于唐。戴死后，毛人凤也同样经常向他去请教，许多大特务背地里都叫他是“智多星”。

唐在黄埔六期受训的时间，就秘密向蒋介石写“小报告”。凡是一些教官讲课时他认为有问题或对蒋有任何不满意的言论，他都随时向蒋反映。特别是一些同学中的一言一行，他都牢记在心，经常向蒋汇报。因为他做得很秘密，一些人都没有发觉他。他很会迎合蒋介石的心理，懂得讨蒋的欢喜，所以一直得到蒋的信任。在他当学生的时候，就有不少的共产党员遭到他的暗害。

唐纵的这些情况，1943 年我在一次偶然的机会中听到戴笠谈过。那次是戴在中美所举行招待会，请唐参加。唐到了中美所后，当时中美所的主任秘书潘其武因为太忙没有很好地招待他，他很不高兴便走了。等到宴会开始时，戴笠看到为唐安排的一个主人座位上空着没有人，才知道他走了。当晚宴会完毕，戴找潘其武和我去埋怨了一顿，说他没有注意这件事，大家也不注意，使唐不愉快地走了。接着，戴便提到唐和蒋的关系，要我们以后要注意。

唐从黄埔毕业后，便留在蒋介石身边工作，主要是搞特务活动。他先是自己做情报，以后看情报。1932 年复兴社特务处成立时，蒋介石不放心把这个机关完全交给戴笠，除指派郑介民任副处长外，并派唐帮助戴主管内部工作，担任特务处第一任书记。蒋介石这样安排，也是要把他身边为他搞特务的人员集中起来和组织起来。

唐任书记时，我在上海区工作，经常因公去南京找他批旅差费和特别费。当时他很小心，对规定以外的钱都不大肯做主。比如，由上海解送人犯去南京，如系共产党员或反蒋人士，按照规定可乘头等卧车；如送特务去则只能坐二等，回时一律发给二等车费。有次我送上海区组长徐昭骏去，我怕出事，临时乘头等卧车。我找他报销时，他就问我是不是得到戴的许可。后来，还是给戴管钱的出纳张衮甫说特殊情况可通融，他才批了“照发”。从这件小事便可说明他的小心谨慎了。

唐的胆子很小，每次去上海总是先通知我到车站去接他，并给他租好房间。他一般总是住北四川路新亚酒店或三马路惠中旅馆，因这两个地方房租不算太贵，而且比较不复杂。他约好上海区的一些直属通讯员（大都是民主党派中或反蒋集团中的成员）谈话时，总叫我佩带手枪暗中保护他。有时他还临时改变约定的谈话地点，生怕别人暗算他。

约在1933年下半年，戴笠有事去河南，由唐代理特务处的工作。当时在南京首都警察厅任调查课长的特务赵世瑞得到密报，说有几个反蒋分子在某地开秘密会，问唐怎么办。唐便按照过去戴笠的做法，让用秘密逮捕办法来处理。当赵世瑞派特务把这几个人密捕起来后，才发觉都是汪精卫领导的改组派的人。汪精卫知道了，便找蒋介石要人。据说汪以辞去行政院长来要挟，蒋马上叫把被捕的这几人释放，而将主持这案的唐、赵两人扣押起来。戴笠匆匆赶回南京后，一面安慰唐、赵两人，一面向蒋力请保释。赵世瑞在被扣期间牢骚满腹，表现得很不好，而唐纵不但自己不发牢骚，还再三劝慰赵，叫他应抱有代人受过和体念长官苦心的精神，受点委屈没有关系。戴笠听到这一情况后，对唐非常满意。此后，戴经常说唐能识大体，叫我们都要学他这种精神。

蒋介石为了敷衍汪精卫，免去唐纵的书记职务。不久，复兴社特务头子酆悌奉派任驻德大使馆武官，唐被任为副武官，随酆去德。当时蒋派酆悌、唐纵去的目的，是学习希特勒那一套法西斯的组织和对德国人民的统治办法。唐出国前经过上海时，我和几个同事请他吃饭。他说这次去德国的任务很大，一定要尽全力学到一些东西，为今后的工作打下基础，并一再说“一定不辱使命”。

唐在德国期间，经常有详细报告给戴笠，极力建议效法德国特务的一套统治办法，要逐步把警察、交通、检查等部门掌握起来，以便配合特务活动。同时，他还极力主张多派特务去德国和意大利学习。戴笠对他这些意见很重视，先后在浙江警官学校正科毕业生中挑选了冯文尧、王渭周、蒋镇南、范学文等几十人去学习。

戴笠担任特务处处长以后，对这个机构究竟应当怎样去发展，最初没有一套计划，也不知该怎么办。自从唐去德国写回报告以后，戴才亦步亦趋地极力仿效德国法西斯特务那一套办法。唐向戴笠提出的建议究竟有些什么，我并不清楚，只是去南京时偶然听到特务处的书记长张师告诉过我一点点。张在上海区担任过书记，他的爱人陈菊英是我母亲的干女儿，由于这两种关系，我每去南京便去张家，闲谈中了解到一点情况。后来戴笠推荐吴迺宪担任京沪沪杭甬铁路局警察署长，石仁宠去招商局担任警卫稽查组组长，在抗战期间把特务组织伸入交通运输部门，都是仿照德国法西斯特务的做法。我也亲自听到戴笠对我这样说过："唐先生对我们发展组织有过不少的贡献，在团体中不但是元老，也是有功之臣，你们应当很好尊重他。"

唐在德国学习后回国，戴笠坚决邀请他回特务处。唐这时的任务虽然和以前的还是一样，不过官衔上多了一个"长"字。因为唐出国以后，特务处有一任书记是黄埔六期的教官林桓，戴为了尊重他，加了一个"长"字。以后相沿下来，特务处的书记都叫"书记长"，各外勤区、站的内勤负责人叫书记。

唐回国后，本来不想再搞特务，很希望转到行政方面去工作，因戴笠向蒋介石一再请求，并且亲自跑去找唐几次，他才答应了。当时许多特务都说戴笠是"三顾茅庐"，礼贤下士。后来我才知道，戴笠最初在特务处搞的那一套，曾参照苏联政治保卫局的办法，但他感到还不能满意。自唐学习回国以后，主张采用德国的那一套，所以戴笠想按照唐学得的一套来加强特务处的工作，把苏联与德国两个完全不同制度国家的东西合并起来，硬是拉唐到特务处工作。唐看到无法推辞，加上蒋介石也要他去，他只好重回特务处。

1936 年春夏间，我去上海江湾因搜捕正在开会的共产党时挨了一枪，在上海广慈医院拔出弹头后去杭州休养。那时，唐正在杭州警官学校特警班讲演。我头天去见戴笠时，戴便告诉我，要我次日也去听听唐的讲演。我去到警校，看到戴笠和

不少教职员都去旁听。那天唐讲了一个上午，给我印象最深的一些话，我很久都没有忘记。他仔细介绍了许多德国特务如何效忠他们元首希特勒的情况，这是过去许多留苏学生没有讲过的。当时在场的特务们对唐的讲话都感到很大兴趣，特别是戴笠不住地点头。在唐说完一段话的时候，戴便上台作补充讲话，要求在场的人务必学习这种“忠于领袖”的精神。

唐以后在许多集会讲演时，我又多次听到他谈过这一类的情况。他说，德国特务们为了保护希特勒的安全，不惜随时准备付出自己的生命。对一些有怀疑的食品，特务们先尝，看会不会中毒。为了防止敌人谋害希特勒，特务们除了仔细检查准备去的地方，还先去坐坐准备坐的椅子，睡睡床铺。有次果然发生爆炸，死了几个特务，而希特勒却安然无恙。

在唐的讲演中，他还介绍了德国特务网罗社会上各个阶层的人充当他们的助手，从四面八方监视反希特勒的人士和德国人民的情况。当时使听众最感兴趣的另一些事，是德国如何运用发达的科学技术来为特务工作服务的问题，如秘密照相机、检查书信的紫光灯、电器窃听装置，以及不伤皮肉只刺激神经的电刑器具，先进的痕迹学、指纹学，等等。当时一贯用土办法来对付共产党的特务们，听了这些“珍闻”，莫不被其吸引，如获至宝。以后戴笠不断想法弄到这些东西，抗战前只买到几部秘密照相机、一架紫光灯；直到抗战期间，才由中美合作所的美帝供给了一些这类设备，满足了他多年的愿望。

唐每次讲完话以后，听众还问他许多有关德国特务的情况，他都很高兴地一一回答。以后军统学习德国的那一套法西斯特务做法，唐是尽了很大力量的。

二、抗日战争期间

抗日战争开始以后，蒋介石尽力扩大特务组织，将原来的军委会调查统计局第一处改组为中央党部调查统计局，将军统局交与戴笠。这时，蒋介石感到在他身边需要一个可靠的人来替他主管各方面的情况。戴笠了解到这一情况，便向蒋推荐唐担任这一职务。当时唐仍任军统局书记长，由于过去曾在蒋身边搞过这项工作，很快就得到蒋的批准，将唐调为侍从室参谋，主管情报业务。唐再度去到蒋的左右，比过去更加卖力。抗战期间，蒋介石逃到重庆后，为了集中权力便于他实行法西斯独裁统治，将侍从室的组织和权力予以扩大，成立了四个处，把军事、政治、人事、党务、财经等全都抓在身边。侍从室第一处中设立六个组，唐便被提升为第六组少将组长（原为上校参谋），仍主管情报业务。

当侍从室准备在第一处设立一个组专管情报时，CC 特务头子陈立夫曾向蒋推荐中统局的特务担任组长，戴笠生怕这个单位被 CC 抢过去，便请宋子文向蒋要求，由他兼任这个职务，以唐为副组长代他负责。后来蒋决定提升唐为组长，戴听了高兴异常。一次，戴在军统局的局务会议上公开提出，唐任组长后，成了军统局的“顶头上司”（实际上第六组不能直接领导军统，只是蒋身边的幕僚机构，不过戴故意要这么说，以表示对这个单位的重视），要大家都尊重唐。

唐自 1938 年调到侍从室当参谋以后，与军统已无关系，1939 年调升组长。戴为了要拉拢唐，便规定要对唐在生活上予以补助。1941 年冬我调军统局总务处长时，戴特别叮嘱过我，说唐的生活“清苦”，侍从室的待遇并不高，今后对军统的工作关系非常重大，叫我每月至少去看一两次，不要等唐开口，应主动地去照顾他的生活。唐当时住在上清寺蒋介石办公地方的附近，有几间小平房，院内有一个小门可以通向侍从室办公处。我每月都去他家，除了送日用品外，经常问他老婆家中缺少什么，随时派人送给她。唐自己从来不开口要东西。戴笠每逢过年过节，照例送唐一笔现款，也是交给他老婆。直到 1943 年，戴笠兼了中美合作所主任之后，蒋介石为了让戴多抽出时间与美帝去合作，才手令派唐兼任军统局的帮办。从那时起，唐才自己开口向我要东西，请客也由军统报销。戴笠又要我派一辆汽车供他专用，他因为自己住所没有停车间，而且平日去办公穿过小门就到了，不需要用车，把车仍停在军统局，需要时才打电话来要。唐平日很拘谨，不但自己办私事不要车，而且不准他老婆出面要车。这比郑介民和毛人凤放纵自己老婆不断向军统局要这要那完全不同。

唐当了第六组组长之后，戴笠总希望他处处能多帮助军统而去压抑中统和其他特务单位。其实唐并没有按照戴的意思去做，而另有他的打算。有一次，戴为了宪兵和军统的水陆交通检查特务发生冲突，彼此都向蒋介石攻击对方。戴生怕自己的报告去迟了，蒋先看了宪兵的报告便责备他。戴叫我去找唐说明这一情况，希望唐把军统的报告先送给蒋看。我当晚去找唐，一直在他家等到很晚他才回来。他听到我说明来意之后，马上表现出不高兴的样子，说："我怎么能这样明显的袒护一方？第六组又不是我一个人可以包办得了的。"我一听他这样的口气，便起身要走。他又把我留住，叮嘱我说："你回去告诉戴先生，只说我一定会尽力照他的意思去想办法。别的话你不要多说。"我回去还是原原本本把他先后所讲的话告诉了戴笠。戴听了之后，没有什么表情，只说："唐先生有他的困难，不能勉强他。"

当时唐的作风，是尽量利用他的职位和各方面拉拢，绝不愿显露出他是站在戴笠方面。蒋介石身边的一个侍从秘书曹圣芬，是湖南人，戴笠叫我多与他拉拢。戴除了直接送东西送钱给曹外，还要我经常请曹上馆子或送东西多与联系。我从曹的口中也了解到唐的不少情况，曹告诉我，唐对军统从来不敢公开包庇，别人攻击军统的情报都一一送给蒋去看，并且还尽力讨好 CC 系的头子，联络宪兵副司令张镇，巴结政学系。不过唐有一个最大长处，是能做到"守口如瓶"，从来不敢把蒋介石交办的事，或蒋集团中派系斗争互相攻击的话泄露出来，这一点最能讨得蒋介石的欢喜。我虽每月能和唐长谈一两小时，也从来不易听到他说出什么机密的问题。

1943 年以后，唐虽以帮办名义到军统局办公，每周一两次，而且在戴笠出门时到军统局主持纪念周作报告，也只谈一般形势问题。军统局许多处长在他休息下来也爱围着他问长问短，他回答时都很审慎。有次军统党政情报处副处长叶翔之问他："军统的情报在全国搞情报的单位中是不是算首屈一指？"他笑着说："做敌伪情报，军统办法比较多；军事情报还是二厅好，搞民主党派和对中共方面的情报中统要占优势。"说到这里，他就不再讲下去，大家听了也认为他这次回答还比较着点边际，比平日要好一些。

唐在这一段时间内的一切言行，是想尽办法讨得蒋介石的欢心。他在工作上是兢兢业业，不分昼夜地埋头在他办公桌上，对每一件送给蒋去批阅的公文都亲自签具意见和整理得端端正正。1943 年，蒋介石署名发表的《中国之命运》出版后，唐除了向戴笠建议要每个军统特务仔细阅读外，还指示我由总务处会同训练处向书店购买5000本，分发给每一个在重庆的特务。他还规定各个训练班都要把这书列为必读课本。在军统局举行纪念周时，他再三强调每个特务必须熟读这本书，说这是“挽救”中国和“振兴”中国的“法宝”。当时许多特务对阅读这本书远没有读黄色小说的兴趣大，虽然每人免费得到一本，但看完了的却没有几个人。

唐当时经常在重庆特务训练班作“精神讲话”。许多特务学生都希望他多讲讲他在蒋介石身边主管的业务情况，以便为毕业后升官发财找一条捷径，可是他在这方面却讲得极少。我遇到他在训练班讲课时，也和许多特务一起凑热闹去听上一课。他所讲的内容，主要是蒋介石的言行一类东西。在他口中，往往把这个独裁者说成“前无古人后无来者的天生圣人”。他总爱讲他所亲自见到蒋的许多小事，用来证实他讲话的正确性。如说蒋如何“谦恭下士”“虚心接受别人意见”，把蒋对于翁文灏、胡适等人的情况举出作为例子。他说到蒋如何“英明伟大”的时候，便举出过去军阀混战时期蒋介石如何拉这个打那个的种种阴谋诡计作为例证。

对于蒋介石在“西安事变”中所表演的那一段丑把戏，唐曾煞费苦心地编出一大套神话般的东西来，我也听他讲过两三次。他从当时跟在蒋身边的一些随从口中听到一些捏造出来的情况，再加以渲染美化，说得有声有色。戴笠非常欣赏他的这项讲话，他也爱经常谈。因为他是从侧面入手，不像曾扩情、刘健群等人只从正面讲，所以收效更大，戴笠欣赏他的这项讲话，一方面是捧了蒋介石，另一方面是捧了戴笠。

在抗日战争期间，蒋介石为了进一步利用抗战实行独裁统治，曾公开提出：“为了集中力量争取抗战胜利，坚决反对个人自由主义。”唐极力拥护蒋的这种论调，几乎不管在什么场合中，遇到由他讲话时总要重复说明，强调由于中国人爱讲个人自由，所以把中国弄得如同一盘散沙，因而招致亡国灭种的外侮。我在他主持的军统局局务会议上和纪念周上，以及训练班的精神讲话中，都听到他说过这样的话，好像中国之所以落后和受到日寇的侵略，都是由于中国人爱个人自由的关系。

在唐家的会客室正中，悬挂着一幅蒋介石和罗斯福、丘吉尔在开罗会议时的照片。我亲自听到他教育他的儿女时，指着这张照片说：“这是我们国家最高领袖

和世界上两个大国的领袖在一起的照片。中国有了这样伟大的领袖，才能使国家富强人民幸福。”

唐逢迎蒋介石的另一办法是蒋介石看什么书读什么报刊，他再忙也得抽出时间找到同样的东西去看看，这样才能够在蒋介石偶尔谈到有关的问题时能够对答如流。他平日读得烂熟的书，是蒋经常看的《曾国藩全集》和希特勒与墨索里尼等的自传。他读书爱作札记，每天写日记从不间断。他除将每天经办的重要事项记录下来外，还把读书心得写上去。他曾多次告诉我，一定要坚持记日记，而且要我照他的办法去做。他很得意地说过，有次他和一些人随蒋介石去贵阳，蒋突然问到一件事，随行人员因未带档案，无法查出时间和内容，蒋大发脾气。他便从他日记中翻出来抄给蒋看，曾受到蒋的称赞。他认为这是写日记的好处。我当时在军统办总务，工作很繁杂零乱，经常挨戴笠的骂，他便特别向我推荐他的这一经验。

唐为了讨好蒋介石，对蒋的两个儿子便极力设法接近。蒋经国在江西工作时，每来重庆，戴笠总是和唐纵一道去迎接。戴笠平日招待一般客人吃饭请唐作陪时，他每每推说事忙分不开身，十次总有四五次不愿去。但是戴笠每次请蒋经国和蒋纬国的时候，只要通知他，他再忙也会抽身去作陪。有时他还叫我准备酒菜，单独在他家中招待一番。

蒋纬国经常自己开汽车横冲直撞，有次被军统局的警卫扣留了一下，虽然事情随即解决了，戴笠也查究了这件事，唐纵还是打电话给我，用很严厉的口吻责备我。那次他非常生气，我向他说明完全出于误会，他还是很不满意，一再叮嘱我以后不能再发生这类事件。隔了几天我去见他，他又向我提起这事。他说无论如何不能得罪这个人，否则会影响到军统的工作。

戴笠在这段时间内，对于唐纵越来越客气。戴看到唐的羽毛渐渐丰满起来，一天天愈加得到蒋介石的信任，自己不能再和过去一样对待他，便改用笼络的手法。1945 年春，国民党第六届中央委员会选举的时候，戴将唐纵和郑介民同时提出来竞选中委。当时军统掌握有几千张票，全部都是选他们两人。我记得我把戴笠这一决定私下先告诉唐的时候，他表面上没有什么高兴的表情，只是问了一下当时军统特别党部的一些情况。那时，我刚被指定充当特别党部的总干事，什么也弄不清楚。他就告诉我一定要好好控制选票，不要分散。这说明实际上他是非常关心这个问题的。戴这样顺水推舟做人情，唐也看得很清楚，他并不很感激。我在他当选为中委以后向他道贺时，可能由于我太强调戴笠自己不当中委而帮助他，他冒出了一句："最后没有委员长的话，谁也帮不了忙。"他看到我听了这句话的表情不大自然，马上补了一句："没有戴先生提出来的话，委员长有意栽培也有不便，总不好凭空下条子，因为这不是派工作。"我当时对他这种态度内心很不痛快，唐纵便一再叮嘱我不要向别人讲这些。我口头虽答应不说，可是回来就一五一十告诉戴笠，却不料竟碰了戴一个钉子。戴听完我的话以后，竟恶狠狠地朝着我说："你以后别管这些事，我不要听这些！"从这里，我看出他们之间已有矛盾，这些事戴笠是不愿意让我多了解的。其实，戴笠很喜欢我把这些情况真实地向他反映。当时他虽然那样责备了我，但是那一天在其他问题上他一直是对我表现得很高兴的。

三、抗战胜利后的情况

抗战胜利后，唐纵大走鸿运。蒋介石在戴笠没死之前，就有意培植唐，以便更好地实现他的特务统治。戴死之后，蒋对唐更加重视了。我在这一段期间内与唐接近得更多，尤其是戴笠死去以后，我一面投靠毛人凤的浙江派，一面又被人指为唐纵湖南派中的骨干。唐过去在军统局中掌握的干部不多，由于我是湖南人，而且十多年来一直和他没有断过关系，他的老婆也希望我主动地多分点戴笠的财物给她，因此对我都很不错，我对他的情况也比以前要了解得多一些。

1945 年冬，蒋介石下令结束他的侍从室，改在国民政府参军处下设立军务局，把原来侍从室的工作大部分继承下来，以他的亲信俞济时任局长。唐纵被调升为参军处的中将参军，除仍为蒋主管全国情报外，还兼看有关警政、保安等其他机要文件。我在他出任参军时去看他，问到他以后的工作是否和过去一样。他只简单地回答我："差不多。"我知道他的老脾气，不会谈这些，但又很好奇，想摸清楚他究竟是不是调了一个闲差，以便根据情况来处理对他家庭生活方面的照应。如果他不再得到蒋的信任，按照戴笠一贯的做法，就不必那么周到而可以采取敷衍的态度，否

则就得加倍小心奉承。为了掌握这一分寸，我便利用他去办公的时间去他家，借故与他老婆谈些还都以后房屋的安排、家具陈设与汽车等问题。因为处理这类问题，必须以他在蒋介石身边得到的信任程度来决定，要安排得恰如其分才不会受到戴笠的责备。

我选择上午 10 点左右去到唐家。唐的老婆正在料理家务，我便和她谈迁回南京后的住房问题，她当然很有兴趣跟我谈。我趁机问她，唐近来工作是否比过去清闲些，没有从前那么辛苦了？她听到这话就滔滔不绝地说，唐如何比过去更忙，除了要看原来那些公文外，还加了许多东西，有时回来刚想休息，蒋介石又叫人打电话找他去。我趁机问她是不是看到过唐最近的日记？她马上显出很气愤的样子对我发起牢骚来，说："他的日记谁也不准看。我和他结婚十多年，多次想看看他那些宝贝日记，和他吵过好几回。要不是有这么多孩子，我真想和他闹一场。"我摸到这些情况后，又回去问毛人凤。毛也告诉我："唐先生比过去更得到委员长的信任了。"

1946 年春天，蒋介石先后到南京、北平、上海等大城市视察时，除了带着俞济时、陈希曾、竺培基等侍从人员外，唐是参军中唯一的随行人员。他每次随蒋出发的前一两天，总要先到军统局找毛人凤了解这些地区的情况。一些刚从这些地方发到军统局的电报，还没有来得及缮呈蒋介石的重要情况，他都亲自摘抄在他的手册中，以便随时当面向蒋报告，或备充蒋查询时的材料。

1946 年 2 月间，唐随蒋介石去上海视察时，报纸上发表了他被任命为内政部政务次长的消息。他一回重庆，我又随同许多大特务去向他道喜。他尽量压抑住自己的喜悦心情，谦虚地说他的能力有限，对这样一个重要职务没法承担起来，担心辜负蒋委员长的栽培等一套话。

当时许多大特务都很兴奋，认为今后军统人员可以通过他的关系向地方行政单位发展。他马上婉言拒绝，说："大家（指军统特务）以后的工作更忙更重要，只怕人还不够用，哪能要求派人搞这方面工作。只怕那时我希望请人来帮忙，戴先生也不肯给我。"有的特务原先以为通过唐的关系可以当行政专员或省政府的厅长，听了他这几句话都很失望。

那天去给唐道贺的人很多，我没有向他告辞就先走了。他的老婆追出来送我时说，他以后工作更要忙，她担心他的身体吃不消。我知道这是要东西的意思，便立刻叫人买了些银耳、燕窝一类补品送了去，反正是军统局开支，我乐得做人情。

1946年3月20日晚上，戴笠摔死的消息得到证实以后，毛人凤准备向蒋介石请求派人主持军统工作时，曾召集他认为最可靠的几个人商议。到场的有：副主任秘书张毅夫，处长何芝园、郑修元，戴笠的侄儿医务所长戴夏民，还有我。大家商定请求蒋介石指定郑介民当局长。会后，毛再三叮嘱，不能让唐纵知道这件事。当时不仅毛不欢迎唐来当局长，在场的几个人也和毛一样认为唐为人太拘谨，气魄太小，在他手下不方便的地方太多。而郑一向不注意小问题，又加当时已去北平担任军调部工作，由郑继任，等于由毛负责。如由唐继任，他马上可以来办公，一定抓得很紧，所以不愿意他去。

尽管毛再三叮嘱，我在第二天一早去南京给戴笠收尸之前，汽车路过上清寺时，还是悄悄地去看过唐。他刚起床，我匆匆把昨晚毛的决定告诉他以后，他苦笑了一下，慢腾腾地说："他们不希望我去，我也不想去收拾这个烂摊子。"我请他不要有什么表示，知道这事就是了。他微笑地说："我几时随便说过话。"

当我从南京回到重庆的第二天上午，唐打电话找我去他家。我向他报告戴笠暴死的惨状时，他丝毫没有什么难过的表情，而且带着不耐烦的神情听我谈戴死的情况。我只好很简单地说完，听他的意见。结果却出我意外，他只冷淡地说："这是没有办法可避免的事情，人都死了，难过也无用。"接着，他又说："我现在工作和过去不同，天天得出去办公。你回去把戴先生过去用的汽车挑一辆好点的给我用。"我一听心里好不难过，感到这个人太寡情了，不想再说什么，只好答应他马上去办。我正要走，他又告诉我说："委员长已决定要郑先生当局长，要我和毛先生当副局长，在郑没有回来前，由我代理。我坚辞不了，实际上我是不会去的。他们不欢喜我，我也没有时间去。"我力劝他不要那样，对毛的意见只当作不知道，希望他们三个人能一心一德通力合作。他当时表示，以后军统局的问题多得很，戴生前得罪的人太多，他乐得不去插手。

大约是在3月底或4月初，戴笠摔死的消息在报上公布不久，又发表了以郑

介民为军统局局长，唐、毛为副局长的简短消息。郑介民马上在报上公开否认。唐纵也打电话向我查询这一消息是否为军统所发，并且很不高兴地说："这没有什么好处，为什么发这些消息？"以后我查明这是中央社记者从军委会办公厅方面采访到的，向他报告后，他虽没有和郑一样公开否认，对外却一直说他根本不过问军统局的事。事实上他的确很少过问军统局的工作，虽然蒋介石正式命令他代理局长，他还是一样，只在不得已的情况下经郑、毛两人一再邀请才去一下。等到军统局改组为国防部保密局的时候，他这个挂名的副局长兼代局长也取消了。

四、警察总署署长和国防部保安事务局局长

戴笠生前拟有统一掌握全国警察的计划，准备成立警察总监部，由他兼任总监。当时，李士珍也正在倾注全力夺取这一职位，以实现他的"十年建警计划"。后来，戴突然死去，军统中一般人都认为这个单位一定会被李士珍抢去。正在这时，蒋介石找唐纵去研究这个问题。有一天，唐突然向毛人凤要戴所拟的有关建警计划的其他材料。唐自己虽然没有透露蒋已属意于他，而毛人凤却向许多大特务谈出了蒋连续找唐研究的消息。

戴笠原来拟订的警察总监部的计划，规模很庞大，与中央各部组织差不多。我曾经看过这个规划，记得大致上是这样：总监之下设副总监、正副秘书长各一，分设四个署执掌行政、保安、刑事、外事等业务。署之下设几个处，分掌总务、教育、交通、通讯等。又有几个室，主管秘书、人事、会计、督察等。唐纵在起草拟订这个机构时，首先感到这个名称太刺目，组织也太庞大。他力主缩小一点，只求职权范围能达到掌管全国警察为度，名称和组织应比中央一般的部要低一些。这时参加帮他起草的特务们，如内政部警政司司长酆裕坤、副司长汪弼、原中美合作所主任秘书潘其武等人，虽一再建议不必多作更改，他始终不予接受。潘其武几次与毛人凤谈到这个问题时，希望毛去劝劝他，毛总是笑一笑，不表示任何意见。

1946 年 7 月，蒋介石任命唐纵为内政部警察总署署长，免去他内政部政务次长的职务。当时，唐非常高兴，因他从来没有做过主管官，对这样一个署长已感到

心满意足了。而许多准备转到警察界去做官的大特务却很失望，背地里说："唐先生得手了，我们却没有着落。"

唐一向以谨慎稳健著称，在酝酿起草成立警察总署期间，他一直不先作人事上的安排。他在军统中关系最深的一些人，如他的酃县小同乡刘国宪、罗杏芳，都是他从小学同学一直到黄埔六期同队，抗战期间由他介绍分别在重庆稽查处任副督察长、邮检所长、军统特务团副团长，还有他的堂弟唐振文、堂兄唐振寰，几乎经常去找他，希望早点知道给他们什么职位，但他始终不肯表示。这些人和我的关系都很深，见了我也常常埋怨。我曾顺便问过唐，能不能先安排一下将来给他们什么工作。他照例笑一笑说："我自己都没有把握，怎么能答应别人。"直到他拿到了任命状，他才找毛人凤、郑介民商量人事安排问题，忙了一个多月才大体上作出决定。8月中旬，警察总署宣告成立，同时人事也初步决定，大致如下：

署长唐纵，副署长酆裕坤（1947年又加了一个副署长，原重庆市警察局长唐毅）；

第一处处长汪弼，主管行政；

第二处处长李搴，主管教育；

第三处处长李国俊，主管保安；

第四处处长潘其武，主管刑事；

第五处处长黄天迈，主管外事；

第六处处长李叶，主管总务；

主任秘书马策，督导室主任胡国振。

以后这些处长常有变动，这里不一一列举。当时这个署的人事安排，包括唐、郑、毛各派的人。其中的李国俊、李叶、胡国振、马策等，是唐自己找去的；黄天迈是郑介民推荐的郑派中的骨干分子；潘其武是毛人凤的左右手；还有大批科长、股长、督导员，也是原来毛派中的骨干；此外，还有李士珍介绍的人；第一处处长汪弼是副署长酆裕坤多年的得力副手。警察总署刚成立时，是一个七拼八凑的大杂烩，但到1949年全国解放前，已逐渐形成为清一色的唐派天下了。

在起草警察总署的规划时，唐已露出了他的野心，那便是过去连戴笠都没有

考虑到的一个问题：控制各省保安团队，使“保”“警”一元化。

一次，我与唐纵去昆明公干，当时云南省警务处长李毓桢向唐报告，说云南警务处在执行任务中最伤脑筋的问题，是保安团队与警务处的职权没有明确划分，因此不能很好地配合，彼此之间经常闹摩擦。特别是在有人民武装游击部队出没的地区中，警察局的保警队和地方的保安团队在“清剿”中不但不能统一行动，往往各自为政，坐失良机。唐听了之后只是简单地说：“这个问题很快就可得到解决，将来可以把事权统一起来就好办了。”

我当时很想到省里去当警务处长，听了李毓桢这番话以后，也认为是一个大问题，因此对唐究竟怎样解决这个矛盾相当关心。我还问过唐，警察总署第三处主管保安警察业务，是不是兼管保安团队？他笑我没有常识，说保安团队是军队组织，警察机关怎么管得了。不过他又说：“将来一定要想办法能管得了才行。”

1947 年初，国防部又设立了一个保安事务局，由唐纵兼任局长。这个局主管全国保安团队的整编、训练和装备。下面只设两个处，由唐选定刚从陆大将官班毕业的军统特务赵世瑞等去担任处长，全部人员只有 40 多人。据赵世瑞告诉我，这个局的编制虽然不大，却很有权，可以主管全国所有的保安团队。

蒋介石这一新的措施，当时很多人都感到意外。我知道从唐的口中打听不出什么东西来，但还是在照例去向他道贺的时候，问问他这个局的情况。他说：“今后警察和保安团队的领导权统一起来了，不会再发生像云南过去发生的那种不协调现象了。”他还是不愿多谈，不过我以后还是了解到他兼任保安事务局的一些情况。

有次警察总署第四处处长潘其武在和毛人凤谈话，我有事去找毛。他们正在谈唐兼保安局长的问题，我也就坐下来旁听。从他们谈话中我了解到，原来唐在蒋介石身边工作时，早就了解到蒋介石抗战胜利后就会进行反共内战。蒋对中共领导的地方武装力量感到担心。唐便建议统一全国警察和保安部队，并举出云南警保之间存在矛盾而使中共地方武装力量日益坐大为例证。因此蒋介石把主管保安部队的职权一起交给了唐。1947 年 4 月，各省扩大警务处的职权，改组成为警保处把警察和保安部队的领导权集中统一起来。在蒋介石反共的罪恶行动中，唐纵也越来越显得重要起来。

五、层出不穷的伤脑筋问题

抗战胜利后，唐虽官运亨通，但日子却很不好过，使他伤脑筋的事层出不穷。这里我只就我所了解的事举出几件来。

唐刚刚发表为警察总署长，连总署还没有正式成立，只是一个光杆署长的时候，就在昆明发生了举世震惊、全国人民一致愤慨万分的“李、闻血案”。蒋介石为了应付各方面的责难，立即明令指派这个刚上任没有几天的署长亲自前往“彻查”。据唐的老婆后来告诉我，唐被蒋介石急电召赴庐山，当面命令他去昆明调查这个血案，他回到南京连觉都不能睡，连呼“伤脑筋”不止。

唐回南京求援于毛人凤，希望毛尽全力协助他完成蒋介石交给他的第一件任务，希望带几个得力助手去昆明协同办案。毛因为刚从重庆“还都”南京，身边只有少数干部，分不出人来帮他。警察总署的刑事警察处长潘其武又以尚未明令发表，并且正在中美所办理结束工作，不愿随他同去。还是毛给他出了个主意，叫他去重庆选几个人。因为当时有些人还没有走，有些走了又回到了重庆。他无可奈何，只好先去重庆。那时我正由南京回重庆，处理军统还都人员和物资的交通运输问题。他先从南京打了一个长途电话给我，除了叫我给他准备在重庆的住宿和汽车等外，并于第二天去接他。他还叫我通知军委会原邮航检查处长李肖白、军统局行动处长郑修元，不要离开重庆，准备随他去昆明。他到重庆后，我又向他推荐曾任军统特务队长、内江警备司令部稽查处长、当时任中美所汽车总队长的许建业一同前去。

唐去昆明调查李闻案的情况，我已写过一篇《李闻血案侧记》，这里不再赘述，只谈谈他当时的一点苦恼心情。

唐过去执行蒋介石交办事件，据他自己说，没有一次不是上午奉命下午就动身的，可是这次他却迟迟不飞昆明，而在重庆待了几天。有人说唐在南京时就已知道李闻血案是云南警备总司令霍揆彰所干的，据我所知并非如此，要是那样，他便不必跑重庆找人了。实际上，他了解到霍揆彰有重大嫌疑的，还是毛人凤打电报告

诉他的，他才决定叫我不要找人充当假凶手，并马上带我和李肖白、郑修元、许建业四人动身去昆明。在没有得到毛人凤的电报前，他每晚在寓所花园中徘徊到深夜，还不断找我和李肖白等研究，他那时的苦闷心情是我过去很少看到的。

唐到了昆明，听到军统云南站长王巍向他详细报告，知道确系霍揆彰派人暗杀李闻的情况后，本来可以放下重担，但他仍旧感到伤脑筋。因为霍揆彰是陈诚系统的重要骨干分子，唐不但怕得罪霍，更怕得罪陈，因此对此案如何处理很感棘手。

霍揆彰认为蒋介石派唐纵去昆明查办此案，是蒋有意包庇他，所以不愿承认这一罪责。因此唐在向蒋报告中，有些问题也不敢肯定。霍揆彰只承认自己约束部下不严，以致发生这种由于一时激愤所造成的偶然事件。蒋介石看出唐在处理这个问题上有困难，便另派顾祝同前往。消息传到昆明，唐一方面很高兴，感到责任轻松了，不必自己出面去得罪人；另一方面又感到自己的面子有些难堪，堂堂一个警察总署长第一次出马亲自查办案件就遇到这样头痛的事。唐回到南京时，毛人凤请他吃饭，我和李肖白等人作陪，他还说："昆明气候虽然很好，但这件事太伤脑筋，一直没有睡好吃好，体重比去时减轻了。"

第二件使唐大伤脑筋的事是1947年发生在上海的"金都血案"。这件轰动上海、南京的大案件，当时报上曾连篇累牍地作了详细报道，这里我只极简单地谈一下。事情是发生在上海金都戏院门口，由于警察和宪兵发生冲突，双方开枪射击，宪兵人多火力强，当场打死警察六人，打死打伤过路的市民十余人。当时，火并行动虽被制止，但双方均认为吃了亏而不服气。第二天起，全市警察一律罢勤，要求严办肇事宪兵。宪兵也全体罢岗，要求严办警察。当时，上海警察局长俞叔平和淞沪警备司令宣铁吾，用了最大力量压制两方不准再闹，而个别地区的警察与宪兵仍时起冲突，动辄开枪互击。蒋介石据报后，曾打长途电话给宣铁吾，大骂一顿，叫他把出事原因和责任立即查报。那几天，上海市民人心惶惶，多不敢随便外出，怕遇上宪警互相射击时成为流弹下的冤死鬼。

金都血案发生后的第三天，唐纵派了警察总署督导员李哲会同宪兵司令部一个科长一同去上海实地调查。隔了几天，唐在国民政府的纪念周上遇到宪兵司令张镇还开玩笑地说：“你们宪兵打死了我们的警察，是准备赔钱呢还是赔人？”唐平日和张一向很要好，说话也很随便，哪知这次却不同于往常，张因刚受到蒋介石的责骂，正在为上海肇事的宪兵抵赖，说是警察先开枪，宪兵有几个人被打伤。张见唐这样质问，怀疑唐向蒋介石告了他的状，立刻冒起火来，气冲冲地指着唐的鼻子说：“你不要乱说，究竟谁先开的枪你弄清楚没有？”唐一向有涵养，对这种突如其来的责难，总是一笑置之，连忙把话扯开，又经在旁的人劝说，两人都走了。唐回到办公室，立即叫人打电话到上海催李哲赶快查明究竟据实上报。

此案虽经调处，但双方仍各执一词，都向蒋介石告状，请求严惩对方。蒋介石大发脾气，把唐纵和国防部次长秦德纯叫去大骂一顿，责令他们两人迅即查个水落石出。唐奉令后，又认为是件大伤脑筋的事。第二天，唐去到上海亲自进行调查。他除了听取上海警察局长俞叔平的报告外，还把保密局上海站长刘芳雄、上海市政府调查室主任王新衡、警备司令部稽查处长陶一珊以及在警察局工作的军统特务张师、杜醇、冯文尧、宋廷均等找去研究，并从各方搜集材料。唐在上海搞了一个星期左右，总算把事情真相弄明白，确定是宪兵先开枪打死了警察，警察才进行还击。

秦德纯调查的结果，也和唐所查得的情况差不多。他们研究了以后，决定把几个首先开枪的宪兵带到南京交国防部军法局去审讯。那天，我恰好和唐同车从上海回南京，他在谈到这个案件时，一直担心要和张镇闹翻脸，因张在蒋介石面前始终不承认宪兵是先开枪的。我在和他谈话中，借机建议把宪兵和警察的职权明确划分，以免日后再发生类似问题。他连连点头，说他也正在考虑这个问题。

南京军法局将解到的六七个宪兵，经过一两个月的审讯，才决定把首先开枪打死警察的宪兵罗国新予以枪决，其余的几个分别判处徒刑。这场宪警血战案虽然是警察方面得到胜利，张镇却将唐纵当作仇人。原来，张被蒋介石狠狠地骂了几次，把怨气都怪到唐的身上，两个人弄得好久都不讲话。唐虽竭力避免闹人事摩擦，结果却没法避免。有一天，唐到保密局和毛人凤谈起这件事的时候，感叹地说：“过去总认为戴先生爱和人闹意气，弄得各方面印象不好。今天才感到负起责任以后，这些事总是无法避免得了的。”毛人凤等他一走，便幸灾乐祸地对我们几

个处长说:“唐先生过去一直说别人不会处好人事关系，今天轮到自己头上才懂得这种困难。不像他在侍从室那样不与别人直接接触，与人没有冲突，什么事都好办。”

经过这次宪警大纠纷，在唐的建议下，反动政府才正式颁布“宪警职权调整办法”，明确规定一般性的治安问题由警察处理，只有军人违反治安的案子才由宪兵处理。军民之间有纠纷，军人交宪兵，老百姓交警察处理。这样，过去宪兵驻在哪里便和哪里的警察争权夺利的问题暂时得到解决。

第三件使唐大伤脑筋的事是警保合一的问题。他虽处心积虑地想把警察和保安团队一起抓到手中，成为蒋管区后方镇压人民的强大力量，以博取蒋介石对他进一步的重用。但实际上却困难重重，经常使他感到头痛。

1947 年 3 月前后，国民政府正式通过法令，改组各省警务处，与各省保安处合并而成立警保处，但一直到 1949 年全国解放为止，唐的这一如意算盘始终没有实现，虽然他以警察总署长兼保安局长身份来执行这一改组任务，但仍旧行不通。各省主席表面同意而暗中反对。他们采取拖延对付的办法，迟迟不肯将两处合并，把保安处实权仍抓在手中。这是因为各省主席都把这些保安团看成自己的命根子，无论如何也不肯放手。当时，保安团的经费出自地方政府，各省主席便以此要挟，说如果要将保安团划给警保处，便请中央负责经费。

唐为实现这一计划，于 1947 年六七月间，亲自跑到浙江、福建等省去商谈，希望有几个省能率先做到真正的警保合一。结果到处碰钉子，他不得不退而求其次，希望能由警保处掌握各县的保安队。这一让步，也只是得到表面上的同意，实行起来仍是问题很多。各县县长也同省主席一样，认为自己总得抓住县保安队这一点点实力才行。这样一来，各县又不断发生警察与保安队争权的冲突。唐为了这些问题，时常弄到深夜都不能入睡，后来只好拟具一个“警保自卫队职务划分办法”签报蒋介石由内政部通令各省施行。

这个办法的内容我已记不清楚，只记得主要是规定各县（包括省辖市）城区治安与清查户口等工作由警察担任；重要据点与交通线的保护，以及配合国民党正规部队或保安团对零星人民武装的“清剿”工作，由保安队负责。对于乡村的防御和要道口出入行人的检查和乡村户口的检查，则由各地民众自卫队负责。

这个职务划分办法颁布以后，实际上又恢复了过去“警保分治”的情形，这个闹了许久的警保合一的计划无形中变成了昙花一现，只徒有空名，有些省连这个名义上的合并工作也都没有实现。

第四件使唐伤脑筋的事是推行“警管区制”遭到各方面的反对。

在警察总署没有成立之前，南京便已试行“警管区制”。这是利用警察对人民进行的一种特务统治办法，主要是将城市划分为若干“警管区”，每个区二三百户人家，每区设一警员，切实掌握住这个区的一切情况。这个警员可以随时抽查户口或盘查区内居民，遇到可疑的人可以随时配合各个区的派出所进行搜查。唐对这一制度极为重视。他上任后，便下令在全国各大城市普遍推行。结果遭到各省市参议会的强烈反对，认为警管区制度侵犯了人民的权利，要求取消。最后弄到国民党的立法院也出来反对，说这种办法不符合宪法保障人权的精神。唐只好去报告蒋介石。蒋认为这种办法对肃清城市暗藏的共产党和维护城市治安有很大作用，便叫他坚持实行下去。后来立法院开会叫他去说明，指责他这种办法是“违法”的措施，他又不能把蒋介石这块招牌抬出来作为挡箭牌，因为蒋介石还要装出一副假的面孔。他只好硬着头皮说什么警管区制实际上就是警察勤务制度的一种，只是使警察业务更加精密化的一项分工，采用警员也只是为了提高警察业务的素质等。结果，有的立法委员仍不满意他这样的说明，仍旧要他取消这种侵犯人民自由的制度。他虽口头上答应可以考虑，实际上却一直到全国解放始终没有改变，而且在变本加厉地实行这一制度。他逃到台湾后，仍把这一办法正式规定下来，不过一直是遭到反对。

第五件使他伤脑筋的事是警察不能免除兵役的问题。

唐纵上台后，提出了一个动听的口号，以说明警察工作的重要性。他到处宣传:“建国期间，警察比军队更重要。”因此，他认为警察可以不服兵役。

在这个问题上，唐纵完全失望了，也使他伤透脑筋。因为抗战胜利后，蒋介石根本不是在作建国的打算，而是要坚决发动全国反共的内战。打仗便要炮灰，警察大多是适龄壮丁，许多人怕被征当兵而当警察，也以为可以得到免役。但各省的

征兵机关照样征召这些警察入伍。当时，这个问题没有统一的办法，各省市的警察局纷纷请求总署解决这一问题。唐最初也以为不成问题，正式函请国防部兵役局通令各省军管区一律免予征召现在服勤的警察入伍。但出乎意外，他的意见没有得到同意，反而要他通令各省警察单位服从兵役机关的征召。他唯一的法宝是找蒋介石，但报告上去，许久没有批下来。他直接又去找兵役局长徐恩平商量，也没有结果。弄了很久，才勉强达成一项协议，规定 23 岁以下的警官警察仍旧要服兵役，只有 23 岁以上才准缓役，必要时仍得应征。他对这项规定很不满意，曾在保密局向许多人发过牢骚，说这样一来，谁还肯来当警察。

第六件使他伤脑筋的事是重庆发生用小孩肉喂警犬的惨案。

唐上台后一直是标榜警察工作要“科学化”“现代化”。他提倡办案要采用科学办法，不主张老一套凭经验来进行调查判断，所以很重视科学设备，提倡大量训练警犬。但没有料到为了训练警犬的问题，又使他大伤脑筋。

事情发生在抗战胜利后的重庆。那时南岸烟雨堡附近山腰上有一个专门训练警犬的单位。有一个擦皮鞋的小孩，因为口渴了想找点水喝，便跑进这个警犬训练所的厨房去找。他见没有人，便想在锅内偷点吃的东西，不料揭开锅盖，他看到锅内正在煮一个被肢解了的小孩尸体，大吓一跳，便一路叫出来“煮娃儿喂狗”！附近的居民一听，连忙集合起来，准备冲进去看个究竟。这个所的特务们听到喊声，一面把门关上，一面赶紧把锅内的尸体投入深井内。群众破门而入时，锅内已不见东西，便到处搜寻，结果在垃圾中发现有些残余的骨头。有一个居民的小孩正在前几天失踪，便认定一定是被这些特务偷去喂了狗，立刻大哭起来。在一声“打”的喊叫下，群众把这个训练所全部捣毁，所长徐某和几个“狗教官”都被打得头破血流，抱头鼠窜，几十条警犬也被打的打死，跑的跑散。群众对此仍不甘心，便请求重庆警察局逮捕这个所的特务法办。他们还告到蒋介石那里，蒋便找唐去骂了一顿，叫他派员查明严办。

那时我正有事去重庆，唐便叫我去查明真实情况。我找了几个特务询问情况。据说杀活人喂狗的事还没有过，有时因为牛肉贵买不起，挖出刚刚死去埋下不久的小孩尸体去喂狗的事却有过几次。我去这个所里看了一下，只见房屋已被捣毁，无法进行详细调查，便根据特务们所告诉我的一点情况，回南京时答复了唐。唐听完我的话以后，一直摇头，又把他那句经常用的口头禅搬了出来：“真伤脑筋！”他一边把我谈的情况记在他的小笔记本上，一边向我说：“这些人太不懂事，为了省几块买牛肉的钱，做出这种事来，被人告到委员长面前，叫我怎样去回复呢？”

在两年不到的时间里，我所见到的唐纵“伤脑筋”的事实在太多了，顺便举出这么几件。其他类似的事还多得很，除了比这些更使他“伤脑筋”的事另行写出外，一般的就不再多举了。

六、唐任署长后的反动措施

1946年8月15日，警察总署正式宣告成立的这一天，许多保密局的工作人员都被邀请参加它的庆典。唐在讲话中，除再三强调建国时期中警察工作的重要性外，并说今后一定要在很短的时间内建立一套完整的制度和法规。他说中国自有警察以来已有40多年，都是仿照外国的一套办法，没有根据自己国家具体情况作过什么长远的规划，各个时期各个地区都是自己搞一套，从来没有统一过。他着重说明，警察的任务是维护治安秩序，除对一切犯罪分子作斗争外，更重要的是如何运用警察力量来巩固国家政权。他公开提出，日本人被打垮以后，还有比日本人更可怕的敌人时刻在准备和国民党争天下，这会比过去任何战场上的战斗更激烈，一刻都不可放松。他反复说明，这是建国时期警察的中心任务，他一定要很好地完成这项重大任务。他要求每个从事警察工作的人都不可疏忽，他还请求与会的各方人士都要多多帮助。他在讲话中还提出两句口号，说他在任期中，一定要做到“一文钱不浪费，一个人不浪用”。

在过去，军统局运用警察进行反共活动时，一般都是由各地区的区、站等组织通过所能掌握的警察机关去执行。唐任署长后，便把这一任务统一起来，由他以“训令”“通令”和“密令”指挥所有警察机关来执行。这就比过去力量大得多了，也方便多了。

在国共和谈期间，凡有中共机构的各大城市的警察局和各省的警保处、警务

处，都经常接到唐的密令，要求详细调查和监视这些地区的中共人员，随时向他报告情况。我当时经常去这些大城市处理工作，当地不少局长、处长同我谈起这一问题。其中，重庆警察局和刑警处为此时常遭到唐的指责，因为重庆的中共人员不少，警察局和刑警处都不易调查清楚，致使唐纵很不满意。

和谈破裂以后，蒋介石悍然不顾一切下令遣送中共人员回延安时，唐立刻发出指示，命令各地警察局长切实认真执行，监督中共人员全部撤离，并认真查明是否仍有中共人员留下继续进行活动。有次我到重庆，重庆警察局刑警处长谈荣章和我谈过，说唐对此非常认真，曾密令叫他对留下的中共人员秘密逮捕，或强迫留下的中共人员自首。唐在密令中还规定，这项命令要由各级主管亲自负责执行，不能作为一般例行公文看待，如执行不力要受到严厉处分。

1947年冬天，唐去南京召集各省市警察负责人开了一次“警政检讨会”，到有福建、江西、浙江、河南等省的警保处长严泽元、龚建勋、竺鸣涛、杨蔚等，和北平、成都、安庆等市警察局长汤永咸、刘崇朴、林超等共40余人。

在这次警政检讨会上，唐自己承认在和中共斗争方面，警察没有尽到应尽的责任，并引咎自责。他说，他过去对这问题重视得不够，各地也放松了这一工作，因此表现不出一点成绩来。他强调国共和谈业已破裂，中共是誓不两立的敌人，一定要竭尽全力配合前方军事行动在后方彻底消灭共产党。他一再说明，只有后方消灭共产党的工作做得好，前方的军队才能打胜仗。

蒋介石对于这种全国性的警察会议很重视，在百忙中还听取了唐纵对他的报告，并指示唐对出席人员转达他的期望，勉励这些人全力把后方治安工作做好，防止中共地下人员在后方各大城市的活动等。会议结束前，唐请求蒋召见出席人员，当面给以训示，蒋没有答应。据唐说，这是由于参加的人太少，蒋对此不甚满意。

唐纵原计划在1948年再召开一次全国警政会议，蒋介石马上批准，并指示一定要全国各省市的领导人亲自参加。于是唐从这年春天开始就做准备。但是由于蒋军一再惨败，这个会也随之烟消云散。

对于拥护中共的民主党派和反蒋人士，唐纵也是运用警察权力，尽力进行迫害和打击。1948年我调到云南以后，得知云南人民在中共和民革的领导下，到处发动武装革命斗争，唐对此异常注意。据云南警保处长邱开基告诉我，唐曾三令五申叫他运用一切权力，配合中央驻滇军队把云南人民武装部队消灭掉，不能让这个大后方不安宁。邱开基在保密局云南站召开的公秘单位会报上，多次提出请求，希望云南站和其他在云南的军统组织尽力协助他完成这一任务。这年冬天我去南京，唐对云南情况问了许多。他很不满意邱开基，认为这个人干劲太差，没有做出一点成绩，甚至连情况都摸不清楚，终于将其撤换。

在遣送中共代表返回延安不久，蒋介石又宣布解散民主同盟。唐的嗅觉很灵敏，早在蒋介石正式宣布解散民盟之前，就先密令各省市警察机关严密监视各地民盟组织的活动，并切实做好关于取缔民盟的各项准备。当唐叫秘书拟好这个密令时，副署长酆裕坤还向他建议暂缓发出，以免影响到对民盟的拉拢，因为这时蒋介石正在要张群、吴铁城等拉拢民盟的某些领导人。但唐的回答是：一定不会有结果，务必趁早叫各地做好准备，等到公开宣布解散的时候，一些人又会转入地下活动，那时困难就多了。

隔了几天，唐又拟出取缔民盟的一套办法，要求民盟成员登记自首，并规定只要向警察机关自首登记后，不再参加民盟活动，便可不再视为民盟成员，政府可予保护；如果拒不登记而继续进行活动时，即以不遵守宪法及违反“动员戡乱实施纲要”予以取缔，情节重大的立即拘捕。

蒋介石正式宣布取缔民盟后，唐便大吹其牛，说他早有预见，能抢先一步做好各种准备工作。他说：“这就是为领袖担忧分劳。”据说，蒋介石对此非常满意。

我曾好奇地问过唐，像这类问题，要是没有看得准，是不是会闹出乱子来？因为一方面拉拢，另一方面又准备取缔，这不是增加麻烦，给别人一个借口吗？他笑着回答我说：“问题不是这么简单。这种措施，不但不是增加麻烦，而是有利于工作。”他说，这是对民盟施加压力，迫使他们就范。反正是两条路，要么他们跟国民党走，要么跟共产党走。先给他们一点压力，跟了国民党之后，彼此也不会有什么不愉快。如果拉不过来，也早已做好取缔的准备工作，以免临时手忙脚乱。这叫“制敌机先”之法。

不过以后毛人凤告诉我，并不是唐有什么高明的地方，也不是他有胆量敢先

来这一手，主要是他从蒋介石身边的许多人口中先了解到拉拢的工作没有办法做好，一定会弄到取缔这一步。唐由于先了解情况，才敢抢先来了这么一下。

唐任署长两年多的时间里，除配合蒋介石的反共军事活动进行各项镇压人民的罪行外，同时也对警察制度和法规等做了一些工作。现就我所了解的分述如下。

在解放以前，警察对违警罚款最感兴趣，罚款越多，好处也越多。但抗战期间物价飞涨，法币不断贬值，民不聊生，连靠罚款增加收入的警察官员们也叫苦连天。根据国民政府原来的规定，违警罚款最高额为 30 元，超过这个数目，警察机关算“违法”。这种罚款的数目是抗战前规定的，抗战后法币不断贬值，各省市县的警察机关将这项罚款各自为政变相提高，有的按银圆折算，有的罚实物或按实物折价，一直没有一个全国统一的合理规定。

警察总署刚一成立，各省市警察机关纷纷请示，要求制订统一的罚款办法。有些省市的警察局擅自折合银圆或按实物折价的罚款办法，又遭到各省市参议会的责难，没法继续行使下去。唐纵对于这个问题的处理只好采取拖延的办法，复文措辞也很含糊，只说正在拟具统一办法中，但直至全国解放始终没有得到一个很好的解决办法。

唐一上台就叫嚷要制定一套统一的警察法规和制度，可是人们能看到的只是制定统一的警察服装。据他说，这是由简入繁，先从仪容着手，慢慢再进一步制定一些有关根本性的条例。

唐认为他任署长后的得意之作，是举办全国警官登记和制定统一的指纹制度，以及推行警员制与修定警察法规等。但举办全国警官登记的工作搞了两年多，直到全国解放始终没有能够全部完成。许多边远省市对这个工作一直拖延未办。唐花过不少时间拟定过大量的人事调查表、编制表、警官履历表等，要求各省市警察机构填报。据在警察总署人事室工作的军统特务刘本钦、汪摄吉等告诉我，全国究竟有多少警官和警察始终弄不清楚。蒋介石几次问起这事，唐也答不出数目来，回来总是要将办理登记工作的人员斥责一顿。有次我顺便也问他这件事办得怎样，他认为很有把握把这件事办好，一两年内一定能在报上公布一个可靠的数字。但他又说这是前所未有的工作，困难自然是免不了的。

他还兴致勃勃地告诉我，办完全国警官人事登记后，接着便要举行警官甄别考试的工作。他说，把全国警官的人事情况摸清楚，对于军统的工作会有极大帮助。他出身于军统，如何运用特务组织去进行镇压全国人民，他是随时随地没有忘记过的。

唐纵对统一全国警察机构的指纹工作，曾请过不少所谓“专家”来研究。我当时对指纹研究工作颇有兴趣，也常常去了解一下。据说，中国警察采用指纹登记已实行了一二十年，在个别大城市的警察局里设有主管指纹的单位。由于搞指纹工作的人员，有的学德国，有的又分别学英、美、奥、法、日，都是各搞一套，因此非常混乱。往往在甲地犯过案的人，到乙地再犯案后，警员采取指纹时，因办法不一致，分类归档各有不同，调阅档案时便发生许多困难，不能发挥应有的作用。经过一些专家的研究后，决定采用统一的规定：凡采取两手十指指纹时，一律采用亨利爱德华式；采取单指指纹时，一律采用白脱里式。这是因为这两种方式分类简便明显易于推行。过去采取指纹的纸型也很零乱，有的过简，也有的过于烦琐，这时由警察总署统一划定标准格式，分发到各省市警局实行。

唐推行警员制度，是为了运用警察来实现他的反共反人民的阴谋活动，使警察完全“特务化”。过去各大城市的警察一般都是警士待遇，素质参差不齐。有少数警士是中学程度，绝大部分只是高小、初小的文化程度。他认为要这些人担任错综复杂的反共斗争是无法胜任的，唯一办法是提高待遇才能提高质量。可是警察经费又无法增加，便只好采用裁员增薪办法来解决这个问题，用两三个警士的钱来养活一个警员。据他说，这是非常合算的事，因为一个质量好的警员，比起那些质量差的警士来，在反共斗争中所起的作用便不止可顶两三个，而是可以以一当十。

唐纵当时急需解决的一个很现实的问题，便是如何安置军统局缩编后裁汰下来的数以万计的小特务。这一大批在抗战期中扩充组织时吸收来的小特务，既无资历又无学历，军统缩编时大都被送入军官总队收容。唐任警察署长后，又将他们大量转送到中央警官学校转业警官人员训练班去受短期的警察业务训练。这批人别的事做不来，而反共反人民却都是“老手”。唐将警士改为警员后，便毫不费力地可以把这批人安置下来，既可增加自己的力量，又可向蒋介石去讨好，因此他将这一

制度一直坚持下来。不过以后解放地区一天天扩大，特务逃往后方的越来越多，也就无法安置得了。解放前我在云南，由南京派往昆明市的警员一批又一批涌来，一直没法处理。

在他的“健全警察制度，必须使警察现代化和科学化”的口号下，经费却大成问题，唯一办法是依靠中美合作所的剩余物资来装点门面。他接受毛人凤推荐原中美所主任秘书潘其武担任刑事警察处处长，主要还是看中了中美所特警班在重庆的一批刑事实验器材和上百只从美国空运来华的警犬。当时军统收下这批东西，不但没有多大用场，连警犬的喂养也感困难。郑介民和毛人凤落得做顺水人情，将这些器材和警犬一起送给了他。因此他在警察总署内增设了一个刑事实验室，由原任中美所重庆特警班第二期副主任刘人奎任主任。军统局原有一个警犬室，主任王芝禄，有几十条警犬，毛人凤也连人带狗一起送给了唐纵。这一批器材和警犬便成了他实现科学化的“宝贝”了。他不止一次公开招待记者们去参观这些美国最新式的科学设备，吹嘘这是远东唯一的现代化装置。在召开全国警政会议时，他也亲自陪同各地赴南京开会的代表去参观这些新式刑具的表演。

中美所留下来的大批美国脚镣手铐，他也全部要了去，分发到几个大城市的刑警处，用这些东西作为镇压人民的利器。

他原来一向是崇拜德国警察制度的，抗战胜利后又改为崇拜美国。他曾准备聘请美国一个什么“犯罪学专家”为警察总署的顾问，以便更好地模仿美国的那一套。但那位“专家”对他所出的价钱不满意而不肯来，使他感到非常失望。

唐纵在“不浪费一文钱”的口号下，尽力施展了他那种“小家气”的作风（这是特务们背地里这样埋怨他）。他在一般的事情上可以马虎一点，在用钱方面却非经他亲自审批不行。副署长和主任秘书可以批其他公文，却不能代他批发特别费。每天别人下班了，他还埋头坐在办公室里一件一件地批阅从几十到几百元的经费卷宗。在他身边工作的人，从来得不到他一文钱的特别照顾。他既不像戴笠那样逢年过节送特别费，更不准透支薪金，弄得许多人叫苦连天。大特务另有生财之道，一些小特务便只好与外面的特务勾结起来搞点花样来维持生活。

唐纵很少花钱请客。有次他和毛人凤两人出面请内政部次长和司长们吃饭，毛叫我完全由保密局开支。我故意说，既是两人出面请客，便得各摊一半。毛笑笑说："你不是不知道唐先生的脾气。要他出钱的话，他会心痛得连饭都吃不下去的。"

那次他们两人为什么要请客，说来也是一件内幕新闻。胡宗南率领大军攻下延安之后，一心想仿照卫立煌的先例，将金家寨改为立煌县的故技，希望把延安改名为"宗南县"，以显示他反共的"丰功伟绩"。胡宗南以为只要有人发起，就可以顺利实现他那幻梦。在他的授意之下，首先由陕西省参议会提了出来。他满以为陕西省政府就可决定这个问题，殊不知一个县名的更改要经过内政部办理许多手续才行。胡只能指挥陕西省政府和省参议会，却指挥不了内政部，便叫他的老婆叶霞翟和毛人凤商谈。毛认为唐当过内政部政务次长，所以请唐出面和他一起请一次客。唐对拉拢胡宗南也是很愿意的，所以立刻答应了。宴会之后，唐、毛两人从中活动，自然没有问题得到顺利解决。不过等到一切手续都快办好，只等正式公布时，而延安又被解放军收复，胡宗南部狼狈逃出延安。事后，毛人凤用非常懊丧的神情对我说："一切都已办好，只怪胡长官太不争气，白白花费许多精力，要能再坚持一个月，不是可以'名垂千古'了么。"

唐纵提出的"不滥用一个人"的口号，实际上是自欺欺人。他最初由于怕别人说他滥用私人，不便把自己的堂弟唐振文留在警察总署，而介绍到交警总局去当交警总队副总队长。实际上到后来各方面介绍来的人他都得应付。俞济时一次介绍给他十多个亲戚和小同乡，指定要做大城市的警官，唐都一一予以照办。

在人事问题上，唐纵一直是弄得吃力不讨好的。特别是 1947 年 5 月间，第一批警保处长发表的时候，军统特务所占的比例很小，除云南警保处长邱开基是军统外，其余像浙江的竺鸣涛、福建的严泽元、江西的龚建勋、湖南的李树森、湖北的杨啸伊等，有的与军统有点关系，有的完全没有关系，弄得军统特务们大吵大闹，认为他当了署长忘了本。我对此也很不满意，不过表面上没有什么表示。我只把许多大特务不满意的情况告诉他，目的是想听听他的意见。他当时心情很不宁静，听完我的话后，长长地叹了一口气才慢腾腾地说："大家太不谅解我。这批人是刚从中央警校高级研究班毕业的，他们当中不少是抗战时期的军长、副军长或师长，对

抗战都有功劳。蒋委员长交下来要妥善安置，不给他们当处长是不行的。”稍停片刻，他又告诉我，他不会不用“老同志”，叫我尽可能向这些埋怨他的人多予解释，将来一定会轮到他们头上的。因为全国警保合并的工作还正在进行，许多省的人事还没有决定，要大家不要性急。

他为了说明他对军统特务的照顾是尽到了他的力量，举出贵阳省会警察局长东方白为例子来说明他是如何爱护“老同志”的。东方白是下班在家拜佛，上班就下令抓人杀人的一个有名的刽子手。他当了贵阳省会警察局局长后，竟听信了一个姓吴的江湖术士的话，在警察局里设了一个炼丹炉，大炼其“长生不老”的什么“仙丹”。一些善男信女，天天到警察局去找局长和吴某大谈修行炼丹等秘法。有人把这情况报告蒋介石，蒋要唐彻查此事。据唐告诉我，他认为东方白虽然有点迷信，但执行任务时还是很认真的，在镇压贵阳学生运动和搜捕共产党人与民主人士方面，从来没有发生过什么大问题。他根据这些向蒋介石报告，说东方白工作一贯认真，“成绩”不错，至于个人迷信并未影响执行任务，因此仍旧保留了他这个局长，只不过叫他不要把炼丹炉设在警察局内。接着，他加重语气说，正是因为东方白是军统的“老同志”，所以他尽力维护。他说到这里，又长长地叹了一口气说：“我们有些同志的行为也太有点荒唐了，光怪陆离，无奇不有，叫我也很为难，许多老同志还不能谅解我。”

自第一批警保处长发表受到军统特务的指责后，他不能不很好地考虑这个问题。许多在他身边工作的特务都表现出很明显的不满，背地里的闲话越来越多。他起先还不理会，以后有人告诉他大特务们说他只会向军统要东西，不肯用军统的人，这样下去，不如大家都弄垮台算了。他对这些激愤的言论很伤脑筋。他过去没有可靠的班底，跟他的人都指望能做大官，因此对他将各省的警保处长委派给过去与军统无关的人担任很不甘心。毛人凤派的人也从中煽动，散布流言蜚语。在这样的情况下，以后发表的警保处长中便出现大批军统老特务了。我记得的有：江苏的张达、河南的刘艺冉、河北的杨清植、甘肃的王孔安、四川的杨超群等。原来非军统的也有些换了军统，如江西换了柯建安、湖南换了李肖白。

在健全警察制度方面，他的确花了不少工夫。警察部门过去的一些法令条文，许多省市实行起来各自为政，唐对此都作了些修订。警察部门过去所没有的或不统一的东西，如警察法、警察抚恤条例、奖惩制度、退休办法等，都一一加以制定。他还选定以白色警鸽为警察的标志，制定各种奖章。我每去警察总署的时候，经常听到或看到他介绍这些“新产品”的方案或图样。他对他的这些“成绩”很满意，总爱向比较亲近的人介绍一下。但他却不同于当时的一般官吏，爱在报纸上大吹大擂，专做自我宣传。

他最怕见新闻记者，记者们也不易采访到警察总署的消息。当时只有军统办的大同通讯社的特务们能出入该署，所以对于这个过去主持镇压人民的大本营活动情况，报纸上公开报道的东西很少。这是由于一方面这个机关的许多措施都是与人民为敌的不便公开发表，另一方面是他怕出问题挨蒋介石的骂。他出任署长后，许多记者想找他的照片和履历去报上刊出，这在当时是很多人求之不得的事，但他却坚决拒绝。有次我去他家时恰有一个记者去访问，他叫副官去拒绝。我怕那个副官态度不好得罪人，便主动出去婉言答复那个记者。我回屋时，唐对我说：“我最不愿意在报上出风头，因为委员长看到了这些东西最不高兴。”听了这句话，我才明白过来。

七、和李士珍的明争暗斗

唐纵在出任警察总署长之前，与中央警官学校教育长李士珍一向还处得不错。戴笠过去与李士珍闹摩擦弄得不可开交时，他从不介入，有时还说戴对李太过分了一些。他去侍从室几年中，李还常去找他。他当上了署长以后，初时也很想避免和李发生矛盾，希望李在训练警官方面能与他很好地配合工作。他不但首先去拜访过李，同时对李也很恭维，我就看到他当着许多人称李为“老大哥”。但李士珍却并不因为唐对他的态度好，就能真正和唐合作而消除嫌怨。这主要是因为李没有将警察总署长抢到手，这一怨恨是无法解决的。李等了十多年，眼看戴笠死于非命，满以为十拿九稳可以把全国警察领导权夺到手中，连做梦也没想到唐纵把这个职位抢走了，他怎么会甘心。

最初唐对这个问题并不重视。我记得他发表署长不久，我就向他提出过，要警惕李士珍这个人。他回答说："你以为戴先生处不好的人我也会处不好？"我一听这话很不痛快，便不再作声。他又笑了笑补充说明他和李过去关系不错等一些话，好像很有信心，能把过去与军统为敌的人变成朋友。

问题很快就揭开了。不到两个月，有人告诉他，李士珍在中央警官学校内公开批评他，说他是"完全外行"，由这样的人来主持全国警政，非弄得一团糟不可。究竟为什么这么快闹翻了脸？原来，李向他推荐一批骨干想在新成立的警察总署中抢个地盘，他虽然接受了几个人，却没有全部满足李的愿望。这样一来，李就大大不满，内心愤懑，于是爆发出来。不过这还只是刚揭开的序幕，激烈紧张的"肉搏战"却还在后头。

李士珍多年来准备了一个《十年建警计划》，抢在戴笠之前送给了蒋介石，满以为抗战胜利后成立警察总署时第一任署长就会轮到他。结果署长被唐抢了。李就把他的《十年建警计划》印成小册子，向人分送。可是这个计划送到蒋处，遭到了"阅而不批"的命运，被蒋介石搁置下来。

唐针对李的计划的缺点，迎合蒋的意图另外赶制了一个《五年建警计划》。他究竟在蒋身边多年，懂得蒋的心理比李多得多。他的这一计划大受蒋的赏识，准其按计划逐步施行。不过蒋的政权寿命太短，没有等到五年已被人民赶走。

唐计划的主旨是"统一事权，加强职能"，这就和蒋介石"戡乱建国"的方针相吻合了。他计划中的"警保合一"以及运用警察力量巩固后方治安，与大城市的警管区制、警员制，使警察与特务一元化等，都是为了配合蒋介石反共反人民的阴谋措施。因此唐纵这个"外行"比自命"内行"的李士珍在蒋介石面前吃香得多。

为了进一步和李争夺警察教育权，唐的计划中也采用了李的一些办法，所以看起来比李的就更完善了。

唐对李的那个计划，曾用讥讽的口吻批评过，说是"书生之见"。最使李伤心的是唐说过这样的一句话："从这个计划中可以看出李大哥对教育长很有兴趣，还想再当上十年的样子。"自然，这些话很快就传到李的耳中。据说李听了气得脸色发白，大骂唐的计划是"邪门歪道""流氓作风"。从此以后，唐、李两人不只是互找对方工作上的毛病，而且进行人身攻击，仇恨越来越深，形同水火。不过他们在公开场合中见面的时候，彼此还是有礼貌地招呼一下，唐有时还故意表示亲热的样子。

唐李之间的第一场“肉搏战”是争夺在东北设立警官学校的领导权。先是，李士珍呈准蒋介石，在东北设立中央警官学校东北分校。因此，在警察总署成立之前，他就做好了种种准备，内定黄埔二期毕业的严 ×× 任分校教育长。严是他黄埔同期同队的同学，经他推荐给蒋介石，也批准了。当李士珍正在筹备的时候，唐纵给蒋介石一个报告，请求由他派人去东北主办中央警官学校分校。理由是：当时在东北设分校，不应该是去招收训练正科学生，而是将接收下来的原东北伪满洲国的警官和替日寇充当特务的汉奸们加以短期训练，利用这些有经验的人进行反共反人民的工作。因此，必须针对当时情况，由他派人去办，才能顺利完成反共的任务。

李士珍对唐纵突然来这一手，非常愤慨。事后，许多接近李派警官的特务们告诉我说：“我们辛辛苦苦地办了十多年的警察教育，眼巴巴望到胜利，整个警察领导权都被你们拿过去了，今天连这碗办警察教育的饭都不让我们吃，未免太过分了！”

唐是了解蒋介石的，只要提出反共措施，蒋总是非常高兴采纳的，所以唐在和李争夺东北分校领导权的报告中特别强调这一点。当蒋介石正在考虑将东北分校交与唐的时候，李士珍以辞去中央警校教育长的职务来要挟。蒋介石考虑到要保留这个忠实为他培养爪牙的走狗，才决定仍将东北分校交给李去办。

有天，蒋把唐找去，说明改变决定的经过和原因。唐满口答应。其实当时他要办的事还很多，他之所以要同李士珍争权，真正的目的是想给李来一个下马威，给点颜色让李看看。

第二个回合是唐李抢夺国境警察局领导权的问题。在蒋介石统治前期，边区几省一向由地方军阀割据，中央权力达不到这些边区，因此没有设立国境警察机构。抗战后期，这些边区逐渐由蒋介石掌握，胜利后军统便想将国境警察局掌握起来。李士珍的《十年建警计划》中也专门提到这个问题。戴笠死后，毛人凤一度准

备抢夺这一机构，因军统局改组为保密局，无意再提这事。1947年春，唐向内政部正式提出，请求成立八个国境警察局：西南边境四个，分设于云南、广西境内；西北四个，分设于新疆和内蒙古。这些国境警察局，组织规模都很庞大，拟定的编制每个局都有警官百余人、警察几千名。

李士珍知道唐纵提出的计划后，立刻集中力量来抢夺。他倡言，训练国境警察局的警官，应由中央警校专门设立一个特别班来进行国境警察业务训练，等这批警官毕业以后，才能成立国境警察局。他认为，以现有人员仓促组成，不但不能完成任务，还会弄得笑话百出，有辱国体，不如暂时维持现状。他振振有词地扬言，应以国家主权和声威为重，反对草率从事。李士珍的这个建议，当时很得到一些人的支持，连立法院也同意先训练出一批人员才能设置这种机构。

李士珍向内政部提出的报告，唐纵第二天就完全了解。他立刻针对李的意见又提出一大套冠冕堂皇的理由，主张从速成立国境警察局。官司打到蒋介石那里。蒋当时一心在搞他的反共军事部署，便将这个问题交内政部处理，并指示：将来成立国境警察局应由内政部直辖，不归警察总署领导；训练国境警察局警官事，交由中央警官学校主办。

在这一回合中，唐没有得势。后来内政部找他去研究，他也只派一两个不重要的人去参加。他曾很气愤地说："我们争不到手，他（指李）也不会有希望。大家都不搞算了！"就这样，直到全国解放，这个酝酿了两年多的国境警察局始终没有成立起来。

第三个回合是一场激烈的"白刃战"。唐纵在前两次的争夺中没有取得胜利，便利用他掌握各省的警察人事权与李士珍为难。他对李派人员借故更换了不少，或不再派充重要领导工作。李士珍为此向蒋介石"告状"。蒋找唐问话，唐的答复是：这些过去一向干军事工作的人，只经过短期的警察训练，担负起一省的责任不太适宜，还得多留在总署见习。

李士珍在训练警务人员时，要求受训人员都要参加他所领导的中华警察学术研究会，结业后参加中央警校同学会。李一直想运用这两个组织来和军统争夺警察领导权。

唐纵针对李的这套手法，运用他的职权对这些人员都亲自进行一番拉拢活动。他在警察总署召集他们座谈，照例还请他们吃饭，并送给每人一张他自己穿最高警官制服的照片和一笔特别费。警察总署人事室在分发这些人去各地工作时，还叮嘱他们要参加当地的中国警察学会，并说明这个学会是由唐亲自领导的。

唐纵好几次曾用非常得意的口吻对我说过，李士珍辛辛苦苦花了几个月培训的人，他只花半天的工夫就轻轻地拉过来了。这些人见到我时往往说："唐先生请吃饭，还送我们一笔特别费，真是好不容易的事情。要不是李士珍和他闹摩擦，我们怎么能得到双份特别费。"的确是这样，唐纵花这笔钱是有些心痛的，他那"不浪费一文钱"的口号，在这种情况下是不适用的。

与此同时，唐纵还在全国警政会议上正式提出，要在各省设立一所警察学校，每县设警察教练所，由各省自己训练警官，不必由中央警官学校代办。最使李士珍不满的是唐纵还要在南京设立一所首都警察学院，培植高一级的警官。这样一来，中央警官学校就没有存在的必要了。

据李士珍派的人透露，李得到这一消息，气得连饭都吃不下。他向部下发牢骚说，他对这个教育长职务并不看重，早就准备辞职不干，是蒋介石坚决挽留，他才留下来。现在唐纵既这样对付他，他反而要再干下去，不能让唐的如意算盘得逞，要使唐明白李某不是好欺的。直到全国解放，唐李双方斗法相持不下，最后唐把这个计划卷起带到台湾。可是他们两人之间的矛盾，却并不因为全国解放无容身之地而有所缓和，到了台湾还是继续斗争下去。据说唐在老蒋与小蒋的支持下，力量一天天发展，李被赶出了中央警官学校，由唐推荐军统特务乐干当了教育长，结束了李唐之间多年来的这一场斗争。

唐任署长后，使他最感不快的是首都警察厅厅长由宪兵中的元老韩文焕抢去了。蒋介石驭人的一贯手法，是有意识地丢出几根骨头让走狗们争来夺去，使这些人为他拼命卖命。他虽以军统头子唐纵当警察总署长，却并不将警察大权全都交给唐。

首都警察厅厅长韩文焕是蒋介石手下有名的杀人刽子手谷正伦（绰号谷屠夫，任宪兵司令多年，杀人以万计）极力向蒋介石推荐而抢到这个肥差的。韩自恃有宪

兵作后盾，自己又是“老资格”，加上与李士珍有勾结，便想把首都警察厅里的人事弄成清一色的“自己人”，竭力排挤厅内的军统分子，因此与唐纵不断发生摩擦。

唐表面上虽不主张马上向韩开火，内心里却是很讨厌韩的。警察总署发出的命令，韩有时敷衍一下，有时就干脆搁下不理。有次唐发出一个防止各地学潮的命令，韩认为不合首都情况未予执行，而且未将命令转发下去。唐了解到这一情况，加上韩自己拟的办法又不向他备案，非常不痛快，立刻打电话向韩查问。韩的答复使唐很不满意，两人在电话中争执起来，韩才答应把唐的命令转发下去。韩虽然把唐的命令转发下去，但并不遵照执行。加之特务们从中挑拨，两人之间的矛盾越来越大。

特务们挑拨唐韩两人矛盾的一个手法，是每次唐召集韩去总署开会时，故意把通知迟点送去，有时干脆就不送。他们的办法很巧妙，在送这些通知时，往往先把一件不重要的东西送去。唐是很细心的人，遇到韩没有按时来开会，便要追问通知送了没有？特务们便拿出送文簿给他看，明明是按时送了去。其实，送文簿登记的是一份普通公文，而开会通知却是隔了些时才送去的。韩不能准时参加或不参加时，唐总认为韩目中无人，瞧他不起，更恨韩。特务们这种做法，是希望唐把首都警察厅夺过来。这样，他们在南京为所欲为就更方便了。

大概由 1947 年夏天开始，唐决心要去掉韩文焕这个眼中钉。他自己并不直接出面去请求蒋介石撤换，而是经常跑到保密局请求郑介民、毛人凤帮助他；发动在南京的军统特务从各方面搜集韩的贪污不法罪证，通过保密局向蒋介石去检举。韩任厅长后，大大小小的贪污事件本来就很多，经过特务们有组织有计划地去搜罗，几个月工夫便找出一大堆来，蒋介石便决定要撤换韩文焕。

唐、毛两人都从蒋介石身边的亲信们口中了解到这一情况，都准备把与自己有关的亲信推荐出来接替韩的职务。正当唐、毛两人为此争夺不休的时候，郑介民却轻易地抢了过去。郑提出他的小同乡和私交最深的黄珍吾来，蒋介石一向很器重这个人，果然一保就准。黄珍吾虽不是军统分子，但军统可以完全控制他，宪兵方面也因黄是老团长，夙有渊源，就这样很顺利地接掌了首都警察厅长。黄对唐是俯首帖耳，唯命是从，从此改变了警察总署命令刚出署门就碰钉子的现象。

唐收拾宪兵系统的北平警察局长汤永咸，是没有费多大气力的。韩文焕下台后，特务们便怂恿唐，一不做二不休，把汤也拉下来，而以军统特务杨清植接替。蒋介石批准后，特务们都很高兴，认为这些失去的“地盘”又一个接一个夺了回来。

唐和毛人凤对上海警察局长一职早就想夺了过来。淮海战役发生后，原上海市警察局长俞叔平在内外夹攻之下，由汤恩伯出面保荐毛森接替了这个职务。

在两年多时间中，唐纵终于把要抢的都抢到手中，但中国人民却把他赶出了大陆。

八、逃台前的哀鸣

我于1948年5月去昆明，年底到南京公干，再次见到唐的时候，仅隔数月，他已不再是那么兴致勃勃劲头十足了。当时由于蒋军主力大部已被歼灭，南京人心惶惶，大官们的家眷都在作逃往台湾、香港和国外的打算。唐的老婆一见到我就谈起这个问题，她很不满意唐还在故作镇静不送她和孩子们走。我问唐为什么还不送家眷走的时候，他叹了一口气说：“我如果一动，别人的闲话就更多。”他沉思了一会儿又说：“迟早是要送走的。我们都得走的。”接着他和我谈到当时的局势，认为很难乐观。他非常恨李宗仁，认为这个时候还不能和蒋介石合作，要抢总统当。他对共产党的政策和解放区的情况有相当了解，同我当时接触的一些反动头子的看法不相同。他告诉我：“共产党最厉害的是统一战线这个政策，将来许多国民党的大官都会被拉过去。”他叫我注意防止发生这类事情，对从云南逃往香港的大官们的行动随时报告，同时又危言耸听地警告我说：“共产党只有对干特务工作的人不肯要，而且始终是仇恨万分，非置之死地不可。”那天我和他谈得很久，他整个谈话都充满着悲观情绪。那次以后，我再没有看到他。

全国解放后，唐在台湾仍是一帆风顺。据说已成了蒋经国手下的得力助手，在报上看到他当了多年的国民党中央党部代理书记长。在过去军统的几个大特务头子中，只有他还活着在干反共反人民的罪恶活动。

保密局内幕

国民党国防部保密局，是解放前蒋介石集团中规模最大的一个特务机关。它是由军事委员会调查统计局（简称军统）改组而成的。我从 1946 年 10 月 1 日这个局成立起，到 1948 年 4 月间，曾在该局局本部内担任总务处处长兼财产清理委员会副主任委员。1948 年 5 月，到 1949 年 12 月 9 日云南和平解放前，我任该局云南省站站长。因此我对该局成立前后的情况，种种反共反人民的罪行，以及历次大屠杀大破坏的罪恶活动，了解一部分。现就个人亲身经历和所见所闻，分别写出。从这里可以看出，蒋介石王朝对中国人民所犯下的滔天罪行，对中国人民进行血腥统治所采用的残暴手段。但因所知范围有限，尚有待了解该局内幕者陆续补充，俾使这一臭名昭著的特务组织的全部罪恶活动，真实地暴露在全国人民面前。

一、改头换面　汰弱留强

1946 年国防部各厅局于 7 月 1 日成立后，直到同年 10 月 1 日，国民党军事委员会调查统计局才正式宣告结束，改组为国防部保密局，由国防部第二厅厅长郑介民兼任局长，原军统局主任秘书毛人凤任副局长。

1946 年 3 月 17 日军统局代局长戴笠摔死时，正值抗日战争胜利不久，全国人民都渴望能真正走上全国团结一致、和平建设的阶段，对这个一向为全国人民所痛恨的庞大特务机关，都希望能按照中国共产党提出的主张早日撤销。但蒋介石仍旧要坚持走他的反共反人民的老路，所以对这个一贯执行反共政策最忠实最得力的庞大特务集团，便千方百计地让它完整地保留下来。戴笠刚一死去，他便急于挑选戴笠的继承人，同意毛人凤向他提出的建议，在郑介民与唐纵之间挑选郑介民为代理军统局长，实际由毛人凤主持一切。

毛人凤提这一建议，是有他自己的打算的。因为戴笠每次出门总是把军统局的工作交由毛人凤主持，而名义上却请郑介民代为负责。郑本身兼职很多，也很了解戴的个性，对军统工作和人事、经费等一向不愿多加过问。戴出门期间，郑虽然也抽出一些时间去军统局办公，但只是在毛人凤拟好的文件上批上一个“照办”或“可”，极少更改毛的意见，因此郑毛相处很好。唐纵为人拘谨，事必躬亲。在他任军统局帮办期间，对军统人事、经费虽不过问，在工作方面却常与毛人凤有不同的意见。毛人凤生怕戴笠死后局长由唐纵代理，便向蒋介石说，军统大部高级人员对郑很好，和唐的关系比较疏远。蒋介石便听从了毛的意见，把唐纵挤了出去。郑介民这时正在北平任调处执行部国民党方面的委员，执行蒋介石交给他的对付中共的任务，无暇兼顾保密局的工作，毛人凤便利用这一机会极力扩充个人势力，逐渐把郑介民在该局的关系削弱，并找郑的缺点进行攻击。经过这一系列的活动之后，到 1947 年 12 月 5 日，毛人凤终于取郑介民而代之，当了保密局局长。

从戴笠死后，在这个特务集团中，以郑介民为首的广东派，以毛人凤为首的浙江派和以唐纵为首的湖南派，争权夺利的斗争非常激烈。他们表面上一团和气，骨子里却水火不相容，直到相互残杀。这些情况，我将专门以一章来叙述，这里从略。

戴笠刚一死去，国民党内部便有一些人也提出裁减军统的意见。这是因为，他们虽然在反共反人民方面与军统目标相同、意见一致，但是对军统和戴笠的种种做法非常厌恶，或在本身利害方面与军统有冲突。戴笠在世时，由于戴为蒋介石所宠爱，大家都畏惧他几分，有意见也不敢提或不好提。戴笠死后，这些人便想趁机报复或分赃。他们绝不是和全国人民一样真正想撤销这个特务机关，而是各有各的打算和目的。例如，对军统反对最力的陈诚，是想裁减军统之后，扩大他自己的特务系统，希望他手下的特务头子张振国能把军统部分机构和人员接收过去。而陈立

夫、陈果夫等CC派首脑，则想趁机打垮军统扩大中统特务组织，加强中统职权。孔祥熙在当时也表示过军统不应再拥有和过去一样庞大的组织和巨额的开支，这是由于戴笠杀过给他弄钱的心腹林世良。至于过去复兴社中的一些太保之流如邓文仪、康泽、贺衷寒等人，则是想由自己来分掌特务组织，扩充个人势力，所以也跟着叫喊缩减军统。在此四面楚歌中，由于得到蒋介石的袒护和宋子文、胡宗南等的支持，这个特务组织才改头换面地保留下来。

当初在没有决定将保密局附设在国防部之前，毛人凤与唐纵曾一度商量向蒋介石建议把军统改为"国防警察局"。蒋介石没有同意，他认为这一名称不适合军统工作的职权范围。以后决定附设在新成立的国防部时，毛人凤又建议仍然保留调查统计局这个名称。蒋介石自己很清楚，调查统计局这块招牌上涂的鲜血太多，再拿出来实在太不雅观，便采用了"保密局"这样一个比较隐讳的名称。当国防部各厅局的名称、组织及人数、经费等都已决定好了，最后才提出保密局来，这说明这个组织在当时国民党内部也曾经有一个"难产"的过程。

保密局成立前后，蒋介石最为关心、考虑也最多的问题，倒不是用这一个名称或那一个名称，而是戴笠死后的继任人能不能和戴笠一样把戴经营了十多年的这个庞大集团很好地领导起来，继续为他效命；其次是这个集团今后对预算以外的庞大开支怎样支付。戴笠在世时，这笔见不得人的巨款，大部分是自行筹措。抗战期间，戴笠用制造沦陷区行使的伪币的办法，榨取沦陷区人民的血汗，充实特务经费，胜利后这个办法已不能用。蒋介石为了避免以后由他经常下手令，按月支付预算以外的巨额特别费，便考虑怎样能使保密局做到"自力更生"。他多次找毛人凤、郑介民研究这一问题，最后决定，军统在各地接收敌伪的现金财宝不送交敌伪产业处理局，准许保密局留下来作为基金。此外，蒋介石还准许保密局经营接收敌伪的一些企业，并把与美帝特务合作的"中美特种技术合作所"的剩余物资，一并交由保密局经营，以便将盈利所得作为预算以外的特务活动费用。但蒋介石对郑介民、毛人凤、唐纵，又不像对戴笠一样放得下心，便加派在他身边多年的机要室主任毛庆祥共同主持这一工作，由他们四个人组成一个委员会。经多次研究，决定把军统在上海、南京、天津、北平等地接收的敌伪产业、企业和中美所剩下的2000辆十轮大卡车、印刷机器、照相器材等集合起来，组成一个“三有公司”，由毛庆祥任董事长，其余为董事，以军统大特务戴颂宜为总经理，总公司设在上海圆明园路。

当时属于“三有公司”经营的企业，在南京方面，有从日本人手中接收过来的裕丰纱厂，由保密局经理处长郭旭兼任经理。有开设在南京最热闹地区花牌楼安乐酒店对面的亭亭照相馆，全部是中美所留下的器材，由军统摄影师王文钊任经理。这是当时南京规模最大，资金、器材最雄厚的一家照相馆。除照相外，兼售各种器材，还出租照相机，代客拍摄家庭生活电影。它一面为保密局赚钱，一面也从事一些特务方面的活动。还有开设在中山路的鸿业印刷文具公司，由军统四一印刷厂厂长李如澍任经理。这也是当时南京规模最大的印刷公司，资本雄厚，使用中美所留下来的美国最新式的电动印刷机，还兼营文具纸张。原来还准备与南京江南汽车公司合作，由保密局拿出500辆卡车改装成为客车，曾由我与江南公司总经理吴琢之接洽多次，以后对方怕惹不起这班人，才没有合作起来。在上海方面，则有由日本人经营过的东方渔业公司，拥有40艘渔轮，可以出远海捕鱼，并有自己的冷藏仓库。另外有由中美所500辆十轮卡车组成的启明运输公司，专办上海附近各线的货运，由上海陆根记营造厂老板陆根泉任经理。还有一处大型锯木厂和一处三夹板厂，都是从日本人手中接收过来，也由陆根泉代为经营。在北平方面，有一处日本人经营的无线电器材制造厂、西单北平大饭店和几处仓库。天津也有一些仓库和冷藏库等，都是由军统中一向搞商业活动的白莲丞经营。

“三有公司”除了经营以上企业外，还兼做投机倒把、囤积居奇的活动。因为保密局掌握有全国经济情报，资本雄厚，人员可以随时大量调用，自以为占有最优越的天时、地利、人和的条件，完全可一帆风顺，一本万利，保密局今后会有用不完的盈余，所以决定采用“三有公司”这个名称。而一些了解这家公司内幕的商人，却把它说成“有势、有钱、有人”，都不敢去惹它，害怕赔了老本还要吃官司。

蒋介石煞费苦心安排下这一着棋，最初由于条件着实优越，尚能差强人意，赚了不少的钱，但以后就越来越不行了。因为条件虽优越，可是经营的人都是些外行，不但官架十足，而且动辄凶横霸道，蛮不讲理，别人光顾一次之后便不敢再度问津。特别是层层负责人都挪用公款经营自己的生意，加之法币天天贬值，收入的

现金只要迟交一两天，便可获不少利润，而售出的东西却再也买不进来。当经手的特务们每人腰包里都装进不少黄金美元之后，最后终于把“三有公司”弄得垮台完事。蒋介石在抗战刚胜利时还有所顾虑，等到他发动了全面内战以后，反共反人民的嘴脸已暴露无遗，再也无须避讳，因而对特务经费仍和过去一样滥事批发。这时他只要求特务们把全副精力用在反共的活动上，因此便同意了毛庆祥、毛人凤的建议，把“三有公司”的产业全部出售，不再从事经营。

保密局还没有成立之前，军统经费已经感到入不敷出。郑介民一看这情况，知道再拖下去便不得了。他常常说，他不能和戴笠一样生财有道，只能量入为出。1946 年 5 月前后，他匆匆由北平赶回重庆，经过和毛人凤、唐纵商量，决定裁汰内外勤人员。过去戴笠在世时，实行的是只准进不准出的一套做法。一向被人看成参加军统便是拿到了“铁饭碗”，可以吃一辈子，这时“铁饭碗”也随同戴笠乘坐的专机一样摔得粉碎了。郑介民不但准许任何人员请长假自谋工作，而且对一些资历浅一点、人事关系少一点、能力差一点的人员，采用送往军官总队去转业或径予遣散的办法来解决这一问题。

抗战时，军统全盛时期，内外勤特务不包括武装特务部队便有 5 万人左右。直接在军统局领取薪金的在后方有 17600 多人，在沦陷区有 6000 多人，海外各地有 2000 多人；其余半数则分散在各公开特务单位，不由军统局开支。抗战胜利后，一些战时性质的机关相继撤销，一大批过去不由军统发薪金的特务这时又都回到军统请求另派工作。按照军统惯例，特务们在没有派定工作的“待命”期间，照样要发给生活费。这样一来，经费便更感到紧张，几乎月月要先向军需署透支。蒋介石对此也大伤脑筋，便同意采用汰弱留强及整顿经费等办法，准许动用一部分接收汉奸的财物珠宝之类变价出售发遣散费。对死亡了的特务的眷属，也一次发给一笔抚恤金之后，便不再负担他们的生活费。按照军统过去的办法，因公死亡的特务遗属，每月或每年要发生活费或补助费，其子女入学也由军统负担。十多年来，积累下来的遗属遗孤数以千计，这一笔开支也很不小，并且无法报销。这一次便发给约可维持三个月到半年的生活费之后，便不再置理。

当时这些措施，在郑介民和毛人凤看来是他们的得意之作。这种快刀斩乱麻的手法，的确使以后经费的收支渐渐走上轨道，不再和过去一样乱抓乱用。戴笠虽然弄过不少的钱回来，但是没有积累，弄得越多，开支也越大，会计部门经常在过年三十夜，叫喊钱不够用。经过这次大整顿，情况好了一些。少数自动请长假离开的大特务还极力歌颂这一处置。因为他们大都已经腰缠万贯，戴笠不死，还天天担心被人揭发要出问题，想走也走不了，准请长假的办法正合他们的心愿，可以无忧无虑地去享受下半辈子的清福了。

但是一些被遣散的与送到军官总队去转业的人，由于平日与外间关系少，贪污敲诈得到的钱也不多，或者因为来得容易也花得痛快，满以为有军统这个靠山何愁没钱可用，这时怨声四起了。特别是他们在军统工作时，在社会上有一批酒肉朋友，彼此互相利用，各方面还买账，等到他们离开军统之后，再去找这些朋友时，便都采取回避敷衍的态度了。例如一些担任检查工作的特务，当他们在水陆码头上耀武扬威的时候，一些轮船上的负责人和私车老板、运输商人，对他们真是恭维备至，一旦知道他们已离开军统想要点工作做的时候，态度立刻改变，再也不和他们称兄道弟，有的还送上几文钱打发一下，有的干脆不予理睬。

到军官总队去的人，只能拿到有限的生活费，住在挤满人的宿舍里，吃着和部队一样的伙食。这对过惯了舒服生活，花惯了钱的特务们说来，叫苦连天是自然的。在重庆的特务们，有的就经常跑到祀奉戴笠的“戴公祠”去痛哭。那些一向靠军统抚恤过活的遗属，很快花完那点抚恤金后，也经常吵着再要钱。保密局从成立到逃往台湾，一直没有停止过处理这类问题。

这次裁汰人员的标准，主要是保留“核心分子”与“基本人员”，对一般特务则进行挑选。当时被军统称为“核心分子”的大多是指抗日战争以前参加军统的老特务，“基本人员”则多系抗战期间军统各个特务训练班所毕业的学生，“一般分子”则多为抗战期间从各公开机关中吸收来的和私人介绍进来的以及由士兵中提升起来的人员。当时军统送往各地军官总队去转业的特务，前后达 2 万人左右，其中重庆最多，有 5000 多人，西安 3000 人左右，江西 800 多人，其他各地也都是几百到一两千人。

当军统大量裁减人员时，被裁的和保留下来的都有些人不满，他们无耻地认

为自己是抗日与反共有功之臣。毛人凤也有此看法，内心里也希望多保留一些人。郑介民与毛人凤意见相反，主张多裁去一些没有多大作用的人员，以减小目标。他于1946年6月初赶到重庆，召集各单位负责人讲话，说明今后军统的工作重点是和共产党作斗争，不是人多人少的问题，而是必须有精明强干的人才能担得起这项任务，所以宁可少些，但要精干一些，目标越小越好。

郑介民还特别把十八集团军朱总司令给蒋介石有关撤销特务机关的一段电文再次向大家提出，并着重说明共产党早已公开提出这一要求，很得各方面的赞同。他说，如果不能自动先行缩小编制裁减人员，不但将来组织新政府时通不过，反而会引起很大反感，特别是增加蒋介石的麻烦。他一再要大家体念领袖苦心，顾全大局，顺应时势，切不可因小误大。他为了使被裁的人安心起见，还提出被裁人员只算是暂时脱离军统工作，准许他们仍保留组织关系，等将来扩大编制增加人员时有被优先派用的权利。此后，吵吵嚷嚷的情况稍好了一些。

当时为了多安置一些人到军统掌握的公开单位去，郑介民和毛人凤一再亲自出马找公开单位负责特务进行工作。过去戴笠在世时，凡是军统掌握着的公开机关，人事安排几乎全由军统局人事处统一调节，主管人员不能擅自任用私人。戴笠死后，情况变了，一些公开单位的负责人对局本部的命令大都阳奉阴违，出缺不上报而自己找人;对派去的人不是说没有缺额安插，便推说资历不合而拒绝任用。郑、毛亲自出马找各部门，实际上是不得已。有些大特务自己找到了较好的工作，如张国焘活动到江西救济分署当署长，黄荣华活动到广西救济分署当署长，余乐醒活动到救济总署上海汽车管理处当处长等，郑、毛便推荐一些人请他们帮助分别安置。由于军统特务到处不受欢迎，许多机关一听到就想法拒绝，加上以后各地大城市不断被解放，特务人员逃出后请求派工作的越来越多，这项转业安置工作，做了两年多也没有彻底解决。1947年下半年为安置这些人，还在苏州成立了一个转业人员训练班，收容了3000多人。

自戴笠死后军统改组成保密局起，把过去军统时期一年一度的“四一大会”，从1947年以后改为“三一七大会”，用以纪念戴笠在这天死去。“三一七大会”与“四一大会”性质完全相同，主要是一年一度的全国性工作会议。开会的日程也和过去一样，第一天上午公祭死去的特务，接着开工作会议。中午会餐时，照例是敬三杯酒，第一杯祝蒋介石身体健康，第二杯祝所有的特务身体健康，只有第三杯改为祝郑、唐、毛三人身体健康。

参加工作会议的人，局本部一般是科长以上，外勤代表一般是站长或副站长以及各公开单位的正副负责人。蒋介石没有再亲自参加过大会，只召见过出席会议的各省站负责人与局本部处长级大特务一次。

保密局领导人郑介民和毛人凤，不像戴笠一样经常更换化名。郑介民一直是用“杰夫”这个名字批阅公文和下手令，毛人凤也一直用“以炎”这个名字，只有唐纵在批阅公文时用他的别号“乃健”，局本部的化名却经常更换。各处各室对外行文都有各单位的专用化名。每隔不久便又重新规定一次，列表通知外勤各省站。对无线电密码的规定，也比过去更严密。一个省站有好几套密本，翻译密本的方法也经常变更，有些密码本，只用几次就不用了。这是怕中共方面侦收到这些密码后研译出来。

保密局成立后，原军统局的机构虽保留了下来，但内部组织，有的缩编，有的合并，有的甚至裁撤，而保卫蒋介石个人安全的特别警卫组，不但完整地全部保留了下来，还由原来的200多人扩充到300多人。当时在蒋介石身边担任警卫的“随节警卫组”，开支一向归侍从室供应，它的任务是负责蒋住宅与办公地点的警卫，以及在蒋介石出外时前呼后拥地跟着他。此外还有个“特别警卫组”，专任外层警卫，蒋介石外出时，便先到马路上去布置，每数百步布置一人，均以左手执报纸为暗记。蒋介石这个独夫最怕别人暗算，每次外出必仔细看看两旁有没有这些人在为他担任警卫；如果到远的地方去，也得先把特别警卫组的人派去布置好以后，他才敢去。这个组先后由朱金骅、梁绍周任组长。

二、调整组织更疯狂地反共反人民

保密局成立不久，约在1946年冬或1947年春，蒋介石在对这个局处长一级的大特务讲话时，着重讲了这个局以后的工作任务。我当时也是被召前往听训者之

一。当毛人凤把听训者的名单交给他以后，他逐一点了名。他首先念念不忘地一再提到死去的戴笠，极力赞扬这条走狗以毕生之力为党国效忠，要大家向他学习，继承其遗志，在郑介民和毛人凤领导下，再接再厉地发扬过去的成绩，保持过去的荣誉。接着他谈到今后的主要敌人是共产党，说同共产党作斗争比过去同日本人与汉奸作斗争要困难得多。他要求每个人都必须全力以赴，说稍不注意，不只危及党国，而且会死无葬身之地。他希望大家多研究一些办法，多出一些主意，随时总结经验和教训，很好地担负起这项直接和共产党作斗争的任务。

1948年5月，我被调任云南省站站长时，毛人凤特别调集了30个左右的省站站长，在南京举办了一个站长讲习班。一个月讲习完毕后，蒋介石又接见所有调训的站长和出席“三一七”工作会议的代表，地点仍旧是黄埔路中央军校后面他的官邸办公室。他照例点名之后，首先对毛人凤调整各省站站长的办法表示极为赞许。

原来保密局成立后，毛人凤担心各省站站长大都是一些老干部，不大听话，便从军统临澧特训班毕业的学生中和一些中级干部中提升一批人来替代。后来他发现这些新手由于在军统的资历浅，对各省的公开单位领导不起来，而各公开单位的负责人都是军统老干部，对这些新提的站长不买账，站的工作推不动。所以毛人凤取代郑介民当了局长之后，感到再这样下去不行了，才又决定把一批将级大特务调出去当站长，并且在毛的亲自主持下，把这些新调任的站长和准备保留的一些老站长调集到南京训练一个月，把原有的一些资历浅的站长降为副站长。蒋介石对这项加强外勤各省站的工作很是满意。他在讲话中便指出，各省站今后仍应和过去军统局时期一样，秘密领导公开，各省的工作重点应摆在省站。

蒋介石这次讲话的重点是要求各省站的负责人对外勤特务必须加以调整。保密局的外勤人员应当社会化，每个人都要有一个公开的职业作为掩护，以便打入各民主党派和进步团体，除多多拉拢一些民主党派中的动摇分子参加工作外，最主要的任务是要千方百计、不惜任何代价打入共产党在各地的组织，以便彻底消灭各省共产党，巩固后方。对一些不称职或身份已暴露的特务人员，应调往公开机关去安插，留下来的必须是有能力的和有工作路线的人，并要不断吸收新的人员参加。他要求各省领导人不单是负责领导工作，还要亲自去从事高一级的情报活动。他当时便提出省站站长可以加委为国防部专员，用这一名义在当地作公开活动，站长以下则绝对保密。他还要求各省站领导人搞好地方关系，与当地驻军将领及行政负责人密切联系，发动各方面的力量搞好特务工作。他叫我们重视利用中共叛徒工作，但又应注意防范这些人。他还以颇亲切的口吻对这些为他尽心竭力充当鹰犬的大特务们说："你们都是跟随戴局长多年的老部下，都是最革命、最忠于党国的人。保密局在各省的组织由你们去领导，我很放心。今后在各地展开和共产党作斗争的工作，有你们去领导，我相信一定能够不辜负我的期望，做出卓越的成绩。你们在工作中有什么困难，我一定负责替你们解决，使你们能一心一意去工作。"末了，他照例对中共来一番诬蔑，并对在场的人进行一番恐吓，说什么如不努力战胜敌人，必死无葬身之地。

1946 年 10 月 1 日保密局成立时，是在南京马台街二十二号办公，到 1947 年上半年才迁入洪公祠新建的大厦。国防部核定保密局全部人员的数目，内勤各处室由原来军统局时期的 1000 多名减为 335 人，外勤减为 6023 人，电讯部门人员保留了 1000 人，总共比原来少了近 2 万人。到 1948 年又增加了外勤人员 2880 人。保密局刚成立时由郑介民兼局长，毛人凤为副局长。1947 年 12 月 5 日，郑介民被免去保密局局长和国防部二厅厅长，调任为国防部次长，由毛人凤升任局长，原任军委会别动军司令徐志道调为副局长。

这个局从成立到大陆解放逃往台湾，内外勤机构名称很少变动，不像过去军统局时期一年数次变更和扩充。局长、副局长以下设局长办公室主任。郑介民任局长时，由黄天迈、张继勋任局长办公室主任。毛人凤任局长后，把郑介民的人换掉，将他最亲信的潘其武调为局长办公室主任。局长办公室下设专员和秘书、助理秘书十人左右，先后由王清、萧漫留、刘镇芳等任专员；毛钟新、袁寄滨、周念行、郑尔铨、徐昌俊等任秘书。直接由办公室领导的还有一个文书科，由周石甫任科长。

局本部设七个处：第一处为情报处，由原军统局第二处处长何芝园任处长，下设军事、党政、经济、国际四个情报科；第二处为行动处，由叶翔之任处长，下设行动科（主管逮捕、暗杀、破坏）、侦防科、策反科（这个科领导有许多策反站，

专门进行对解放军和地方进步武装力量等的策反活动）和一个心理作战科；第三处为人事处，由郑修元任处长，下设人事行政、考铨、卡片等科；第四处仍和军统时一样为电讯处，由杨震裔任处长，下设通信、机务、工务等科；第五处为司法处，由李希成任处长，下设审讯、狱管两科（重庆磁器口渣滓洞与白公馆的两个看守所，西安、上海、北平、南京等地的看守所和集中营，都由这个处领导）；第六处为经理处，由郭旭任处长，下设审计、综计、会计、出纳等科，主管财务工作；第七处为总务处，由我任处长（1948 年 5 月以后，由副处长成希超升任处长），下设庶务、管理两科及收发、交通两个直属股，附属有一个汽车队，由孙超任队长，一个电话队，由梁修元任队长。

局本部内还有三个室：一个督察室，由廖华平任主任；一个总稽核室，由张冠夫任总稽核；一个预算室，由朱光斗任主任。在这些处室之外，还有机要组、特种政治问题研究组、特种技术研究组、布置组等几个组。机要组，由军统中唯一的女少将姜毅英任组长，主管译电和密码工作。特种政治问题研究组，原来由张国焘主持，改组时张离开军统，由瞿梦秋任组长，专门研究有关中共的一切问题，内部成员均为中共叛徒。毛人凤对这些人，虽尽量利用他们过去的关系为保密局工作，但并不放心他们。所以这个组不在保密局里面办公，另外在外边找房子，只有在必要时找瞿到局本部参加一些不重要的会议，其余的成员都不让他们去保密局。特种技术研究组，由刘绍复任组长，专门研究暗杀、爆破、破坏、放火等技术，制造各种定时炸弹、毒药、毒弹、毒刀与各种杀人工具及纵火伞、纵火金笔、铁道破坏器等物品。1948 年，又从人事处中划出一部分人成立了一个布置组，由赵斌丞任组长，下设一、二两科，由李葆初、任鸿传分任科长，专门向解放区作潜伏布置和在将要解放的地区预为布置潜伏特务和电台。原军统局的设计委员会照样保留，专作储备高级特务之用，张严佛、刘启瑞等任过主任委员。另外还有保密局局本部直接领导的高级情报员 40 名，这些人有的是在国民政府中央部门中工作的高级幕僚，有的是大商人，有的是过时官僚政客，专搞一些所谓上层情报。

军统局由重庆迁回南京，直到保密局成立后半年多，重庆方面还保留一个军统局和中美所合并组成的“结束办事处”，由张严佛主持，负责办理军统及中美所的结束工作。这个办事处除对外安置大量被裁人员外，对留在重庆的大量物资处理了一年多，也没有处理完。他们把一部分器材用具出售，把一所“四一”医院和一些不易搬动的医药器材交给了重庆中央医院，用那些美式武器装备了交通警察总队之外，还剩下不少。临解放，该局在重庆中美所内施行大屠杀的同时，还把几个仓库的器材、物资、武器等纵火焚烧了两天两夜。

保密局外勤各省站的编制，按国防部核定的人数分为三种：如上海、南京、天津、北平、四川、云南等大一点的地区为甲种站，为 160 人；安徽、贵州、新疆等地区为乙种站，110 人；更小一点的地方为丙种站，只有 60 人。各地的实有人数，因要求过严，往往不足编制的人数。当时各省站的编制情况，以甲种站为例，除站长、副站长外，有一个书记、一个或两个助理书记、一个情报编审、一两个助编、两个司书、一个译电员，此外，还有主管人事、总务、会计、交通的人员，一个搞学运的学运指导员和搞工运的工运指导员，几个直属省站的情报员；另有一个由局本部督察室派去的督察员，受督察室和站长的双重领导。省站一级大都由电讯处配有一个电讯支台，各组设有组台，由支台直接和保密局总台联系。这个支台是站的配属单位，不受站长领导。支台一般有两三部大型电机，组台都是小型的特工机。

各地站长我记得姓名的有：北平站，先后由黄天迈、乔家才、王蒲臣、徐宗尧任站长；河北站（设保定），由杨清植、孔觉民先后任站长；天津设有两站，一站专搞一般情报，二站专搞外事情报，一站由吴景中、李俊才先后任站长，二站由黄天迈任站长；山西站为田畯；晋南站为王明江；山东站为许先登；青岛站为梁若节；河南站为刘暨、刘茂欣、杨蔚；陕西站为侯定邦、王鸿骏；甘肃站为任冠军；新疆站为佘万选、饶铁珊；拉萨站为谭兴沛、萧崇清；云南站为王巍、苏子鹄、沈醉；贵州站为钱霁林、周养浩、陈世贤、汪剑英；川西站（蓉站）为杨超群、吕世琨；重庆站为吕世琨、李修凯；康定站为董士立；湖北站为余克剑、黄藩初、谢经武；鄂北站为杨振铎；湖南站为唐乘骝、黄康永、夏松；江西站为邓树勋、王迈夫；安徽站为唐玉昆、翁一揆；南京站为叶翔之、钟贡勋、黄加持、张明扬；上海站为王新衡、刘芳雄、王方兰；苏南站为李修凯、陈楚之；苏北站为陈轶珍；浙江站为章微寒、毛万里；福建站为陈达元、王调勋；闽南站为沈觐康；台湾站为郭寿华、林

顶立；广东站为郑鹤影、冯德恭、郑星槎；广西站为苏业光、钟可庄；香港站为李惟棉、谢力公、杨华波、刘芳雄；承德站为褚大光；沈阳站为荆有章；长春站为崔志光；南满站为滕勉、褚大光；北满站为王力、项乃光；四平站为张静宣；热河站为龙超、徐政。在国外设站的有韩国、西贡、新加坡、曼谷、开罗、卡拉奇、菲律宾等。以后在站以上又有过一些高一级的组织，如东北督导室，由文强任主任；西南特区，由徐远举任区长；西北特区，由胡子萍任区长。1949年反动政府逃到广州时，又成立了广州办事处，由郭旭兼主任。以后迁到重庆时，又成立过重庆办事处，由唐治任主任。

毛人凤领导保密局工作，仍旧用戴笠的老一套办法。局本部副处长以上人员，中午仍在一起会餐，一边吃饭一边商谈一般性问题，有关人事、经费等当时即予解决。外勤省站正副站长到南京，也往往被邀去参加这种会餐，一些问题也能很快得到解决。各单位负责人在一起当面商谈，不经过科股，这样就逼着各单位负责人非看公文不可，不然临时提出问题接不上头会当场出丑。毛人凤对这一工作抓得很紧，无特别事故，他几乎每次必到，每到必提出一些问题来谈。

另外，在和一些公开特务机关的联系上，毛人凤也保留了过去军统时期的一套，每月邀请宪兵司令、中统局局长、警察总署署长、国防部二厅厅长等开会一次。毛人凤特别在傅厚岗通往玄武门的那条马路上买下一幢房子，取名叫“诚庐”，作为各单位首脑开会之用。对一些有关对付中共及镇压民主爱国运动等问题，便在这个会上提出，以便各特务机关采取一致的步骤。同时规定各省站长，必须参加各地省一级的特种会报，以便在反共方面能与各方面取得联系，互相配合。毛人凤还规定各省站站长每月至少召开一次公秘会报，由各省站出面邀集，该省所掌握的公开特务机关负责人要亲自参加，一般多采用聚餐或茶会的方式。会上先由站长报告该省一般情况及保密局有关工作的指示，然后由各单位负责人轮流报告自己单位中一个月来的工作，并提出一些共同性问题进行研究、讨论。会议完毕，还得向保密局汇报。这是过去军统一贯的秘密领导公开的传统办法。不过在保密局时期，有些地方已经流于形式。

保密局控制的公开特务机关，既不如过去军统时期那么多，在控制程度上也远不如过去那么紧。当时最大的全国性公开的特务机关是警察总署，由于它为唐纵所领导，表面上虽然接受保密局的控制运用，实际上是自有一套。比如唐纵提出，要使警察人员正规化，凡不是警官学校出身的人不能当警官。这等于公开声明，对当时军统所裁编下来的人员拒绝接受。虽然警察总署人事室一些主管人事的人员大都是保密局人事处推荐去的，如刘本钦、汪摄吉等，都是军统时期人事处的老人，但是他们不能和过去一样受双重领导，而是一切全由唐纵做主。因此在各省保安处与警务处合并改编为警保处时，不少警保处长不是安排军统分子，而是给了转业的高级军官。以后唐纵兼任国防部保安事务局长时，他也只挑了赵世瑞等几个军统的人到这个局。至于那些大城市警察局长的更换，都得由蒋介石亲自决定，郑介民、毛人凤既不便越过唐纵而直接找蒋介石，唐纵也不肯为保密局力争。本来戴笠早在抗战期间便对一些大城市的警察局长人选预作了安排，胜利后却都由蒋介石另行派定，如上海给了宣铁吾，北平给了陈卓。戴仅把天津警察局长抢给了李汉元。李汉元是替外国人当奴才、在天津租界干了十多年警察工作的“天津通”。南京的首都警察厅长这一职位，戴笠多年来一直是在培植着任建鹏。南京撤退时，任建鹏任首都警察厅保警总队长，他带着一批武装保安警察向重庆逃跑时，便把首都警察厅的印信带在身边。他到重庆后，改任内政部警察总队长，一直眼巴巴地望了八年，好容易等到日本投降，满以为可以出任首都警察厅厅长，结果蒋介石没有答应戴笠的要求，而把这一职务给了宪兵司令部参谋长韩文焕。任建鹏带在身边八年的首都警察厅印信，一次未用，便交了出去。戴笠为这事难过极了，勉勉强强地为任争到了个汉口市警察局长的职务。这几个大的警察局局长的职务，直到 1948 年以后，才慢慢地落到军统特务手中。北平归了杨清植，上海解放前给了毛森。南京警察厅却始终没有轮到军统。

保密局所控制的第二个公开机关，是交通部的全国交通警察总局，这个局先后由吉章简、周伟龙、马志超任总局长。局里的成员，大都是从原军委会水陆交通统一检查处、军委会别动军司令部及忠义救国军等单位凑合来的，基本上还能接受保密局的领导。当时几条铁路的警务处长，如京沪、沪杭甬的王兆愧，平汉路的朱若愚，北宁路的吴安之，陇海路的程一鸣，津浦路的贺元，粤汉路的张辅邦，湘桂

路的史铭，浙赣路的毛万里，晋冀路的李希纯，成渝路的曾晴初（当时成渝铁路还没有动工修建，却先成立了铁路管理局和警务处等机构），滇越路的田动云等，都是老军统。公路方面，除了公路总局的警稽室由刘子钦、蔡慎初先后当过主任外，各地公路局的警卫稽查组、各运输处的警稽室以及招商局（水运）警稽组（组长石仁宠），也都由军统特务控制。这个局收容了所有的特务武装部队，改编成了20多个交通警察总队。

按照过去军统局的传统，国防部第二厅也应由保密局控制。郑介民是以保密局局长兼二厅厅长，照理也不应成为问题。可是他本人经常不在南京，二厅副厅长侯腾不但不是军统，还想独树一帜，不愿接受保密局的领导。郑介民兼厅长时期，侯腾表面上还敷衍一下，等到郑介民被免去保密局局长和二厅厅长改任国防部次长以后，侯腾当了二厅厅长，情况马上改变。不仅保密局不能再控制二厅，侯腾还想把原来在二厅工作的军统分子慢慢排挤出去，在搞军事情报方面与保密局分庭抗礼，自己把持军事情报，而让保密局专搞党政情报。毛人凤自己也很清楚，保密局在军事情报方面抢不过二厅，但他不肯放弃这一项工作，便暗中指使还留在二厅系统内工作的军统分子，继续保持与保密局的关系，并尽力设法和侯腾捣乱。直到逃台前，彼此还在钩心斗角，互相倾轧。

当时保密局控制得最多的单位是各地的稽查处，这是从抗战胜利后便在各大城市中首先抢到的公开单位。如上海淞沪警备总司令部稽查处长程一鸣、南京卫戍总司令部稽查处长何龙庆、北平警备司令部稽查处长倪超凡、天津的陈仙洲等，都是由戴笠亲自安排的，以后一直掌握在保密局手中。至于原来大后方的一些地区如重庆、成都、西安、兰州等处，也一直没有变动，仍由保密局掌握。另外各大城市的侦缉大队或刑警处，也都掌握在保密局手中，如北平刑警大队长李连福、上海刑警处长廖公劭、重庆刑警处长谈荣章等都是军统分子。

保密局在各地掌握了稽查处和刑警处这两种公开特务机关后，对逮捕、搜查、监禁等方面的活动，仍有很大的方便。毛人凤也特别重视这些单位，掌握以后死不肯放手。1947年重庆警察局长施觉民，曾在蒋介石侍从室干过，自恃来头大，不买保密局的账，把军统派在该局的刑警大队长撤下来，用自己的亲信何某继任。毛人凤表面上虽同意了，暗中却指使在重庆的特务进行捣乱，几个月时间里连续发生了一些奇奇怪怪的案件，使何某无法破获。施觉民只好将刑警大队长又让出来，请毛人凤派人去担任这个职务。

当时干这些刑警工作的特务们，不仅本人大多是帮会流氓头子，同时还掌握有一大批各种门道的小偷、扒手、惯窃。他们对有权有势的人丢失东西，能在两三天内清查出来，原物奉还;而无权无势的人被偷窃后，任你怎样去要求也不会破案，纵然破获了，东西也不能全部清出。保密局要掌握这些单位，主要是利用这些机关任意搜捕，对一些没有证据的政治犯，可随意捏造罪名，栽上伪证，把人抓起来。

另外，在保密局控制下的还有兵工署的稽查处。这个处成立于抗战初期，原来叫警卫稽查处，胜利后仍旧保留下来，改名稽查处。保密局内部却称它为兵工稽查处，以区别于各地警备司令部稽查处。这个处是专为防止共产党在各兵工厂的活动和镇压各兵工厂的工人而成立的。国民党把所有兵工厂的工人列为现役军人，不准组织工会，对待兵工厂的工人动辄以“军法从事”，这个处便是专门担任监督工人活动的。各个兵工厂都设有警稽组和警卫大队，抗战期间由张师当处长，胜利后由廖宗泽当处长。这两人都是中共叛徒，自认为懂得共产党的一套，但是，他们除了迫害过不少工人外，始终没有在哪一个兵工厂中清查出中共的组织。

保密局的外围组织，最大的一个要算“中国新社会事业建设协会”了。这个组织是由抗战时期戴笠所主持的“军事委员会人民动员委员会”扩大起来的。戴笠野心很大，想把全国的青帮、洪帮、袍哥、哥老等组织统一起来，由他领导，以加强军统的外围力量。当时被邀请参加这个组织的委员有杜月笙、向松坡、梅光培、刘治陆、杨庆山、杨虎、陆京士、石孝先、田得胜、范绍增、冯什竹、唐绍武、徐亮等人。1946 年在上海静安寺路丽都花园开成立大会时，各路丑类代表均赶往参加，即使在旧社会，也是少有的盛举。戴笠死后，这个组织改由军统大特务徐亮负责主持，于是情况发生了变化。徐领导不起来这个组织，特别是在发展组织时，遭到了 CC 和政学系等各方面的攻击和阻挠。主要原因是他们害怕保密局掌握了各地帮会组织之后，对选举国大、立委等起操纵作用。郑介民和毛人凤看看风头不对，不愿为这事开罪于各方，这个组织便无形中停止了活动。

保密局在工作上除了继承军统的全盘业务外，还学会了美帝一套造谣宣传的办法，并在第二处设立了一个心理作战科专门主持这项工作。属于这个科领导的外围机构和组织，主要的是南京大同新闻社。这个社由军统老特务刘启瑞任社长，军统息烽特训班毕业的特务丁匡华任编辑主任，专门制造对中央、苏联及社会主义国家的诬蔑材料。这个社的外勤记者到各处去活动时，并不是采访什么新闻，而是假借记者身份从事特务活动。它的稿件来源是由心理作战科供给，通过它发出去。心理作战科的稿件，是从接近解放区的特务发回的情报中摘录一点半点，加以颠倒黑白，胡乱编造而成的。

当时在武汉还有一个汉潮通讯社，也是搞这些把戏的。另外在上海、东北、重庆、贵州以及昆明等许多地方，也都先后办过一些这类通讯社或报刊，其中最无耻的要算在重庆办的《新华时报》了。

当时中共在重庆发行的《新华日报》深得各方人士的赞扬，政治影响很大，特务们虽曾在几年中夜以继日地想方设法扼杀它，用尽了一切卑鄙伎俩，采用过打报馆、殴报童、拒绝传送。邮局查扣等手段，这张报纸始终没有被破坏掉。相反，越是这样，爱看的人越多，越是相信这张报。在无可奈何之下，重庆警察局刑警大队长（以后改刑警处，任处长）谈荣章，便自告奋勇，向保密局建议，以报纸对报纸，和中共作宣传上的斗争。毛人凤马上批准了这一建议，并允许给以财力、物力、人力的支持和稿件的供应。为了报纸的名称问题，特务们曾绞尽脑汁，最后才决定取名为《新华时报》，一想混淆视听，二想表明要与《新华日报》相竞争。谈荣章自任发行人，把他的老婆、军统黔阳特训班毕业的女特务薛树华捧出来当社长，以专门从事新闻界活动的陈 ×× 为编辑主任，还拉拢了一些无聊文人和漫画家。军统除先后拨给房屋外，还把原来四一印刷所的印刷机、工人等全部拨给他们，满以为凭这张报纸的发行，便可在重庆压倒《新华日报》了。

《新华时报》发行时，除了让各级大吹大擂一番之外，并由刑警大队的队员们分途到各商店去强迫商人、市民订阅。谈荣章为了诬蔑中共，特地派人到川西红军长征时经过的地方搜集所谓材料，把国民党军队追击红军时屠杀的大批无辜人民（连小孩在内）的坟墓掘开，将一堆堆的白骨摄成照片，颠倒黑白说是红军屠杀人民的证据。尽管他们费尽了心机，却根本不能达到预期的目的，看这张报的人越来越少，并且更加暴露了他们的丑恶嘴脸。

到 1947 年 2 月，重庆《新华日报》被迫停刊撤走的时候，谈荣章以警察局刑警处长的身份前往红岩村监督撤退工作。他这时得意极了，认为从此去了眼中钉。当他和《新华日报》一些工作人员谈话时，曾以极其傲慢的口吻表示今后还要在政治宣传上继续进行竞争，并以胜利者自居。当时《新华日报》一位工作人员回答他说："采用正当的方式进行竞争的话，共产党是绝对欢迎的。""我们暂时离开了重庆，不久还是要回来的。"当时我正有事去重庆，谈荣章把这一段情况告诉我，并且认为再没有竞争的对手了。谈荣章一方面希望拿这张报纸作敲诈的工具，借以发财；另一方面则用来为他老婆竞选国大代表当宣传工具，所以报纸越办越下流，最后强迫推销也销不出去了。由整张改成半张，仍然没有人看，到 1948 年便不得已而让它结束了。

保密局另一个外围组织，是从日本特务机关手中接收过来的东方经济通讯社。这个通讯社由邓葆光主持，专作经济情报活动，同时也对外发稿，并在北平、武汉、重庆等大城市设有分社，配有专用的无线电台，专门搜集经济方面的情报。他们还在北平办过一张《华北经济导报》，由秦 ×× 主持。

三、血腥毒辣的罪恶活动

保密局成立后的两三年中，在反共活动方面，毛人凤一直认为比过去军统局时期更有成绩。他最得意的是更加受到蒋介石的奖励，主要的有：

（一）1946 年在上海破坏过中共苏北地区的一个财经贸易组织，截获到一只小火轮和准备运往解放区的许多物资，逮捕了十多名地下工作人员。其中有在上海江海关工作的张渊、尹兰荪等，均被杀害。

（二）1947 年在北平破坏中共的地下电台，逮捕了地下电台的报务员李政宣和他的妻子译电员张厚佩，报务员孟良玉和他的妻子译电员李毓萍；同时还清理出地下党的重要骨干北平市地政局代理局长（原系该局科长）董剑平，北平贝满女中教

员田仲英，北京大学学生李恭贻等多人。当时对中共无线电台的侦测是靠密布在各大城市中的侦测电台来进行的。各地警备司令部稽查处的电检科，便是专门干这种活动的。它先把所有公开的无线电台的呼号、波长、通信时间等，作了详细的登记，侦测台一发现有没有登记过的电台发出的呼叫，便进行方向位置的侦测，慢慢由远及近地找出电台的所在地，即进行搜捕。

（三）由于北平地下电台的破坏，同时又在保定绥靖公署内清查出参谋处处长谢士炎、副处长丁行（两人解赴南京后，在雨花台被杀害），军法处处长王某以及绥署设计委员余心清等多人。通过这些线索，又在西安、兰州发现中共地下组织和电台。蒋介石得到报告时高兴极了，马上叫空军总部准备飞机，毛人凤派第二处处长叶翔之率领大批特务连夜飞往西安，又在盐店街奇园茶社逮捕到梅永和、赵耀斌等，还破获了一部电台，逮捕了十几个地下工作人员。当时连胡宗南的一个秘书和他所办的西北通讯社的一个负责人，都被牵涉进去，使得胡宗南大吃一惊。他真没有料到在他的身边也有共产党。当他听到叶翔之说兰州方面还有线索的时候，他马上叫叶翔之乘他的小飞机赶去，不料飞机在平凉上空发生故障，几乎把叶摔死。胡又请空军另派一架专机从平凉把叶送到兰州，又逮捕了尹家明等几个中共地下人员，一同由叶翔之带回南京。蒋介石除发给1万元奖金外，还特别发给叶翔之和北平行营电检科科长赵容德四等宝鼎勋章。这一案件还牵涉到东北行辕新闻处专员李年、沈阳防守司令部新闻处代理处长王书蘅，以及巩天民等。最后还发现连长期在蒋介石身边负责机要工作的陈布雷的一个女儿，也是中共地下党员，使得蒋介石大为吃惊和震怒。他一再责令毛人凤，务必竭尽一切力量，彻底清查打入各军政部门工作的中共地下党员，宁可错抓错杀，也不能放过一个。当时连毛人凤也感到棘手和惊异，有天中午，他在集合保密局处长级的特务们在一起午餐时，很感慨地说："我们这样抓、这样杀，还是有这样多的人敢提着脑袋闯进来，真不知是为什么？"当时在座的人谁也没有吭声。那些骑在人民头上过着花天酒地生活的特务们，怎么能理解共产党员那种为革命不怕抛头颅、洒热血，视死如归，敢于虎口拔牙的伟大精神呢！

（四）1948年，重庆绥靖公署二处处长徐远举与保密局重庆站长吕世琨密切合作，在重庆破坏了重庆地下党的《挺进报》之后，进而破坏了中共重庆市委组织。由于重庆市委书记刘 ×× 的叛变，使在重庆和四川其他地区的地下工作人员近百人被逮捕。毛人凤特别重视这一工作，又派叶翔之赶往重庆去主持，并把刘 ×× 带到南京，要他破坏中共长江局的组织。以后我由昆明到重庆，见到这个叛徒，他还准备和我一同到昆明破坏云南的工委组织。据他说，在云南工作的个别负责人，他还能认识，可以协助云南站进行这方面的活动。后来由于我去上海，回来后又去西北、成都，他没有和我一同去昆明。

毛人凤自从这件案子办完后，对徐远举加倍称赞，除给他请勋章、发奖金外，还决定成立保密局西南特区，派徐为区长，负责领导西南四省的工作，以便集中力量从事破坏中共地下党组织的活动。在这同时，毛人凤还把另一个中共叛徒王 × 派到西南特区当专员，协助徐远举。王 × 原为东北军区参谋处的科长，在四平街战役中被俘后叛变，曾在保密局特种政治问题研究组工作过一段时期。当时毛人凤希望王 × 对在四川方面捕获的中共人员进行说服，使之叛变，但无结果。早先刘 ×× 叛变后，受他领导过的许多人虽被他出卖，却不肯和他一样叛变组织出卖灵魂向敌人屈服。以后这些忠贞不屈的优秀党员全部于解放前被屠杀在渣滓洞看守所内。

1949 年 10 月底，军统在重庆市大坪杀害了中共四川省委蒲华辅，重庆市委王朴，以及涂孝义、刘国志、成善谋、邓兴邦等十人。接着又秘密在原中美所范围内岚垭电台旧址杀害了 30 多人，其中有江竹筠（江姐）。在 11 月 27 日大屠杀中被害的烈士有：许晓轩、陈然、何雪松、李青林、何敬平、沈迪群、张现华、杨翱、黄显声、李承林、韩子重、黎又霖、周均时、王白与、周从化、阎继民、张醒民等，加上原囚禁在新世界饭店的王亚细、艾仲伦、单本善、钟奇等，共达 300 多人。此外，他们还在成都十二桥杀害了许寿贞、杨伯凯、于渊、姜乾良、彭代梯、刘仲宣等 30 多人，造成了惨绝人寰震惊世界的大屠杀。

除去上述之外，保密局、毛人凤的罪恶活动还有很多。

解放前，民革在西南地区的武装革命活动，声势相当浩大。蒋介石对于民革在后方从事武装起义的活动，感到非常不安，也是防不胜防。他除了一面责成各地

驻军随时“进剿”外，并命令保密局尽力设法破坏和防止。西南特区从四川华蓥山区先后查获的民革武装组织的文件内，发现从事这些活动的主要人员中，有前国民党陆军大学校长杨杰，便准备把材料搜集起来，在重庆将杨逮捕进行审讯。因为杨杰在反动派部队内的人事关系很多，不少的国民党将领是他的学生，蒋介石认为如不除掉这个人，对国民党十分不利。

特务们除对杨严密监视外，还收买他的秘书，威胁一个准备嫁给杨的女护士为他们工作。以后杨杰发觉了，便秘密逃往昆明，托庇于卢汉。但是蒋介石并不因杨杰离开重庆而放过他，便叫毛人凤再三命令我（当时任保密局云南站长）在昆明将杨暗杀，以除心腹之患。由于种种关系，我迟迟没有执行。1949 年 9 月，杨杰由昆明逃香港。毛人凤发现杨在香港的关系后，便派叶翔之率领特务韩世昌等六人由台湾出发，将杨刺杀于香港。但是西南地区的民革武装并未因此而停止活动，相反，却越来越活跃。毛人凤为此挨过蒋介石好几次臭骂。

毛人凤在搞策反活动方面，也曾费过不少心思。保密局第二处专门设有策反科，幻想对解放军及起义的部队进行策反活动。除了在开封、郑州、青岛等处设立有策反站外，第二处还派副处长黄逸公随同保密局设计委员会主任张严佛到武汉“和平爱国团”去挑选人员，秘密进行训练后派往接近解放的地区去从事阴谋活动。“和平爱国团”的成员，都是被俘的解放军军官和文职人员，保密局从中挑选人事关系较多的人带回南京，施以训练再派出去活动。但是，这些人被派出去后，从来没有把解放军部队策反到国民党这边来。

在策反工作中，毛人凤极力在蒋介石面前争功的是策反郝鹏举的事件。当时很多方面都在进行这一活动。薛岳说是他一手搞成的；毛人凤却硬说是由于他通过吴化文的关系起了决定性的作用。等到吴化文起义后，毛人凤满以为有把握再把吴策反过来，结果空夸了一顿口，给蒋介石骂了一顿。

保密局在进行策反工作中，还弄过许多次赔本生意。如对河南军区牛子龙的策反，便把派去的人和电台一起送掉了。牛子龙曾在军统中工作过，因发现他有同情中共的言行便把他扣押在军统西安西北看守所中。牛在看守所内联络了几个心腹人员，趁看守人员不防备时劫夺警卫枪支，击毙几个看守，逃出监狱，投入解放军。毛人凤以为凭过去关系，只要不追究他越狱的罪行，允许给以官位金钱，便可把他策反过来。结果等到把人和电台派去后，便一去不复返了。这类的事虽然有过好几次，但毛人凤并不死心。他总认为只要成功一次，便能一本万利。直到 1948 年冬，他还在积极搞这些活动。到 1949 年后，他再也不愿在这方面花气力了，他知道大势已去，谁也不会再弃明而投暗。

派特务武装进攻解放区，到保密局时期，有了新的发展。这时由于蒋介石发动了全面内战，郑介民和毛人凤便一批又一批地把所掌握的交通警察总队调往各个战场，直接参加反人民战争。最初毛人凤担心这些部队不能作战，在阻止解放军解放大同和包头的两次战役中，他发现特务武装发挥了一点作用，便越来越胆大起来。可是等到张国梁、熊剑东等几个总队被解放军全部歼灭以后，毛人凤既感到非常心痛，又有些恐慌，但是蒋介石为了垂死挣扎，还是不断地把这些部队投入战场。在上海外围战争中，第二、第五、第六、第十一、第十二、第十五、第十八以及水上总队都投了进去，结果除两三个不完整的总队由他的亲信周文新带往台湾以外其余几乎全部被歼，最后剩下的残余部队，也在代指挥李铁夫率领下放下武器，投向了人民。

在 1949 年初任交通警察总局长的周伟龙，个人野心一向很大，他用尽一切方法，特别是通过和毛人凤老婆向影心的勾结而抢到这个职务后，不愿再听毛人凤的指挥而独树一帜。他最反对把交警总队投入前线作战，而希望多保留一点实力。那时唐生明在湖南暗中策反国民党武装部队，和周取得联系之后，周便设法把交警总队慢慢抽调到湖南去集结，先后调去了王春辉等六个总队。当他还想抽调派驻在奉化担任蒋介石的警卫部队时，被毛人凤发觉，立刻向蒋介石报告，将周伟龙在上海国际饭店内逮捕。在搜查出的信件中，发现他与唐生明有往来。毛人凤原来准备马上逮捕唐生明，后来因为湖南正在酝酿和平运动，便改派特务孙坤、焦玉印等前去长沙暗杀唐。特务们曾在唐的寓所附近向他放过一枪而未击中。等到程潜率部在长沙起义后，原来在湖南工作的张严佛、刘人奎、刘人爵等都参加了起义。毛人凤怕其他特务效尤，便令焦玉印等把参加湖南起义后临时担任长沙警察局局长的刘人爵暗杀于长沙浏阳门正街二十二号家中。凶手逃出后，改派到云南工作，他们曾向我

谈到过这一经过。

在解放战争期间，为了镇压各地民主爱国运动，保密局特别举办了两次司法人员训练班。这个训练班之所以设立，主要是研究国民党的宪法颁布以后，保密局怎样表面上不违背宪法，又能随心所欲地贯彻军统的意图，逮捕革命人士，阻止人民的活动。因此这个班成立后，司法人员莫不背地里叫它“违法训练班”。到1948年初，蒋介石颁布了“特种刑事法庭组织办法”，一脚把宪法规定的保障人身自由等假东西踢得干干净净，这时候特务们额手称庆，才不再研究要“宪法”幌子的手段，而依旧毫不掩饰地按照原来的一套进行逮捕、搜查、审讯等危害人民的勾当了。

保密局在解放战争期间，除了直接干出许许多多破坏中共组织、屠杀中共党员、镇压民主爱国运动、大批逮捕囚禁革命人士以及在各大城市进行大破坏大屠杀等罪恶活动外，对解放地区的情报工作一直无法开展。毛人凤为此经常遭到蒋介石的责备，他每次被训过一顿后，便照例对外勤各单位也来一次指示和训令，要求各单位务必切实设法加强这方面的工作。

我记得当时毛人凤认为这项工作做得比较出色的，是天主教神父雷震远领导的华北工作督导团。他们利用天主教的关系，指使在解放地区或接近解放区的教徒从事这方面的活动，搜集到不少东西，往往比许多接近解放地区的省站所得到的情报还要多几倍。

在胡宗南攻占延安后，保密局为获取情报，立刻在延安成立了小组，派崔毓斌担任延安的稽查处处长。蒋介石这时急于要知道毛主席、中共中央与八路军总部的所在地。他指示毛人凤，要不惜花费最大的人力和物力，不管付出什么代价，都要设法把中共领导人的下落弄清楚。那几天蒋介石天天问毛人凤有什么情报没有。可是稽查处除了在延安附近抓到几个没有法子走动的老病残废外，再也没有找到一点旁的线索。毛人凤也急得不得了，认为这是活捉中共领导人的大好机会，他一再严厉地要求陕西省站务必加强延安组的工作，无论如何要满足蒋介石的这一要求。这时胡宗南也打电报给毛人凤，要他特别加强这方面的活动。毛人凤被弄得寝食不安，天天在会餐时谈这个问题，不断地用特急电报指示陕西站。他非常生气地说：

“我们的工作没有法子配合军事上的胜利，辜负领袖对我们的期望。这种千载一时的好机会都放过了，实在太说不过去。”直到 1949 年 10 月，毛人凤在和我谈到这项工作时，他也不得不承认，在和中共作地下斗争中保密局是失败了。

毛人凤从保密局成立开始，便想走戴笠的老路，希望得到美帝的直接支持，与美帝特务们再来一次合流。戴笠死后不久，原中美所副主任美特头子梅乐斯特地从美国到南京吊唁他这位朋友时，毛人凤便有过这种表示。梅乐斯当时曾答应在对付共产党问题上再尽一点力气。后来美帝为表彰协助中美所工作的军统大特务，特别发给郑介民、唐纵、毛人凤、潘其武、李崇诗、陶一珊等六人每人自由勋章一枚，郑介民和毛人凤都在欢宴美帝授勋的专使宴会上，再次表达了他们希望美帝支持的愿望。但是中美特务合作事，以后不知道什么原因，一直迟迟未曾实现。直到大陆全部解放，保密局逃往台湾，美帝特务才姗姗而来，成立了一个中美办公室，由曾任中美所总翻译的刘镇芳担任主任。美帝方面派了过去在中美所工作过的 20 多名美特来到台湾。

1948 年秋天，蒋介石特准保密局增加 2880 人的编制和预算。这 2000 多人，大部分配备在新成立的技术总队里，由杜长城任总队长，专门从事各大城市临解放时的破坏活动。技术总队成立前，在苏州办过一个爆破人员训练班，专门训练了三个多月。这个总队除了参加为阻止解放军渡江而在江里布置水雷和在江岸布置地雷等活动外，还参加了南京、上海撤退前的大破坏。在重庆撤逃之前，保密局在重庆成立了一个“破坏指挥部”，也叫“破厂办事处”，下设参谋、技术、运输三个组，专门破坏重庆的兵工厂、发电厂、仓库等。抗战期间，国民党先后在重庆及附近各县建立过十来个兵工厂，蒋介石怕这些工厂落入解放军手中，便决定叫毛人凤派人进行彻底破坏。这个指挥部由兵工署稽查处长廖宗泽及保密局西南特区区长徐远举等负责主持，由杜长城率领技术总队特务们担任技术方面的工作，于 1949 年 11 月，先后将大渡口钢铁厂与长寿龙溪河水力发电厂及南岸鹅公岩等兵工厂的重要设备一一予以破坏，当时有不少工人在护厂工作中壮烈牺牲。当解放军越过贵州而直向重庆挺进时，毛人凤还叫杜长城派人去破坏綦江大桥。当装满炸药的两部卡车和大批特务赶到綦江时，大桥已为解放军先头部队所占领，击毙了两个特务，其余的

特务们弃车狼狈逃回。最后他们决定破坏重庆大溪沟发电厂，但全厂工人一致起而保护，进行了顽强的斗争，特务无法把炸药运进厂去，重庆发电厂才得以完整地保留下来。广州解放前，毛人凤又派这个总队的人员去广州把珠江大桥炸毁。他们还在香港把即将开往解放后的上海的轮船泽生号炸沉。陈诚看到这个总队在破坏方面很能起些作用，便叫毛人凤把它全部划归他指挥，改为东南长官公署技术总队，并特别准许这个总队的特务2000多人全部去台湾。

1948年冬天，保密局还准备成立一个和技术总队一样庞大的行动总队，以加强对后方各大中城市风起云涌的民主爱国运动的镇压，专任逮捕与屠杀爱国人士的工作。蒋介石批准了毛人凤这一计划，同意再增加2000人的编制和预算。毛人凤便于11月初调我到南京接替叶翔之，在准备布置暗杀李宗仁的同时，还要我筹备成立这个总队。我从人事处提供的几百人当中，挑选出不到50人，因大多数不适宜于担任或不愿担任这项工作。

当时一些大特务因为对战事发展的前途感到悲观失望，不少人发生动摇。早在1948年春天，便发生了情报处处长何芝园请长假去台湾想改行当商人的事。毛人凤虽大骂何芝园为“胆小鬼”，也没有法子把他留下来。接着上海市警察局副局长张师也请求辞职去台湾，想去办农场。消息传开以后，有钱的大特务打算自己事情的就更多了。他们想早点离开大陆，纵然不能去海外当寓公，也希望先到台湾去。

毛人凤感到最吃惊的，是上海救济总署汽车总管理处处长余乐醒（又名余增生），竟和中共地下党发生了联系，在他住的愚园路家里竟掩护了地下党一部无线电台。毛人凤非常害怕军统特务弃暗投明，决心要捕杀余乐醒，以收杀一儆百之效。当他命令上海稽查处的特务去逮捕余的时候，该处科股长一级的特务大都是余的学生，便暗中打电话通知他逃走了。毛人凤大发脾气，把稽查处长黄加持痛骂了一顿。

上述情况的不断发生，对一些中下级的特务也有很大影响。所以，有些我认为很适宜干行动工作的人，这时也都在推三推四不肯再担任这项工作。后来人事处告诉我，上海和苏州还有一批没有工作的人，叫我去挑选一下。我到上海找他们谈话，又大多希望去西南等后方地区工作。我看到这情形，苏州也不想去了，便回南京，专门布置暗杀李宗仁的事，成立行动总队的事便被搁了下来。

但是在南京准备撤走之前，毛人凤还布置过一次大逮捕。当时他得到蒋介石的指示，南京临解放还不走的军政大员，一定是想在解放后投向共产党，除了先劝他们早点离开外，到时不走的便一律逮捕起来。当时南京卫戍总部稽查处和首都警察厅刑警总队都接到这一命令。可是等到保密局逃离南京而分别在上海、福州成立办事处，并准备向台湾迁移时，南京方面留下的大特务都纷纷做自己逃跑的准备了。他们一则怕解放时逃不掉，一则怕李宗仁上台后桂系特务要逮捕他们。所以等到蒋介石宣布引退后，大特务们便抢着向上海逃跑，毛人凤想制止也制止不住，他的搜捕计划，也没有实现。

我从南京带着搞行动工作的特务和一大批武器到上海后，问毛人凤这批武器怎么处理？他告诉我，除了我愿带去昆明的一部分外，其余的要我设法储存在上海，准备在上海解放后拿出来使用。我根据他的指示，买了大小棺材各一口，运到南市保密局在上海的一个临时看守所内，叫人把大棺材后面的木板取出，改装成比较容易开启的小门，把十挺汤姆生机枪装进去，每挺机枪配足两梭子子弹，装好后用大钉将棺盖钉好，雇一辆卡车将这口大棺材装上，送往停厝灵柩的四明公所内，付了两年的停厝费用，然后拿出一块写有“汤吉祥老大人灵位”字样的木牌钉在棺材前面，意为汤姆生机关枪。这种专门停放死人棺木的地方，白天很少有人去，夜晚更没有什么人去，所以取存武器是比较理想的。在小棺材里面，我装了 20 支毛瑟和勃朗宁手枪，于第二天另雇一辆小车，送往虹桥飞机场附近一个乱坟山埋好，立一块石碑，上镌“小女毛玲之墓”，意即毛瑟、勃朗宁。一切安置妥当后，把附近的地形、方位、道路等拍成照片。剩下的十支驳壳枪则装在一个大木箱内，辗转托人用“德记”五金店名义存寄在十六铺一个仓库内。当时我把这些储藏的地方告诉了毛人凤，并把照片、收据等交给了他。解放后，我向有关方面交代出上述情况后，不久他们告诉我，只有存放在仓库中的那些枪弹取出来了，停放大棺材的地方已改成工厂厂房，没有人认领的棺材都埋掉了；埋小棺材的坟地已改成菜园，找不到“毛玲之墓”了。

上海解放前，毛人凤还让特务进行一次大屠杀、大破坏、大抢劫。上海警察局长毛森执行毛人凤的屠杀政策，先后杀害的革命人士，我现在还能记得姓名的计有：解放军京沪特派员刘钧成，参谋黄培中，联络员陈玉山，情报组组长张伟，谍报员杨剑民，另外还有第九分区参谋汤新民等五人。毛森杀害的爱国民主人士有：民革南京分会主任委员孟士衡，宣传委员吴士文；此外，一个原来是国民党的宪兵，担任了民革交通联络员的肖俭魁也一起被杀害了。还有一些其他民主党派的人士，如陈惕卢、张达生、方志农、朱大同、王文宗等几十人。中共地下党员被捕杀的有近百人。一些贩卖银圆的，也以破坏市场，为共产党执行地下活动等莫须有的罪名杀了十多个。后来在宋公园等处公开杀害的，已见当时报纸的，就不一一列举了。总之，上海解放前夕被特务杀害的人很多，无从估计。

对于破坏上海公用建设的工作，则因汤恩伯还准备在上海与解放军进行巷战，没有进行。解放后才派飞机去轰炸杨树浦等发电厂。

最使毛人凤不满意并感到遗憾的，是他抢劫勒索的计划没有实现。1949 年 10 月，他在昆明和我以及徐远举等谈到这件事的时候，还在大骂上海稽查处长黄加持太不中用，没有听他的命令。原来在上海被包围时，他就要警备司令部稽查处做好抢劫的准备。他认为东西不抢走，反正会落到共产党手中。在他的计划中，至少可抢到几万两黄金和大量美元，足够保密局一两年的经费。由于黄加持的准备工作事先做得不周密，不但有钱的资本家都躲起来找不到，他们的钱放在什么地方也弄不清楚。结果除了特务们各显神通自己趁机抢了一些外，有计划的大规模抢劫却没有能实现。

南京、上海解放前后，保密局秉承蒋介石的命令，对革命人士和无辜人民的杀戮，发展到了更加骇人听闻的程度。这时蒋介石对毛人凤的指示是："过去由于我们杀人太少，对一些反对我们的人没有杀掉，所以使得越来越多的人不再怕我们。今后只有多杀掉一些，才可以挽回这种不利于我们的局面。"毛人凤忠实地执行蒋介石的这一指示，向保密局的大特务们再三说明这种办法是最英明的，要求特务们都要重视，所以越到后来便越杀得多越杀得残酷。

我于 1948 年冬在南京时，正赶上蒋介石叫毛人凤派人去北平暗杀奔走和平的何思源。毛人凤找了主持这项业务的第二处处长叶翔之，还有特种技术研究组主任刘绍复和我，四人前后研究过两次。原来准备等何出门时，在他住宅附近用手枪暗杀他，但是考虑到那样做，凶手逃走不容易，以后才决定用定时炸弹放在他住宅内，炸弹爆炸后凶手可以从容逃走。毛人凤为了慎重起见，特别叫叶翔之亲自率领四名特务乘飞机赶往北平，事先并通知当时还留在北平的特务协助进行这一工作。后来没有炸死何思源先生而误毙其女儿后，蒋介石非常生气，指责了毛人凤一顿。毛人凤便埋怨叶翔之没有照他的意思在路上狙击，因考虑凶手的安全而误了大事。毛人凤说，牺牲个把人换一个何思源总是值得的。

1949 年，张治中、邵力子、刘斐、屈武等到北平不愿再回去时，蒋介石更是恨到了极点，叫毛人凤一定要设法杀掉一两个。可是在这时候，毛人凤也感到无能为力了，但是他又不便拒绝接受蒋的命令。直到 1949 年 9 月，他去昆明时还和我研究怎样有把握地去进行这一工作。当时还有两个在保密局专干暗杀工作的人，由我从南京带去昆明。毛人凤还问过他们，在北平有什么社会关系。他们也认为去北平无把握，才没有叫他们去。毛人凤在谈到这个问题时还一再说："老头子对于没有杀掉这几个人很不高兴，每次问到我时，我总是说还在准备，现在越看越没有办法了。"说到这里时，他叹口气说："现在我们的工作也越来越不行了！"尽管如此，这年秋天，蒋介石还是命令毛人凤制造了惨绝人寰的大屠杀。

蒋介石首先叫毛人凤在重庆杀掉囚禁多年的杨虎城将军，全家一个不留。10 月他又叫毛人凤把在西南地区捕到的共产党员 32 名，杀在重庆中美所东面原来军统局岚垭电讯总台附近。在重庆临解放前，他叫保密局把囚禁在中美所内白公馆和渣滓洞两个看守所以及重庆卫戍总部保防处小梁子新世界饭店看守所的三批人士一起杀掉，总共 300 多人，是为"一一・二七"（11 月 27 日）重庆大屠杀案。

在执行这次大屠杀之前，蒋介石指示毛人凤：抓到的中共党员、民主人士和嫌疑犯都要杀掉，连原来保释出去的共产党员都要一样杀掉。当时重庆市长兼卫戍总司令杨森的侄女共产党员杨汉秀，本来已由杨森保出去，也由警察局刑警处长张明选，亲自带领特务将她杀死在歌乐山一个碉堡内。囚禁在白公馆内的 30 多人，系由军统局息烽监狱移送去的，大都关了七八年或十来年。如张学良将军旧部副军

长黄显声，便关了十多年；还有四个中学生，是抗战期间误入中美所范围，被指为中共嫌疑犯，关了十多年，也全部被杀掉。不仅如此，毛人凤叫保密局法官徐钟奇清理白公馆人犯时，连临时囚禁在里面的军统老特务、警察局刑警处督导长陈为城（因违犯军统纪律，平日关几个月就可无事），这次也一样签请枪决，蒋介石照样予以批准。

大屠杀是从 11 月 25 日开始的，先杀白公馆的人犯。为了避免引起附近渣滓洞看守所内人犯的惊慌，决定使用刀和手枪。当天上午第一个把黄显声将军叫出来，骗在离白公馆半里路左右的步云桥附近的山坳中，趁黄在走着的时候，由凶手从后脑射入一弹毙命。其余的人也是一个个骗出来，到步云桥附近山沟内用刀砍死。女共产党员黎剑霜在狱中生有一个小孩，当时还不满周岁。她被骗出时，进入刑场看到那么多尸体躺在血泊中呻吟，自知难免，便请求保留孩子，结果被凶手将孩子夺去摔在地上。黎扑向凶手拼命，被旁边另一凶手拦腰一刀，砍倒在地，但她还挣扎着爬到小孩身边抚摸摔得半死的孩子。当天，30 多人被这样一个个骗出去杀掉后，看守所所长陆景清马上找毛人凤吵着要立刻飞往台湾，连他也感到害怕起来。他说：“我们这样杀人，将来被共产党抓到后，还能活着出来？”

囚禁在新世界饭店看守所的近百人，都是在 1949 年被捕的，其中大多是嫌疑犯，据说被判处死刑的 30 余人中，只有少数如王亚细（女）为共产党员。这时根本不管谁是不是共产党，由毛人凤通知杨森全部杀掉。这批人于 26 日解到中美所内执行了。当时特务们骗他们是换一个地方囚禁，这些人都带着行李，但一到缫丝厂刑场，看到新掘好的大坑，也都明白自己已无生路，不少人便在临刑前高呼共产党万岁！在一阵乱枪中，他们结束了生命。有的还没有击中要害，也被抛入坑内活埋。

27 日，在屠杀渣滓洞看守所内 100 多人时，是把所有监房房门加锁后，由门窗洞口用汤姆生手提机枪向内扫射。经过一次两次扫射之后，再洒上汽油连房子一起焚毁。少数没有被枪打死的，也都烧死在里面。这个看守所内囚禁的人，大都是 1948 年到 1949 年间由保密局西南特区和西南长官公署第二处所逮捕到的共产党员及民革、民盟人员，其中大多数是经过种种威逼利诱而不肯变节投敌的好同志。

渣滓洞看守所所长李磊于重庆解放前逃逸。另一些特务在中美所内屠杀完毕后，在保密局总务处长成希超指挥下把几座盛满武器和器材的大仓库纵火烧毁后才逃出。

在成都，毛人凤通知四川省主席王陵基，把四川特种会报所逮捕到的中共党员和民主人士十多人，一起枪杀在成都十二桥。毛人凤原来还准备把昆明逮捕的400多人，也要杀一大批，由于卢汉先生坚决不同意才没有杀成。这使他认为是最大的遗憾。

从1948年开始，保密局的阴谋措施，主要还有以下的几项。

第一是搞潜伏布置。1948年以前，保密局的企图是派遣特务进入解放地区建立组织，结果屡遭失败，经常受到蒋介石的责备。1948年以后，由于一些原来控制在国民党手中的大中城市不断被解放，才采用预先布置潜伏组织的办法，准备解放后立即开始继续活动。当时对潜伏特务组织的布置办法是，在南京成立了一个全能训练班，由电讯处长杨振裔主持，加紧培训一批所谓全能情报员。这个班的成员都是受过无线电收发报技术训练，能够独立担任无线电报收发工作的报务员，施以搜集情报的训练后，派到前方各大城市居住下来，让他们先找好掩护的职业，不与原来保密局的站组发生横的关系，直接由保密局潜伏布置组领导。

以后又采用双层布置，在各大中城市中又吸收了一批新的人员。担任这项工作的条件是，要有一个正当的职业，例如医生、护士、教员、会计师、工程师等。他们当中，以既要与特务有一点亲友关系，又没有被人发觉与特务有往来的为最适宜。每个大城市都准备设立一个或两个这样的组，组长一般由军统特务没有暴露身份的人担任。每组设一部或两部电台。潜伏特务的待遇是以黄金计算，比一般特务要高出几倍。组长如兼电台报务员，每月连房租等津贴可得黄金二两左右。在快解放的地区，可以一次发给半年或一年的经费。一般组员每月待遇是从黄金三钱到五六钱。在没有解放时，只做一些准备工作，而不正式活动。潜伏组主要任务是解放后搞情报。蒋介石最希望这些人能在解放后混入政府机关去工作，特别希望能混入到共产党里面去。所以这些特务平日表现得很左，工作也很积极，因为只有这样才能取得信任。

保密局还布置一些潜伏在解放地区的个人，专搞破坏工作和进行造谣等活动。

这些人一般都是个人活动，并不结成小组，也不配备电台，而是靠个人去作反革命活动，与潜伏组不发生横的关系。潜伏组所用的电台，一般是两瓦半的美造特工机，利用种种方法掩护起来。有的装在办公桌抽斗的后半部，有的装置在收音机、留声机、台灯等里面。电池一般也配给半年到一年。当时反动派的估计，不出一年，所有被解放的大中城市，便可以由于美帝的直接帮助而次第收复，所以都是作最久一年的打算。

西南方面的潜伏布置，一直到1949年4月以后才正式开始。这年3月间，我到重庆参加毛人凤召集的西南、西北两地区的负责人会议。会后，我奉派去上海找保密局办事处领取经费，回来时才带回西南地区布置潜伏组织的指示和各项规定。那时，他们认为西南还可以作为反攻基地，短期内不至于解放。但到这年夏天，他们感到连西南也不易保得住，才匆匆派出保密局潜伏布置组第二科科长任鸿传赶到重庆，由他兼任西南特区潜伏布置专员，指导各省站协助布置。

任鸿传和重庆站站长李修凯，先在重庆及川东等地进行布置后，7月间才到昆明，在昆明布置了一个潜伏组和一个独立潜伏台。潜伏组由我找人介绍了两个医生，一个叫明绍武。任鸿传知道明绍武想开设一个私人诊所，便一次答应给他1000元云南半开硬币。当时毛人凤是想用重金来搜罗这种人才，使他们解放后能为国民党效命。任鸿传只匆匆把昆明布置好以后便去贵阳。按保密局规定，在云南除昆明应布置一两个组外，还要在保山、昭通各布置一个组。当时因交通困难，任鸿传不肯久待，便先走了。

9月间，毛人凤感到西南地区潜伏组的布置还不够理想，加上华北、华东、华中的一些潜伏组在解放后陆续被破获，为了加强西南地区的布置和恢复解放区的组织，又在重庆缫丝厂内成立了一个全能情报人员训练班。这个训练班由毛人凤兼主任，王蒲臣任副主任，准备训练几百名潜伏特务派往各地。但开始训练不久，解放军已向西南进军，这批人员还没有训练好，便只好迁往成都，结果在路上便弄得七零八落。到成都后，知道已没有时间从容进行训练，才把这批人编入交通警察第一旅何龙庆部队中，准备让他们去打游击。

保密局在进行潜伏组布置的同时，还作了一些专门准备在解放后的大中城市中搞暗杀和破坏的部署。别的地方我不清楚，只了解在上海方面的一些情况。这种部署的办法是，先把手枪、爆炸物品预先存放在可靠而容易取出的地方，不要放在担任破坏暗杀等工作的人的家里，需要时临时派人去取。

第二是搞还乡运动。1949 年春天，当全国大部分地区被解放后，从各地逃出的特务大批向后方逃窜。他们多年来听到蒋介石的欺骗宣传，没有一个不害怕异常，不少人都希望早点去台湾。毛人凤看到这种情况，便向蒋介石请示办法，得到的答复是除少数大特务有必要时才准许去台湾外，其余还应留下来继续与共产党斗争到底。毛人凤根据这一指示，3 月间在重庆召开了有西南、西北、广西、湖南等省的负责特务参加的会议。毛提出这样一个办法：各人返回自己的家乡去进行个别的活动，在地方上设法立足生根。

这个办法一方面可以大量派遣特务到各个角落去继续从事反共活动，同时又可以减少拥挤在后方城市的待命人员，实际上是不想再负责安置他们的工作。因为地区一天天缩小，人一天天增多，实在也没法安置。这种一举数得的办法，蒋介石很为赞许。

毛人凤在宣布这一办法时，要求这些从事还乡运动的人，要在自己家乡坚持一两年，要他们相信蒋介石不久便可在美帝帮助下率部卷土重来，只要忍受一个短时期，便可得到重用。毛人凤还指示他们回到解放地区，或将来被解放后，可以坦白向共产党交代自己过去的历史，不必隐瞒身份；但有一点要注意的是，不准交代组织，特别不准检举其他特务，不准揭发别人罪行。如果不遵守这一规定，不但将来要处分，甚至当时就要派人进行纪律制裁。毛还告诉这些人，可自首交代一些历史上的人，以便进一步取得信任。如果能够在机关中得到工作，那时自然会派人去联系；没有联系到以前，可以相机行事。自己有把握的破坏活动，一定要进行，成功后逃到后方或台湾可以受到奖励。回到没有解放地区的人，要先立下足来，设法掌握地方团队武力，有把握时可以参加打游击；等到解放时，如果没有办法，可以参加起义，以便混入解放军部队去。

毛人凤的这些办法虽然想得很周到，要求也不很严格，但愿意从事还乡工作的人却寥寥无几。这些人对共产党的恐惧没法消除，都怕返回已解放的地区。因为

国民党一方面尽力宣传诬蔑解放区如何杀人，另一方面又鼓励他们回去，是无法叫人相信的。毛人凤这一方案的提出，当时虽没有人反对，却始终没有执行。

在那次会议上，毛人凤还打算利用军统特务在旧社会的关系，成立一个公开的政治集团，在后方进行反共活动。很多人鉴于“新社会事业建设协会”遭到国民党本身的阻碍，而不得不停止活动的教训，都不赞成这种办法，而觉得采取还乡运动这一措施，多少或许还可以收到一点实效。

第三是准备在西南地区打游击、当流寇。毛人凤在重庆召开的会议上，要求每个省站的负责人立即拟好一份“应变计划”，叫大家充分做好临解放前的大破坏、大逮捕、大屠杀的准备，从速做好上山当流寇的准备。他谈得比较具体一点的是打游击，主要力量是依靠何龙庆的交警第一旅的两个总队。贵州站长陈世贤曾表示，他和佘万选可以成立一两个总队。云南方面当时也有一些交通警察，可以凑成一个总队。如加上西南地区十几个兵工厂的警卫部队，以及特务们所掌握的一些公开单位和流氓组织，凑几万人不成问题。

毛人凤信心十足地说，共产党是靠打游击起家，而军统特务也懂得这一套，在这方面要比一般正规部队强得多，将来在大陆上保留几个据点有把握。同时他还向四川省主席王陵基要到了泸州专区，介绍罗国熙去当专员，派了几个特务当县长，准备把这个地方也作为根据地。但是，解放军向西南进军时，除了何龙庆这个交警旅拖到成都被解决了以外，其余都没有来得及集结起来。贵州的陈世贤、佘万选等也早溜跑了。只有从云南被赶出来的一个交警总队，由田动云拖到他家乡筠连县和川滇边界。这时台湾方面喜出望外，称之为“大陆上的台湾”，并给田动云以西南军政长官的头衔，希望他能坚持下去。但是这批流寇不到三个月便被全部肃清，田动云也被活捉。

第四是将中共叛徒大量留下不让去台湾。1949年10月初，有天傍晚，昆明航空检查所长李瑞峰拿了一大批请求飞香港、仰光、台湾等地的人填的申请表，要我作最后决定。当时毛人凤住在我家中，在我家楼上一间大的客厅办公，我在他隔壁一间小会客室办公。徐远举正在和我聊天，我便叫李瑞峰把申请表放下，等我看过后再还给他。毛人凤等李一下楼就把我和徐远举叫到他的办公室，要我们特别注意一个问题。他说，蒋介石曾当面指示他，要尽可能不要让中共叛徒去台湾，而要劝他们留下。他说，蒋连张国焘都叫我去劝说过。当时我问毛人凤，为什么要尽可能不让叛徒去呢？他说，这是蒋介石英明的地方，使他非常佩服，要我和徐远举一定要认真控制好去台湾的飞机票。因为叛徒去台湾是有百害而无一利，主要原因是共产党胜利了，他们决不会再死心塌地地跟着国民党。加之，有些叛徒在台湾又没有什么关系，再也不能利用他们去破坏地下党组织，只是增加负担。他们到台湾后，我们不但要多养活一批闲人，还得防范他们倒戈投向共产党，在台湾搞里应外合，而留下这批人的好处就太多了。他讲的理由在《军统特务头子戴笠的继承人——毛人凤》中已有详述，这里从略。据我所知，由于蒋介石这一措施，解放前夕于重庆出卖江竹筠、王朴等近百名地下党员的叛徒、曾任重庆市委书记的刘 ××，虽然对国民党立过"大功"，在最后向毛人凤跪下去苦苦哀求让他去台湾时，也被毛人凤一脚踢开，而在解放后落入了人民法网。此外，虽给国民党立过汗马功劳，也没能逃往台湾的叛徒中，还有在军统中工作多年爬到将官级的、有曾任张国焘的秘书的、有做过榆林站长的、有任军统局局本部第二处副处长的、有任业务处长的、有任兵工署稽查处长的、有任成渝铁路警务处长的等，这里不再列他们的姓名了。

四、对叛徒的运用

戴笠和军统特务的一套反共手法，以及如何去发现与破坏中共地下党的组织，我在《我所知道的戴笠》一文中，曾简要地谈过一些，现在我再具体地把军统对捕到的革命人士所经常采用的一些办法详细说一下。

从屠杀到利用

蒋介石自"四一二"叛变革命之后，一开始便对共产党员采用大屠杀的手段，妄图杀尽中国共产党人，"宁可错杀三千，也不放过一个"。但是几年之后，共产党不但没有被杀尽，反而越杀越多。后来，他改变办法，运用叛徒来破坏地下党的组织，以便更多地屠杀共产党员。他采用这种办法，我听说是在武汉逮捕了共产党长

江局负责人顾顺章之后开始的。

我没有见过顾顺章，只听到过很多关于他的传说。他是被国民党中央党部党务调查科（“中统”前身）逮捕的。这个怕死的胆小鬼被捕之后，乞求保全狗命，立即表示只要不杀他，保证能够破坏设在上海的党中央组织和逮捕到数以百计的共产党员。反动派同意了他的请求，决心试试看。虽然中共中央的组织由于得到他叛变的消息而迅速转移了，但许多省、市、县的地下组织遭到了破坏，不少文件被抄，200多名共产党员先后被捕。蒋介石对此高兴万分，极为赞赏，因而一改过去抓到一个杀一个的一贯做法。他认为通过叛徒进而破坏中共党的地下组织，捕获到大量的地下党员，便可很快把共产党消灭掉，这是一项更加有效的办法。

为了利用叛徒顾顺章，特务们把他带到上海。开始，由于顾顺章叛变后，过去与他有联系的上海党的组织早就转移了，特务们扑了几次空。以后，顾顺章便整天带着特务和租界的密探，在租界和华界到处去寻找，遇到他熟识的人，便立即指给特务们逮捕。这样，便有不少党员遭到毒手。最后，中国共产党对顾顺章予以纪律制裁[①]。

中国共产党负责执行纪律制裁叛徒的组织，我不清楚。我记得1934年到1935年间，有两个在上海市公安局当督察员的叛徒马××、黄××，原先都是江苏省委的负责人，也是出卖了大批地下党员之后，受到共产党的制裁的。接着又有一个在特务处上海特区当直属通讯员的叛徒何××，也受到了制裁，可惜没有当场毙命。时戴笠正在上海，他命令淞沪警备司令部侦察大队长王兆槐，会同租界巡捕房与上海市公安局侦缉总队长卢英等，利用那个重伤未死的叛徒为诱饵，设下圈套捕杀共产党人。

他们在小报上刊出一条消息，说某天某地发生一起“情杀”案，何某负伤，但他对枪击他的凶手很熟识，准备俟其伤愈后，决心要带领治安机关去逮捕这个击伤他的人。在这条消息里还故意暗示，这个受伤的人住在什么医院。地下党的纪律

---

① 据《文史精华》2003年第5期载《顾顺章后妻张庆琴访谈录》一文，顾顺章最后是被国民党政府处决的。

制裁机构，果然又派人去把何 ×× 击毙于那个医院。而密布在医院附近的几十名特务，终于跟踪将这一秘密机构破坏，逮捕了段志光等多人，并抄出手枪等物。这一案件的详细情况，我在《抗战前军统特务在上海的罪恶活动》一文中已有记述，这里不再多写。那次被捕的党员，承认自己是“打狗团”的团员，专门打落水狗叛徒，并不对国民党人员搞暗杀。

用叛徒做耳目

特务们之所以能够大规模连续破坏中共地下党组织，主要是个别甘愿出卖灵魂的叛徒起了作用。没有叛徒，顶多抓到一两个人；一有叛徒，就能连续逮捕。所以特务们对如何使被捕的地下党员叛变，十分重视。我耳闻目睹的事实说明，一个人一经出卖灵魂，成了叛徒，他马上就变成疯狂的敌人，成了反共反人民的刽子手。因为他唯恐认识他的党员、革命人士和了解他的情况的人揭露他出卖革命的罪行，对他进行制裁，所以他往往要不顾一切地千方百计地把那个地区的党组织予以破坏，把党员和革命人士一网打尽，以报效主子，并保他自己的安全。因此叛徒对中共党组织、对中共党员、对革命人士都特别凶狠。

也正因为这样，特务们逮捕到一个地下党员之后，并不是和许多电影、小说所描绘的那样，一抓去便是几十种酷刑进行拷问，而是采用多种方法、多种手段去对付他，目的是让他叛变。

一般来说，每抓到一个地下党员，特别是重要的领导和骨干人员，总是先用升官发财的诱饵进行利诱。这是针对当时地下党员既无钱又无官的情况采取的，目的是让他出卖灵魂。

军统的编制，官阶都很低，所以许多叛徒虽然可得到许多钱，但官阶却不会高。例如张国焘叛变后，虽然蒋介石给了他一个军事委员会中将委员的官衔，但他在军统局编制中只是特种政治问题研究室的少将主任。这是因为戴笠本人也只有一个中将头衔，任官还是少将（国民党军队和军事机关中的军官官阶，分为任官和任职两种。如任职是中将集团军总司令，任官却有很多只是少将。任官是根据一定的年资，一经任为什么级的官，便是终身的官阶。任职有时不限年资，可以根据需要

提升，也可以降级。任官以后的级别，一般便只能升而不降了）。直到戴笠摔死之后，1946 年 6 月 1 日，国民政府才给他追赠官阶为陆军中将。又如八路军洛阳办事主任袁 ×× 叛变后，虽然一次出卖了 80 多位地下党员，而戴笠却只给他一个上校。1948 年，中共重庆市委书记刘 ×× 叛变后，出卖了上百名地下党员，才换得一个中校。

除了用名和利引诱外，军统另一套办法是利用老叛徒、大叛徒去劝说新逮捕的地下党员。我亲自听到张国焘劝说过一位 1942 年在重庆南岸秘密逮捕到的地下党员。张国焘一开始就作自我介绍，使得对方为之一惊。接着他就用连他那样有很高地位的“老党员”都不再当共产党而愿投向国民党等一套无耻谰言，要求对方考虑。但很出人意外，那位地下党员用很坚决的口吻回答说：“我不能这样做，死又有什么可怕！”张国焘最后也只好老着脸皮说什么：“我是为了你好，你再仔细考虑考虑。”然后，他灰溜溜地走开。当然，这位坚贞不屈的英雄，最后成为革命烈士。

抗战前，我在上海工作时，曾多次看到一个叛徒，利用他当过中共江苏省委和负责过组织工作等关系，整天逛马路，遇到他认识的地下党员便抓，抓到之后，他还亲自进行引诱劝说的罪恶勾当。有次他劝一个曾由他领导过的地下党员叛变，结果被痛骂一顿。他气得用手枪柄去击对方头部要害处，想一下打死对方，我连忙拦住，想再刑讯逼供，他还是狠狠地踢了对方几脚，直到把对方踢倒在地他才气愤地离开。

还有一个叛徒，因他叛变后在武汉出卖了 100 多人，地下党派人制裁他，砍了他八菜刀还没把他砍死，我们就用湖南人骂人的话叫他“砍八刀的”。他在受到共产党的制裁之后，不但毫无痛改之意，反而更疯狂地去迫害被捕的地下党员。他头上的伤疤刚刚结口，绷带还没有解掉，便亲自对不肯叛变的被捕党员施用酷刑。一次在对别人用刑时，由于用力过猛，自己头上的伤疤也崩裂开了，他虽流血满面，还不肯住手。这个出卖灵魂的癞皮狗，在军统局当了一个上校行动科科长后，因主持破坏一个地下党组织没有完成任务，得不到戴笠的信任，被派去当特训班的教官。最后他又出家当了和尚，解放后终于落入人民的法网。

特务们对被捕的共产党员，在给钱许官予以劝说仍然不成时，接着便是威吓，再不成，才使用刑讯。刑讯时，也是由轻而重，直到把“老虎凳”“辣椒水”等一齐使用出来。这些杀人不眨眼的特务、刽子手们所以这样做，主要是希望共产党员变成出卖灵魂的叛徒，帮他们连续不断地逮捕。“没有叛徒，就没有耳目”“没有叛徒，就没有成绩”，这是军统特务们的口头禅。所以用刑的目的，是希望招供，供出地下组织和其他党员来，希望他叛变成为特务的一伙。

特务们是怎样观察、诱骗被捕的革命人士的

一个共产党员被捕以后，会不会叛变，是特务们很注意观察研究的问题。例如，有的人受酷刑后，进入牢房，什么都不在乎，连流出鲜血的伤口被苍蝇爬上去吮吸都没有感觉似的，只把两眼望着牢房顶棚，一动也不动地在思索，这样的人特务们认为是不容易对付的。有的人受刑后，回到牢房，便忙着护理伤口，想找个舒适点的地方躺下，或把铺的稻草等垫得厚一点，等等。特务们看到这些情况，就要考虑：这人关心受伤的地方，说明他怕痛，也说明他还想活下去，那就让他受更厉害一点的刑，使他更痛一些；至于他想躺得舒适一点，那就满足他的要求，软化他；或者让他的条件更恶劣，逼他屈服。一句话，针对观察到的各种人的心理，想方设法去对付。

“犯人”吃饭时所有的各种活动，特务们也很注意看各人的表现。比如有的人对送来的饭菜看也不看，只是实在饿了，才胡乱吃上几口；有的人看到送来饭菜，先摸摸热不热，闻闻香不香，专门挑点好的吃，等等。一般说来，前者难对付，后者较易些。有的人一入牢房，什么都不在乎，不管什么地方能坐则坐能躺则躺，什么脏东西落在身上他也不管，睡觉起来，头发也不整理一下，任它乱蓬蓬的，甚至脸也不洗。有的人很爱惜自己的衣服鞋帽，甚至进了牢房，掉点灰尘都要掸掉。一般说来，前者不易屈服，后者容易攻破。话虽如此说，实际上对共产党人是很难看准的。例如江竹筠在狱中，一直是把头发梳得很整齐，衣服也不乱七八糟，吃饭等也正常，可就是什么话也问不出来，非常坚定。有次徐远举（徐鹏飞）亲自审讯江竹筠，正巧我去找徐，看到了一次动人场面。那时，徐远举正和周养浩（沈养斋）

闹矛盾，毛人凤要我去调解，我专门从昆明飞到重庆去办此事。我去找他们，除他们家中寝室要敲了门才进去外，办公的地方我是什么时候都可以不用通报便一直走进去的。那天徐远举正在一间房内审江姐，我推门进去，他略一抬抬身子，便请我坐在他身旁。他一连问了好几声，江姐一句也不答。他性情一向暴跳如雷，便大喝一声：“把她的衣裤都给我剥下来！”我知道他又要施展他那套审讯女人的最野蛮的方法了，先是剥了衣裤来羞辱，然后是用针刺奶头，接着用小藤条抽打阴户等最敏感、最疼痛的地方。他大喝一声之后，站在两边的几个刽子手，马上恶神一般冲向江姐。这时好久不开口的江姐突然大喝一声：“不许你们乱来！”徐远举以为这一下把江吓倒了，马上笑嘻嘻地说：“那你就快说吧！”江姐很沉着地回答：“我当然要说。”她便厉声发出一连串的质问：“你是不是你妈养的？你妈是不是女性？你老婆、你姐妹、你女儿，是不是女性？你想用这种手段来侮辱我，以为我会怕吗？我死都不怕，还怕什么侮辱！不过我要告诉你，你用这种卑鄙的手法，不只是侮辱了我，连你妈、你老婆、你姐妹、你女儿，以及所有的女性都侮辱了！你对得起你妈……吗？”江姐的怒斥，像连珠炮一样，使徐远举很尴尬。我连忙用脚在他的腿上碰了一下，小声说：“你不会用别的办法？”后来他命令刽子手用竹签插入江姐的几个指尖里，结果还是得不到一句招供。江姐她那理直气壮义正词严的斥责声，一直到今天还在我耳边回响。

特务们审讯革命人士，有一套恐吓的办法：让他听别人受刑时的惨叫声，看同伙受酷刑时的苦痛。此外，还有用陪审，或杀人给不肯招供的人看；或者掘好土坑，将人带到坑边，作出准备活埋的种种姿态等。

为了骗取被捕后坚贞不屈的革命人士的口供，特务们还常常使用一种叫“苦肉计”的手法。挑选精干的特务，装扮成被捕的革命者的样子，身上也是青一块、紫一块的“伤痕”，也是蓬头垢面，破衣烂裳，有时还把双手反捆在背后，脚上钉着大镣，好像饱受折磨的样子。这种“犯人”每每在深更半夜，一下推入囚禁革命人士的牢房，进去便倒在地上呻吟。牢中难友出于同情，往往会马上来照看这位新来的人，可是他往往还故意装成不信任别人的样子。几天之后，他故意装得十分神秘，也显得对同房难友十分信任，趁看守的特务或卫兵不在时，悄悄地告诉别人说:“快！快把我衣领上（或其他地方）缝着的小纸条取出来毁掉！”他借这神气活现的表演，表示他是案情严重的“要犯”，所以最易引起别人的同情。这些密藏的东西，往往真的是地下党的秘密文件，即令是多年的地下党员也往往看不出破绽。原因很简单，这种密件，有的是特务们从别的地下党员身上搜出来的；即使是伪造，也是叛徒按照他们往常使用过的东西制造出来的，所以很能骗过一些人。

使用这种“苦肉计”，往往要花上十天半月，或更长一点时间，才可能收效。在这期间，这个“要犯”故意不食不喝，难友劝他时，他也只胡乱吃一点点又躺下去，表现出心情十分沉重的样子。可是每天或隔天“提审”一次时，他就可以坐在舒适的办公室沙发上美餐一顿，吃点好东西补偿一下，但不准饮酒吸烟。这些别人是无法发觉的。在这几天或更长一点的时间内，牢房中的人如果不注意，在谈话中泄露了情况，或被他观察到什么，便被这个“要犯”记在心头，在他被“提审”时便汇报领导。当特务头头们认为基本上把不肯招认的党员的情况套出来之后，这个“特务犯人”便突然在一次“提审”时不再回牢房了。他只等革命人士被提审时，再出来做证、揭发。

特务们这种“苦肉计”，只在遇到很难对付的犯人时才使用一下。抗战前我在上海六年左右的时间中，也只看到过四五次。这种“绝招”比专靠酷刑更要狠毒一些，确有一些人上过当。

错综复杂的种种斗争

特务们利用叛徒去破坏地下党的组织和搜捕地下党员时，也曾碰到过许多坚贞不屈、视死如归的党员，他们反过来利用特务们的搜捕，趁机通风报信，引起党组织的注意，从而保护了党组织和党员同志。

也是抗战前在上海，有次特务们在浦东逮捕到一位中共江苏省委组织部派去和工厂党组织联系的交通联络员。他是被叛徒出卖后，特务等了半个多月才捕到他的。为了这事，戴笠从南京赶到上海，亲自布置，企图通过逮捕到的这位联络员，破坏江苏省委组织和逮捕大量地下党员。这位联络员被捕后，知道是被人出卖了。他深恐叛徒继续出卖其他党员，使得省委遭受破坏，所以当戴笠和他谈话，允许给

他大批奖金与官职，要他马上交出省委所在地和领导人等时，他装出愿意接受这一条件的样子，说第二天上午就领着去搜查省委组织部，可以搜出省委、地委、县委的名册，逮捕有关的人员。

戴笠高兴极了，除了要我好好优待这位联络员，让他睡好吃好，等天亮就去和法租界巡捕房联系，由他带我们去法租界萨坡赛路某号搜查，同时还做好各种大逮捕的准备。我曾向戴笠提议，最好当晚就去，或者第二天夜间去。戴却说出一大堆要第二天上午去的理由。他说，共产党都是利用夜间活动，直到快天亮才回去，上午大都还没有起床，这是进行搜捕的最好时间。

第二天上午，法租界巡捕房许多人刚上班，便陪同我们开着警车，把这位联络员的双手用手铐铐着，带着他去指引。到了他指定的地点，我们下了车之后，这位联络员故意在马路中间站着，踮着脚跟朝几个门口的窗子看。我催他快带我们进去，他却说这个地方是刚搬来才几天，他只去过一次，还不能马上辨别出是哪一幢房子。我们只好封锁了马路两头，暂时不让人通过，也不让那段马路的人进出。过了一会儿，这位联络员才说出一所房子来。特务们立刻把前后门把守着，一拥而入，从楼下一直抄到三楼，不但什么东西没抄到，而且住的人几乎是毫不相干的人家，没有一家值得怀疑，更没有任何文件。

我再三追问这位联络员究竟是怎么回事？他表示可能记错了，要回去再仔细想一想，下次再来。特务们没有办法，只好把他带回去。他想了一天，两天，三天，还是说没有想起来。到了第四天，戴笠厉声责问，准备要对他用刑时，他才哈哈大笑起来。原来他是有意给省委机关去送信，说明他已被捕，要他们赶快转移。他采用的办法，是站在马路上故意暴露自己，让他们看到，最后才假意指出对面的房子让特务们去抄查。查抄无结果，他又故意站在马路中间东张西望，估计党组织的同志们已发觉了他之后，才和我们回来。他用讥讽和胜利的口吻告诉戴笠，他被捕后没有办法通知上级领导赶快转移，只好让大伙儿陪他一道走一趟，真实的地点是被抄查那家的斜对面。戴笠听到后气愤异常，马上派人去看，果然被抄的对面那一幢三层楼房在当天下午就搬迁一空了。戴笠便命令马上把这位联络员解送南京，不久即被秘密处决，可惜我已回忆不起他的姓名了。

特务们受到那次教训后，凡遇到类似的情况，总是要先仔细问明白许多具体情况，如楼房内住多少人家，室内陈设有些什么，家里有些什么人，门口或窗口等处设有什么样的安全和危险标志，等等。问清这些以后，马上派人化装成查电表或水表的人进去看看，然后才出动人马进行搜捕，以免再受愚弄放走了革命人员。

在军统工作的大批叛徒中，有的是真心诚意投敌充当爪牙；有的是脱党（主要是失去了联系），却并没有出卖过组织，也没有出卖过其他党员，这种人在军统大特务中占相当多数；也有少数是冒充“叛徒”打入军统，利用军统作掩护，继续从事革命活动的。解放后，我遇到一个人，过去在军统中工作多年，虽然特务们曾对他有过怀疑，但没有找到任何证据，所以只注意过他，却没有逮捕他。1963 年他来北京社会主义学院学习时见到我，谈到他过去把脑袋提着在军统中工作的情况，我才恍然大悟，使我对他为革命不怕牺牲的精神感到无比钦敬。

五、郑、毛、唐三派的明争暗斗

戴笠活着时，对军统内部控制很严，防范周密，特务们之间虽有亲疏之不同，但不敢公然形成派系。戴笠一死，一向被特务们称为三巨头的郑介民、毛人凤、唐纵便立即分裂为广东、浙江、湖南三派。保密局没有成立前，他们便先在瓜分军统财产和戴笠的遗产方面进行了一次争夺，虽弄得丑态百出，仍互不相让。

先是为了分洋房、汽车，闹得乌烟瘴气，我当时很感左右为难。郑介民把戴笠在上海林森路的一所大洋房要去之后，毛、唐两人各得一所小的。美帝特务机关送给戴笠四辆新式小汽车，原来准备送一辆给蒋介石外，三人各得一辆。以后何应钦知道了，要去一辆，剩下二辆。郑、毛两人便各要一辆，而要我去向唐纵说明情况，请他在原有的旧一点的和接受汉奸的所有好车中挑一辆，弄得唐满肚子不高兴。正在这时，又插进一个胡 ×× 来大吵大闹。胡 ×× 参加军统后，虽然只当过息烽训练班和衡阳查缉干部班的副主任，却要凭他过去在蒋介石身边当秘书时帮助过戴笠这一点，硬想挤在郑、毛、唐三人中平分秋色。因为没有人理他，有一次便借酒装疯，跑到军统局要打唐纵和毛人凤，被我阻挡以后，竟大耍无赖，倒在地上

不起来。毛人凤没有办法，只好也分给他一座洋房、一部汽车。这一来，不少人都想效尤，经常有为争夺东西而吵得一塌糊涂的情况发生。

保密局成立后，郑介民为了防范毛人凤大权独揽，便把他的亲信同乡、莫斯科中山大学的同学张继勋派为局长办公室主任，规定各处室公文都要先送局长办公室；还派他另一亲信同乡王清为办公室专员，协助张对付毛人凤。毛原来想让他最亲信的人潘其武担任这一工作，看到郑这样安排，只好请求唐纵把潘其武安置在警察总署当刑事警察处处长。唐纵这时因意外地得任全国警察总署署长，便心满意足，不想再插手保密局去争领导权，只是趁机要去了马台街二十二号一所大房子，作为警察总署的办公地方。毛人凤为了拉拢唐，专门对付郑介民，又自动送几辆汽车给警察总署，并同意唐在保密局中调用干部。

我当时倾向于毛人凤的浙江派。由于掌管财物关系，郑介民的老婆柯淑芬认为我分东西偏心，经常找碴儿。毛人凤便利用我对郑妻的不满，叫我给郑制造一些麻烦，扩大人们对郑的不良印象。我曾抓住郑介民做 50 岁生日这个机会进行活动。郑一向怕老婆。1947 年他 50 岁整生日时，自己怕惹是非，不敢大张旗鼓地做寿，毛人凤叫我怂恿他老婆非做不可，并向许多特务去宣扬，暗示他们送厚礼。生日前两天，郑生气跑到上海去了。我便派人为他大肆铺张，把他在南京颐和路的住宅装饰一新。到时，许多公开单位送去的金制寿桃和许多金银器具、礼券等，都一齐陈列在寿堂上。正在大开筵席的时候，我又派人到鸡鹅巷五十三号招待所，叫住在那里的一群特务遗属也去祝寿要饭吃。这些人因为发的抚恤金花完了，保密局不想再理他们，便都挤在那里住，并且整天吵得不可开交。现在一听说郑介民大做其寿，便拖儿带女成群结队地奔去。当我派去的特务回来告诉我他们已出发了的时候，我又把这一情况告诉了郑妻。她一听，知道这群人一到来，马上会出大问题，我也怕事情闹得太大不好收拾，便在她再三央求下假充好人，赶忙把这群人劝回去，答应给他们在招待所加菜招待。毛人凤便把郑介民做寿，特务遗属准备去郑家吵闹等情况立刻向蒋介石报告，使蒋听了很生气。

这件事情发生后，郑派的人不甘心，不久便查了出来，事情与我有关系，便想先收拾我。由于我经手处理过不少财产，他们便从这方面下手找毛病。结果没有找到可以法办我的证据，便找我部下的毛病。总务处管理科长邓毅夫私自盗卖了一批洋锁，被他们查了出来，于是将邓扣押了起来。按照一般情况来处理，至多关几年，郑介民却坚持要严办。因为邓毅夫是临澧特训班学生中最拥护毛人凤的人，郑就以监守自盗的罪名请求蒋介石予以枪决。

矛盾发展到这个地步之后，毛人凤便指使我暗中搜集郑的材料。我当时掌握到的有关郑的贪污情况是：他在南京莫干山路买了一幢洋房，在汉口日租界把军统接收的日本人一座洋房占为己有，用他老婆的名字过了户；他家中每月一切开支均向总务处报销，连小孩玩具、湘绣观音像都出公账；郑还私自把中美所交给军统的手枪、手提机枪等送给他兄弟郑挺峰 40 支。毛人凤认为还不够，又要他的亲信小同乡王蒲臣在北平搜集到郑的许多材料，一起向蒋介石去检举。当时蒋介石身边的军务局长俞济时，也一向不大高兴郑而和毛要好，便在很多方面与毛同时进攻郑，最后蒋介石便于 1947 年 12 月 5 日免去郑介民保密局局长和二厅厅长的职务，让他继黄镇球任国防部次长，主管国防物资去了。

毛人凤在接任保密局局长时，郑介民到保密局举行交接典礼，表面上两人还非常客气。在郑介民讲话之后，毛只讲了几句话，表示今后还得依靠郑先生来领导，说什么今天长官（指郑）在场，所以他不多讲。在送郑上车时，毛还亲自为他打开车门。但一转身，他便立刻清除郑在保密局的心腹，把局长办公室主任张继勋，专员王清、肖漫留等一一逐走，接着便把属于郑派掌握的公开机关也抓了过来。上海警备司令部稽查处长程一鸣被调职，由毛派陶一珊接替，交警总局长吉章简也换成了周伟龙。

郑介民安置在保密局内外的人被挤走之后，毛人凤还不甘心，又对依靠郑的关系而当了北平市民政局长的马汉三下了毒手。马原为军统华北办事处长，处理日伪财产时贪污很多，郑在北平时，与郑发生密切关系，经常送厚礼给郑妻。毛过去虽已掌握了马汉三不少证据，由于郑的关系不便动手。等到郑调任后，毛人凤便将马汉三和马的助手刘玉珠扣押起来，由于一些事情牵连到北平站长乔家才等多人，毛说他们搞小集团，想在保密局中自成一系。毛人凤认为如单以贪污和搞小组织的罪名告他们，还不容易杀几个人，便趁蒋介石正为李宗仁当选了副总统，他指定的孙科未能当选而大发雷霆的时候，提出马汉三违反支持孙科的命令，而支持了李宗仁，要求蒋介石批准将马汉三、刘玉珠枪决，并没收其全部财产交保密局。经过这一番打击，郑派彻底垮台了。属于唐派的保密局设计委员会主任张严佛（毅夫），不久也被毛人凤挤回了湖南。这时保密局便成了清一色的毛派天下。

毛对张的排挤，也有一些内情。本来毛、张一向相处得还不错，毛在军统当代主任秘书时，两人共事多年。戴笠死去之后，属于毛派的重庆航空检查所长吴茂先替毛妻做贩运私货的生意，张当时在重庆任结束办事处主任，因吴有恃无恐，不买张的账，张就把吴扣押起来，报请郑介民处理。毛对此怀恨在心，等自己当了局长，便立刻把吴开释出来，并将张赶走。

以后毛、唐两人之间的冲突，虽不如毛、郑之间激烈，也一直在暗中钩心斗角。毛人凤想和军统时期一样，把警察总署的人事控制住。唐纵早就注意到这一点，便做出规定，凡是由保密局介绍到警察总署去工作或希望通过警察总署派到各省市警察机关去工作的人，不经过他的批准，人事室不能处理。毛人凤对这一规定极为不满，多次在中午会餐时提到这一问题，认为唐控制太严，不肯安插自己的人，而喜欢用外人。由于利害关系不太大，唐不想在保密局中发展自己的力量，所以两人矛盾不很尖锐，还能相安无事。

另外，戴笠死去以后，他们三人在抓特务训练班结业的学生方面，也发生过不少次的争夺。1946年开始，历届军统特训班的学生感到，自己不抱团，便会受到排挤，因此纷纷以同学会或同乡会等名称结合起来。首先是临训班和黔训班学生在重庆成立了一个滨湖同学会，由张明选、李葆初、邓毅夫、易啸夫、刘本钦等人暗中进行联系工作。接着兰州、息烽、东南、谍参等班学生也相继暗中组织起来。他们都想找靠山，希望搞军事工作的便想走郑的门路，想搞警察的便去找唐，愿意继续做特务的便投到毛的手下。由于郑、唐、毛过去都没有一批自己认为忠实可靠的干部，戴死后，正是打天下、争权力的大好机会，也都想趁这个时候抓一些人在手中。

毛人凤看到这一情况，便召集拥护他的潘其武、袁寄滨、李修凯、毛钟新、沈醉等七八个人商量，决定成立一个“军统局各训练班毕业学生统一同学会”，规定凡是抗战期间在军统各训练班毕业的学生，都要参加这个组织，不准另外再成立什么训练班的小组织；已有的应一律停止活动，否则以搞小团体的罪名加以处分。同时还决定，在统一同学会成立后，请郑、唐两人为名誉会长，毛人凤为会长，另外聘请一些与训练班有关系的大特务为顾问。这样一来，这几万名学生便全由毛派掌握。

1947 年统一同学会在南京洪公祠保密局大礼堂开成立大会时，军统几十个训练班的毕业学生都派有代表参加，但两位名誉会长因对此事很为不满，却不去参加大会。这个会由毛人凤主持，以后便附设在保密局人事处里面，由李葆初、邓毅夫、徐凤等以总会干事名义处理各项工作，下设联络、登记、福利等组，并在各省设立分会。军统各特训班毕业学生参加该会的达 2 万名左右，会员都发有一个会员证章，铜质圆形图案是用一支箭射穿和平鸽。解放前，在蒋管区内到处可以见到佩戴这种证章的特务，只有担任秘密工作的才不准佩戴。当时，这个小证章简直成了这些特务可以到处横行不法的许可证。一般公开机关中搞特务活动的人，遇见佩戴这种证章的，不管与之认不认识，都要客气三分。临解放时，这个会也随保密局一同逃往台湾，一直由毛人凤所控制。

郑、唐、毛三人各有一套，作风也各有特点。郑介民一向以老成持重、深谋远虑而得到蒋介石的信任。他平日喜怒不形于色，很能控制自己，有空便阅读书报杂志，肯用心钻研问题，对国际、国内形势也爱分析研究。他在军统局和保密局的纪念周上讲话时，一向是专作时事报告，极少谈到工作上的问题。我有时到他家中去看他，他也爱讲一些对时局的看法。

记得在抗战期间，有一次他正在和我们大谈其对日军作战的形势分析时，他老婆柯淑芬就在旁边插嘴，叫我们不要相信他那一套。因为抗战开始时，根据他的分析判断，香港不会有问题，他老婆便信了他的话把许多东西存放在香港，结果日军占领后全部损失。她曾多次当着我们的面气愤地质问郑：“你说香港没有问题，现在怎样？你把我的东西还来！”郑对她这样当面给他出丑，也毫不在意，只是一笑置之。

郑自认为对中共问题素有研究。戴笠在世的时候，也常常叫毛人凤就一些关于中共的问题向郑请教。我记得有一次郑到军统主持纪念周以后，正在休息，重庆

邮电检查所长刘之盘把查扣到的一批报刊送给他看。他除拣出其中一两份外，指出一份对刘说："这种东西粗看像是共产党的，其实是我们的同行搞出来的，不过搞得还不错，连我们的同志都信以为真，一般人就更不容易分辨出来了。"接着他便对邮检方面的工作做了一番指示，教他们如何注意研究问题，不要粗枝大叶，并说，对付共产党是多方面的，我们有些单位是专门假借共产党的名义来进行反共宣传活动的，如果把这类东西也扣下来，无形中就替共产党做了工作。

蒋介石派郑介民担任军调处执行部国民党方面的代表后，郑跑到军统局找毛人凤商量了很久，接着又把人事处、军事情报处、党政情报处的负责人找去商谈了一阵，最后又把我找去，叫我在交通运输等方面注意协助他工作。他和毛人凤商谈的具体情况我不了解，以后只知道他要求军统调派人员时，要选军校出身的，担任过公开军职的，要尽量避免特务身份，同时又希望军统不断提供有关的情报给他。

郑介民派到各地担任执行小组工作的人，都是经他自己决定的。曾任陆军大学调查组组长的邹陆夫和军统军事情报处副处长的胡屏翰派给他时，开始他认为不大妥当，以后由于实在找不到合适的人，他才勉强同意调他们去。郑去北平不久，却把军统中共科科长郭子明调到北平当了他的顾问。

他在北平工作时，对司徒雷登特别表示亲热，尤其与司徒雷登的亲信秘书傅径波拉得很紧，经常保持着密切的联系。有一天，郑突然下一张手令，叫人事处立即委派原在重庆稽查处涪陵稽查所当少校所长的胥 ×× 担任北宁铁路警务处副处长。大家对此都感到奇怪，因为像这样一下把一个少校超升到上校，在他平日还从来没有过。后来一打听，原来胥 ×× 是傅径波的妹夫，傅向他提出之后，他立刻给以超级重用。

毛人凤在军统内的资历，既比不上戴笠的十人团诸元老，也比不上他的副主任秘书张严佛。西安事变以前，他还没有参加军统，只是在陕西省某县县政府当秘书。以后由他的弟弟毛万里把他介绍给戴笠，他先在汉口禁烟督察处密查组工作，"八一三"上海抗战时调到苏浙行动委员会当秘书。特务处扩大为军统局后，他才到军统局当秘书。由于和戴笠是小同乡，平日工作非常肯卖力气，他最大长处是能保密，加上态度温和，做事勤勤恳恳，因而逐渐地一步步得到戴笠的信任，成为戴的左右手。到了抗战末期，戴笠对他的信任已超过了郑介民、唐纵和潘其武，每次外出，整个军统工作几乎全部交给他。1944年以后，蒋介石也看中了毛人凤，戴笠出门时，便经常找他去询问情况，他对答如流。

可是等到戴笠一死，毛当了保密局副局长后，他的态度跟着就变了。他经常板着面孔指责部下，并且敢于和郑介民、唐纵在蒋介石面前去争宠。

毛人凤考虑问题非常用心思，别人向他请示重大问题时，他从不轻易马上作出答复。他在工作作风上处处学戴笠，而且想超过戴笠。在他担任保密局长以后一年多的时间里，比戴笠过去杀的人还要多。他对军统内部防范也很严密，生怕别人不听他指挥，特别对外勤各省站站长不放心，和戴笠一样，他把一批江山县籍的译电员派到各省站去工作，暗中监视外勤单位的负责人。

毛人凤在杀人方面，不但秉承蒋介石旨意以多杀为上，更主张斩草除根，连革命人士的孩子都要杀。在重庆进行大屠杀时别人问他，小孩怎样办，他回答："当然一起杀。难道还留下来等他们长大来报仇不成！"实际上蒋介石指示他杀杨虎城时，并没有指出连小孩一起杀。毛人凤对革命人士如此，对保密局内部也是用杀来对付的。解放前，只要发现特务们有一点投向人民的表现，被抓住了，便立刻杀掉。我知道的原任军统南京站长的周镐、曾任重庆稽查处外事组长的吴润苏，在长沙随程颂云先生起义的刘人爵，都是被他杀掉的。湖南和平解放后，一些大特务来不及逃出来，他就派人去进行暗杀。因此湖南警保处长兼长沙市长李肖白、长沙绥靖公署处长杨继荣、湖南站长黄康永等逃出大陆后，都不敢去台湾。云南和平解放时，我随同起义，他也派郑世勋从台湾到昆明准备暗杀我。国民党陆军副总司令汤尧从台湾到云南，准备指挥李弥、余程万的残部攻打昆明时，毛人凤再三叮嘱汤尧，攻破昆明后，立即将我逮捕解送台湾。以后郑世勋、汤尧被俘与我在一起时，都把这一情况告诉了我。

唐纵为人一向谨慎小心。抗战前他在特务处当书记的时候，因戴笠出门去了，在他主持下逮捕了几个改组派的人，汪精卫向蒋介石提出来，他因此被撤职。后来他随酆悌去德国，在驻德大使馆里当副武官，回来后更加小心。凡是上峰交给他办的事，他总是想方设法去完成，并能绝对服从指挥。所以戴笠把他推荐到蒋介石身

边去当参谋，几年间由中校晋升到侍从室第一处第六组少将组长，主管蒋介石集团中的情报工作。他认为，只要能得到蒋介石的信任，便不愁没有出路。他不想多得罪人，所以和政学系、CC派的人都能处得很好。

在郑、唐、毛三个人当中，唐贪污得最少，他搞钱是自己不出面，叫老婆来搞。他自奉比较俭朴，年轻时虽在南京和一个女记者打得火热，以后地位高起来，不敢再乱来，因此越来越得到蒋介石的重用。

六、真假保密局的丑把戏

1949年1月间，蒋介石准备“隐退”之前，把毛人凤找去，叫他立刻把保密局从南京撤出，局本部和文件先运台湾，在上海成立办事处继续领导各地工作。蒋的意思是，把保密局的整个组织保留下来，继续置于他的控制下，不能交给李宗仁；但为了应付一下代总统，另外拨出几十个人组成一个假保密局。蒋叫毛人凤向国防部辞去局长职务，让原副局长徐志道担任这个公开的保密局局长，另以曾任福建站站长的林超为副局长。因徐、林两人抗战期间都在五战区工作很久，与桂系一向有往来，可以用他们与李宗仁、白崇禧去周旋应付。毛人凤所掌握的这个真保密局，仍由蒋介石亲自指挥。

交给李宗仁的假保密局，除正副局长外，还派涂寿眉为主任秘书，下设业务、总务两处。业务处由毛人凤指定第二处副处长黄逸公任处长，总务处长则由徐志道找他的亲戚钮殿臣担任，总共只有内勤人员92人，没有一个外勤人员和组织。它既不向李宗仁提供情报，也不接受代总统交办的工作。它实际上只是一个空架子，秘密任务它不执行，原来掌握的公开机构早已得到命令，不能接受它的指挥。它除了出面领领经费和向国防部接头代毛人凤领导的保密局办理一些事务性的工作外，便没有别的事可做。

但徐志道野心很大，担任这个公开的保密局长之后，便一心想把毛人凤挤掉而由他来全部负责。当国防部逃到广州时，他和毛人凤翻了脸。保密局的印信他掌握了，他领到经费后便不给毛人凤，并且自己准备成立外勤组织，以便弄假成真地干起来。当他派人在十万大山收编地方土霸武装和在广州布置情报小组的时候，毛人凤便指使派去的业务处长黄逸公不听徐的一套，要黄去拆徐的台。不料黄逸公和徐一条心，也感到自己这个业务处长无业务可办，想趁此机会显露一下，便不照毛的指示办事，反而真心诚意去帮助徐。毛人凤投诉蒋介石，想免去徐志道另行找人，蒋介石没有同意。

毛在 1949 年 3 月间在重庆开会时，派兵工署稽查处长廖宗泽飞往广州劝徐，叫他不要违背蒋介石把保密局分成两个的指示精神和用意，并示以利害。徐也考虑到不容易一下子达到自己的目的，才勉强同意把领的经费分一分，只是希望自己能多得一点特别费。等到国防部迁到重庆时，徐志道也带着这个假保密局跟到了重庆。在这个时期，国防部一再裁遣人员，到 11 月，假保密局逃到成都时，就只剩下局长、处长等几个人了。这时黄逸公请求到台湾，仍回保密局去当他的二处副处长。毛人凤恨他过去不听话，坚决予以拒绝，叫他留在大陆工作。以后黄又逃到西昌，再没有路可逃了，毛人凤仍然不准他到台湾去。

成都解放后，这个一度被特务们称之为徐记的保密局，随之宣告完蛋。等到李宗仁出国，蒋介石恢复大总统名义后，毛记保密局就跟着在台湾正式出现了。

我所知道的郑介民

军统特务内部三大巨头之一的郑介民，蒋介石对他的信任和对戴笠是不相上下的，但在使用方面却和对戴笠略有不同。蒋介石除了长时期叫他协助戴笠主持军统特务工作外，同时还叫他进行公开活动和一些国际联络的工作，因此他常说他不是搞偷偷摸摸的勾当的。

郑介民在蒋介石集团中，一向被反动派誉为什么“有政治头脑”与“科学训练”的“军事谋略家”和“军事理论家”，实际上他却是一个不折不扣的特务头子。

郑介民

他是海南岛人，却长得和体格魁梧的北方人一样，黝黑的面孔上整天带着笑容。他经常爱穿挂满勋标的笔挺军服，神气十足，乍一看去，俨然是一员正式军官。

郑介民一向以所谓“老成持重”与“博学多才”和“肯钻研问题”著称。他与人谈起话来，总爱滔滔不绝，不时还夹杂着一些幽默轻松的语句，使人不易摸清他的真心实意。我是他十多年的老部下，长期和他有所接触，但对他的情况还是了解得很有限，所以要求全面深入记述他，是一件很不容易的事。

一、家庭出身和早年生活

郑介民于1897年农历八月十五日生在广东省海南岛文昌县下水村的一个破落地主家庭里，兄弟四人，他居长。

郑介民原名庭炳，别号耀全，他投考黄埔时改名介民，在军统当特务后用的化名是杰夫。

1930年前后，郑介民在武汉搞特务活动时，与汉口女子柯淑芬结婚，先后生了八个子女。柯是一个非常泼辣的女人，郑很怕她。

郑幼年因父亲早死，兄弟又多，家无恒产，只勉强读完旧制小学，十多岁的时候即随同同乡去马来亚吉隆坡谋生。他最初在一个橡胶园里当徒工，收入很微，只够个人糊口。由于当时在南洋做苦工的华侨没有几个人读过书，而他能写能算，不久便在一个养鱼场当了记账的，每月收入稍多，能经常接济家里一点钱。他在这个养鱼场工作了好几年，最初还安心，因比当苦工好一点，稍久便不满意起来，常感寄人篱下没有出息，自己又没有本钱做生意赚钱，便想另谋出路。

1924年孙中山先生在广州黄埔创办陆军军官学校的消息传到南洋以后，郑便决心回国从戎，邀约同乡黄珍吾一同回到广州，准备投考黄埔一期。结果黄珍吾被录取，而他却没有考上。这时，他苦闷异常，感到进退两难，想再回南洋，又怕被人取笑，住下去生活又无法维持，后来得到同乡邢森洲的帮助，暂时住在刑家。他等了一个多月，找不到工作，便投入警卫旅旅长吴铁城所办的军士队当学兵，并积极补习功课，准备继续投考黄埔。

当黄埔二期招生时，他又去投考，这次总算被录取了。他高兴异常，从此决心发愤读书，勤学苦练。据说他在黄埔时，一有空就看书，很少出去玩。后来他常对人说："一个人没有机会读书，是一件很不幸的事。"他尝过第一次投考黄埔没有被录取的苦头，使他终身都没有忘记，以后不管怎样忙，都保持经常阅读的习惯。

郑回国后，常以"华侨工人阶级"自居。他在黄埔军校的时候，经黄珍吾介绍，加入了"孙文主义学会"。他对这个组织极感兴趣，并且介绍邢森洲也参加了。

当时他们利用邢对外担任联络工作。据说，邢为非黄埔学生加入该会的第一人。郑和黄珍吾、周复等十人为一小组，以研究三民主义、团结革命力量为名，联合贺衷寒、潘佑强、杨引之等，同革命的“青年军人联合会”对抗，进行反马克思主义和反共的活动。

郑于黄埔二期毕业后，即投考苏联在莫斯科举办的纪念孙中山的中国劳动大学（简称中山大学），与康泽、李宗义等为同期同学。他在中山大学时，对该校的几门主要课程，如中国革命史、俄国革命史、政治经济学、唯物辩证法等最感兴趣，花过不少时间去细心钻研。但他的目的并不是为了追求革命真理，而是为了以后升官发财做反革命的政治资本。

郑介民只读过小学，但在莫斯科学习的时候却动笔开始写《民族斗争与阶级斗争》一书，内容只是重复了一些反动头子们的陈词滥调，说什么中国没有阶级，马克思主义的阶级斗争学说不适合中国国情，中国的问题是民族问题，等等。以后连他自己也认为这本书写得太拙劣，不愿再提它。不过这本书据说在当时还是得到过蒋介石和一些反动头子的赏识，从思想和言论上对蒋介石“四一二”清党反共起到一些拥护和帮凶的作用。

1927 年 8 月间，郑由苏联毕业回国，使他感到非常失望和伤心的是正赶上蒋介石下野去到日本。他找不到主子，连吃饭都成了问题，内心惶惶不安，便只好去投靠贺衷寒。贺当时任中央军官学校第六期的总队长，便把他安置在总队部担任政治教官。他便利用这一职务向学生鼓吹他的那一套反共的理论，深得潘佑强的称赞。不久，潘又推荐他去第四军政治部担任秘书。当时政治部主任为杜从戎。

1928 年 1 月，蒋介石由日本回国，复任国民革命军陆海空军总司令，郑便千方百计托人直接走蒋介石的门路。蒋在召见他的时候，他把在苏联留学的黄埔学生思想情况向蒋作了报告，并表示他是坚决反共的。蒋介石很欣赏他这一套，将他留在身边当侍从副官。从此以后，郑便一直官运亨通，飞黄腾达。

二、初期的特务活动

郑介民当了蒋介石的侍从副官，实际上是替蒋做特务工作。当时主持这一工作的是王柏龄，直接领导郑的是蔡劲军。郑与蔡不仅是黄埔同期同学，且系海南岛同乡，两人之间关系很不错。郑最初在南京搞这一活动时，并没有什么特殊表现，只是在一些同学、同乡方面搜集一点情报。但没有多久，在蒋介石和桂系军阀斗争中，他却大显身手，一鸣惊人，受到蒋介石的特殊信任，奠定了他以后搞特务的基础。事情的经过大致是这样的：

1928 年冬，张学良在东北“易帜”以后，蒋介石的天下表面上算是得到了“统一”，但新桂系的势力却从广西经武汉直到华北，分去了他不少的地盘。蒋介石对此很不甘心，时刻想把这个眼中钉拔去。

郑介民了解到蒋介石有解决桂系的决心，便自告奋勇，请求去武汉活动。他认为最有把握的事，是他与李宗仁的兄弟李宗义在苏联中山大学同学时两人私交很深，李早就要郑去替桂系工作，郑可以通过这一关系打入桂系内部活动。王柏龄认为他这一关系很可利用，便正式向蒋介石提出。蒋马上找他去，面授机宜，命他立刻动身去武汉。

郑介民的这次活动，他一直认为是件得意的杰作，以后经常向人夸耀，所以我了解也比较具体。

郑介民假装失业，从南京悄悄跑到武汉，故意找一家很小的客栈住下来，装出一副非常穷困潦倒的样子。当他把武汉的情况看了看以后，便去第四集团军总司令部去找李宗义。当时第四集团军总部里，一般人称李宗仁为“老总”，称李宗义为“二总”。“二总”在总部内受到各方面的尊重，谁也不会注意他会把一个特务引进来。

郑介民见了李宗义之后，说自己失业很久，连生活都无法维持，此次是专程前来投效，希望得到收容。他说得非常诚恳，加上李宗义根本不了解他的情况，便信以为真，马上答应为他设法。

隔了一天，李宗义去客栈探望郑，看到他那副穷困样子，便毫不怀疑，立刻要他搬到总部与他同住一室。李还给他做了衣服，经常陪他出去玩。这时在总部工作的一些高级官员看到“二总”和郑的关系这样好，都乐于和他接近，他便利用种种机会拉拢总部机要人员，首先把李宗仁和各部队及各方面联络的密电码本盗出拍成照片，又陆续把李部兵力驻地、人数、装备、主官姓名等表册抄出来，秘密送给蒋介石，使蒋掌握到第四集团军的全部情况和各种活动。

在此同时，郑又在桂系将领中进行挑拨离间。先是，李宗仁到武汉后，为了拉拢湖北人，曾提出过“鄂人治鄂”的口号，因而桂系中的鄂籍将领如胡宗铎和陶钧便红极一时，以致引起一些桂籍将领如夏威、李明瑞、杨腾辉、黄权等的不满。郑便借机扩大他们之间的矛盾，经常散布“当权发财的是湖北人，打仗拼命却要广西人”等一类话去挑拨离间。

桂军将领中闹不和的情况，郑介民随时向蒋介石报告。蒋便派人对这些人进行收买拉拢和分化瓦解工作。这方面的工作郑做得很少，因为怕一旦暴露，不容易再找到一个这样的人打入内部去活动。当时一些人对蒋介石的特务活动都缺乏警惕，郑表面上又装得那么老老实实，见了李宗仁总是开口“德公”，闭口“德公”，连李宗仁也从来没有怀疑过他。

蒋介石的阴谋逐渐完成的时候，李宗仁还没有察觉到他的基本力量已在内部发生变化。到 1929 年，他还想扩大势力，把桂系势力由广西到华中、华北联成一片。白崇禧在北平纵谈天下大事时，也常说：“自古以来统一中国只有自北而南才能成功。”言外之意，大有随时准备自北而南进军的打算。蒋介石却不动声色，暗中做好各种准备，只等机会下手。

李宗仁决心进取湖南，企图扶植倾向桂系的何键代替亲蒋的鲁涤平为湖南省主席，不经过中央政治会议的批准，擅自以武汉政治分会名义越权免去鲁的湖南省主席职务。此时，何键暗中向蒋介石输诚，使蒋更为高兴，认为时机已到，便扣押李济深于南京汤山，借口李宗仁不服从中央而免去李的职务。李宗仁、白崇禧通电反蒋，蒋以师出有名，于 1929 年 4 月发动战争。

这时，被蒋介石早已收买的桂军李明瑞、杨腾辉、黄权等旅，一枪不发，率部退往平汉路花园一带。胡宗铎、陶钧等陷于孤立，无法支持，率部退往沙市、宜昌一带。因此，桂系盘踞在湖北的十多万人便一下子土崩瓦解，蒋介石毫不费力夺取了武汉。当时正在上海医治眼疾的李宗仁完全没有料到会失败得这么快，闻讯急忙从上海逃往香港。

桂系问题迅速解决后，郑介民便回南京见蒋介石复命。蒋介石在接见郑介民的时候，紧握着郑的手连声称赞他的工作做得好。郑又趁机当场把蒋给他的活动特别费剩下的一本存折交还，更加受到蒋的称赞。

蒋介石对一些叛桂来投的将领仍旧很不放心，便派郑介民去做这方面的工作，发表他担任李明瑞的十五师政治部主任，命其随部队去广西。当俞作柏任广西省政府主席时，蒋又派郑为广西省政府委员，仍兼十五师政治部主任，驻在南宁。他的任务是监督俞作柏和回广西的桂系部队。

不久，蒋以五十七师杨腾辉部驻防柳州，郑在南宁无法兼顾，又将郑所兼十五师政治部主任免去，改令其兼五十七师政治部主任。郑这时便经常来往于南宁、柳州之间。他一面在广西省政府内暗中布置爪牙，一面利用政治部派在部队内的政工人员为他搞特务活动。

当时与郑一同派到广西为蒋介石搞特务工作的还有不少人，而与郑经常有联系的是梧州海关监督饶毓琛，专门控制广西的财政收入。当时梧州海关监督是广西第一肥缺。这个关的收入为广西主要财源，被蒋介石派人掌握以后，广西部队回到这个地瘠民贫的地方，军政费用便都得仰蒋的鼻息。俞作柏的困难一天天增加，弄得一筹莫展。郑介民和饶毓琛两人伙同一气，暗中对俞部下进行收买拉拢，又重演在武汉的故技。这时，俞虽然知道他们是在捣他的鬼，但由于是蒋介石派去的，表面上还得客气三分。郑虽然是个空头的省府委员，却对省府各项措施都要过问，并把一切情况随时向蒋介石报告。

1929 年秋天，汪精卫、陈公博等联合阎锡山、冯玉祥、唐生智及张发奎等酝酿反蒋的时候，派人去游说俞作柏和他的部下将领。俞等均感到与其受蒋压制困死在广西，不如起而反蒋，“向外面打”，另谋出路。郑介民在南宁听到一些风声，一面急电向蒋报告，一面连夜赶赴柳州，企图掌握和分化杨腾辉部。

同年10月初，俞作柏在南宁宣布就任讨蒋军总司令职，以响应在宜昌通电反蒋的张发奎时，郑介民还在柳州活动，他不敢再回南宁，便连夜从柳州化装只身逃往广州。

俞作柏发动反蒋后，各方面的反应并不如他的理想那么大。他部下中被郑、饶收买了的吕焕炎、黄权等部又起而反对；张云逸、李明瑞率部在右江树起红旗，还有一部分军队自行溃散。俞作柏弄得狼狈不堪，未待出兵，便已垮台。

同年12月间，郑从广州经香港回到南京。这次他去见蒋介石的时候，便不像上次从武汉回去那样受到蒋的重视。蒋当面责备他，因为广西不但发生了反蒋运动，说明郑在控制分化广西部队方面没有多大成绩；特别使蒋痛恨的是有不少广西部队起义当了红军，这是他最头痛的事。

郑这次回来，蒋介石给他冷了一个时期，才派他到参谋本部去当了一个上校参谋。他整天无事可做，便专心阅读有关军事、政治、哲学等书，郑以后经常对人说，他在这一段时间内很看了一些东西，对他有极大帮助。

蒋介石在这段时间内没有找过他，他也不敢去见蒋。但他在人前一直没有发过半句牢骚，却常向人表示，认为自己在广西工作做得不好，辜负了蒋的期望，不能为校长担忧分劳，用以自行谴责。这些话慢慢地传到蒋介石的耳中，因此蒋对他又慢慢重用起来。

三、复兴社特务处时期

1931年11月，蒋介石在南京召集黄埔学生讲话，宣布成立复兴社，郑介民立即请求参加，并被选为该社干事会干事。郑在这个法西斯集团中，一直担任着重要的角色。1936年刘健群任书记时，因赴北平工作，蒋介石指派郑介民代理书记，直到同年冬康泽接任书记为止。

1932年3月，蒋介石召集复兴社高干们开会，决定成立特务处。会前，蒋先找康泽和桂永清谈话，征询他们的意见。蒋想要康任处长，康当时表示不相宜，蒋不做声，也未再问桂。等到开会的时候，蒋提出复兴社应当成立一个特务处，准备以戴笠为处长、郑介民为副处长，征询在场的人有什么意见。大家一听，人选已由他提出，只好表示同意。郑当时默不作声，不敢表示不愿意，而心里却很不痛快。因为他了解戴笠的为人，知道这个人不容易共事，也有点不甘心居于这个六期同学之下。

特务处成立前夕，戴笠和郑介民两人出面在南京大宴宾客时，前者兴高采烈，后者却表现得很勉强。在确定特务处的组织人事时，戴虽然请郑介绍些亲友参加，但他推说没有适宜的人，完全由戴笠把他的“十人团”作为基干。以后郑才介绍了邢森洲、王昌裕、郑公弼等小同乡和侄子到特务处工作。

郑任特务处副处长后，参谋本部的职务并没有取消。开始他很少去特务处办公，并想摆脱这个工作，另谋出路。戴每次离开南京请他主持特务处工作时，他对人事、经济和一些比较重要的问题都不愿处理，往往要蒋介石派在该处任书记的唐纵决定，极力避免在这些方面和戴笠发生摩擦。他曾两次请康泽向蒋介石保他干别的工作。康曾经保举他担任中央军校西北训练班主任，以后还保他担任过政治部第二厅厅长，但蒋介石都没有批准，还告诉康，说此人做事无魄力，让他留在特务处，以后不要再保荐他。

蒋介石对特务处的工作异常重视。他知道郑不安心，曾找他去谈过话，叫他好好帮助戴笠把这项工作做好。郑知道蒋不会调动他，便只好和戴笠相处下去，戴也很了解他的心理，所以对他表面上很客气。

郑为人谨慎而又爱说话。在一件工作没有做好以前他是不随便向人谈出来的，可是一旦做出了成绩，他又爱向人夸耀。他在这个时期内，最得意的事有这样几件。

“一·二八”以后，十九路军开赴福建时，蒋介石指示特务处要多派人打入这个部队去充当中下级军官。其中除了少数是通过特务处组织进行有计划的布置外，大多数是由于他个人关系派遣去的。这些人平日与特务处没有什么关系，仅和他个人保持联系，身份不易暴露，活动更为方便，后来起的作用也更大。如他派去的海南岛文昌县的小同乡云大沂，策动七十八师师长云应霖投效蒋介石。云大沂还提供很多情报，当时特务处福建省站所得到的有关十九路军的情报，往往不及他所了解的多。

十九路军在福建反蒋时，郑介民正在北平，戴急电把他找回南京。蒋介石原想要郑去福建主持瓦解十九路军的活动，但他顾虑很多，迟疑不决。他认为认识他的广东人不少，几年间，通过他的关系打入十九路军去工作的人还有些去后一直没有和他联系，态度不明，怕被这些人认出后出卖他。戴笠知道他胆小，不好勉强他去，便要他把一些可靠的关系交出来，由戴笠自己带了几个人潜往鼓浪屿坐镇指挥。

通过郑所派遣打入十九路军的特务和福建省站的特务活动，戴笠不仅掌握了福建全部情况随时向蒋介石报告，甚至连十九路军总部与所属部队及对外联络的密电本都全被特务盗取出来，弄得总司令部竟在事变发动后无法向部队下达命令。部队发回的电报也无法翻译出来，彼此均失去联络。

“福建事变”很快结束，戴笠回到南京后，虽然最初对郑介民不肯前往有些不满，可是事情出乎意外顺利地得到解决，又庆幸自己大功独得，反过来对郑表示好感。由于郑介民事前所布置的广东同乡和海南岛小同乡从中所起的破坏作用收效很大，戴笠曾当着许多特务面前称赞郑有“制敌机先”之明。蒋介石听到戴笠的报告后，也很称赞了郑一番。

1933 年春天，华北局势非常紧张，何应钦感到穷于应付，蒋介石叫戴笠派重要特务去主持华北方面的工作。戴便向蒋提出派郑去兼任华北区区长，对外活动则以军事委员会北平分会上校参谋名义作为掩护，将特务外在华北地区的工作重新作了一番调整部署。

古北口战事刚发生的时候，蒋介石生怕日军大举进攻，急于要随时了解发生的情况。当时华北区掌握这方面的材料很少，古北口一带又没有派遣特务组织，蒋介石骂戴笠不懂得工作的轻重缓急。戴便急电郑请他亲自去布置并了解一下情况，临时才成立了一个小组带了一部电台，随他一同赶到古北口。郑在那里只住了两三天，把那个小组和电台留下，自己赶忙回到北平。以后他一直向不了解情况的人吹嘘，他曾经参加过“古北口的抗日战役”，实际上便是这么一回事。

郑介民在华北区长任内最得意之作，是 1933 年 5 月 7 日派人在北平六国饭店打死张敬尧。这是由他亲自出马，化装成为由南洋回国的华侨资本家进行侦察活动，等到把张的情况弄清楚以后，便派华北区行动组组长白世维带领行动员黄泗钦等将张击毙。

郑介民自主持刺杀张敬尧后，即回到南京，再也不愿去北平，害怕张的旧部和日本特务对他进行报复。1933 年秋天，戴笠改派王天木为华北区区长，郑连办理移交手续都不敢去，好在他是以副处长身份兼任区长，也没有人难为他。

1934 年春，蒋介石为了要效法希特勒和墨索里尼的法西斯独裁统治，决心挑选一批人去学习。郑介民也被选中了。当年夏天，郑介民和潘佑强、杜心如、滕杰等一行七人，以军事考察团名义前往欧洲考察，实际上主要是去德意两国。蒋介石给他们的任务，一是学习法西斯统治人民和反共防共的一套办法，一是发展复兴社在欧洲的组织。他们先后到过德、意、英、法、奥、瑞士等国，在德、意的时间较长。他们对这两个独裁统治集团各方面都作了研究。郑对学习他们的特务工作方面的组织活动等花的时间最多，搜集了不少材料，由戴笠整理后送给蒋介石。戴参照他这个报告，对他领导的特务处作了不少的调整。

最初戴对特务处的工作究竟应当怎样做，提不出一套完整的办法。郑这次考察，对他有很大的帮助。当时特务处和改组为军委会调查统计局第二处及以后的军统局所搞的那些活动，不少是通过郑的这次考察和唐纵在德国任国民政府驻德大使馆副武官时所学到的一套搞起来的。像通过特务组织去控制交通和通信，监督无线电台和收音机及干扰广播，派特务渗入机关、工厂、学校，加强警察机构等的措施，以后在反共反人民方面都起过作用。

他们在欧洲时，每到一地总要召集留学生开会，宣传复兴社的组织和作用，告诉他们这个社是蒋介石自兼社长，叫所有的留学生都要参加这个组织。郑向留学生讲话时很干脆，常常毫不避讳地说，蒋介石决心不再依靠国民党，所以组织复兴社来代替。他为蒋介石大肆吹嘘，说蒋如何有决心把中国治理得富强康乐，而国民党已经老大腐朽，没有朝气，只有靠复兴社来复兴中国。据郑自己说，他的这些话常常受到留学生们的欢迎。因为这些人对国民党中一些老朽昏庸的权贵们早有不满，平时敢怒而不敢言，郑的这些话正投他们之所好。

郑等在德国时，曾多次请求晋谒希特勒致敬，经过几番周折，等了好些时候，才被允许接见他们。希魔看到这些不远万里而来向他致敬的徒子徒孙时，态度非常

傲慢，但他们却以能见到“元首”一面而感到心满意足，均认为不虚此行。

他们在意大利时，据说墨索里尼在接见他们时态度比希特勒要好得多，对他们曾加以勉励。他们便感到受宠若惊，高兴异常，回国以后，郑介民常以曾见到过这两个“法西斯老祖宗”而认为无上光荣。不过也有人说，他们在德国时请求晋见希特勒，没有得到允许，回来后为了面子关系吹牛皮。

1935 年春夏间，郑等由欧洲回来后，蒋介石曾抽出不少时间听取他们的口头报告，并看了他们长篇大论的文字报告，兴趣异常浓厚。戴笠也不断找郑问长问短，请他到特务处作报告，他立刻成了最受欢迎的忙人。

郑回国不久，便被蒋介石提升一级，任命为参谋本部第二厅第五处少将处长。

1933 年特务处与陈立夫所领导的军事委员会调查统计局第二处合并，戴笠任处长，郑仍兼任副处长。当时陈立夫对戴笠限制很严，处处不给他方便。二处的特务对外活动遇到很多困难，甚至连军委会的证章都不肯多发给他。戴笠便要郑介民向参谋本部要了许多证章和差假证，当时许多特务对外活动统统都是用参谋本部第五处名义。

从 1936 年春天开始，戴笠不断接到情报，说胡汉民在广州召集两广军政头子密商反蒋问题。蒋介石曾几次电促胡汉民到南京来，均无结果，便命令戴笠加强华南地区的特务活动。戴把在上海、南京、武汉等地的广东籍特务分子大量抽调前往。

不久，日本第三舰队司令及川访问广州，特务们得到情报说陈济棠接受了日本人的支持，准备与广西联合向南京进军推翻蒋介石政权。蒋便加派郑介民前往香港，指挥华南区进行暗杀陈济棠的活动并分化收买广东部队，郑于三四月间即由南京经上海秘密去香港。

当时特务处华南区区长邢森洲，原是郑所保荐的人。邢森洲在南洋混了不少时间，在华侨中小有声望，他的人事关系很不错，但对搞暗杀和分化等却远不如郑有经验。

郑去香港后，一面积极布置暗杀陈济棠的工作，一面多方设法收买陈的部下叛陈投蒋。郑派到广州的一个暗杀小组，曾在广州市通往郊区梅花村陈济棠的寓所途中租好房屋，准备利用陈每日往来时进行狙击，结果被陈的特务发觉，将郑派去的几个特务捉了去。这更使陈坚定了反蒋的决心。蒋介石和戴笠对此均大为恼怒，曾函电交责，令郑迅速重新布置，必欲杀陈而甘心。

6月初，陈济棠借口蒋介石不抗日而通电反蒋，自任军事委员会委员长。蒋介石除一面派大军镇压外，一面加派特务暗中加紧收买陈济棠部下。郑介民和邢森洲在这次事变中最得意的杰作是收买两广空军。当时两广空军中不少是华侨，邢和这些人当中不少人有关系。郑先以12万元港币收买了陈部航空部队飞行员陈振兴等以后，又以40万元港币收买了航空队长黄光锐。他们还收买了广西空军，并策动师长李汉魂、李振良等将级和校级军官40余人叛陈投蒋。

7月初，各项布置就绪，黄光锐等分别率领飞机连同全部空勤人员飞向南京。广西空军也在同一天逃走，一同到达南京。黄光锐并发表通电，历数陈济棠在广东多年来搜刮民财、勾结日寇的罪行。

蒋介石和戴笠自得到郑的密电，知道他在进行收买两广空军的活动，曾拨出数以百万元的港币令其积极进行，日夜盼望早日成功。当这些飞机到达南京后，蒋、戴十分高兴，连电嘉奖，嘱其继续加速进行瓦解陈部的活动。

陈济棠等反蒋通电发出后，仅仅一个月左右便弄得众叛亲离，不得不通电下野。这次事变很快结束，郑在其中起了不小的作用。当他很高兴地准备回南京报功请奖时，戴笠又叫他到广州布置保护蒋介石的工作。

8月间，蒋介石飞到广州。郑这次去见蒋，自然又得到一番奖励。蒋离开广州后，他才回到南京，戴笠又为他举行一次庆功大宴会，并给他请到一笔巨额奖金。

1937年，“七七事变”发生后，郑介民被调为参谋本部第二厅第三处处长，主管对日作战的情报工作。

四、抗战期间的活动

“七七事变”后，蒋介石在表面上虽然接受了中共所提出的一致联合起来抗日的主张，而暗地里却更加积极地进行反共防共的阴谋活动。当国民党政府从南京逃

到武汉后，在珞珈山举行的国民党临时全国代表大会上，蒋介石便提出要增加一个庞大的特务机关，把原来由陈立夫领导的军事委员会调查统计局交与戴笠，另在中央党部内设立一个同样的调查统计局，以加强他反共反人民的特务力量。

蒋当时虽有意提拔戴笠，但苦于他的资历不够，只好指定侍从室第一处主任贺耀组为局长，以戴为副局长负实际责任。但对郑介民的安排却成了问题，蒋不让郑离开这个特务组织，又不便设两个副局长，最后才决定叫郑兼任军统局的主任秘书，协助戴笠工作。郑对这个名义很不痛快，开始很不愿去办公，老是推说事忙抽不出时间，这个主任秘书便成了一个有名无人的空位。戴也了解郑的心理，不好勉强他去，而内部工作却还得有人领导，便在军统局中仍保留书记长这个职位，主持内勤业务。唐纵、张严佛、周伟龙、吴赓恕四人先后担任过书记长。

当时军统特务之中，不要说外勤特务不知道这个主任秘书，连内勤也有些人不知道书记长之上还有这样的领导人。戴笠感到这样下去有问题，不但郑可以借口不去军统工作，特别是怕蒋介石查问起来无话交代，才于 1940 年将书记长名义取消，改为代理主任秘书，由戴的亲信小同乡毛人凤来担任这一职务。一直到 1946 年 3 月戴笠死去前，郑的这个主任秘书都是由毛代理。到 1942 年前后，中美所工作正在开展，毛人凤忙不过来，又增加了一个副主任秘书，由张严佛担任，直到抗战胜利。

郑介民对军统局这个主任秘书的本职虽不大感兴趣，而他的老婆却生怕丢掉了这个位置。因为军统局钱多、东西多，可以源源供应，不但郑所乘的汽车、汽油由军统局供给，家里用的副官、男女佣人、厨师等都是军统局支薪，连家里的许多开支和应酬请客等费用都由军统局包下来。军统控制的公开机关如缉私署、货运局、交通检查处等走私和缉私得来的东西，对军统大特务“进贡”时，总有郑介民的一份。为了这些，郑的老婆去军统局局本部的次数，却比郑还多。每当戴笠离开重庆，毛人凤要找郑去军统主持纪念周时，郑常推说事忙抽不出时间。毛人凤以后找到一个窍门，只要打电话到他家里告诉他的老婆一声，第二天郑一定准时到达，从不误事。

抗战开始不久，蒋介石曾请求英国帮助成立一个突击部队。郑得到这一消息，对此很感兴趣，便托人向蒋去要求，希望派他去担任这项任务。蒋认为郑没有带兵打仗的经验，不适宜搞这种工作，另派李默庵去筹备成立英械装备的突击部队，郑又一次感到很大失望。

当参谋本部改组为军令部之后，郑却意外地被蒋介石提升为该部第二厅中将副厅长。这样虽使他安下心来，却仍不忘情于带兵的工作。1939 年陆军大学设立将官班，专门调训国民党中高级军官时，他便请求带职去受训。当时有人问他，为什么还要去进陆大？他很高兴地说："现在的军事机关和部队的幕僚长，规定都要陆大毕业生，如果自己不是，不但没有机会能带兵，也不懂业务，无法工作。而且由于和陆大学生不是同学关系，也不易驾驭，所以非去不可。"

郑介民于 1939 年 9 月前后进陆大将官班，1940 年 4 月毕业。当时陆大还设在贵州遵义，有些调训的高级军官带职学习，连画地图都要参谋代办，本人则经常跑到重庆、贵阳去玩乐。即令在遵义，他们也是花天酒地，有时通宵达旦赌博，上课听讲只是敷衍了事，反正是去混一个学历。郑介民在这段时间内却与众不同，他非常认真地学习，有空还从事写作。他偶尔回重庆几天，也是到军统局和第二厅去要一些资料，作为他写作参考之用。他老婆经常写信骂他，说别人常常回来，他却不想家，还疑心他在遵义玩什么花样，曾两次偷偷地跑到遵义，看到他的确是在埋头学习和写作才放了心。

郑一面悔恨自己没有带兵打过仗，"武"的气味还差一些，一面又醉心于想当一个"儒将"。当时反动派中许多将领，都有"武人唯恐不能文"的思想，他便是具有这种思想的一个典型人物。几年间，他从军统局与第二厅档案中搜集了不少材料，先后编写了《军事情报学》《谍报勤务教范草案》《游击战术之研究》等几本书。国民政府对他这种肯钻研和写作精神，曾予以明令表扬，并授给他一枚"积学勋章"。他对这枚勋章极为重视，认为是最难得的"荣誉"，经常爱把它拿出向人炫耀，以显示他是个"文武双全"的"儒将"。

郑任军令部第二厅副厅长期间，还在 1940 年下半年起，兼任了"中苏情报合作所"的副所长，所长由二厅厅长杨宣诚兼任。苏联方面也派了一个副所长，这是苏联帮助中国侦收对日情报工作的。该所设在重庆夫子池来龙巷庆德里一号，另在

南岸黄山放牛坪茶亭子附近设有电讯侦测总台，由军统所派的特务肖坚白任总台长。苏联派有一个副总台长和几十名技术人员，在南岸江山建有两幢宿舍专供苏联人员住宿。该所结束后，该处改为军统江山农场。

这个所虽是由军令部出面，实际是由军统主持与苏联进行合作，专门侦收和研究翻译日本陆空军无线电通信密电码。苏联方面提供了一批供侦收用的电讯器材。名为合作，实际上是彼此都想把对方侦译日本密电码的技术学过来，而把自己懂得的一套又不要让对方学去。戴笠曾把留学苏联的中共叛徒谢力公、吴景中等人派去担任该所的科长（苏联方面派副科长），其他一些工作人员也大都是由戴笠选派去的军统特务。

戴笠一方面指使派在该所的电讯部门特务去偷学苏联人员在这项工作中的技术方法，同时还指示他们应多方设法去和苏联人员接近，想从中收买拉拢个别的苏方工作人员，妄想在苏联内部去布置情报工作。戴对谢力公抱有很大的希望。谢的俄语很流利，一向长于交际应酬，戴特别拨出在赣口街附近的一座小洋房交与谢，作为联络苏联人员之用。谢的举止很阔绰，一切交际费用都由军统支付，曾花了不少的钱，但却没有听说得到什么结果。当时郑介民的老婆为此常发牢骚，说郑兼任该所副所长，却远不如该所的科长阔气。

郑在兼任副所长期间，平日也很少过问该所的工作，一直交由军统去搞。有人偶尔问到他这个所的情况时，他总是神秘地说："这是秘密，暂时还不宜公开，将来等到对日作战取得最后胜利，一定会有惊人的成绩在报上公布的。"实际上他有许多问题也弄不大清楚，除了邀请苏联人员赴宴时他去参加一下，他连设在南岸的侦测总台都没有去看过一次。谢力公有事也是直接找戴笠请示，有些事告诉他一声，有些连事后都不和他谈，他也从来不去追问。

五、与帝国主义的勾结

1940 年夏天，蒋介石叫戴笠加强军统在南洋各地的特务活动，戴因郑对南洋情况较熟悉，要他赴南洋一带视察，开展军统在海外组织的工作。他认为这些地方都是英国的殖民地范围，必须与英帝密切联络，以免引起英帝的不满。他去视察时，英帝方面特派两名特务随他一同前往。

同年秋，通过郑与英帝接洽，决定成立一个“中英情报合作所”，英国派特务安德逊到重庆正式商谈中英情报合作问题。蒋介石决定交与军统负责与英帝合作，戴笠即推荐军统特务武装部队头子、军委会别动军司令周伟龙兼任该所主任，安德逊任副主任。

中英情报合作所成立时，戴笠在军统局举行纪念周上特别称赞郑“为军统发展国际情报工作作出新的贡献”。

这个所设在重庆小龙坎红糟坊周家湾别动军司令部旁边。合作内容主要是由军统向英方提供有关日帝陆海空军在中国沿海及大陆活动的情报，其中着重于日本空军的情报。军统曾应英方要求，派了一个特别工作小组，先后在香港、印度（日寇占港前去印度的）工作，专门侦测日空军的活动和研译日空军密电。当时这个工作组很受英方重视，并多次想派人学习军统侦译日空军密电的技术，军统始终不肯把这部门所取得的经验向英方提供。

1942 年前后，戴又要郑以军令部二厅名义派军统特务李汉元、吴文字等十余人去缅甸工作，还由英方派遣几名特务随同前往。

郑最得意的一件事，是 1942 年 1 月间，他对盟军在新加坡的作战方案提出自己的意见，后来事实证明是正确的。当罗斯福和丘吉尔决定要保卫住盟军在远东的军事基地新加坡时，西南太平洋盟军总司令英国上将魏菲尔在新加坡召开同盟国军事会议，商讨保卫新加坡的计划，蒋介石除了派杜聿明等前往参加外，还派郑介民前往担任有关情况方面的联络。郑去了之后，不但没有受到魏菲尔的重视，连当时新加坡英军总司令对他也很冷淡。他只是和魏菲尔总部的一些高级幕僚人员有所接触，并没有正式参加这次会议。一向非常骄傲的魏菲尔，在这次会议上坚决表示，只要缩短防线，集中兵力，确保新加坡是决无问题的。郑介民却向魏总部的幕僚人员提出了他的不同意见。他认为新加坡是绝对没法防守的，不如集中力量坚守印度尼西亚，使之成为西南太平洋盟军的反攻基地，坚守印度尼西亚比坚守新加坡要有把握。当时他的这些言论，完全没有受到魏菲尔的注意。

郑从新加坡回到重庆，又把这一意见向蒋介石提出，蒋对他的话相当信任，曾正式转达魏菲尔，也同样没有被采纳。

还不到半个月，日军便集结大量海陆空军猛攻新加坡。这个为英国经营多年、费资达6000万英镑建成的所谓远东第一巨港，加上有6万多名防守的英军，只有十多天时间，便于1942年2月被日军攻陷，魏菲尔仓皇率领总部人员逃往荷印爪哇。

这时，不仅蒋介石和在重庆听到过郑意见的人，认为郑果然"料事如神"，连魏菲尔在致电蒋介石的时候，也有悔不听郑言而遭此惨败的表示。蒋便再度派郑去爪哇与魏联络。这次魏菲尔的态度便与以前完全不同。据郑回来时说，连魏菲尔都亲自去机场迎接他。不过这次郑却没有看得准，当他刚从爪哇回到重庆，正预备再去的时候，日军又乘胜向印度尼西亚大举进攻。不出一个月，3月初爪哇也被日军占领。魏菲尔只身乘飞机逃往印度，防守印度尼西亚的几万英军和魏菲尔总部军官都成为日军的俘虏。

在一败再败以后，西南太平洋盟军总司令部也一度宣布解散，魏菲尔仍回原任驻印英军总司令。以后蒋介石还经常派郑去印度和魏菲尔联络。后来英国派蒙巴顿在锡兰任南太平洋盟军总司令时，郑也曾去锡兰和蒙巴顿联络。在协同对日作战中，郑曾提出过不少的意见。

蒋介石认为郑在和盟军打交道时还有一套办法，以后又指定他参加在重庆举行的中美联合参谋会议。当时任中国战区参谋长兼美军驻华总司令的魏德迈，对郑的印象也相当好。

郑对军事问题一向爱提出他的分析和判断，虽然有时估计错误，但偶尔也能说中几件。他最爱向人夸耀的另一件事，是盟军开辟第二战场的日期被他猜中了。1944年夏，郑和魏德迈总部的一些美军将领们谈话，大家预测开辟第二战场的时间。许多美军将领们谈的都不着边际，只有郑指出6月初很有可能。当时大家也只是认为姑妄言之、姑妄听之，并没有人相信他的话。

隔了不久，盟军果然在6月6日那天从法国诺曼底登陆。消息传到重庆，许多听到过郑那次谈话的美国军官立刻想起他事前说的日期完全正确，见到他的时候都称赞他是神机妙算，居然能这么准确地计算出盟军登陆的日期。这时他便大卖其野人头，瞎吹一顿。魏德迈听到这些话以后，还当面称赞过他。原来，他这次猜中的根据，主要是从整个战局来看，认为第二战场的开辟不能再拖延，而且各项准备也已就绪，不会出今年。至于日期的确定，他是根据英伦海峡每年6月初天明前涨潮最大，在那几天登陆最适宜。他一面向人夸耀他学识渊博，一面也暗示他是消息灵通。

郑的这些预言虽然受到一些人的重视，使他沾沾自喜。但他的老婆却常常当着许多人的面揭他的底。每当他正津津有味地向人说这说那的时候，他老婆往往从旁插嘴叫别人不要信他乱吹。一次她说："抗战开始，他认为香港最安全，把贵重物品和行李寄存在香港，可以保险，结果香港很快沦陷，东西全部丢光。"她越说越气，用手推他、捶他，要他把东西还来。他这时只是苦笑一下，还是继续向人讲下去。

中美合作所成立之初，原来听说除由戴笠兼任该所主任外，还准备发表他和美特头子梅乐斯一同为副主任。以后不知是什么原因，他这个兼副主任的职务一直没有发表。

郑在中美所虽然没有兼任职务，但他却非常热心于中美所的种种活动，并常与梅乐斯往来。中美所的第一、第二次签订合同时，他都参加。他在重庆期间，所有中美所举行集会和盛大宴会时，他和戴笠都是以"主人"身份来殷勤招待美帝特务。席间，他总是喜笑颜开，用些滑稽幽默的话来逗美特们开心。每当戴笠不在重庆时，有关中美所的问题都由他出面与梅乐斯商谈。许多美特都喜欢找他聊天，并当面称赞他是"一位很有风趣的人物"。

戴笠死后，梅乐斯从美国到南京吊唁，郑特意从北平赶到南京，一连和梅乐斯长谈了几次。他希望再度恢复美蒋特务合作，梅乐斯也表示在对付中国共产党方面愿意再尽一点力量。以后不知是什么原因，直到全国解放，美帝还没有把这一组织恢复，使他很失望。最后，美帝才同意在保密局内成立一个"中美办公室"，继续进行支援军统的反共活动。

郑对美帝"特使"马歇尔，恭维备至。马歇尔九上庐山，他几次参加迎送。有次马歇尔夫妇去找蒋介石，他跟在两乘大轿后面走了十来里路。那次他穿着整齐

笔挺的军服，连外衣都为汗水湿透。他有支气管炎的老毛病，每到冬天发作得最厉害。那次他弄得上气不接下气，支气管炎大发，回到南京医了很久。他老婆埋怨他，他却认为这次当马帅的跟班，是有很大的政治意义的。

郑介民在和马歇尔的往来中，虽然极力为这个伪装的“和平使者”到处吹捧，但后来他认为马帮助蒋介石还不够积极而在背地里有些埋怨。有次他在保密局对几个处长级的大特务发牢骚，说许多事没有能够按预定的计划弄好，使国民党吃了许多亏。

郑介民和美帝文化特务头子司徒雷登虽然早就认识，但关系不深。1933年，郑在北平任特务处华北区区长的时候，用以掩护的职务是北平军分会的上校参谋。当时司徒任燕京大学校长，交结的都是国民党的达官显贵，对这个上校参谋并不看在眼中。郑虽然很想巴结，也没有巴结得上。

司徒雷登这个“中国通”被日本人囚禁了几年，于1946年继赫尔利担任美驻华大使。这时，郑的地位也和过去不同得多。彼此都感到需要拉拢一下，但又不便直接去找对方。当郑向保密局办公室主任黄天迈谈到这件事的时候，黄告诉他司徒雷登也早有意和郑谈谈。黄是燕大学生，曾任国民党政府驻巴黎总领事，抗战期间投入军统当特务后，当过军统局第一处副处长、海外区区长，主管海外情报。抗战胜利后，黄天迈在平津专搞国际情报工作，主要是和美帝驻平津人员进行联系。黄和司徒雷登的秘书傅径波是燕大同学，两人私交甚好。当傅带黄去见这个老校长，谈到他在郑介民手下工作时，司徒雷登便在黄面前称赞郑是“国民党中有数的军事谋略家”。郑听到这样称赞他，更是急于希望能早日同这个为蒋介石尊为上宾的新大使见面。据黄天迈说，当他和傅径波联系好以后，郑第一次去见司徒的时候，两人一谈就谈了几个钟头，越谈越有劲。

郑在北平时，司徒每次来平津活动，郑都赶去迎接。司徒在南京过70岁生日时，郑没有来得及赶去，便叫人买一个漂亮的寿幛送去，并专电向其祝寿。

郑介民善于讨好帝国主义。也深为蒋介石所嘉奖，并且常常利用他这一长处从事这方面的工作。郑也以所谓“军事外交家”自居。他认为最得意的是1944年“开罗会议”前后的一些活动。

开会之前，蒋介石先派胡世泽、朱世明、李惟果和郑介民四人到开罗与美、英方面人员联系。郑介民奉命后立刻与戴笠商量，两人几乎谈了一个通宵。郑的任务除了先去商谈会前的种种准备事项外，最主要的还是为蒋介石布置警卫方面的工作。军统在那次会议之前，急急忙忙加派了一批特务去印度、巴基斯坦和埃及等处，戴笠亲自为这些人饯行，发给他们大量经费。军统原来在这些地方虽有组织，但人数不多，没法担负这一新的临时重大任务。

郑去开罗后，不久便和李惟果先回重庆复命，郑一下飞机便立即向蒋介石报告了准备情况。李惟果去见蒋介石的时候，蒋马上说："一切情况已由郑厅长报告过了。"李惟果只好退了出来。

蒋介石去开罗，所乘的专机航行的路线，连随同他一道去的许多人都不了解，只有戴笠和郑介民才在事前知道，这是由郑预先安排的。因为蒋介石怕被日本飞机截去，故让其随从人员乘飞机去加尔各答，而他的专机则取道卡拉奇。

当晚，蒋介石和宋美龄在卡拉奇过夜，郑介民更为忙碌，几乎通夜没睡，指挥着事先去那里的军统特务暗中严密保卫，因此第二天他在飞机上一直打瞌睡。

那次蒋介石带去的随员不多，但郑介民却一直没有公开露面参加会议。蒋住在金字塔旁的一家大旅馆中，也很少看到郑出入，实际上他每天都在为警卫忙得不能休息。会议刚一结束，郑又先到加尔各答布置。蒋介石在印度停留时，郑也是负责蒋的警卫工作。

1949 年 9 月，司徒雷登由南京回美国后，曾打电报到广州邀郑介民去美国商谈问题。郑介民向人说："美国大使司徒雷登于南京被共军占领时没有离开，直到最后才回美国，前几天他来电邀我去美。我报告总裁（指蒋介石），已批准我去一趟。现正在赶办赴美手续中，一俟办妥后，即往香港搭机去美。"他在说话时表现出非常得意的神色，并没有因全国即将解放而感到沮丧。他当时把一切希望都寄托在美帝的帮助上面。

广州解放前几天，郑介民才去香港转赴美国。以后听说他由美回台，蒋介石派他担任国防会议所属的国家安全局局长，以加强台湾的特务统治。他之出任这个职务，是与这次去美有重要关系的。

郑介民在与英美两国公务交往的过程中，美国人曾颁给他两枚勋章，英国人也给过一枚。他还有一枚法国勋章，这个勋章的来历不清楚，他平日在闲谈中也没有说过。

六、国共和谈期间的特务活动

抗战胜利，国民党军政人员贪婪欲望大发作，都在准备“劫收”。郑介民也希望能够弄到一个接收大员来发横财，他老婆尤其希望他能负责一个肥美的接收任务。不料蒋介石却派他兼任蒋梦麟所主持的“赔偿委员会”委员，这使他大为泄气。

当他正在闷闷不乐，害怕蒋介石忘记了他的时候，一个出乎他意料的新的任务落到了他的身上。蒋介石决定派他担任军调处执行部北平办事处国民党方面的代表，叫他利用国民党和共产党进行“和平谈判”的机会，去对解放地区进行特务活动。这个平日反共最积极的特务头子，对中共情况比较了解，感到这一任务非常棘手，不容易完成。他急忙找戴笠商量，一连谈了两三天。戴向军统局各单位负责的大特务宣布，一定要尽全力协助郑去完成任务，要人给人，要钱给钱，要电台、武器、交通工具等都要尽先尽量供给，不准有任何借口拖延。戴认为蒋介石挑选郑去担任这个任务，不仅仅是对郑的信任，也是对军统的信任，因此无论如何要抓住机会，把多年来对解放地区布置工作屡遭失败的情况挽转过来。戴一面赞扬蒋介石这一决定的英明，一面破口大骂有人提出反对用这样一个公开的特务头子出任国民党方面的代表，说这些提不同意见的人没有头脑、没有常识，不了解抗日胜利后国内唯一的敌人是共产党。

在戴笠所召开的紧急会议上，郑介民的心情表现得很沉重，不像往日那样一团高兴指手画脚。他只简单地说了一些任务很重大，关系到党国前途，他个人力量有限，要大家一齐竭力帮助他，相信有蒋介石的“英明领导”和戴笠的随时指示，他有信心和决心把这一工作做好。他一破以往惯例，没有大谈他的分析看法。大家也了解，因为有戴笠在座，怕他不耐烦听，谁也没有向他提出什么问题。

过了两三天，郑又去军统找毛人凤，几个处长级的特务一下把他包围起来，问长问短，他才谈了一会儿。他认为最大最难的任务是他如何在短期内恢复交通。他说，这些被共产党占据了的几条铁路是国民党的动脉，要想拿过来是有困难的。因为多年来国民党和共产党打打停停，停停打打，不容易使得对方相信自己的“诚意”，单靠运用政治手腕办交涉，开谈判，不用强大的军队作后盾，不会轻易得到圆满结果。他认为靠几十架飞机运送部队，只等于撒撒胡椒面一样，起不了多大作用，一定要把铁路交通恢复。

当有人问到他苏联会不会公开阻拦国民党接收东北和帮助共产党的时候，这个以“了解苏联情况最多的专家”自居的郑介民，便打开话匣滔滔不绝地谈了起来。他认为苏联不会公开阻拦而只是暗中加强援助中共，并举出了许多理由证实他的看法。

对于向解放地区搜集情报，他认为机会很好，平日不能进入的地区现在可以公开进入。他以开玩笑的口吻说：“过去你们老是说这方面的情报太少，将来你们连看都看不过来的时候可不要怪我！”

临走的时候，他很严肃地向这些大特务提出警告，叫大家千万不能麻痹大意，把问题看得太简单，把一切寄托在双方谈判上，而一定要比过去任何时期都要加强对中共的工作。他认为“和谈”只是解决问题的一个方面。他说，美帝在这个问题上一定是站在国民党一边，美方指派的代表饶伯逊（以后改吉伦）和他关系很好。他说：“三个人开起会来，要表决问题时，总是可以做到两票对一票的。”

他去北平之前，在军统局和军令部第二厅的特务中挑选了胡屏翰、邹陆夫、温天和、黄维勤、黄长新、潘志民、涂叙五、肖凤岐、郭子祺、董承烈、黄介新等100多人担任各地调处小组的工作，把军统中共科长郭子明调去当顾问。

当报上公布他出任国民党代表的消息后，许多报纸的新闻记者便去访问他。他在重庆和北平接见记者时，总是说：“我们不再算旧账了，算也算不清楚。过去谈了八九年，再谈下去，我们都已经老了。”他一开始就想把过去谈判失败的责任完全推在中共方面，好像国民党很有诚意。可是还没有开始谈判前，他和戴笠就暗中在积极进行向解放区布置特务活动了。

1946年3月17日戴笠摔死后，蒋介石于20日决定派郑介民继戴笠任军统局局长。毛人凤急电郑介民，请他立即回重庆。郑原定22日由北平起程，可是到了22日上午又接到他的电报，因军调部方面有紧急工作分不开身，改为24日中午才能动身。

24日下午，毛人凤带着几个处长去机场迎接他。飞机迟了两个多钟头才到达，特务们和他的老婆都非常着急，不断地要航空检查所的特务去航空公司问情况，虽然知道没有事，但都不放心。因为那一天天气不好，飞机顶风飞行，所以迟误了两个多钟头。郑走下飞机便向欢迎的人打趣说："今天天气很恶劣，我还担心戴先生找我去吃晚饭呢！"

当晚郑介民去见了蒋介石，第二天上午便到军统局召集各单位负责特务们开会。毛人凤首先宣布蒋介石已指定由郑继戴笠代替局长职务，希望大家在郑的领导下继承戴的遗志把军统工作做好。接着，毛请郑训话。郑那次说得很简单，只说，他目前的工作非常重要，因此不能亲自主持军统工作，仍旧由毛人凤领导，除重大问题和他研究外，一般问题仍照过去一样办。他还说，他过去对军统情况很少过问，许多事还不大接头。

当有人问他军调部工作情况时，他的回答也很简单，只说问题很难办，对手不容易对付。他说，人家（指中共）工作做得非常细致，不像国民党那么粗糙，有些地方值得学习。

下午他找毛人凤谈了几小时。以后据毛向人说，郑主要是想了解军统的经费和人事方面的情况。因为他过去怕为这些和戴发生摩擦，一向不过问，现在要他负责，不能不了解一下。他听到军统经费月月入不敷出，总是寅吃卯粮，负债很多，过去完全靠戴笠到处张罗，移东补西，人数超过编制几倍，大为吃惊，当时便表示一定要实行紧缩和裁汰人员，并认为这个摊子过去摆得太大，以后谁也没有这样的魄力来维持，工作比过去繁重而困难，只有汰弱留强一项办法。

郑口头上虽宣布他在北平工作期间，军统工作仍由毛人凤主持，但他早已心中有数，戴笠多年来一意培植毛人凤，并且已经大权独揽。过去他可以不过问，但现在蒋介石把这个担子交给了他，他怕出乱子，所以在他离开重庆之前去见蒋介石。他向蒋提出，请唐纵来代理他主持军统工作。他刚一走，蒋介石派唐代理郑的命令也随之到达。毛人凤看到这一情况，知道郑一定在蒋面前说了什么话，使蒋不放心，才叫唐来代理。唐也看出郑的用意，要他出面作难人，就干脆来个代而不理，一切还是由毛主持。从这时起，郑、毛之间便种下了不和的根子。

郑在重庆只停留四天便又去北平。这时，我恰由南京收拾戴笠等尸体后回到重庆，便去郑家向他报告戴死的情况。当郑听到戴死后在南京附近江宁县山上暴尸三日被大雨冲洗的情况，不免有点兔死狐悲之感，非常生气地说："真太丢人！我们的组织不但遍及全国，还分布全球，可是一个领导人死在南京附近三天才发现，怎么说得过去！这让别人知道了真是闹大笑话！"郑的老婆在旁边插嘴向我要戴笠在上海、南京、汉口准备的房子、汽车等东西。郑既不制止，也不表示同意，只装作没有听到一样。直等他老婆要这要那要完之后，才继续指示我赶紧清理各地接收的敌伪产业，免得各地特务趁戴笠一死便鲸吞接收的财物。

郑回北平不久，国民党的报纸于3月底前后刊出新闻，说戴笠死后由郑介民继任军统局局长，唐纵、毛人凤任副局长。郑看到这一消息非常生气，4月初便在北平向中央社记者发表谈话，公开否认这一事实，说他没有继任军统局局长。

5月初，我和军统局督察室主任廖华平到北平清查军统接收的财物时，郑见到我还余怒未息，说重庆方面有人在胡闹，为什么要公布他当局长的消息，这对他的工作将增加多少困难。我了解到这消息是中央社记者从军委会办公厅方面得到的，便向他解释一番。郑虽已接到毛人凤的复电，但还是那么生气，这在他平日是极少有过的表现。那天郑和我一同吃饭时还在说："如果政府派一个军统局局长来和共产党搞和谈，这会给人一个什么样的印象？"好像在这消息公布之前，共产党方面并不知道他是一个军统特务头子。

郑在和谈中要尽各种手法，却自认为很聪明。他除了在国民党报纸上连篇累牍发表诬蔑诽谤中共的一些材料外，还指使特务捣毁军调处中共办公室。

1946年2月21日，有所谓"冀省难民还乡请愿团"这样一个组织，去设在协和医院的军调处执行部请愿。这个"请愿团"是以河北解放区逃出来的地主恶霸为基础，通过郑指使军统北平站以及北平市警察局刑警大队去进行组织和鼓动起来

的，并且派有大批特务、帮会流氓分子混在其中，有计划地去进行捣乱。特务们对这些逃亡的地主恶霸进行煽动，说中共不肯把军队撤出那些地方（解放区），所以弄得大家无家可归，应当去找中共算账。这些逃亡到北平的地主恶霸们看到有特务支持他们，便集合起来，涌到军调部大门口，乱喊乱叫，指名要中共负责人出来答话。在中共办公室干部向他们说明情况时，特务们便领着大喊“共军立即撤出河北”“打倒共产党”等口号，不让中共人员说下去，并且在特务们指使下，不由分说一齐冲入中共办公室乱打一阵。特务们想趁机抢劫中共文件，结果只拿到一些不重要的东西。当场的宪兵和警察，因事先得到特务们的通知，都袖手旁观，任暴徒们把中共办公室门窗玻璃、办公桌等捣坏之后才把他们劝走。

当天，军调部三方面负责人向北平市长熊斌提出严重抗议，要他查办凶手，并保证以后不得再有类似暴行发生。熊斌对此大发牢骚，明明是特务们干的，郑介民这个特务头子不管，他这个市长从什么地方去查办这些凶手？当时连美帝方面也觉得这种做法太拙劣，很不满意。他们明知这事与郑有关，背地里曾关照过郑以后不要采用这种办法。郑在美国主子面前矢口否认与他有关，硬说这是老百姓自己发动的。

5月的一天，我和廖华平在郑家吃晚饭，北平警备司令部稽查处的组长罗日明去见郑，郑邀罗一同吃饭。在吃饭之间，郑突然问罗：“还没有找到一个？”罗答：“还没有找到。”他俩说完这两句话后便没有再谈别的。

第二天，我见到罗，才知道郑曾叫罗派特务跟踪住在北京饭店的工作人员，看他们晚上有没有人到八大胡同等妓院或在其他旅馆开房间。罗是负责旅馆与妓院检查工作的，郑叫他如发现有中共人员到这些地方去便抓起来，让中共方面向他要人的时候再送回去，好给中共丢脸。七八月间，我再度赴平，听说仍然没有在这些地方发现一个中共人员，使郑很感失望。当时他非常希望找出中共在平人员的毛病，采取了种种监视的办法，却一直没有找到一点。

军统北平站有一个特别小组，是专门监视跟踪在平的中共人员的，站长经常要向郑汇报情况。郑对这些很注意，这个小组直到军调部结束后才停止活动。

郑在军调部工作期间，和美帝沆瀣一气对中共进行许多阴谋活动，具体情况我不了解。我只知道他每次回到南京时，在保密局向一些大特务谈到恢复交通的问题，都说这问题使他大伤脑筋。蒋介石对此也经常催促他和责备他。

郑介民认为中共在“大问题”上是“错误”的，因为中国情况不适合共产主义。可是他对中共人员的工作精神和作风这些“小问题”，却认为值得学习。他认为中共人员普遍的特点是生活朴素，勤俭刻苦，工作认真踏实，组织纪律性很强，待人态度平和。他最感到头痛的是国民党许多人做事马虎，不负责，反映的情况不真实。这使他在向中共办交涉时，往往由于没把问题弄清楚，而大碰钉子下不了台。而中共提出的反驳，每点都是有根有据。他常说，幸好他有一套对付办法（强词夺理和耍无赖的办法），总算可以勉强应付一下场面。

他埋怨特务们不争气，不好好工作，生活腐化，连他最得力的重要助手他的参谋长也包括在内。郑把许多事情的失败都归咎到别人身上，好像只有他最能干最有办法。他做梦也希望从北平坐火车回南京，可是始终没能实现。

军调部工作结束，郑发表一篇和中共商谈经过的谈话，极尽造谣诬蔑和颠倒黑白之能事，把全部责任推到中共“缺乏诚意”上面，用以混淆视听。当时，保密局许多外勤单位从各方面搜集到许多情报，全国人民对国民党有许多责难的地方，毛人凤都送与他看。他除了将一部分送给蒋介石去看外，其余大多作为档案保留下来，不敢把各方面对国民党不满的情况全部让蒋介石知道。

七、积极反对共产党又最害怕共产党

1946 年 10 月 1 日，军统局改组为国防部保密局，蒋介石派郑为局长，毛人凤为副局长。正式编制发下以后，组织、人事、经费等都比军统局时期大为缩减，不到以前的三分之一。军委会结束，改组为国防部，各厅局部在 7 月间先后成立，郑介民的第二厅厅长也在那时发表，而保密局却拖了三个多月才决定下来。郑介民对这个改头换面新成立的特务机构，是极力主张紧缩的。他对戴笠那种不受编制和经费约束乱来的作风一向反对，戴在世时他管不了，戴死后要他来顶这个破摊子，他感到无法维持，不能不管。

郑从北平回到重庆，在军统局准备迁往南京之前，曾召集军统各部门负责人开会。他在会上强调今后军统工作是和共产党作斗争，必须有精明强干的人才能担负起这项重大任务，所以宁可少些但要精干一些，目标不宜太大。他在会上还提到朱德总司令早有电报要蒋介石撤销一切特务机关，为了不增加蒋介石的困难，应主动提出“汰弱留强”和“紧缩开支”的办法，并且一定要把工作做好。当时以毛人凤为首的军统各单位负责人，都希望能保持原来的庞大机构和众多人员，所以他针对这个问题提出这些意见。

郑介民在北平期间，他的国防部二厅厅长的职务先后由侯腾和龚愚代理，保密局局长则由毛人凤代理。1946年6月以后，他经常回到南京，照例只召集两个单位的负责人开开会，简单讲讲他在军调部工作的情况。他一贯诬蔑中共，企图掩饰蒋介石“假和谈，真备战”的阴谋。他多次举出国民党的一个组员在宴城被流弹击毙的事，作为中共不守信用枪杀军调部调处小组国民党人员的例子，对中共进行诽谤。

当蒋介石发动大规模内战的部署已经完成时，军调部工作停顿下来，郑把参谋长蔡文治留在北平，自己坐着飞机回南京。蒋介石交给他“恢复铁路交通”的任务没有完成，受到蒋介石的严厉责备之后，他对中共更加仇恨。1947年，郑主持保密局对各地中共地下党的迫害，达到了空前的程度。他几乎把大部分精力用在这方面，以发泄他对中共的愤恨和配合蒋介石的军事进攻。

这年9月初，保密局北平站发现中共北平地下党组织和电台的线索，郑介民和毛人凤研究之后，立即派保密局行动处（主管侦防、行动、策反、心战等）处长叶翔之赶到北平，主持破坏工作。叶到北平后，以案情重大涉及保定绥靖公署许多高级人员，郑便立刻亲自飞到北平指挥工作。

由于这一案件的发展，以后又在西安、兰州等处破坏了电台，逮捕了十多位中共地下工作人员，还在东北也破坏了一处地下党组织。

郑对这次破坏极感兴奋，除随时向蒋介石报告外，并连续在保密局召集大特务们开会研究，认为这是最得意的大事。他强调今后为了配合前方军事进攻，对后方活动的中共党组织必须用全力来进行破坏，以安定后方秩序。他最感兴趣的是搜查出来的中共地下电台。他在没有看到以前，曾断定这些地下电台一定是苏联供给中共专作秘密活动的新型电台，很不容易侦测出来。当特务们把搜获的文件和电台送到南京后，他急于要看一看，结果使他大出意外，这些电台不但不是苏联制造的什么新型秘密电台，而且做得很粗糙。他看了以后，先是用讽刺的口吻说："这些东西我们早就扔到垃圾箱里去了，他们还当作宝贝在使用。"等他翻过一些档案材料之后，他又改口说："用这样的电台能做出这么多的工作，真不简单，这是人家比我们强的地方。"

同年 11 月间，军统在上海破坏中共的一个补给机构，也是郑亲自赶去指挥的。

这一事件的经过大致上是这样：军统派在第一绥靖区司令部第二处的特务们，在苏北射阳口检查来往船只时，发现一只可疑的木船，装了一些禁止运往苏北解放区的物资。特务们将全船人员扣留，在细密搜查和酷刑逼供下，知道这是与中共地下补给单位有关系，除继续搜寻线索外，并向保密局报告。毛人凤马上把这一情况告诉郑介民，郑便亲拟电稿，指示该处处长蒋剑民务必追出有关人员，扩大破坏。蒋剑民对被捕人员多方威逼利诱之后，有一人动摇叛变，供出了上级领导机关设在上海，但不知详细地点，只了解接头办法。郑得报后，即嘱蒋将该叛徒带往上海。他自己也连夜赶去，召集在上海的大特务——淞沪警备司令部稽查处长陶一珊，保密局上海站长刘芳雄，以及在上海市警察局工作的张师等密商选派精干特务，会同蒋剑民在上海搜捕中共地下工作人员。第二天，蒋剑民带着那个叛徒和几个特务来到上海，郑立即接见了他，并叫他和陶一珊等密切配合。在郑亲自领导下，先将中共设在上海的后勤补给总站破坏，总站长冯伯昌、柳明等 20 余人被捕，抄出大批文件和存在仓库中的布匹 1000 多匹，颜料几十桶以及许多其他物资，并在吴淞口外查出一艘小火轮和物资。

当陶一珊、蒋剑民等兴高采烈地认为收获不少的时候，郑却认为这不够，必须"趁热打铁"继续猛打穷追。结果又在上海 ×× 路破坏了中共华中局、苏皖边区政府、华中银行等单位设在上海的联合办事处，又搜捕了十多人。

郑介民的作风与戴笠有些不同。他从来不亲自主持审讯被捕的中共人员，更

不像戴笠那样爱亲自指使特务对被捕中共人员使用种种酷刑。他总是叫特务们去干这些，自己偶尔在审讯时走去听听。去之前，先叫人关照主审的特务不要看到他去时起立。他去时也只站在旁边听一听，不像戴笠或是抢着插话来问，或则把主持审讯的特务赶下去，自己坐下来审。郑不爱露面，对叛徒不愿马上接见，怕遭到突然的袭击。他除在背后指示特务如何去做之外，最有兴趣的是研究搜得的各种材料，他能一气看上几小时都不放手，并能从这些材料中发现新的线索继续扩大破坏。那次从上海破坏的中共地下后勤补给机构取得的许多材料中，他便找出了一些与上海中共补给总站有关的线索，先后在青岛、宁波、定海、烟台等处陆续破坏了一些中共地下后勤机构。他在保密局一次会议上特别谈过，如何从搜获到的材料中发现线索的问题，叫大家对片纸只字都不要轻易放过。

郑任保密局长期间，只是每天上午去一两小时。他的办公桌抽斗内，满装着从各地收集来的中共发行的书刊文件。他批阅的公文很少，除了重大问题如破坏中共组织，逮捕了中共人员等文电由他批阅外，其他一般性问题都由毛人凤决定。他看完几个卷宗后，总是从抽斗中找出一些书刊文件略加翻阅，选择几本带回去细细地看。当时保密局的电讯总台，有两部专门收听中共广播的电台，每天把收到的电讯抄下两份，一份送给他，一份由毛人凤看后批交情报处（保密局第一处）存查。他对这些电讯看得很仔细，看后便带走。

郑在反共活动中，总是绞尽脑汁，全力以赴。他不断研究中共文件，除了进行诬蔑宣传外，还从中共政策中钻空子进行特务活动。他利用“宗教信仰自由”指使军统特务中一些天主教徒和基督教徒到解放地区进行特务活动。山西天主教徒李广和（解放前任天津稽查处长）在山西教区关系很多，他便叫李在教徒中进行布置。还有比利时神甫雷震远，郑一直利用他披着宗教外衣在华北进行特务活动。

另外，他还利用中共少数民族政策，先后多次命令外勤省站尽力在少数民族中去发展组织。他常说：“将来有些地区汉人立不了足，这些少数民族中的同志（指参加军统的特务）是大有办法的。”

解放前，毛人凤亲自在上海、重庆、昆明等地拉拢过资本家，希望他们协助保密局工作，而以保障他们在国外的利益为交换条件。据毛人凤谈，这也是郑介民研究中共政策想出来的好办法。当时不少人以为共产党来了，资本家会被清算，郑介民却说这些人不会有问题，认为这些人如不走而能拉上关系的则应尽量去拉。

郑介民任局长时期，许多特务都认为对解放地区布置工作太困难，他总是说大家不肯动脑筋去研究中共的文件，所以总是弄得束手无策。他从中共文件中找出不少钻空子的办法。他常说:“共产党不能不要老百姓。只要他们要，我们就有办法。他们要的是哪一种人，我们就在哪一种人当中去布置。”以后毛人凤继任局长时，就专门在医生、护士、教师、店员、小商贩等人中布置潜伏特务，一反过去吸收特务专找社会关系复杂、爱活动的以及地方恶霸豪绅和流氓头子等的办法。这也是郑介民任局长时所决定的。

郑一生反共最积极，同时又最害怕共产党。解放前，他总是鼓励别人反共，而自己却害怕得要命。他在公开场合中，照例夸夸其谈，说什么共产党军事上胜利是偶然的，如果国民党能纠正错误，真正听从蒋介石的指挥，一定能转败为胜。同时，他还认为美帝一定不会让国民党垮台，必然会全力支持。他在背地里却对自己的亲信表现出悲观恐惧的心理。

1948 年，郑介民的胞弟郑挺锋任九十四军军长，驻在北平，归傅作义指挥，担任防守北平的任务。辽沈战役刚一结束，蒋介石在东北的精锐部队全部被歼灭后，郑介民急忙从南京赶到北平，亲自向傅作义请求，准郑挺锋离职南返。傅碍于情面，只好准郑在短期内军长职务交副军长朱敬民代理。

郑介民将郑挺锋带回南京后，不让其再回北平。他认为只要东北解放军一进关，再留在华北的话，不被打死，也会当俘虏。他对华北能否守得住，完全没有信心。以后他帮郑挺锋弄到海南岛去当二十一兵团副总司令，海南岛还没有解放，又将其弟叫到台湾，生怕这个老弟被解放军活捉去。

淮海战役刚开始时，郑的老婆就在收拾行李准备逃台湾。郑自己却逢人便说:“共产党不能打主动战。这次徐州决战，是我们转败为胜的起点，乘胜收复华北和东北在此一举。”当时南京的许多国民党高级军政官员也都是这样指望。其实郑心中有数，不等到淮海战役结束，他在南京的动产已全部转移，剩下的只是搬不动的房子和家具了。

郑介民自认为对当时国际形势有相当了解，曾多次预测美帝必定要趁苏联在第二次世界大战后损失惨重、元气未复之前对苏作战。他们这种论断很适合蒋介石的胃口，蒋曾叫他到中央训练团、中央军官学校等许多训练机关去讲这一套，以安定人心。

他认为美帝对苏发动战争，美必能将苏击败，那时国民党才有希望将中国共产党消灭掉。他对中共不像陈诚那样狂妄，说什么“三个月消灭共产党”，而是经常提心吊胆。他在对一些亲近的人谈话时，多次显示出他内心对与共产党作战的恐惧。他常说:“最好是发生第三次世界大战，单靠我们反共，困难还很多，打下去很难有必胜的把握。”

八、任国防部次长时期的情况

1947年11月下旬的一天晚上，蒋介石找郑介民去谈了很久。第二天，郑的老婆便兴高采烈地向人谈出郑又要升官了。那几天郑到保密局去办公时，也是喜形于色。12月5日，蒋介石果然明令发表郑介民为国防部次长。当时国防部有三个次长:秦德纯主管一般的业务，刘士毅主管国防人员，郑介民继黄镇球主管国防物资。黄镇球随宋子文去广东后，这一职务便空下来。蒋介石为了尽力争取美帝的军火物资，考虑到由郑担任这一职务最为适宜，先几天便找郑去征求他的意见，郑很高兴地接受了这一任务。当命令公布后，保密局和二厅一些处长级的人员都到他家去向他道贺，许多新闻记者拥到他家去请他发表谈话并向他索取照片。一时贺客盈门，他感到太麻烦，当天晚上便跑到上海去休息，过了两天才正式去国防部上任。

过了一个多星期，郑到保密局去办公，神情便不像前几天那么高兴。有人问他新的官职情况时，他连连摇头说:“不好办，不好办。”以后他慢慢谈出了一些情况，说现在全面战争展开，最困难的是弹药补给不上，特别是一些全部美械装备的部队，在和解放军作战时弹药消耗很多，库存一天少于一天，美帝答应补充的东西迟迟不来，自己又不能制造，再打下去会变成有枪无弹，那就要靠刺刀和手榴弹来打仗了。

当时保密局所掌握的交通警察总局，曾把过去军统的特务武装和汉奸部队编成了 20 来个交通警察总队，这些部队的装备都是由中美所美帝方面供给的。郑一向主张把这些部队都用到反共的内战场上，以便更加取得蒋介石的信任，毛人凤却希望能保留一点控制在手中。郑对装备这些部队的械弹，原来也是准备把库存的全部拨给交警总局，毛人凤却留下不少。郑自当了次长之后，知道美制弹药缺乏，便同意毛的意见，除已拨给交警总局的外，库存的应当好好控制起来，并叫总务处把重庆、贵阳、南京三个军械库所存的美制弹药数量表抄一份给他。郑看到三处库存的弹药数量还很多，曾表示将来在必要时使用在刀刃上，俾可发挥更大的作用。他对这些交警总队，一向看成反共的一支强大力量，称之为“袖珍挺进队”。因这支特务部队都是美式装备的新型轻武器，又大都经过美帝的训练，行动轻便，带部队的军官多半是军统特务分子。蒋介石对这支部队也是很重视的。在解放战争中，这支部队虽很顽强，却同样是不堪一击，除少数逃往台湾外，其余全部被解放军所歼灭。

郑当上了国防部次长以后，工作比过去更忙，对所兼的二厅厅长与保密局局长两个职务都不能很好地照顾到，而这两个单位的工作又都是异常重要。蒋介石希望也把精力多放些到争取美援与部队的补给方面，曾授意他把二厅厅长职务辞去。他最初还有点恋栈，以后蒋当面问他，什么人继任厅长为宜？郑原来打算保荐他的亲信张炎元升为厅长，蒋对这个出身于戴笠“十人团”的老特务也表示同意。但郑没有及时签报，主要原因是宋子文出任广东主席后，把张炎元从二厅副厅长调去任广东省保安副司令。他怕得罪宋子文，不敢保荐张，而在军统中虽然还有人可以担任这一职务，却不是郑的亲信，便不愿保举，因而拖延了一个时期。

当时二厅副厅长侯腾，早就有野心想当厅长。侯原来就当过二厅副厅长，后任驻美大使馆武官。侯重任副厅长后，郑在北平军调部工作时，便由侯代理厅长很久。侯早作了种种安排，郑升次长后，便大肆活动，一面走参谋次长林蔚的门路，一面由他老婆找郑的老婆去活动，最后由林蔚出面找郑会同签呈保侯，郑怕得罪林便同意了。蒋介石看到郑、林两人会签也就批准了。侯当了厅长后，便独树一帜，不但不接受保密局的领导，也不再听郑的指挥。历来由军统掌握的这个庞大的公开

特务单位就这样脱离了保密局的控制。当时毛人凤和许多军统特务都大骂郑优柔寡断，私心太重，结果把这个单位白白送掉了。

郑介民任国防部次长后，对保密局长这个兼职并不打算放弃，因而和毛人凤一直闹摩擦。毛是以继承戴笠的“家业”来笼络军统分子的，在保密局的实力远远超过郑派。郑、毛两人拉拢特务各有一套手法。毛极力主张将军统的规模恢复到戴笠领导时期那样，这对当时在保密局工作的百分之七十以上的特务训练班毕业的学生和长期从事特务工作又没有学历与资历的骨干分子来说，是有很大吸引力的。郑主张向外扩张，尽力鼓励学校毕业和有资历的特务向公开方面去发展和兼任公职。在他的支持下，不少军统特务在 1947 年竞选国大代表和立法委员。各地竞选结果，特务当上国大代表的竟有 30 多人，迄今还能记得姓名的有：吉章简、马志超、马汉三、楼兆元、郑修元、柯建安、张家铨、李广和、王抚洲、刘艺舟、王孔安、涂寿眉、罗毅、蒋志云、罗国熙、龚少侠、吴敬群、王兆槐、汪祖华、陈旭东、陈世贤、简朴。

军统特务王新衡在上海市竞选立法委员时，郑介民亲自去上海为他活动。王新衡是郑在莫斯科中山大学的同学，在军统中任处长多年，当时是上海市政府的调查处处长兼顾问。王新衡竞选时，公开支持他的都是几个军统控制的外围团体，如上海地方协会、上海市社会安全促进会、青白体育会等一些微不足道的社团。这与当时上海市市长吴国桢所推荐的上海地方士绅外交界元老之一的颜惠庆来比，无论在资历上还是在社会关系上都差得很远，但由于郑介民指使在上海的特务都要支持王，结果王所得的选票竟超过颜惠庆而成为第一名当选人。颜虽得吴国桢等全力支持，反而只当选为第三名。

郑介民在保密局中所拉拢的只是少数大特务，在他领导的“广东派”中，一些留在保密局工作的人资历都很浅。他把原来在军统局任过中共科科长的张纪勋调升为办公室主任，等于主任秘书，在局里本来应领导内部各处处长。但属于毛人凤领导的“浙江派”骨干中的第一处处长何芝园和第二处处长叶翔之，都是张纪勋过去任科长时的处长或副处长，自然不肯听张的话。加上毛从中指使，处处故意与张为难，弄得张无法工作。最后郑不得不将张外调，而以其另一亲信黄天迈接任张的职务。

郑、毛两派在保密局内的斗争越来越发展，等到郑当了次长丢掉所兼的二厅厅长后，毛便集中全力来夺取局长。毛除了在保密局所布置的力量足以打垮郑而有余外，更得到蒋介石身边的亲信俞济时的全力支持，双方都尽力找对方的缺点向蒋介石检举。蒋介石为了要特务为他拼命卖力，也希望郑专心搞国防部的工作。加上毛派不断通过俞济时向蒋告郑，甚至连郑的老婆服用的珍珠粉向保密局报销的事都给蒋介石知道了。蒋曾当面问郑："你老婆为什么要吃珍珠粉？"弄得郑狼狈不堪，无词对答。但蒋对他还是异常爱护，除轻描淡写地责备他几句外，一直没有深究。最后实在过不下去，蒋才叫他辞去保密局长兼职，于 1948 年初改由毛人凤继任局长。

郑虽然只剩下一个光杆次长，实际上蒋介石对他的信任并没有减低。郑自己也觉得以后更可以向其他方面去求新的发展。

他听说宋子文不想当广东省主席了，便托人活动，由他继任。蒋介石找他去安慰一顿，叫他安心工作，把向美帝乞求军援的工作搞好，这比做什么都重要。

全国解放前，他建议蒋介石成立一个美式机械化兵团来和解放军打阵地战。他曾向人吹嘘，说这是唯一取胜之法。因为解放军已改变了过去的战略，敢于和国民党打硬仗。如果集中几个机械化装备的军去进攻解放军的主力，可以挽回过去失败的局势。虽然他大吹大擂，蒋介石心中明白，一是时间来不及，二是再没有那种力量了。郑想当机械化兵团总司令的梦也没有做成。

九、不肯负责的作风与贪污敛财的手法

郑介民被人称为"老成持重"，实际上在旧社会里这句话几乎和"老奸巨猾"相等。他一向怕负责，什么事都是含含糊糊，不作肯定答复。朋友托他帮忙，部下向他请示，他总是用模棱两可的语句来回答，对重大问题生怕负一点责。他怕得罪当朝权贵，处处总是尽力忍让，很少看到他和别人硬过一下。他在和毛人凤争权夺利的斗争中，也总是暗中指使他的亲信去对付毛派，他自己见到毛时总是笑容满面，从不露不愉之色。

戴笠在世时，郑这一套还没被人戳穿。戴死以后，许多问题要他决定，他的滑头手段便很快为人看透。下面略举数例，以概其余。

在军统缩编裁员问题上，郑一直不敢说一句话。当时这个特务集团，不但为全国人民所厌恶，连反动派内部也有人对它不满，所以戴笠一死，各方面群起而攻之。郑曾几次从北平回到重庆主持军统局局务会议。参加会议的大特务都希望他向各方面去疏通一下。他怕别人把攻击目标转到他身上，因而对这问题一直不作正面回答，只说些什么“过去对敌不够狠，对内不够和，所以弄成这种情况”。他提出，今后对付共产党，不在乎人多，而是要精干一些的。实际上，他是同意裁员缩编的。据毛人凤说，如果不是蒋介石一意袒护军统，尽力保留这个组织，连以后保密局这样的局面都不可能存在。毛说，郑只是做了现成的局长，没有出过一点力。

当军委会改为国防部时，决定设立一个军法局。如果戴笠在世，一定会想方设法去抢夺这个机构。毛人凤向郑建议，要把这一机构掌握过来，今后对军统工作有很大方便，但他没有作表示。大特务徐业道亲自去找郑，请郑向蒋介石保荐他去当这个局长。郑也只答应先去打听一下，却不表示是否愿意保荐。徐见他没有诚意，便去找俞济时。蒋介石看到徐业道是个老军统特务，立刻批准他任军法局局长。以后徐对郑便很不满意，背地里常说他是个“老滑头”。

戴笠在抗战时期便大搞帮会活动，利用遍及全国深入民间的帮会组织来搞特务工作，胜利后又用“新社会事业建设协会”这样一个名义来统一全国的帮会。这个会的理监事都是帮会中的大头目。理事有：杜月笙、杨虎、杨庆山、向海潜、范绍增、张子廉、田德胜、张钫、徐为彬等。监事有：黄金荣、张树声、潘子欣、李福林、王慕沂等。戴笠死后，由军统老特务徐为彬担任书记长，主持会务，总会设在上海，组织很庞大，当时成为保密局的一个有力的外围组织。1947 年各地竞选国大代表前夕，CC 派对这个组织大为不满，怕军统利用来和他们争夺选票，便由社会部出面取缔，不许它在各地进行活动。毛人凤和徐为彬都去找过郑介民，要他向蒋介石报告，请求保留该会。郑不但不去找蒋，反而讨好陈立夫，竟决定将该会取消。

大汉奸周佛海不仅在抗日时期替军统做工作，在沦陷区打击共产党和新四军，胜利后又替军统布置接收，勾结日军阻止新四军进入上海、南京，为军统出过不少的力。胜利后，戴笠把周佛海和丁默邨、罗君强、杨惺华等都送到重庆保护起来，不受法律制裁。当时各方面对此均表不满，舆论哗然，戴都置之不理。郑接任后，便不愿再替周等背过，而把周等从重庆送回南京交由法院审办。原来由蒋介石派到南京去和敌伪联系的唐 ××，了解周佛海过去对反动派有过不少“贡献”，便找郑为周说话。郑推说：“要由领袖（指蒋介石）来决定，我不能管。”当时保密局也有些特务向郑指出，如果把周枪决了，以后谁肯再卖力？他回答很简单：“那是以后的事，以后再说吧。”

1947 年 2 月，上海发生轰动全国的“黄金风潮案”，由于监察院已派四名监委前往彻查，蒋介石也特派郑介民去参加调查工作。这一案件的经过，郑早已得到上海站的报告，主要是宋子文的亲信贝祖贻勾结上海金业分会理事长詹连生长期舞弊贪污而引起的。他很清楚，这案一定要牵涉到宋子文。他怕得罪宋，所以很不想去，但上海和南京的报纸上却登出了蒋介石派他去的消息，他不得不去。当上海站把全部情况向他仔细报告之后，他又去见过杜月笙，便立刻溜回南京向蒋面报本案内幕，并建议不宜扩大，应早日结案，以免过多牵连。蒋同意他的意见后，他再度去上海，当面向军统在上海的几个大特务王新衡、刘芳雄、陶一珊等说明蒋对本案的态度。这案牵涉的人很多，调查到的就有 40 多人，其中一个很重要的人物是信大纱号老板孙子信，竟在特务包庇下逃往香港。郑自始至终都抱着大事化小、小事化无的态度，结果只将贝祖贻免去中央银行总裁职务，将中行业务局长林凤苞、副局长杨安仁和詹连生三人交上海地方法院判处徒刑。这件轰动一时的大贪污舞弊案就此了结，郑既没有得罪人，暗中又得了不少的好处。

郑介民贪污敛财的手段是相当“高明”的。他自己一向假装“清廉”，他的部下谁也不敢直接向他去行贿送礼。实际上，他是一个贪污能人，自己却不经手，而由他老婆柯淑芬出面。他装出一副怕老婆怕到极点的样子，想使人相信他是没法奈何她；万一事情发作，他又可假装完全不知而不负责任。所以别人当面说他怕老婆，他总是笑容满面地承认，有时还故作解嘲地说：“怕老婆有好处，可以省麻烦。”

他虽然在这个问题上大耍手段，但明眼人还是很清楚。他每天回家，看到家

里的东西一天天多起来，房子新造起来，他会不明白这是从哪里来的?

抗日战争期间，他老婆经常托二厅派到国外去的一些武官、副武官代买东西，买来了照例是不给钱，变相叫人送礼。当时我国驻印度加尔各答领事陈质平（军统特务），是专门替戴笠采购日用奢侈品的。她也经常要陈买这样那样，买回后照例由军统局付款。她把这些从国外买来的东西，留下自己所喜欢的以后，其余的则送到她住的重庆临江路川盐一里附近一所拍卖行去寄售，这个拍卖行存列的外国货很多是她送去的。

当时那些被她敲竹杠的部下，总希望让郑知道自己送了礼，常有人亲自带着东西到他家里去。郑每见人挟着礼物去看他，总是借故避开，等他老婆来收礼。像这些小搞一下，郑的确没有经手过，完全由他老婆出面。戴笠死后，他没有什么顾虑了，便大搞起来，许多事他也不再假装正经，而是亲自动手。

1946 年 5 月，军统督察室主任廖华平和我以军统财产清查委员会正副主任身份到北平清查北平办事处长马汉三所接收的敌伪物资，马交出一大堆清册。廖向其索取原始清单核对，马初说正在整理，隔一天又说遗失了。廖坚持非要不可，两人争吵起来。马最后有恃无恐地说:“我已送给郑先生，你向他去要。”廖和我当晚便去见郑，问他收到马送给他的原始清单没有？事情发展到这样情况，郑不得不吞吞吐吐地说:“我见过这些东西，基本上没有出入，交多少你们就收多少吧。”刚一出门，廖就大发牢骚说:“还清查什么？回去算了。”这笔为数达几十万银圆的糊涂账就这样马虎了事。

1946 年夏天，我刚回到湖南，接到郑由北京发来的急电，叫我立即赶回重庆，因为军统从重庆运物资到南京的木船有一只在重庆附近唐家沱沉没。这只船上装有郑岳母的棺材，漂流不知去向，他希望尽一切可能将它找回来。当天晚上，郑的老婆又从南京打长途电话给我，在电话中大哭大吵，要我一定把她母亲棺木找到。我一面急电重庆有关方面派人沿途寻找打捞，一面连夜赶回重庆。

我于三天后回到重庆，郑岳母的棺木已由稽查处水上稽查所寻获，运回了唐家沱。我怕棺材里面进水，便叫人将捆得密密的粗麻绳解掉，将棺材盖撬开看一看。撬开后，我看了一下，立刻又叫人照样钉好捆好，原来那个老太婆尸体的四周都塞满了用油纸包着的鸦片烟土。我立即关照开棺的三个勤务兵不得乱说，并以违令坐牢来威胁，又各发 100 元来收买，还选派了总务处一个科员负责押运棺木去南京。

我回南京见到郑的老婆，告诉她因棺材打捞起来后怕进水而将棺盖打开，看到了里面的东西。她脸上为之一变，立刻大骂她的兄弟柯新吾，说这一定是他在胡闹。接着，她假惺惺地叮嘱我千万不能让郑介民知道。当灵柩运到南京时，她和她兄弟到下关江边跪迎这具装满烟土的棺材，毫无责怪她兄弟的任何表情，还送了衣料、皮鞋等给押运的特务。

同年秋，军统决定把在重庆的 2000 辆十轮大卡车运一部分去南京，准备与江南汽车公司合伙做运输生意，由我去上海接洽购办汽油 5000 大桶。有一天，上海陆根记营造厂老板陆根泉来找我。陆根泉过去和戴笠很要好，胜利后帮同军统在上海接收，并替大特务做生意，又正在南京为军统建造办公大楼，和我的关系也很好。陆向我提出，请求在购运汽油去重庆时，他要加购 1000 大桶，随同运往重庆。我说购油公文和向招商局接洽船只的公文都已写明了数量无法更改，拒绝了他的请求。

当时西南各地汽油奇缺，由上海运去很不容易。招商局怕运汽油出事，许多机关请其拨船运油都被拒绝。军统不仅在该局有一个特务组织——警卫稽查组，并且了解该局许多黑幕，所以交涉船只方便。在上海购买一大桶美国汽油，只按官价付 50 加仑的钱，实际上是装 53 加仑，按官价运输一共不到黄金一两。而运到重庆、成都等地，一大桶汽油可卖黄金二两多，是对本对利的好生意，但没有特权却赚不到这笔钱。

隔了两天，郑的老婆邀请我到她家去吃晚饭，陆根泉也在座。刚入座，郑介民由北平打来长途电话，她先谈了几句，便叫我去听电话。郑在电话中说，陆根泉需要由重庆运东西去上海，要我帮助陆购汽油 1000 大桶，随军统所购的一同运往重庆。我当然答应照办。第二天，我向毛人凤说明情况，把公文上的购油数字改为 6500 大桶。我利用这机会为自己加了 500 大桶，并叫陆承认这是他要增加的。

汽油在重庆售完以后，陆和我在结账时说：“我这次是完全代人尽义务的。”郑

介民一个长途电话和他老婆一顿便饭，便捞到1000多两黄金。

1947年，郑介民不顾别人议论，将军统在上海杨树浦接收的一座规模相当大的锯木厂连同地皮以极廉的价格批准由陆根泉购买。这座厂占地有好几十亩，还有自己的起卸木材的码头和仓库等。他们之间的交换条件，是陆代郑在南京北平路修建一座三层楼的花园洋房。

以上只是举出几个我所知道的具体例子。至于郑介民做五十生日他老婆大收寿礼，平日托人做生意，说情、受贿等，实在太多，不再详谈。他们夫妇每到上海一次，上海的特务头子们都得有所“孝敬”。郑介民上海家里的东西连他老婆也记不清。1947年春，几个不怕事的小偷趁他们不在上海时，竟把这个大特务头子家里的东西偷去不少。郑的老婆闻讯赶回上海，向稽查处、警察局的特务们大吵大闹，非叫破案不可，一时弄得满城风雨。可是当问到她究竟丢了些什么东西时，她自己也开不出清单，只说很多很多。上海的几家小报都用花边新闻刊出“郑介民将军在沪寓所失窃”的消息。郑怕惹出麻烦，叫把所抓的嫌疑犯放了，并在报上更正，说只是丢掉几个汽车轮胎，案子已经破了。实际上，被偷的东西一直没有追回，行窃的小偷始终没有抓到一个。

在逃往台湾的时候，郑介民利用种种特权把可以带的东西都带走了。但房子却没有办法带，他老婆托人用低价卖出，结果却没有人要。郑在送他老婆上飞机时，还当着送行的特务们用故作镇静的口吻说：“你们去台湾过冬，等明年院子里的花一开就可以回来了。”但是没有几天，郑也依依不舍地丢下那座洋房逃出南京。

郑去台湾后，担任国家安全局局长多年，1960年突患急病死于台湾。

（1984年6月改写）

后　记

这书行将付印，借此补充几句。

这个集子里的稿件，都是我于 1962 年至 1966 年先后写下的。其中的几篇曾在政协全国委员会文史资料研究委员会编印的《文史资料选辑》（内部发行）刊出，读者看后，指出稿中的一些错误和缺点，这次已尽量改正了。这个集子里的多数稿件是过去没有发表过的，仍希读者予以教正。

我写这些资料，都是凭记忆先后整理出来的，既不会全面，又可能记错；有的事情在不同的稿件中出现，不仅有繁有简，甚至连语气用辞等都不一致。这次我本想全部整理一下，但因年届古稀，而且有病，身体精神都远远不如过去，力不从心了。我女儿美娟对有些稿件替我作了增删，还是不能令人满意，只好等以后有时间再来修改。

我开始写这些资料时，想着如能遵照周总理的指示，当代人写当代事，自己写自己的亲身经历和所见所闻，总比后人来写容易一些，真实一些。但实际上，我感到越写越难，有时甚至写不下去。

这究竟是什么原因呢？

写自己的情况，有时也很好写，往往能够挥笔疾书，一写便是几千字，因为这大都是自己过去所作所为，有时还唯恐其不能详尽，生怕别人看不明白。但是，涉及自己的历史罪行丑事就慢得多了，有时悔恨交加热泪盈眶再也写不下去，经过一番思想斗争后才又把笔拿起来。我想，军统特务的种种罪行，虽是“奉命而行”，

自己与对方并无私仇，但自己仍是有责任的；况且这些事不是一个人做的，也不只是一个人知道，自己如果不写，别人也会揭露，因此不如自己交代出来。经过思想斗争后，我的历史罪行便顺利地写了出来。

除此之外，我感到最难下笔的是那些很少人知道的事情，而且知道的人或是死去或是不在大陆，便产生能不写便不写或能少写便少写的念头。为了写这些东西，我的确进行过不少次的激烈思想斗争，常常弄得夜不成寐。但是我再一想，正是这些见不得人的东西，或者更可有助于说明旧社会如何使人变成鬼，新社会如何来之不易，于是勇气就来了。

我举几个简单的例子，便可以说明我为什么会有这种矛盾到极点的思想。例如戴笠死后，军统局分为郑、唐、毛三派，我既属毛派又是唐派，同时因手中掌握大量公家财物，还与郑介民老婆瓜分财物。所以，在写到我拥毛倒郑时，所要的种种手段，我是边写边擦汗，因为那种事连自己也感到太见不得人。我为了讨好毛人凤，竟去鼓动大批军统特务的遗属，在郑介民老婆给郑做五十大寿时去大吵大闹，同时又去讨好郑的老婆，告诉她有上百名拖儿带女的特务遗属要来郑家吃寿面，吓得郑妻一再央求我去劝阻，我才赶去把那群人挡回，这件事由我挑动而能两面讨好。

又如，我曾帮助毛人凤把郑介民挤出保密局，由毛当上了局长。毛人凤则过河拆桥把我从局本部挤出去，像充军一样把我弄到云南去。最后，他到昆明住在我家一个多月，我几次准备干掉他。这在我来说，当时不仅轻而易举，而且能够做到不给人发觉是我干的。但由于自己当时站在反动的立场上，考虑到报私仇会影响公益，没有适当的人能接替他，才没有动手。

还有，1945 年间，国民党第六届中央委员会竞选中委时，戴笠自己不愿当中委，而把唐纵、郑介民推举出来。唐纵当选后，我去向他道喜。可能是由于我在讲话时太强调了戴笠自己不愿当中委而让给别人，唐听了有点不高兴，他无意中冒出一句:“最后没有委员长的话，谁也帮不了忙。”他这话刚一出口，看到我当时的表情不大自然，知道说走了嘴，又马上补充一句:“如果没有戴先生提出来的话，委员长有意栽培也有不便，总不好凭空下条子，因为这不是派工作。”我当时对他这种态度表示出不痛快，他也察觉了，便一再叮咛我，刚才的谈话不要向别人去说。我虽满口答应不会说，可是一回来就一五一十告诉了戴笠，却不料竟碰了戴笠一个钉子。他听完我的话以后，便恶狠狠地朝我说：“以后你别管这些事。我也不要听这些。”这件事明明是在戴、唐之间进行挑拨，我当时还很得意，因为从戴笠当天对我别的事都表现出很高兴，我便认为他是喜欢听这些话的。

这些为了个人升官发财所干出的丑恶勾当，反映出反动派之间钩心斗角、尔虞我诈、两面三刀等等丑恶行径，在这里写将出来，或可起到反面教材的作用。

当然，我不是说我写东西就没有顾虑了。例如在 1943 年我亲自看到林彪在重庆与戴笠往来时，彼此十分亲热，互称“学长”等等。但我在写戴笠时，曾提到不少人，却不敢写林彪的名字。直到林彪死去、罪行被揭露之后，我才把这一情况作了交代。又如江青、张春桥当年在上海与军统特务的往来，我虽知道一点点，也是直到“四人帮”被粉碎后我才敢写。

有人问我，还有没有什么没写出来的？我的回答是：“现在没有存心保留什么。如果有想不起来的事，将来我女儿美娟给我整理我的资料时，会把它写出来的。”

这个集子可能有不少缺点和错误，我诚恳地期待读者的指教和批评。

（1982 年 11 月于北京）

附载："我懂得了做人的道理"

——访新增补的政协委员沈醉

《人民日报》记者胡思升

中年以上的中国人，不少人都知道沈醉的名字。20 世纪 40 年代，他先后担任国民党军统局少将处长和国防部驻云南区专员兼保密局云南站站长，是一个不折不扣的特务头目。如今，他以新增补的政协委员的身份出席会议，用他自己的话来说，是"感愧交集"。

沈醉 18 岁参加国民党特务组织，20 多岁当上少将处长，亲自策划和执行诸如捕人、刑讯、暗杀等特务活动，连他自己也承认这是客观历史事实。但是有一件历史事实，解放后沈醉在监禁期间没有主动提出，就是在 1949 年 12 月，眼看我大军南下，蒋介石大势已去，他在最后关头参加了卢汉的云南起义。去年，我有关方面经过调查，种种物证证实，沈醉在起义通电上签了字，发表了起义广播，并亲笔颁布命令，要下属特务组织上交特务器材并到指定地点报到。根据党的政策，沈醉本人的身份去年由战犯改为起义将领，并提升行政级别。沈醉对记者说："这次又特邀我为全国政协委员，我怎么不感愧交集呢？！"

去年年底，沈醉偕同他在大陆唯一的女儿沈美娟到香港探亲，成为香港以及台湾注目的一件事。20世纪50年代初，台湾宣布沈醉为"献身党国"的烈士，牌位"入祀忠烈祠"，每月发给他在台湾的子女一笔抚恤金。出乎海峡彼岸意料的是，沈醉不仅健在，而且偕女南下到了香港，享有充分的行动自由。一家香港报纸到他下榻的旅馆约文章，沈醉当场草就。约稿人嗫嚅地问:“你不请示北京，敢自己做主吗？”沈醉笑答:“我写的文章，文责自负，从来没有人指示我怎么写。”几个过去的同事劝他乘机远走高飞，语带双关地说:“苦海无边，回头是岸。”沈醉明白其中含义，答:“我接受。”来人大喜:“什么时候走，给你包一架飞机。”他才诙谐地打开天窗:“无用飞机，坐火车就可以，请你们到大陆看看，我的岸在北京。”有人以金钱物质相诱，沈醉说:“大陆的物质生活是差一点，但我不是为钱而来的。我母亲生前对我说过：一个人可以不做官，但一定要做人。在大陆，我才真正懂得了人生的道理。过去，我为了升官发财，可以丧尽天良；现在你拿黄金都买不动我。”那人恼怒了:“那你就回大陆啃窝头吧！”沈醉很平静地回答:“我在大陆吃什么，请你来看看，如果真的要吃窝头，我也心甘情愿。”他的亲戚也曾希望他35岁的女儿沈美娟留在香港“享福”，她说:“享现成的清福，我不想。我要和爸爸一起回大陆。十亿人口的国家，一定能建设好。”

沈醉和他的女儿在香港探亲访友一个多月。他在美国的女儿和在加拿大的侄儿、侄媳等远道来探望阔别30多年的父亲、伯父，但令人遗憾的是，他在台湾的几个儿女，虽然近在咫尺，却没有能获准出境和他会面。沈醉对记者说:“1949年，我被蒋介石派往云南执行他委派的使命，毛人凤把我的母亲、妻子和六个孩子送到香港，作为变相的人质。而我和女儿申请到香港探亲，党和政府充分信任我，可是我在台湾的儿子却不能出境，我内心的感想很多。”

话题自然而然地转到台湾和大陆统一的问题上。

沈醉说:“现在共产党发出实行第三次国共合作的号召，我们这些了解历史情况的人，是非常感动的。日本侵略中国，共产党捐弃前嫌，提出一致对外，实行国共合作。蒋介石在西安被张学良、杨虎城扣留，是周恩来从延安赶去，挽救他的生命，从而促成国共第二次合作。这就是统一战线的政策，有什么可怕的呢？今天，共产党没有以胜利者自居，主张重开国共对等谈判，胸襟何等宽阔！”

1949年分手时，沈醉在香港、台湾、美国、加拿大等地有40多个近亲，如今变成80多人了。他都劝他们回大陆看看，看看大陆的变化。

沈醉在台湾的亲朋故旧很多，还有他为数众多的学生。他说:“国家的分裂是

在我们这一代身上造成的，应该在我们这一代身上结束。这样，生对得起后代，死对得起祖宗。不管我们过去走的路各不一样，但从今天起，一个人是流芳百世，还是遗臭万年，就看他为统一祖国是出了力，还是相反。如果有人不信，我可以出来做证，尽管我过去做过不少坏事，甚至可以说我的少将处长是用共产党的血换来的，但只要我做了一件有利于祖国的事，共产党和人民就既往不咎，还给了我很好的政治待遇和生活待遇。这不是什么'统战宣传'，而是活生生的事实。"

（原载 1981 年 12 月 11 日《人民日报》）